NCS-Based Employment & Startup Strategy

# NCS 기반의 취업 및 창업전략

최일수 이승용 신동주 이지훈

도서출판 청람

## ■ 서언

### 청년은 괜찮은 일자리가 없다 하고, 기업은 쓸만한 인재가 없다 한다?

청년실업이 국가 사회문제로 대두되어 국민의 걱정거리가 된지도 오래다. 2000년 이후 정부에서 다양한 청년취업 대책을 수립하고 수십조 원의 예산을 투입했으나 그 결과는 '백약이 무효'라는 결론에 이르러 2018년 11월 기준 청년실업률 11.6%라는 지표로 나타났다.

일본의 경우 대졸 취업률은 완전고용상태에 가깝다. 2017년 4월 대졸자의 취업률은 97.6퍼센트(문부과학성 조사)로 조사를 시작한 1997년 이래 최고치다. 특히 여성 대졸자의 취업률이 무려 98.4퍼센트에 달했나. 우수인력을 모시기 위해 기업 인사담당자들이 경쟁해야 하는 상황이다.

우리나라의 경우는 좀 다르다. 2017년말 기준 4년제 대학의 평균취업률은 64퍼센트 수준이다. 대학을 졸업한 청년층 실업자가 100만 명을 넘었다. 대졸자의 취업시장은 수십 대 1의 치열한 취업전쟁을 치러야 한다. 공기업(근로복지공단 300 대 1, 한국산업은행 143 대 1)이나 공무원(2017중앙공무원 7급 99 대 1)의 경우 평균 100 대 1이 넘는 경쟁률을 보이기도 한다. 대학을 졸업한 청년 니트(NEET)족이 17.6퍼센트 수준에 이르고, 2018년 3월말 기준 구직 단념자가 50만 명을 넘었다. 고용 없는 성장으로 풍요 속 빈곤이라는 풍자가 청년층 일자리에만 국한되는 것은 아니다. 청년들이 원하는 괜찮은 일자리는 턱없이 부족하다. 중소기업에는 취업을 기피하고, 공공기관이나 대기업만 취업하겠다고 하니 중소기업은 인력을 구하지 못해 빈 일자리가 20만 개나 된다고 한다.

대졸 청년층의 중소기업 취업 기피로 구직난과 구인난이 동시에 상존하는 현상은 수요・공급의 균형이론으로도 설명되지 않는 새로운 패턴을 보여주고 있다. 고용시장 여건이 이렇다 보니 취업이 어렵다고 푸념만 할 수도 없는 실정이다.

### 변화에 도전하자!

4차 산업혁명은 우리에게 삶의 패러다임을 바꾸도록 강요하고 있다. 더 이상 기존의 패러다임 속에서 안주(安住)를 허락하지 않는다. 절대빈곤으로부터 잠시 벗어나는가 싶더니 상대적 빈곤이 더 큰 상실감으로 다가오고 있다. 2030년에는 기존의 일자리 중

70~80퍼센트는 사라지고 다른 일자리로 대체될 것이라고 한다. 현재 10세 미만의 어린이들은 지금까지 없었던 새로 만들어지는 일자리에서 일하게 될 것이라고 한다. 취업을 준비하는 청년들이 관심 있게 새겨야 할 대목이다.

기성세대들이 만들어 놓은 일자리에서 고정된 월급받고 안주하는 평생직장은 사라 졌다. 2030년이면 기존 근로자의 70~80퍼센트가 프리랜서로 일하게 될 것이라는 전망은 더욱 암담함을 느끼게 한다. 열심히 준비하여 입사한 일자리가 10년 후인 40대 초반에 없어진다면 어떤 상황이 될까?

**평생직장, 평생직업도 사라졌다.**

수도꼭지가 잠겨있는 상태로는 물을 마실 수 없다. 누군가가 수도꼭지를 틀어야 물을 마실 수 있다. 그동안의 직장생활은 내가 원해서 틀 수 있는 수도꼭지가 아니었다. 누군가가 틀어주어야 내가 물을 마실 수 있었다. 그렇다. 이제 내가 원하는 수도꼭지를 만들어야 한다. 그것이 창업(創業)이고 창직(創職)이다.

그동안 대부분의 청년층은 현존하는 직업에서 일자리를 찾았다. 직업이 없어진다 해도 그것이 나와 무관하다고 인정하고 싶었다. 그러나 앞으로 다가오는 미래는 다르다. 4차 산업혁명을 선도하는 '인공지능(AI), 로봇기술, 빅테이터, 3D프린트, 사물인터넷(IoT)' 등은 온라인과 오프라인을 연결하는 초연결 사회를 형성한다. 따라서 가능한 모든 직업이 서로 연결되어 새로운 직업으로 나타나게 된다. 이때가 바로 창업의 시대요, 창직의 기회인 것이다. 어쩌면 지금 청년층에게 다가오는 유일한 기회가 아닐까 싶다.

본서는 취업과 창업을 준비하는 대학생이 자신의 '일자리'를 찾아가는 데 조금이나마 도움이 될 수 있기를 바라며 집필하게 되었다. 본서가 대학에서 '취업과 창업 준비'와 관련된 교과목으로 한 학기 강의가 가능하도록 기술하여 학생들의 직업탐색 교재로 활용될 수 있도록 장, 절을 구분하였다.

제1부는 제1장~8장까지로 취업준비를 위한 기본지식, NCS 기반의 능력 중심 채용 및 블라인드 채용에 대비하여 사례 중심의 취업역량 개발을 중심으로 기술하였다. 제2부는 제9장~13장까지로 대학생활을 통하여 창업 준비에 필요한 기본지식, 정부지원 정책과 청년층 창업사례를 기술하였다.

아울러 대학에서 청년층 취업 및 창업교과목 운영에 필요한 내용을 종합적으로 기술하고, 강의에 활용할 수 있는 PPT를 별도로 제공하고 있다. 따라서 본서를 교재로 채택하고 강의를 준비하시는 교수님들께도 큰 도움이 될 것이라 판단된다.

도서출판 청람의 이수영 사장님으로부터 본서의 출판을 요청받고 동의하기까지 2개월 정도의 시간이 걸렸다. 그동안 다양한 분야에서 협업을 해오던 이승용 박사님을 만나 창업분야 원고 작성에 동의를 얻어 본서가 출판되기에 이르렀다. 본서는 그동안 산업현장의 풍부한 경험과 이론지식을 기반으로 대학에서 취업과 창업분야 강의를 진행해온 최일수 교수, 이승용 교수, 신동주 교수, 이지훈 교수 등 네 분의 교수님이 각각의 전공분야를 맡아 공동으로 저술하였다.

그동안 실무에서의 풍부한 경험을 후학들에게 나누기 한다는 생각으로 원고를 작성하게 되었다. 본서가 청년층의 취업 및 창업준비에 조금이나마 도움이 되었으면 하는 마음이다. 본서의 출판을 기꺼이 허락해 주신 이수영 사장님께 감사를 드린다.

2019년 1월<br>저자 일동

## ■ 차례

# Part 1 NCS 기반의 취업전략

## Chapter 3 진로(進路=Career)목표 설정과 취업준비



## Chapter 4 국가직무능력표준(NCS)과 블라인드 채용제도의 이해

## Chapter 5 NCS 기반 블라인드 채용 전형유형



## Chapter 6 성공취업의 조건

## Part 2 NCS 기반의 창업전략

### Chapter 9 창업의 기초



### Chapter 10 기업가정신

## Chapter 11 사업아이템 선정과 사업타당성분석



## Chapter 12 창업사업계획

Part

# 01

NCS 기반의 **취업전략**
*NCS－Based Employment Strategy*

# NCS 기반의 **취업전략**

**학습** 목표

1. 직업세계의 변화를 이해할 수 있다.
2. 노동시장의 변화를 이해할 수 있다.
3. 진로목표 설정과 취업준비 방법을 이해할 수 있다.
4. 국가직무능력표준(NCS)과 블라인드 채용제도를 이해할 수 있다.
5. NCS 기반 블라인드 채용 전형 유형을 이해할 수 있다.
6. 성공취업의 조건과 인성인재의 중요성을 이해할 수 있다.
7. NCS 기반 5W-1H 취업전략을 이해할 수 있다.
8. NCS 기반 취업준비 실천전략을 이해할 수 있다.

주요 **용어**

- 취업
- 직업과 일
- 한국표준직업분류
- 한국고용직업분류
- 직업선택기준
- 인재상
- 인재요구역량
- 취업준비이론

# Chapter 01 직업(職業)세계의 이해

'취업(就業)이란 무엇인가?'라는 질문에는 망설임 없이 '직업, 즉 일자리를 얻는 것'이라고 말한다. 곧이어 '직업은 무엇인가? 직업의 종류가 몇 개나 되는가? 자신이 원하는 직업은 무엇인가?'라는 연이은 질문에는 한참 동안을 기다려도 대답이 없다. 대학 졸업을 앞둔 모 대학교 4학년 법학과 학생들의 강의시간에 있었던 실제 사례다.

직업이란 '생계를 위하여 일상적으로 하는 일의 종류'라고 설명하고, 우리나라 직업사전(2016. 12. 31)에는 12,700개의 직업의 종류가 수록되어 있고, 일본에는 약 17,000여 개, 미국에는 약 25,000개의 직업의 종류가 있다고 설명했다. 한편 한 나라의 직업종류는 '인구가 많을수록, 국민소득이 높을수록 많게 나타난다'고 설명했다. 마지막으로 자신이 알고 있는 직업의 종류를 적어보라는 과제와 함께 10분의 시간을 주었다. 10분 후에 대부분의 학생이 20~30개의 직업의 종류를 적었다. 30명의 학생 중 제일 많은 직업의 종류를 기술한 학생이 72개를 적었다.

재미있는 현상이 나타났다. 72개의 직업 중에는 국어선생님, 영어선생님, 수학선생님 등등 교과목 이름과 선생님을 붙여 직업의 종류라 적은 것도 포함되어 있었다. 그도 그럴 것이 법대생의 생각에 직업이라는 의미를 가진 단어는 검사, 판사, 변호사 등의 법조인과 행정고시, 외무고시, 입법고시 등을 통하여 진출하는 고급 공무원과, 혹시 주변에서 자주 접하는 의사, 공인회계사 등 속칭 '사(士)'자 붙은 직업만 머리에 떠올랐을 것이다. 법대생의 머리에 서비스 분야나 엔지니어 분야의 직업이 생각날 리가 없다는 것을 당연한 현상으로 받아들여야 하는가?

대학졸업 후 동일계 취업률이 50% 미만 수준에 머물고 있는 현실에 이들도 다른 직업에 대해 관심을 가질 필요가 있다. 이공계열 분야를 전공한 학생들은 졸업 후 1년 정도면 대부분 일자리를 찾아간다. 졸업 당해 연도에는 눈높이를 낮추지 못하여 다소간 어려움을 겪지만 스스로 눈높이를 낮추어 중소기업이라도 선택하여 일자리를 찾아가는 경우가 대부분이다. 그러나 인문사회계열의 경우는 좀 다르다. 특히 중소기업의 경우 인문사회계열 전공자의 일자리는 더욱 찾기 어렵다. 간혹 있다 해도 영업마케팅 분야, 회계 분야 등에 한정되어 경쟁이 치열할 뿐 아니라, 공개채용을 하는 경우는 더욱 드물고, 친인척이나 인맥을 통하여 결원인원을 보충하는 정도에 그치고 있다.

매슬로우(Maslow)가 주장하는 인간의 다양한 욕구를 동시에 충족할 수 있는 것이 직업활동이다. 인간은 직업활동을 통하여 미래를 설계하고, 꿈과 희망을 가꾸며 인간관계를 형성하며, 자신의 삶을 추구한다. 이렇듯 인간의 삶에 있어서 직업활동은 대단히 중요하다. 특히 최초로 노동시장에 진입하는 청년층의 직업활동은 그 중요성이 더욱 크다.

대학 신입생의 54%가 대학에서 이루고 싶은 목표나 꿈이 무엇인지 구체적으로 생각해 본 적이 없으며, 4학년 1학기에 재학 중인 학생의 32.4%가 구체적인 진로목표가 없다고 조사되었다(KUT 2012년 학생생활실태조사 분석).

국내 4년제 대학 중 수년간 취업률 1위를 차지한 대학의 통계자료다. 비교적 취업준비가 잘되고, 다양한 지원프로그램이 우수하여 많은 대학에서 벤치마킹의 대상이 되었던 대학의 실태이다 보니 여타의 지방대학의 경우는 이보다 더 심각할 것이라는 것을 짐작할 수 있다.

2018년 3월 실업자수는 125만 7천 명, 실업률은 4.5%로 나타났다. 15세에서 29세까지 청년층 실업률은 11.6%를 기록했다. 2016년 11.8%를 기록한 후 3월 기준으로는 2년 만에 가장 높다. 청년층의 체감실업률은 23%를 넘고 있어 지표상으로는 취업이 어렵다는 데는 동의하지 않을 수 없다.

통계청은 취업자 증가를 이끌던 50대의 고용률이 하락했고 공무원 준비생이 실업자에 반영되면서 지표가 악화됐다고 설명하고 있다. 또한 대기업을 중심으로 대학재학생을 대상으로 '선 검증 후 채용'이라는 명목으로 대졸자를 정규직으로 직접 채용하기보다 일정기간을 정하여 인턴직으로 채용하는 경향이 증가하고 있어 대졸청년층의 취업은 갈수록 어려운 형편이라고 설명하고 있다.

## 제1절 일(Work)과 직업(職業)

일(노동, work)과 직업이라는 용어는 일상생활에서 상호 교환적으로 쓰이고 있다. 직업은 특정한 일을 지속적으로 하는 경우로서 '생계를 유지하기 위하여 자신의 적성과 능력에 따라 일정기간 계속하여 종사하는 일의 종류, 즉, 생계를 위해 일정기간 종사하며 수입이 발생되는 가치(보람)있는 일들의 조합'이다. 즉 일(work)이란 무엇을 이루거나 적절한 대가를 받기 위하여 어떤 장소에서 일정 시간 몸을 움직이거나 머리를 쓰는 활동, 그리고 어떤 계획과 의도에 따라 활동하는 대상이라고 말할 수 있다. 이처럼 종류를 불문하고 모든 직업에는 일이 있으며, 일은 정신적인 면을 강조하는 경우도 있고, 육체적인 면을 더 강조하는 경우도 있고, 양쪽이 비슷한 경우도 있다. 또한 일에 대한 시각과 태도가 부정적인 면도 있고 긍정적인 면도 있다.

부정적인 시각은 일은 근본적으로 힘들고 괴로운 것이기도 하지만, 그 대가와 보상이 충분히 주어지지 않았다는 점 때문에 비롯된 것으로 보인다. 이는 중세 이전부터 일은 대체로 강제적인 형태로 이루어졌기 때문이라고 생각된다. 이러한 시각은 현대라고 해서 온전히 불식된 것은 아니다.

긍정적인 시각은, 첫째 일은 경제적 보상이 주어지고, 둘째 그 자체로 즐거움이 있고 게으름으로부터 벗어나게 하며 건강하게 살아있다는 반증이고, 셋째 자기를 실현하는 창조적 활동으로 인간을 자유롭게 할 뿐 아니라 인간을 인간답게 해줄 수 있는 것이라고 보는 관점이다.

사람은 누구라도 직업(=일)활동을 해야 한다.

인간의 삶에 직업은 왜 필요한가? 왜 사람은 직업활동을 해야 하는가?

인간은 직업활동을 통해서 생존에 필요한 재화를 획득하고 물질적·정신적·문화적만족감을 누리며 삶의 보람과 긍지를 갖게 된다. 또한 인간은 직업활동을 통해서 소속감과 성취감을 느낄 수 있고, 사회적 욕구를 충족시킬 수도 있다. 인간의 삶에 직업은 사회의 존립과 성장·발전을 위해 요구되는 역할을 분담하는 사회공헌 수단이 되기도 한다. 따라서 인간은 직업활동을 통해서 사회적 지위, 권력이나 명예를 얻고 사회의 한 구성원으로서 역할을 수행하게 된다.

이처럼 인간이 스스로 인간의 역할을 밝히는 지렛대가 다름 아닌 '일'이며 '직업'인 것이다. 그런데 일을 추진하는 태도와 과정은 사람마다 사뭇 다르다. 즉, 개인이 가진 직업관(職業觀)의 차이에 따라 공동체를 위한 선업(善業)의 자세로 일하는 사람이 있고, 자기만의 이기(利己)와 탐욕(貪慾)에 빠져 세상을 어지럽히는 악업(惡業)을 행하는 사람도 있다. 이는 직업이 사회의 불평등을 해소하는 하나의 수단이 된다는 사실을 간과한 것이다. 특히 가정과 학교 그리고 직장은 모든 사람이 거쳐야 하고 머무는 곳으로, 그 곳에서 벌어지는 일의 파장이 가정에는 행복을 키우고, 직장에서는 협동과 안정의 신뢰를 심고, 국가에는 번영을 이어가며, 인류에는 공존의 희망을 세우게 되는 것이다.

미국의 심리학자 프레디저는 일의 유형을, '첫째 사람과 관련된 일, 둘째 사물과 관련된 일, 셋째 데이터와 관련된 일, 넷째 아이디어와 관련된 일'로 구분하고 각각 13가지의 구체적인 직업활동 사례를 다음과 같이 분류하고 있다.

**인간의 직업유형 분류(프레디저)**

| 일자리 구분 | 일자리 유형 | 비고 |
|---|---|---|
| 사람과 관련된 직업활동 유형 | 상담하기, 고객응대하기, 사람격려하기, 통솔하기, 조화롭게 만들기, 협상하기, 코칭하기, 교육하기, 교제하기, 조언하기, 공동으로 작업하기, 판매하기, 중재하기 등 | 13가지 |
| 사물과 관련된 직업활동 유형 | 이동하기, 구매하기, 현장관리하기, 건설하기, 도구이용하기, 운송하기, 육성하기, 유지보수하기, 작동하기, 조립하기, 점검하기, 고장수리하기, 수집하기 등 | 13가지 |
| 데이터와 관련된 직업활동 유형 | 조사하기, 분류하기, 편집하기, 연구하기, 분석하기, 검토하기, 요약하기, 기록하기, 단서 수집하기, 판독하기, 예산책정하기, 판정하기, 계산하기 등 | 13가지 |
| 아이디어와 관련된 직업활동 유형 | 설명하기, 아이디어 포착하기, 개념화하기, 발명하기, 유추하기, 개혁하기, 변호하기, 문제해결하기, 전략개발하기, 결합하기, 홍보하기, 글쓰기, 발표하기 등 | 13가지 |

## 1. 직업의 의미

한국직업사전(2016)에서는 유사직업을 포함하여 12,700여 개의 직업이 수록되어 있고, 직업을 '개인이 계속적으로 수행하는 경제 및 사회활동의 종류'라고 규정하고 있다. 즉, 직업이란 삶에 필요한 재화를 획득하기 위해서 지속적으로 하는 정신적·육체적 노동을 의미한다.

직업이란 원래 직분(職分)을 의미하는 직(職 ; calling, beruf))과 생업(生業)을 의미하는 업(業; occupation, business)이 합쳐서 이루어진 단어이다. 직업을 표현하는 영어단어들은 제각기 독특한 뉘앙스를 지니고 있어 사용되는 범위를 구별할 수 있다. 예컨대, 영어의 'Calling과 독일어의 Beruf'는 신의 부름이라는 종교적 의미를 지니므로 천직이나 소명으로서의 직업을 뜻하고, Business는 영리적 사업을 뜻하며, Profession은 비영리적인 전문직을 표현하고, Occupation은 실제적이고 경제적인 색채가 강한 표현이다. 따라서 직업은 천직(天職)으로서의 직(職)의 의미와 생업(生業)으로서의 업(業)의 의미가 복합적으로 결합된 단어라고 할 수 있다.

독일 사람들이 직업의식이 강하다는 말은 어릴 때부터 학교교육을 통하여 직업(beruf)에 대한 소명의식을 철저히 배운 교육의 결과이다. 우리나라에서 사용하는 직업이라는 용어는 영어의 Work, Vocation, Profession, Duty, Labor, Occupation, Business와 독일어의 Geschaft 등 업(業)을 의미하는 단어들이 가지고 있는 모든 의미를 포괄하는 복합적인 의미로 사용되고 있다. 곧 직업의 경우는 실제 사용하는 범위가 세분되거나 구체적으로 명문화되어 있지 않지만 다음과 같이 의미를 부여할 수 있다.

첫째, 직업은 지속적인 공헌(contribution)을 통해 경제적 보상을 받는 일로서 보상의 내용이나 명목이나 형태는 크게 문제되지 않는다.

둘째, 직업은 수행하는 활동이 사회적 유용성(utility)을 지닌 일이어야 한다.

셋째, 직업은 성인이 자율적 의사에 따라 수행하는 일이다.

넷째, 직업활동에는 정신적·육체적 노동이 수반되어야 한다.

## 2. 직업과 삶(life)

인간은 직업활동을 통해서 기본적 욕구와 사회적 욕구를 충족시킨다. 또한 가장 많은 시간을 직업활동에 투입한다. 청소년기까지는 직업준비 활동으로, 그 후에는 직업활동으로, 은퇴 후에는 일상생활을 통하여 습득된 지혜나 경험을 나누며 살아간다. 이와 같이 직업이란 삶의 중요한 과정이자 그 현장인 것이다.

Samuel Butler는 '모든 사람이 하는 일은 그것이 문학·음악·건축 그 어느 것이든, 언제나 그 자신의 초상화다'라고 했다. 즉, 직업이란 단순히 생계를 위한 노동의 의미를 넘어 그 사람 자체(정체성, identity)를 의미한다.

우리가 한 사람에 대해 알고자 하면 대부분 이름이 무엇이냐, 어디에 사느냐, 나이가 얼마냐 등의 물음과 더불어 무엇을 하느냐고 물어본다. 이는 곧 직업이 그 사람의 삶의 질과 사회적 지위뿐만 아니라 성격과 기질, 취향과 태도, 사람됨과 인격까지도 포함한다는 의미다. 직업이 인간 삶에 얼마나 중요한 의미인가는 직업이 없거나 실직 한 실업자의 경우를 생각해보면 보다 분명해진다.

Rollo May는 '일을 버리면 급속히 자기 자신에게 이방인이 된다'라고 했다. Albert Camus는 '일이 없으면 모든 생활이 타락한다'라고 설파했다.

40대의 중반에 정리해고 된 한 가장의 일상을 살펴보자. 그는 '우리 가족은 이제 어떻게 살아갈 것인가?', '지금까지 나는 무엇을 이루어 놓았는가?', '자녀들 교육은 어떻게 시켜야 하고, 결혼을 해야 하는 아이들에게는?' '매일 아침 출근인사를 건네던 아내에게 오늘은 무슨 볼일이 있다고 할까?' 막막할 뿐 해결책은 잘 보이지 않는다. 대학을 졸업하고 취업준비중인 사람의 경우도 마찬가지다. 대학만 졸업하면 괜찮은 직업을 찾아 당당하게 취업될 줄 알았다. 그러나 현실은 만만치 않다.

Voltaire는 '일은 적어도 권태・악・가난이라는 세 가지 큰 악으로부터 우리를 지켜준다'고 했다. 인간이 직업을 가지고 살아간다는 것은 최소한 직업이 없는 사람들이 겪을 수밖에 없는 비인간적 '악(惡)'으로부터 탈출할 수 있게 하는 주요 장치라고도 할 수 있다. Maslow가 말한 인간의 욕구발달 5단계(생존, 안전, 소속, 성취, 자아실현)를 동시에 실현할 수 있는 가장 중요한 수단이 직업생활을 하는 것이다. 직업활동을 하지 않고는 인간의 욕구발달을 기대할 수 없다는 의미다. 이러한 의미에서 직업이란 인간의 삶에서 다음과 같은 주요 의미가 있다.

첫째, 직업은 생계유지를 위한 필수적 수단과 방법이다.

둘째, 개개인의 직업은 사회적 역할수행자로서의 의미를 가진다.

셋째, 직업은 개개인의 삶의 방식과 그 내용을 결정짓는 중요한 요인이다.

## 3. 직업의 통용기준

우리 사회에서 직업이라는 용어의 통용기준을 살펴보면 대략 다음과 같다.

| 직업의 기준 | 통용범위 |
|---|---|
| 직업은 성인이 하는 일이다. | 근로기준법에 따라 13세 미만의 미성년자들이 직업을 갖는 것을 제한하고 있다.<br>→ 미성년자들이 직업을 준비하는 학습활동, 아역탤런트, 소년소녀 가장의 생계벌이 등은 직업활동으로 구분하지 않는다. |
| 직업은 계속적으로 수행하는 일상적 활동이다. | 반드시 매일이거나 정기적이어야 할 필요는 없지만 일정기간 동안 영속성을 지니고 있어야 한다.<br>→ 학생들의 아르바이트와 같이 시간제 일로 일이 일상화되지 않은 경우는 직업활동으로 구분하지 않는다. |
| 직업은 경제적 보상이 수반된다. | 자원봉사나, 재능 나눔, 주부의 가사활동, 은행예금 이자수입 등은 비록 금전적 수익이 발생한다 해도 이를 직업활동으로 인한 소득으로 구분하지 않는다. |
| 직업은 사회적 효용성이 있다. | 사회규범상 반사회적이라고 규정되는 일은 직업이라고 할 수 없다.<br>→ 밀수, 사채업, 도박, 폭력청부 등은 직업활동으로 구분하지 않는다. |
| 직업은 자기의사에 따라 하는 일이다. | 자기의사에 반하여 강제적으로 행해지는 일이 아니어야 한다.<br>→ 강제노동으로 수입을 올리는 경우, 재소자나 사회봉사활동을 명령받아 일에 종사할 경우에는 직업활동으로 구분하지 않는다. |
| 직업은 노동력이 소요되는 일이다. | 특히 불노소득이나 횡재 등을 수입원으로 살아가는 경우 직업으로 보지 않는다.<br>→ 이자, 주식배당, 임대료, 복권 등의 수입원 및 연금이나 사회보장에 의한 수입으로 살아가는 경우 직업활동으로 구분하지 않는다. |

이러한 개념을 종합하면 직업은 '경제적으로 보상받기 위한 성인들의 일상적이며 계속적인 생산활동'이라고 정의할 수 있다.

## 4. 복합적 의미로서의 직업

직업이란 단순한 생계활동적 수단으로서만 그치지 않고 그 이상의 의미를 내포하고 있기 때문에 복합적 의미를 지니고 있다고 할 수 있다.

| 직업의 특성 | 직업이 가진 복합적 의미 |
| --- | --- |
| 생계를 위한 경제활동 | • 직업은 개개인에게 일할 기회를 제공하며,<br>• 한 일의 대가로 물질적 보상을 받아 자신과 가족의 생계를 유지한다. |
| 사회적 역할 분담 | • 현대사회에서 직업의 중요한 특성 중의 하나는 사회적 역할분담에 있다.<br>→ 전근대사회에서는 사회적 신분에 따라 역할이 분담되었으나<br>→ 현대사회에서는 직업에 따라 역할이 분담된다.<br>• 인간은 직업을 통해 생계를 유지하지만 더불어 사회적 역할분담으로 사회에 공헌하게 되며 발전에 기여하게 된다. |
| 자아실현 | • 사람은 직업을 통해서 경제생활을 영위하고, 나아가 사회적 역할을 분담하면서 사회발전에 기여한다.<br>• 인간은 직업을 통해 자질과 능력을 충분히 발휘함으로써 자신의 꿈과 이상을 실현하고자 한다. |

## 제2절 산업분류와 직업분류

### 1. 한국표준산업분류

표준산업분류란 '산업주체들이 모든 산업활동을 그 성질에 따라 유형화하고 이를 부호화한 것으로 산업활동에 관련된 각종 통계를 작성하는 데 통일적으로 적용되는 기준'을 말한다. 또 금융·세제상의 지원이나 여신관리 등 정부정책을 수립·시행하는 과정에서 일관성 있게 적용할 수 있는 산업의 범위 및 대상을 구분하는 기준으로 사용된다.

정부는 1963년부터 유엔 통계청이 작성한 국제표준산업분류방식에 따라 우리나라의 산업특성에 맞는 '한국표준산업분류'를 제정·사용해 왔다. 현행 산업분류는 산업구조의 변화를 반영하기 위하여 2007년 1월에 제9차 개정 고시되어 동년 3월 1일부터 시행됐으며, 2017년에 제10차 개정(2017. 1. 13)을 통해 경제 관련 통계의 현실적합성 및 국제 비교성 제고, 일관성 확보 및 통계 신뢰도가 제고되어 각종 경제정책수립 및 평가, 관련 지표와 통계결과 분석 수단 등으로 유용하게 활용되고 있다.

한국표준산업분류는 국가 기본통계 작성을 위한 분류기준이 되며, 기업 금융 및 조세부과·공장설립·공공요금책정·각종 사회보험 적용기준 등으로 약 90개 법령에서 준용되고 있다.

### 1) 한국표준산업분류표(제10차 개정: 2017. 1. 13)

| 대분류 | 중분류 | 소분류 | 세분류 | 세세분류 |
|---|---|---|---|---|
| A 농업, 임업 및 어업 | 3 | 8 | 21 | 34 |
| B 광업 | 4 | 7 | 10 | 11 |
| C 제조업 | 25 | 85 | 183 | 477 |
| D 전기, 가스, 증기 및 공기조절 공급업 | 1 | 3 | 5 | 9 |
| E 수도, 하수 및 폐기물처리, 원료재생업 | 4 | 6 | 14 | 19 |
| F 건설업 | 2 | 8 | 15 | 45 |
| G 도매 및 소매업 | 3 | 20 | 61 | 184 |
| H 운수 및 창고업 | 4 | 11 | 19 | 48 |
| I 숙박 및 음식점업 | 2 | 4 | 9 | 29 |
| J 정보통신업 | 6 | 11 | 24 | 42 |
| K 금융 및 보험업 | 3 | 8 | 15 | 32 |
| L 부동산업 | 1 | 2 | 4 | 11 |
| M 전문, 과학 및 기술서비스업 | 4 | 14 | 20 | 51 |
| N 사업시설관리, 사업지원 및 임대서비스업 | 3 | 11 | 22 | 32 |
| O 공공행정, 국방 및 사회보장행정 | 1 | 5 | 8 | 25 |
| P 교육서비스 | 1 | 7 | 17 | 33 |
| Q 보건업 및 사회복지서비스업 | 2 | 6 | 9 | 25 |
| R 예술, 스포츠 및 여가관련 서비스업 | 2 | 4 | 17 | 43 |
| S 협회 및 단체, 수리 및 기타 개인서비스업 | 3 | 8 | 18 | 41 |
| T 가구 내 고용활동, 자가소비 생산활동 | 2 | 3 | 3 | 3 |
| U 국제 및 외국기관 | 1 | 1 | 1 | 2 |
| 21 | 77 | 232 | 495 | 1,196 |

## 2) 한국표준산업분류

A 농업, 임업 및 어업
- 01 농업
- 02 임업
- 03 어업

B 광업
- 05 석탄, 원유 및 천연가스 광업
- 06 금속광업
- 07 비금속광물 광업
- 08 광업지원 서비스업

C 제조업
- 10 식료품 제조업
- 11 음료 제조업
- 12 담배 제조업
- 13 섬유제품 제조업
- 14 의복, 모피제품 제조업
- 15 가죽, 가방, 신발 제조업
- 16 목재 및 나무제품 제조업
- 17 펄프, 종이, 종이제품 제조업
- 18 인쇄 및 기록매체 복제업
- 19 코크스, 연탄, 석유정제품 제조업
- 20 화학물질, 화학제품 제조업
- 21 의료용 물질, 의약품 제조업
- 22 고무, 플라스틱제품 제조업
- 23 비금속 광물제품 제조업
- 24 1차 금속 제조업
- 25 금속가공제품 제조업
- 26 전자, 컴퓨터, 통신장비 제조업
- 27 의료, 정밀, 광학기, 시계 제조업
- 28 전기장비 제조업
- 29 기타 기계 및 장비 제조업
- 30 자동차, 트레일러 제조업
- 31 기타 운송장비 제조업
- 32 가구제조업
- 33 기타 제품 제조업
- 34 산업용 기계 및 장비 수리업

D 전기, 가스, 증기 및 공기조절 공급업
- 35 전기, 가스, 증기, 공기조절 공급업

E 수도, 하수, 폐기물처리, 원료재생업
- 36 수도업
- 37 하수, 폐수, 분뇨 처리업
- 38 폐기물 수집, 처리, 원료재생업
- 39 환경정화 및 복원업

F 건설업
- 41 종합건설업
- 42 전문직별 공사업

G 도매 및 소매업
- 45 자동차 및 부품 판매업
- 46 도매 및 상품중개업
- 47 소매업

H 운수 및 창고업
- 49 육상운송, 파이프라인 운송업
- 50 수상운송업
- 51 항공운송업
- 52 창고 및 운송관련 서비스업

I 숙박 및 음식점업
- 55 숙박업
- 56 음식점 및 주점업

J 정보통신업
- 58 출판업
- 59 영상, 오디오 기록물제작 및 배급업
- 60 방송업
- 61 우편 및 통신업
- 62 컴퓨터, 시스템통합 및 관리업
- 63 정보서비스업

K 금융 및 보험업
- 64 금융업
- 65 보험 및 연금업
- 66 금융 및 보험관련 서비스업

L 부동산업
- 68 부동산업

M 전문, 과학 및 기술서비스업
- 70 연구개발업
- 71 전문서비스업
- 72 건축기술 및 과학기술서비스업
- 73 기타 전문, 과학기술서비스업

N 사업시설관리, 사업지원 및 임대서비스업
- 74 사업시설관리 및 조경서비스업
- 75 사업지원서비스업
- 76 임대업(부동산 제외)

O 공공행정, 국방 및 사회보장행정
- 84 공공행정・국방・사회보장행정

P 교육서비스업
- 85 교육서비스업

Q 보건업 및 사회복지서비스업
- 86 보건업
- 87 사회복지서비스업

R 예술, 스포츠 및 여가 관련 서비스업
- 90 창작, 예술, 여가 관련 서비스업
- 91 스포츠, 오락 관련 서비스업

S 협회 및 단체,수리 및 기타 개인서비스업
- 94 협회 및 단체
- 95 개인 및 소비용품 수리업
- 96 기타 개인서비스업

T 가구 내 고용활동 및 달리 분류되지 않는 자가소비 생산활동
- 97 가구 내 고용활동
- 98 달리 구분되지 않는 자가소비를 위한 가구의 재화, 서비스 생산활동

U 국제 및 외국기관
- 99 국제 및 외국기관

※ 한국표준산업분류 제10차 개정(2017년) 기준임.

### 3) 한국표준직업분류

돈을 벌기 위해 개인이 하는 일(경제활동)을 수행되는 일의 형태에 따라 통계적으로 유형화한 것을 말한다. 통계청에서는 국제노동기구(ILO) 국제표준직업분류를 근거로 직업분류를 국내실태에 맞도록 표준화한 '한국표준직업분류'를 개정・고시하고 있다.

**한국표준직업분류표**

| 직업분류명 |
|---|
| 1. 관리자 |
| 공공기관 및 기업 고위직, 행정・경영지원 및 마케팅 관리직, 전문서비스 관리직, 건설・전기 및 생산 관련 관리직, 판매 및 고객서비스 관리직<br>- 국회의원, 기획관리자, 대학총장, 부서관리자, 회원단체관리자 등 |
| 2. 전문가 및 관련 종사자 |
| 과학 전문가 및 관련직, 정보통신 전문가 및 기술직, 공학 전문가 및 기술직, 보건・사회복지 및 종교 관련직, 교육전문가 및 관련직, 법률 및 행정전문직, 경영・금융전문가 및 관련직, 문화・예술・스포츠전문가 및 관련직<br>- 생명과학연구원, 시스템개발자, 건축가, 의사, 교수, 변호사, 관세사, 작가 등 |
| 3. 사무종사자 |
| 경영 및 회계 관련 사무직, 금융사무직, 법률 및 감사 사무직, 상담・안내・통계 및 기타 사무직<br>- 행정사무원, 보험심사원, 특허사무원, 모니터요원 등 |
| 4. 서비스종사자 |
| 경찰・소방・보안 관련 서비스직, 돌봄・보건・개인생활 서비스직, 운송 및 여가 서비스직, 조리 및 음식서비스직<br>- 경호원, 간병인, 여행안내원, 조리사 등 |
| 5. 판매종사자 |
| 영업직, 매장 판매 및 상품 대여직, 통신 및 방문・노점 판매 관련직<br>- 보험설계사, 매장계산원, 텔레마케터 등 |
| 6. 농림어업 숙련종사자 |
| 농축산 숙련직, 임업 숙련직, 어업 숙련직<br>- 병아리감별사, 벌목원, 해녀 등 |
| 7. 기능원 및 관련기능 종사자 |
| 식품가공 관련 기능직, 섬유・의복・가죽 관련 기능직, 목재・가구・악기・간판 관련 기능직, 금속성형 관련 기능직, 운송 및 기계 관련 기능직, 전기 및 전자 관련 기능직, 정보통신 및 방송장비 관련 기능직, 건설 및 채굴 관련 기능직, 기타 기능 관련직<br>- 제빵원, 재단사, 악기수리원, 용접원, 자동차정비원, 전기공, 도배공, 인터넷수리원, 방역원 |

| 8. 장치・기계 조작 및 조립 종사자 |
|---|
| 식품가공 관련 기계조작직, 섬유 및 신발 관련 기계조작직, 화학 관련 기계조작직, 금속 및 비금속 관련 기계조작직, 기계제조 및 관련 기계조작직, 전기 및 전자 관련 기계조작직, 운전 및 운송 관련직, 상하수도 및 재활용처리 관련 기계조작직, 목재・인쇄 및 기타 기계조작직<br>– 도정기조작원, 직조기조작원, 사출기조작원, 판금기조작원, 자동조립라인조작원, 발전터빈조작원, 자동차운전원, 소각로조작원, 인쇄기조작원 등 |
| **9. 단순노무 종사자** |
| 건설 및 광업 관련 단순노무직, 운송 관련 단순노무직, 제조 관련 단순노무직, 청소 및 경비 관련 단순노무직, 가사・음식 및 판매 관련 단순노무직, 농림어업 및 기타서비스 단순노무직<br>– 건설단순노무자, 배달원, 포장원, 경비원, 가사도우미, 검침원 등 |

※ 한국표준직업분류 제7차 개정(2018년) 기준임.

## 2. 한국고용직업분류

한국고용직업분류란 노동시장 상황과 수요, 현실적 직업구조 등을 반영하여 직무를 체계적으로 분류한 것이다. 이는 고용 관련 행정 데이터베이스나 통계조사자료의 결과를 집계하고 비교하기 위해 통계목적으로 활용되고 있다.

한국고용직업분류는 공공부문의 취업알선 업무에 활용되며(한국고용직업분류를 취업알선에 맞게 확장하여 '취업알선직업분류'로 활용 중), 국가직무능력표준(NCS), 직업훈련, 국가기술자격, 직업정보의 제공, 진로지도 등 고용실무 전반의 기본 분류틀로 활용되고 있다.

### 1) 한국고용직업분류의 기준

한국고용직업분류 내용으로 '직능유형과 직능수준'을 고려하여 분류하고 있다.

직능유형은 직무를 수행하는 '일의 유형'으로서 직무수행에 요구되는 지식의 분야, 사용되는 도구 및 장비, 투입되는 원재료, 생산된 재화나 서비스의 종류, 직무 간 이동성 및 경력이동경로 등과 관련된다. 직능수준은 직무수행 능력의 높낮이를 말하는 것으로 정규교육, 직업훈련, 직업경험 그리고 선천적 능력과 사회 문화적 환경 등에 의해 결정된다. 직능수준으로는 일반적으로 1~4 직능수준이 된다. 대분류와 중분류 단위에서는 직능유형을 우선적으로 적용하였으며, 소분류 단위에서 직능수준을 함께 적용하였다. 다만,

중분류 단위에서도 해당 항목이 직능 유형만으로 구분하기 어려운 여러 단위에 걸쳐 있어서 구분하기 곤란한 경우는 직능수준이 고려되었다.

## 2) 2018 한국고용직업분류 항목별 구성체계

| 대분류 | 중분류 | 소분류 | 세분류 |
|---|---|---|---|
| 0. 경영, 사무, 금융, 보험직 | 3 | 18 | 70 |
| 1. 연구직 및 공학, 기술직 | 5 | 19 | 54 |
| 2. 교육, 법률, 사회복지, 경찰, 소방직 및 군인 | 5 | 12 | 41 |
| 3. 보건의료직 | 1 | 7 | 20 |
| 4. 예술, 디자인, 방송, 스포츠직 | 2 | 8 | 34 |
| 5. 미용, 여행, 숙박, 음식, 경비, 청소직 | 6 | 13 | 49 |
| 6. 영업, 판매, 운전, 운송직 | 2 | 11 | 35 |
| 7. 건설, 채굴직 | 1 | 6 | 24 |
| 8. 설치, 정비, 생산직 | 9 | 37 | 110 |
| 9. 농림어업직 | 1 | 5 | 13 |
| 항목 | 35항목 | 136항목 | 450항목 |

## 3) 한국고용직업분류의 대분류 직업분류 항목 개념

| 코드 번호 | 직업명 | 직업분류 |
|---|---|---|
| 0 | 경영, 사무, 금융, 보험 | 이 직업범주에는 관리직, 경영·행정·사무직, 금융·보험직 등이 포함된다.<br>• 관리직: 조직 전체 또는 조직 내 부서에서 의사결정을 수행하는 자들로서 높은 수준의 책임과 전문성을 필요로 하며, 정규교육과 광범위한 직업경험을 통해 직무수행능력이 갖춰진다.<br>• 경영·행정·사무직과 금융·보험직은 기업경영과 관련한 사무나 경영지원 서비스, 금융서비스 등을 제공하는 업무와 관련된다.<br>→ 금융·보험직은 특정 산업부문의 고유 업무를 주로 수행하지만 그 외 직업은 대부분의 산업부문에서 찾아볼 수 있는 직업이다. |
| 1 | 연구직 및 공학, 기술 | 이 직업범주는 인문·사회과학 분야, 자연·생명과학 분야의 연구 및 시험과 관련한 직업과 정보통신, 건축, 엔지니어링 등 공학 분야의 전문적이고 기술적인 직업이 포함된다.<br>• 이 유형의 직업 중 과학연구 관련 직업은 석사 이상의 매우 높은 교육수준이 요구된다. |

| | | |
|---|---|---|
| | | • 공학 분야의 기술적 직업 또한 대학 이상의 고학력이나 오랜 숙련 및 추가적인 교육이 요구된다. |
| 2 | 교육, 법률, 사회복지 경찰, 소방, 군인 | 이 직업범주는 교육, 법률, 사회복지(상담), 종교, 경찰, 소방, 교도 등 공공서비스 영역이거나 그와 관련된 프로그램을 운영하는 일과 관련된 직업이 포함된다.<br>• 이 유형의 직업 중 상당수는 대학 이상의 고학력이 요구되며, 주로 공공영역에 고용되어 있다.<br>• 이 직업범주에는 군대 내에서 다양한 직무를 수행하는 군인들을 포함하고 있다.<br>→ 군인은 특수 분야이므로 직무를 기준으로 분류하지 않고 군대 내 계급체계를 고려하여 분류하고 있다. 다만, 국방과 관련된 정부·기업에 고용된 민간인이나 단기간 군사훈련 또는 재훈련을 위해 일시적으로 소집된 자 및 예비군은 제외된다. |
| 3 | 보건의료 | 이 직업범주는 보건의료와 관련한 전문직과 의료기술직, 보건의료 서비스직 등의 직업이 포함된다.<br>• 대부분의 직업은 보건의료계열에서 고등교육 이수를 필요로 하며 관련 자격 혹은 면허 취득이 요구된다.<br>→ 보건의료 서비스 직업은 단기간의 훈련을 통해 양성되는 경우도 있다. |
| 4 | 예술, 디자인, 방송, 스포츠 | 이 직업범주는 작가, 도서관 및 박물관 관련 전문직, 기자 및 언론 전문가, 공연예술, 디자인, 연극, 영화, 방송 관련 전문직 및 기술적 직업, 그리고 그 외의 관련 종사자들이 포함된다.<br>• 스포츠 및 레크리에이션 직업도 같이 묶여 있다.<br>→ 이들 직업의 특성은 교육수준도 중요하지만 다른 직업과 달리 창의적인 재능이나 운동능력이 더 중요시되기도 한다. |
| 5 | 미용, 여행, 숙박, 음식, 경비, 청소 | 이 직업범주는 이·미용, 예식, 여행, 숙박, 음식 조리 및 제공, 경호 및 경비, 돌봄서비스, 청소 등 주로 개인 고객을 대상으로 개인생활서비스를 제공하는 직업이 포함된다. |
| 6 | 영업, 판매, 운전, 운송 | 이 직업범주는 영업활동을 하거나 상품 또는 서비스를 판매 또는 임대하는 직무를 수행하는 직업과 항공기, 기차, 지하철, 자동차, 기타 운송기계 등을 운전하거나 관련한 지원업무를 담당하는 직업이 포함된다.<br>• 다만 운송사무원은 사무직으로 분류된다.<br>• 이 범주에 속한 영업·판매직과 운전·운송직 간에는 직무가 이질적인 부분이 많다. 납품영업과 같이 직무수행 과정에서 일부 직무 간 겹치는 현상도 나타나는 경우도 있다.<br>→ 또한 동일 산업부문 또는 동일 직장 내에서 영업·판매와 운전·운송 업무를 수행하는 종사자들이 같이 활동하는 경우도 많다. 이를 고려하여 동 직무를 하나의 대분류 항목으로 묶어 구분하였다. |
| 7 | 건설, 채굴직 | 이 직업범주는 건설 및 광업(채굴) 분야의 현장에서 직접 건설직무를 수행하는 기능원과 단순노무종사자 등이 포함된다. 이 직업 중 기능원 직업은 대체로 숙련이 필요한 직업이며, 숙련공으로부터 기능을 습득하거나 직업훈련기관, 특성화 고등학교 등에서 전문훈련을 받아 취업하기도 한다. |
| 8 | 설치, 정비, 생산직 | 이 직업범주는 각종 기계를 설치하거나 정비하는 직업과 제조 생산 공정에서 생산과 관련한 직무를 수행하는 직업 등이 포함된다. |

| | | |
|---|---|---|
| | | • 기계, 금속·재료, 전기·전자, 정보통신, 화학·에너지·환경, 섬유·의복, 식품가공, 인쇄·목재·공예 및 기타 제조 생산 분야에서 관련 기계를 설치·정비하거나 제조·생산공정에서 기계조작, 조립, 가공, 제조 및 관련 단순노무에 종사하는 직업이다.<br>• 이들 직업 중 일부는 숙련이 필요한 직업이며, 숙련공으로부터 기능을 습득하거나 직업훈련기관, 특성화고등학교 등에서 전문훈련을 받아 취업하기도 한다. 이를 위해 관련 국가기술 자격을 취득하는 경우도 있다. 숙련공으로 경력이 쌓이면 현장 감독으로 나아가거나 설치·정비·생산직 분야 자영업체를 운영할 수 있다. |
| 9 | 농림어업직 | 이 직업범주는 농업, 임업, 어업 등 분야에서 작물을 재배하거나 동물을 번식·사육하며 산림의 보존 및 개발, 물고기 및 수생 동·식물을 양식하거나 채집·채취하는 일을 수행하는 직업이 포함된다.<br>• 이 범주의 직업은 대부분 1차 산업인 농림어업에 종사한다. |

## 제3절 사회이동과 경영 패러다임의 변화

### 1. 사회이동 단계별 특징

인류의 역사를 뒤돌아보면 18세기까지 농경사회를 거쳐 19세기 산업혁명과 20세기 중반에 일어난 정보혁명을 거쳐 21세기인 지금은 지식정보화사회를 맞이하고 있다. 앨빈 토플러는 사회이동과 경영 패러다임의 변화를 '산업혁명, 디지털혁명, 창조혁명'으로 구분하고 있다. 그가 말한 각각의 시대적 특징을 요약하면 다음 표와 같이 나타낼 수 있다.

산업혁명시대에는 큰 것이 작은 것을 이기는 시대로서 '중후장대(重厚長大)와 아날로그(analog)'가 핵심 키워드였다. 많이 아는 것(To Know)이 경쟁력의 원천이었으며, 최대(maximus)의 것만 선택되었고, 기업은 동종(同種)의 산업과 양(量) 위주의 생산으로 원가(cost)를 최대한 낮추어 시장점유율을 확대해야 했기 때문에 한 개의 정답으로 '소품종 대량생산'을 추구하는 시대였다고 할 수 있다. 이 시기에 공장자동화를 통한 대량생산 구조가 도입되기 시작했다.

**사회이동과 경영 패러다임의 변화**

| 구분 | 산업혁명시대 | 디지털혁명시대 | 창조혁명시대 |
|---|---|---|---|
| 핵심 키워드 | 중후장대(重厚長大) | 경박단소(輕薄短小) | 미감유창(美感遊創) |
| | Maximus(最大) | Optimum(最適) | Primus(最初) |
| | Analog, To Know | Digital, To Discover | Digi-log, To Think |
| | 큰 것이 작은 것을 이기는 시대 | 빠른 것이 느린 것을 이기는 시대 | 예쁜 것이 미운 것을 이기는 시대 |
| 생산기준 | 양(量) 위주의 생산 (Efficiency) | 질(質) 위주의 생산 (Effectiveness) | 격(格) 위주의 생산 (Elegance) |
| | 원가경쟁(Cost) | 가격경쟁(Price) | 가치경쟁(Value) |
| 경쟁상대 | 동종(同種) 간 경쟁 MS(Market Share) | 이종(異種) 간 경쟁 Quality 경쟁 | 스스로(創造) 경쟁 Brand 경쟁 |
| 고객선호 | 양 많은 음식 (10인 1색: 한 개의 정답) | 맛 좋은 음식 (10인 10색: 여러 개의 정답) | 새로운 음식 (1인 10색: 정답이 없음) |
| 경영전략 | 營理(과거경영) | 戰略(新경영) | 創意(창조경영) |

디지털혁명시대에서는 '빠른 것이 느린 것을 이기는 시대'(To Discover)로서 '경박단소(輕薄短小)와 디지털(Digital)'이 핵심 키워드였다. 많이 아는 것보다 새로운 것을 찾는 것이 경쟁력이었으며, 최적(optimum)의 것만 소비자로부터 선택되었다. 대부분의 자료는 컴퓨터에 저장되어 있으니 누가 얼마나 빨리 찾아 질(質) 좋고 값싼 제품을 생산하기 위해 다른 업종(異種) 간의 경쟁이 시작된 시기였다고 할 수 있다.

이 시대에서는 시장점유율보다 제품의 품질을 더 중요시하였으며, '다품종 소량생산'으로 다양한 소비자를 대상으로 고객의 만족을 높이는 가격(price)경쟁을 중시하는 경영전략을 추구하였다. 따라서 한 개의 정답이 아니라 다양한 고객의 니즈에 맞게 다양한 정답이 존재하였으며, 이 시기부터 고객맞춤형 주문생산이 새롭게 등장하는 시대였다고 할 수 있다.

창조혁명시대에서는 예쁜 것이 미운 것을 이기는 시대로서 '미감유창(美感遊創)과 디지로그(Digi-log)'가 핵심 키워드였다. 창조혁명시대에서는 과거의 패러다임에서 벗어나 새로운 것을 창조하는 것이 중요하다. 따라서 기존의 사고방식과 틀을 뛰어넘을 수 있는 '생각하는 능력(To Think)'이 가장 중요한 핵심가치로 대두되고 있다. 최초(primus)의 제품만이 생존하는 시대가 되었다.

고객으로부터 선택을 받지 못하는 2등 제품은 살아남지 못하는 시대, 최초이며 인간의 감성을 움직일 수 있고, 품격을 가진 제품과 새로운 가치를 스스로 창조할 수 있는 브랜드(brand)를 만들어가는 시대라고 할 수 있다. 정답은 없으며 시장과 고객의 니즈에 따라 다양한 정답이 존재하는 시대가 되었다.

특히 창의성이 강조되고 있다. 모든 창조는 '무(無)'에서 '유(有)'를 만들기보다는 기존의 '유(有)'와 또 다른 '유(有)'를 묶어 새로운 것을 만드는 것이다. 창조라고 해서 무조건 세상에 존재하지 않는 뭔가를 만들어 낼 것이라는 생각은 착각이다. 이 세상에 인간이 필요로 하는 모든 물질은 이미 만들어져 있다. 인간은 이러한 것들을 잘 엮어 새로운 것을 만들면 된다.

이 세상의 모든 창조는 극단적으로 말해 모방이자 표절이다. 창조의 핵심 원리는 두 가지 이상을 엮어내는 이연연상(二連聯想)이나 이종결합(異種結合)에 있다. 창조는 모방과 표절을 거치지만 기존의 것과 다르게 엮거나 조합하는 것이다. 다시 말해 이전의 창조물과는 분명한 차이가 있는 모방이자 표절인 것이다.

지구상에 있는 모든 것을 이전 방식과 다르게 보고 다르게 엮는 것, 그것이 바로 창조의 시작이다. 창조(創造)의 '창(創)'이라는 한자는 '창고라는 의미의 창(倉)자와 칼이라는 의미의 도(刀)'를 엮어 '창(創)'자를 만들었다. 이의 본래 의미는 기존의 물건에 칼로 상처를 내서 새로운 것을 만든다는 의미를 가지고 있다.

## 2. 사회적 특성의 변화

학벌(spec) 중심 사회에서 능력(competency) 중심 사회로의 변화이다.

1970~1990년대까지 고도 경제성장 단계에서의 인재역량 평가기준은 학벌이었다. 학교에서는 많이 알게 하는 교육방법으로 이론중심의 주입식 교육이 대세였다. 지나친 학문 중심 교육으로 대학진학율이 80퍼센트까지 치솟아 잡 미스매치와 스킬 미스매치가 동시에 나타나는 비효율적 교육제도에 대한 비판도 늘어났다.

기업의 임금구조는 학력(學歷)을 기준으로 연봉수준이 결정되었다. 대졸학력자와 고졸학력자의 임금수준은 평생을 두고 간격을 줄일 수 없는 구조로 형성되었다. 대학진학은 인기학과 중심의 입시과열로 사교육이 국민경제를 위협하는 수준에 이르러 사회적 문제로 대두되기도 했다.

대학교육현장에서는 취업에 필요한 스펙(spec)을 쌓기 위해 졸업을 연기하는 현상이 보편화되어 대학교육 기간이 남자 7년, 여자 5.5년으로 늘어나 대졸청년층의 사회진입 연령이 늦어져 여러 가지 부작용이 나타나기도 했다. 학벌(spec) 중심 사회는 사회인식을 '모난 사회'로 규정하게 되어 사회적 갈등을 유발하는 요인이 되기도 했다.

21세기의 시작과 함께 기업의 인재평가 기준이 능력(competency) 중심으로 바뀌게 되었다. 정부의 강력한 의지와 기업의 참여로 그동안 학벌(spec) 중심의 인재역량 평가가 능력 중심과 경험 중심으로 바뀌면서 많은 변화가 일어났다. 많이 알게 하는 교육은 잘 할 줄 아는 실행 중심의 교육으로, 지나친 학문 중심 교육은 직업활동과 연계된 직무수행능력 중심으로 변화되었다.

2015년부터 국가직무능력표준(NCS)을 도입하여 특성화고등학교, 전문대학 및 대학교육에서 직무능력을 중시하는 교육과정을 편성하고, 공공기관 및 공기업을 중심으로 인재채용과정에서도 직업기초능력과 직무수행능력을 평가하도록 의무화하게 되었다. 이러한 변화는 대학진학에서도 인기학과 중심에서 적성과 가치 중심의 학과선택으로 나타나고, 기업의 신입사원 채용 패턴도 NCS 기반의 능력 중심 채용과 승진문화의 변화도 나타나고 있다. NCS 기반의 교육과정은 공교육의 신뢰성을 높이고, 원만한 사회로의 전환을 가져오는 계기가 되고 있다.

**학교와 사회의 인재요구역량의 비교**

| 구분 | 학교에서 요구하는 역량 | 사회에서 요구하는 역량 |
|---|---|---|
| 문제의 유형 | • 문제가 명확하다.<br>• '이것이 문제다'라고 하는 형태로 주어진다. | • 무엇이 문제인지 분명하지 않다.<br>• 스스로 과제를 설정하고, 문제를 발견하며, 합리적 대안을 강구하는 것부터 시작한다. |
| 문제해결방법 | 지식, 논리를 적용한다. | • 절대적 방법은 없다. 창의적으로 해결한다.<br>• 지식과 경험을 동반하는 지혜로서 해결한다. |
| 답의 종류 | 정답은 하나이고 절대적이다. | 정답은 없다. 가능한 많은 답을 생각하라. |
| 답의 평가 | 지속적으로 변하지 않는다. | 많은 답 중에서 상황에 맞는 답을 선택한다. |
| 필요한 능력 | 지식/논리적 분석능력 | 지혜+창조적+분석적+예측능력 |
| 핵심가치 | • 암기력, 확실한 지식함양<br>• 논리적 · 과학적 접근역량 | 지식+창의력+지혜를 함양하고, 상황에 맞는 의사결정역량 |

# 제4절 직업선택과 인재상

## 1. 바람직한 직업선택

직업은 우리 삶의 가장 중요한 핵심가치다. 인간은 제각기 삶의 방식이나 가치관(價値觀), 인생관(人生觀)이 다르기 때문에 직업선택의 기준을 객관적으로 정형화시킨다는 것은 매우 힘든 일이겠으나 직업선택 시 일반적으로 고려해야 할 보편적 원칙을 다음과 같이 제시할 수 있다.

**난 어떤 직업을 선택할 것인가?**

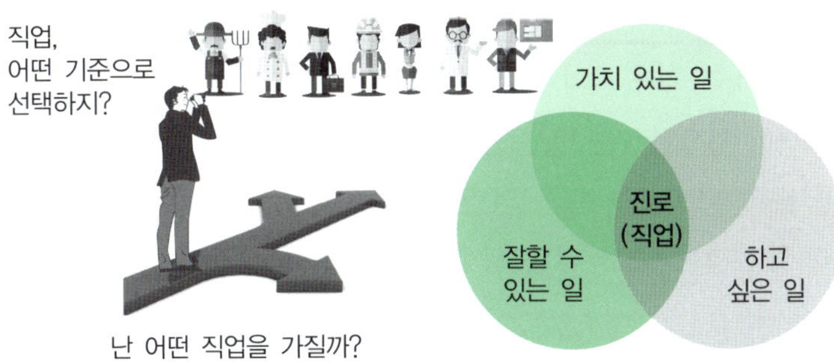


진로를 선택함에 있어 직업 자체에 관심을 가지기보다는 내가 어떤 일을 좋아하고, 잘할 수 있는지, 얼마나 가치 있는지에 관심을 가지고 그러한 일들의 수행능력을 높여야 한다

첫째, 자신이 하고 싶은 일을 기준으로 직업을 선택해야 한다.

한 개인의 삶은 그 누구도 대신할 수 없으며 인생의 주인공은 각 개인이다. 학습기간이 지나 직업을 선택할 때 많은 학생들이 고민하는 것은 스스로 자신이 하고 싶은 일의 기준이 무엇인지를 잘 모르기 때문이다. 그래서 부모·스승·친구·가족들의 조언이나 충고를 들어 직업을 선택하는 경우를 많이 보게 된다. 결론적으로 이들의 조언을 참조할 수는 있겠으나 맹목적으로 따르거나 순종하는 것은 바람직하지 않다. 어디까지나 선택의 결정은 자신의 자율적인 판단에 따라 이루어져야 한다. 인간은 자신이 소망했던 일이나 하고 싶은 일을 할 수 있을 때 큰 만족과 보람을 느낄 수 있으며 강한 성취감과 자발적이고 능동적인 직무수행도 가능하다.

둘째, 자신이 잘할 수 있는 직업을 선택해야 한다.

인간은 수행하는 직무가 자신의 적성과 소질에 맞고 능력이 뒷받침되고 잘할 수 있다고 확신을 가질 때 일에 대한 열정이 살아나며, 스스로에 대한 자존감이 높아지게 된다. 이때는 직무수행 자체로도 기쁨과 즐거움을 느낄 수 있을 뿐만 아니라 직무에 더 한층 몰입될 수 있고 성취감이나 자아실현욕구의 충족도 가능하게 된다.

셋째, 가치 있는 일을 직업으로 선택해야 한다.

아무리 하고 싶고, 잘할 수 있는 일이라도 그 일의 가치를 생각해봐야 한다. 내가 잘할 수 있는 일이라도 다른 사람에게 피해를 주는 일이라면 바람직하지 않다. 아무리 하고 싶은 일이라도 윤리적·도덕적으로 비난받는 일이라면 해서는 안될 것이다. 흔히 가치라는 개념을 어렵게 생각하는데 첫 직업을 선택할 때는 직업의 가치를 단순화시켜 볼 필요가 있다. 이 직업은 나의 경제적·사회적·윤리적 판단기준에서 어느 정도 합당한 의미가 있는가? 그 다음에 가족과 사회, 국가, 인류에 대한 가치를 확장시켜 직업의 의미를 분석해보는 통찰력이 필요한 것이다. 즉, 가치관이란 삶에 대한 근본적인 태도를 말한다. 무엇을 중요하게 생각하고 어떤 덕목을 우선순위에 둘 것인가의 문제이다. 따라서 가치관이란 삶에서 무엇이 옳고 그른지에 대한 구체적인 믿음 또는 무엇이 당신 인생을 보람 있게 하는가의 판단기준이 된다.

가치와 직업관을 생각할 때 가치의 개념, 가치의 기능 및 가치의 중요성을 알아볼 때 별도의 가치관 검사를 통하여 알아볼 수 있다.

미국의 다국적 엔터테인먼트 기업 '넷플릭스'가 추구하는 실제가치의 기준과 특성을 살펴보면 다음과 같다.

**넷플릭스가 추구하는 실제가치**

| 가치(value) | 특성(characteristic) |
|---|---|
| 판단력<br>(judgement) | 나타나는 현상 이면의 근본 원인을 파악하고, 모호한 상황에서도 현명한 의사결정을 할 수 있는 역량 |
| 소통<br>(communication) | 경청함으로써 상대방을 잘 이해하고, 직위나 의견 차를 떠나 상대를 존중하는 역량 |
| 호기심<br>(curiosity) | 회사 전략, 시장, 고객을 이해하려고 노력하는 역량 |

| | |
|---|---|
| 용기 (courage) | 어려운 결정을 대범하게 내리며, 회사 가치에 부합하지 않는 행동에 문제를 제기하는 역량 |
| 이타심 (selflessness) | 자신보다 '넷플릭스'에 최선인 것을 모색하고, 동료를 돕고 정보를 활발히 공유하는 역량 |
| 혁신 (innovation) | 새로운 아이디어를 만들고 유용함을 증명하고, 간소화를 통해 회사의 민첩성에 기여하는 역량 |
| 포용 (inclusion) | 다양한 배경의 동료와 효과적으로 협업하며, 다른 의견을 수용하고 편견을 넘어서는 역량 |
| 정직 (integrity) | 동료를 험담하지 않고, 실수를 빠르게 인정하는 역량 |
| 임팩트 (impact) | 과정과 절차보다 뛰어난 결과에 집중하며, 동료가 믿을 만한 높은 성과를 유지하는 역량 |
| 열정 (passion) | 끈기를 갖고 동료의 성취를 축하하고, 타인에게 영감을 주고 성공에 관심을 갖는 역량 |

이와 같이 직업선택의 원칙을 합리적 기준으로 일반화시키는 데는 또 다른 문제가 있을 수 있다. 모든 사람들이 이러한 기준에 부합되는 만족스러운 직업을 얻기란 현실적으로 불가능할 뿐 아니라 자신의 능력을 충분히 갖추는 데도 현실적인 한계가 있기 때문이다. 우리 사회의 취업여건 또한 이러한 기준을 충족하기에는 불합리한 점이 많다. 그러나 자신의 장래와 직업의 다양성과 변화 가능성에 대해 깊이 생각해볼 필요성은 있다.

취업이 어렵다고 하여 아무데나 별 생각 없이 발을 들여놓게 되면 예기치 못한 일들로 상당한 구속을 받을 수밖에 없을 것이고, 그렇게 되면 자신이 원하는 직업을 선택할 기회는 그만큼 줄어들게 된다.

직업선택에 있어서 지나치게 원칙만을 고집하는 것도, 그렇다고 현실에 생각 없이 휩쓸려 가는 것 모두 바람직하지 않다. 따라서 마음의 여유를 가지고 지혜롭게 현실에 대처할 수 있는 자세를 확립해 나가야 할 것이다.

'2017년 대학 진로계획 현황조사' 결과에서 나타난 자료를 보면 우리나라 대학생이 대학생활에서 느끼는 가장 큰 고민은, 첫째가 '졸업 후 진로'(대학생 60.0%, 전문대학생 59.7%)', 둘째가 '학업(대학생 25.2%, 전문대학생 26.1%)' 등으로 나타났다. 대학생이 원하는 직업은 '공무원·교사', 전문대학생은 '중소기업'으로 취업을 희망하고 있는 것으로 조사되었다.

**▌2017년 대학 진로계획 현황조사▐**

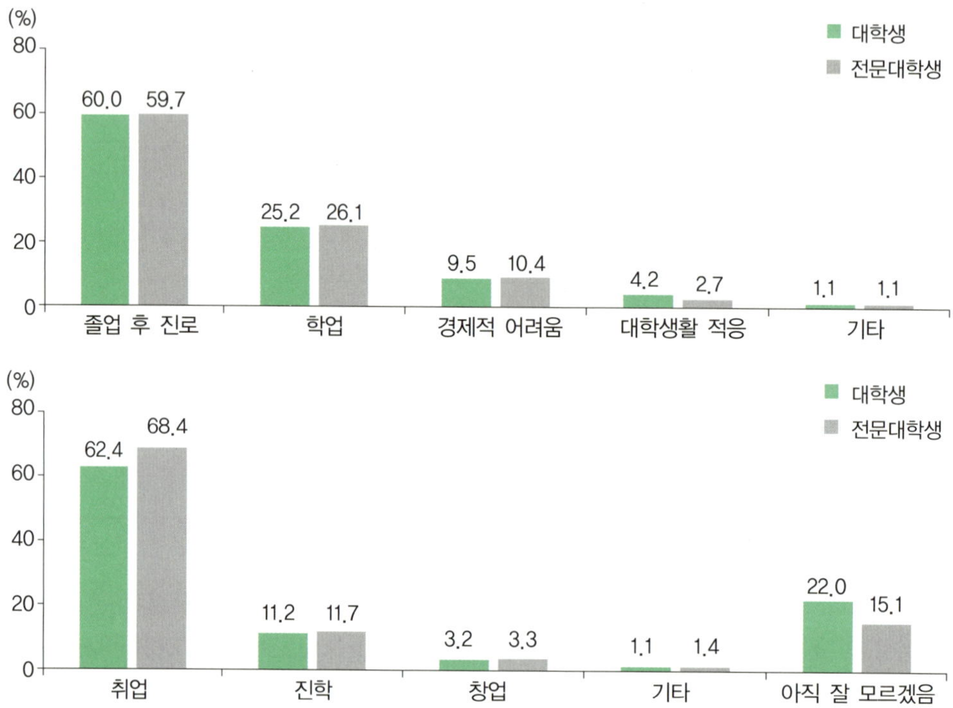


※ 기타는 '군대', '여행', '학과와 다른 진로' 등임.

**▌만족도가 높은 직업 20개(40점 만점)▐**

| 순위 | 직업 | 점수[주] | 순위 | 직업 | 점수[주] |
|---|---|---|---|---|---|
| 1 | 판사 | 33.16 | 11 | 연료전지개발 및 연구자 | 31.97 |
| 2 | 도선사 | 33.07 | 12 | 외환딜러 | 31.83 |
| 3 | 목사 | 33.03 | 13 | 물리학연구원 | 31.70 |
| 4 | 대학교총장(학장) | 32.94 | 14 | 항공기조종사 | 31.61 |
| 5 | 전기감리기술자 | 32.93 | 15 | 변리사 | 31.47 |
| 6 | 초등학교교장(교감) | 32.73 | 16 | 지질학연구원 | 31.43 |
| 7 | 한의사 | 32.63 | 17 | 초등학교교사 | 31.42 |
| 8 | 교수 | 32.49 | 18 | 관세행정사무원 | 31.40 |
| 9 | 원자력공학기술자 | 32.43 | 19 | 행정부고위공무원 | 31.33 |
| 10 | 세무사 | 32.38 | 20 | 발전설비기술자 | 31.33 |

※ 국내 621개 직업만족도 분석… 판사, 도선사, 목사 등 높게 나와… 미래 발전가능성 높은 직업은 '교육 및 연구 관련직'

주: 점수는 해당 직업 종사자의 응답평균이며, 점수가 높을수록 직업만족도가 높은 것을 의미

한편 대학생의 졸업 후 진로계획은 '취업(대학생 62.4%, 전문대학생68.4%)'으로 응답한 비율이 가장 높았으나, '아직 잘 모르겠다'는 비율(대학생 22.0%, 전문대학생 15.1%)이 다음 순으로 나타났다. 한국고용정보원(2017년) 자료에 의하면 만족도가 높은 직업으로 앞의 표와 같은 직업을 제시하고 있다.

한국고용정보원에서 제시한 직업만족도 세부영역별 설명 자료는 아래 표와 같다.

**직업만족도 세부영역 및 설명**

| 직업만족도 구성요소 | 설명 | 측정방식 | 문항수 |
|---|---|---|---|
| 발전가능성 | 해당 직업이 계속 자신의 전문성을 높이고 발전할 수 있다고 생각하는 정도 | 5점 척도 | 1 |
| 급여만족도 | 해당 직업에서 받는 급여에 대하여 만족하는 정도 | 5점 척도 | 1 |
| 직업지속성 | 하는 일이 나이가 들어도 계속 할 수 있다고 생각하는 정도 | 5점 척도 | 1 |
| 근무조건 | 업무환경이 쾌적하고 시간적 여유가 있다고 생각하는 정도 | 5점 척도 | 1 |
| 사회적 평판 | 해당 직업이 사회적으로 기여하고 타인의 인정을 받을 수 있어서 자녀에게 자신의 직업을 권유하고 싶은 정도 | 5점 척도 | 3 |
| 수행직무만족도 | 현재 하고 있는 일에 대한 응답자의 전반적 만족도 | 5점 척도 | 1 |
| 직업만족도 | 사회적 평판, 직업지속성, 발전가능성, 근무조건, 급여만족도, 수행직무만족도의 합산점수 | 합산점수 | 8문항 |

## 2. 기업이 바라는 인재상

기업의 핵심역량은 인적자원에 따라 결정된다. 기업이 핵심역량을 확보하기 위해서는 특성에 맞는 고유의 인재상이 적립되어 있어야 한다. 전문가들은 21세기의 변화를 다음과 같이 예측하고 이에 맞는 인재상을 함양할 것을 강조한다.

첫째, 컴퓨터·인터넷의 확산으로 국가와 민족 간의 지역 간 거리를 단순화시키고 무한경쟁을 강조하는 개방화·국제화가 가속화될 것이다.

둘째, 지식정보를 기반으로 지식기반 경제시대의 도래와 그에 따른 패러다임의 변화가 필연적으로 대두되는 시대가 될 것이다.

셋째, 삶의 질과 감성을 중시하고 독창성·차별성 및 개성이 중시되는 다양성의 시대가 확산될 것이다.

넷째, 과학기술의 발달은 의학기술의 진보로 이어져서 미래사회의 모습과 생활양태를 크게 변모시킬 것이다. 특히, 고령화 사회와 지식기반 사회로 대변되는 미래사회는 이전의 생활양식과는 매우 다른 모습이 예견된다.

다섯째, 테크 네이티브(Tech native)의 등장을 들 수 있다. 태어날 때부터 초고속 인터넷과 개인용 컴퓨터, 모바일 환경에 노출되어 성장한 세대로 이들에게는 인간과의 소통에 필요한 언어뿐 아니라 컴퓨터와 소통할 수 있는 언어를 이해하고 컴퓨터에 명령을 내려 작동시키는 소프트웨어교육, 코딩교육이 필수교육과정으로 대두되었다. 특히 2018년부터는 'STEAM: Science(과학) + Technology(기술) + Engineering(공학) + Art(예술) + Mathematics(수학)'교육이 강조되고 있다.

**▌인재상의 변화▌**

블루칼라(육체노동자) → 화이트칼라(지식노동자) → 골드칼라(창의성 인재) → 블랙칼라(융합형 인재)

~1970년대 → 1980~1990년대 → 2000~2010년대 → 2020년~

핵심역량의 변화: 영어 → S/W 능력

**테크 네이티브(Tech native)의 등장**
- 태어날 때부터 초고속 인터넷망과 개인용컴퓨터, 모바일 환경에 노출되어 성장한 세대
  → 컴퓨터 언어를 이해하고, 명령을 내려 작동시키는 소프트웨어교육, 코딩교육이 핵심임

**'STEAM'교육의 시작: 2018년**
- Science(과학) + Engineering(공학) + Art(예술) + Mathematics(수학)
  → 과학과 수학, 예술, 사회, 경제, 문학에 이르기까지 학문분야의 경계를 허물고
  → 정형화된 틀을 벗어나 융합 교육을 함으로써 통합적 지식을 이해하고 사고력을 향상시킨다

## 3. 21세기형 인재

21세기형 인재는 '세계인(국제적 문화감각), 전문직업인(창의적 전문성), 평생학습인(도전하는 개척정신), 봉사인(윤리적 봉사정신)' 등 4가지 유형이어야 한다고 많은 학자들이 주장하고 있다.

### 1) 21세기 바람직한 인재유형

첫째, 세계인은 국제적 문화감각을 가지고 다문화를 이해하고 타 민족과 더불어 살아가며 소통하는 사람으로 지구촌 어느 곳에서나 생활하고 일할 수 있는 비즈니스역량을 갖춘 인재이다.

둘째, 전문직업인은 직무에 전문성을 가지고 현장적응력, 문제해결능력, 창의력을 갖추고, 인간관계 역량과 소통능력이 탁월하고 인성역량이 발달한 인재이다.

셋째, 평생학습인은 일 학습을 평생 실천하는 사람, 평생직업을 추구하며, 인생2모작, 3모작을 준비하며, 도전적이고 개척정신이 강한 인재이다.

넷째, 봉사하는 인재는 윤리적 봉사정신을 함양하고, 자연과 함께 더불어 사는 삶을 추구하며, 가정, 사회, 국가 및 세계를 위해 노력하는 인재이다. 또한 21세기 사회 환경변화와 관련하여 바람직한 인재가 갖추어야 할 조건으로 우수한 '학습지능, 감성지능, 사회성지능 및 도덕성 지능' 등을 거론한다.

**▌21세기 바람직한 인재▐**

**세계인=국제적 문화감각**
- 다문화를 이해하고 타 민족과 더불어 살아가며 소통하는 사람
- 지구촌 어느 곳에서나 생활하고 일할 수 있는 역량을 갖춘 사람

**전문직업인=창의적 전문성**
- 현장적응력, 문제해결능력, 창의력을 갖춘 사람
- 네트워크능력, 소통능력이 탁월하고 인성역량이 발달한 사람

**평생학습인=도전하는 개척정신**
- 일 학습을 평생 실천하는 사람
- 평생직업을 추구하며, 인생2모작, 3모작을 준비하는 사람

**봉사인=윤리적 봉사정신**
- 자연과 함께 더불어 사는 삶을 추구하는 사람
- 가정, 사회, 국가 및 세계를 위해 노력하는 사람

## 2) 21세기 인재가 갖춰야 할 조건

| 인재구비 조건 | 세부역량 |
|---|---|
| 우수한 학습지능 | 21세기 지식기반 사회에서 올바른 의사결정을 하기 위해서는 두뇌의 우수성과 일정수준 이상의 지식은 필수조건이다. |
| 감성지능 | 감성지능(emotional intelligence)이 높은 사람은 자기 자신의 감정을 잘 표현할 수 있고 동시에 조절능력이 뛰어나며, 이를 바탕으로 다른 사람의 감정을 이해하는 능력도 탁월하다. |
| 사회성 지능 | 사회성 지능(social intelligence)은 함께 어울리는 능력을 말한다.<br>혼자서도 잘하지만 함께하면 더 잘하는 사람이 대체로 사회성 지능이 높은 사람들이다. 기업에서는 사회성 지능이 높은 사람을 선호한다. |
| 도덕성 지수 | 21세기는 투명성의 사회로 도덕성이 결여된 인재나 기업은 사회에서 매장될 수밖에 없다. |
| 종합적 인성역량 | 문제의식과 창의적 사고(63.3%), 대인관계 및 팀워크(33.3%), 적극성 및 추진력(30.0%), 유연성 및 변화적응력(26.6%)을 꼽고 있다. |

한편 미국경영연합회(AMA)는 21세기 인재요구역량으로 C자로 시작하는 4개의 핵심단어로 'Communication(소통역량), Collaboration(협력역량), Critical thinking(비판적 사고역량), Creative thinking(창의적 사고역량)'을 제시하고 있다.

## Review Point

### [학습목표 확인]

1 일과 직업의 개념을 설명할 수 있다.

2 직업의 통용기준을 설명할 수 있다.

3 직업의 복합적 의미를 설명할 수 있다.

4 한국표준산업분류와 한국고용직업분류의 차이를 설명할 수 있다.

5 사회이동 단계별 특징을 설명할 수 있다.

6 학교와 사회의 인재 요구역량의 차이를 설명할 수 있다.

7 바람직한 직업선택기준을 설명할 수 있다.

8 기업이 바라는 인재상의 특징을 설명할 수 있다.

9 21세기 바람직한 인재유형을 설명할 수 있다.

10 21세기 인재가 갖춰야 할 조건을 설명할 수 있다.

11 우리나라 100대 기업 인재상의 특징을 설명할 수 있다.

### [다음 단계 소개: Chapter 2]

Chapter 2에서는 노동시장을 이해하기 위하여

1 고용시장의 일반적인 특징을 이해하고,

2 청년실업의 원인과 대응방안에 대하여 학습할 것이며,

3 청년취업이 어려운 핵심적인 요인을 살펴보고,

4 노동시장 패러다임의 변화에 대하여 학습할 것이다.

Chapter 02 노동시장의 이해



## 제1절 고용시장의 특징

### 1. 대졸 신입사원 1년 내 퇴사율

한국경영자총협회가 전국 306개 기업을 대상으로 「2016년 신입사원 채용실태 조사」를 실시한 결과, 대졸 신입사원의 1년 내 퇴사율은 27.7%로 2014년 조사결과(25.2%) 대비 2.5%p 상승한 것으로 나타났다. 2014년 조사와 비교하여 퇴사율 상승 추세가 지속되었는데 이는 300인 미만 기업의 퇴사율 상승(31.6% → 32.5%)에 기인한 것으로 분석되었다.

**▌대졸 신입사원의 채용 후 1년 내 퇴사율(규모별)▐**

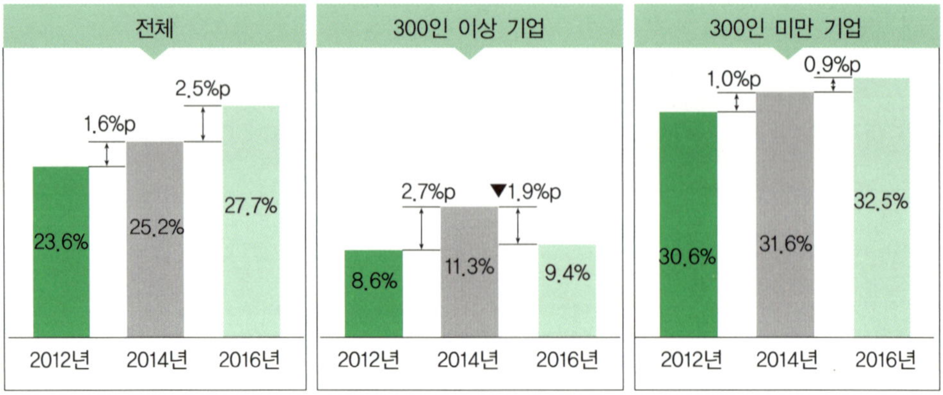

① 300인 이상 기업의 퇴사율은 감소(11.3% → 9.4%)한 반면,

② 300인 미만 기업의 퇴사율은 상승(31.6% → 32.5%)

2014년 조사와 마찬가지로 300인 미만 기업(32.5%)이 300인 이상 기업(9.4%)에 비해 1년 내 퇴사율이 월등히 높게 나타났으며, 양자 간 격차(2014년 20.3%p → 2016년 23.1%p) 역시 확대된 것으로 조사되었다. 300인 이상 기업 취업이 어려워지고 있는 상황에서 300인 이상 기업 입사자들의 조기퇴사율이 낮아지고 있는 것으로 판단되며, 1년 내 퇴사와 관련하여 제조업(27.3%)과 비제조업(28.4%) 간의 차이는 크게 나타나지 않는 것으로 분석되었다.

**대졸 신입사원의 채용 후 1년 내 퇴사율(규모 · 산업별)**

| 구분 | 규모 | | 산업 | | 전체 |
|---|---|---|---|---|---|
| | 300인 이상 기업 | 300인 미만 기업 | 제조업 | 비제조업 | |
| 1년 내 퇴사율 | 9.4<br>(11.3) | 32.5<br>(31.6) | 27.3<br>(25.4) | 28.4<br>(24.7) | 27.7<br>(25.2) |

자료: 2016년 신입사원 채용실태 조사(한국경영자총협회, 2016)

## 2. 신입사원 조기퇴사이유

신입사원의 1년 내 퇴사이유는 '조직 및 직무적응 실패'(49.1%)가 가장 높았으며, 뒤를 이어 '급여 및 복리후생 불만'(20.0%), '근무지역 및 근무환경에 대한 불만'(15.9%) 순으로 나타났다. 신입사원 퇴사의 주된 이유 3가지는 2012년 조사부터 같은 순위를 유지하고 있다. 그러나 '조직 및 직무적응 실패'의 응답 비율은 2014년 조사와 비교하여 더욱 올라 간(1.5%p ⬆) 반면, '급여 및 복리후생 불만'(4.2%p ⬇)과 '근무지역 및 근무환경에 대한 불만'(1.4%p ⬇의 응답 비율은 감소한 것으로 나타났다. 신입사원의 조기퇴사율을 낮추기 위해서는 신입사원의 조직 적응을 도울 수 있는 다양한 방안의 검토가 필요하다고 제시하고 있다.

**대졸 신입사원 1년 내 퇴사이유(규모 · 산업별)**

| 구분 | 규모 | | 산업 | | 전체 |
|---|---|---|---|---|---|
| | 300인 이상 기업 | 300인 미만 기업 | 제조업 | 비제조업 | |
| 조직 및 직무적응 실패 | 46.3<br>(46.4) | 50.0<br>(48.2) | 48.9<br>(47.9) | 49.5<br>(47.1) | 49.1<br>(47.6) |
| 급여 및 복리후생 불만 | 11.0<br>(16.1) | 23.1<br>(27.9) | 19.9<br>(23.8) | 20.2<br>(25.5) | 20.0<br>(24.2) |
| 근무지역 및 근무환경 불만 | 22.0<br>(17.9) | 13.9<br>(17.0) | 19.9<br>(17.5) | 7.1<br>(16.7) | 15.9<br>(17.3) |
| 공무원 및 공기업 취업 준비 | 4.9<br>(7.1) | 4.2<br>(3.2) | 3.2<br>(4.7) | 7.1<br>(3.9) | 4.4<br>(4.5) |
| 진학(유학) | 9.8<br>(7.1) | 2.1<br>(1.6) | 3.6<br>(3.1) | 5.1<br>(3.9) | 4.1<br>(3.3) |
| 기타 | 6.1<br>(5.4) | 6.7<br>(2.0) | 4.5<br>(3.2) | 11.1<br>(2.9) | 6.6<br>(3.1) |
| 계 | 100.0<br>(100.0) | 100.0<br>(100.0) | 100.0<br>(100.0) | 100.0<br>(100.0) | 100.0<br>(100.0) |

주: ( )안은 2014년 조사 결과, 복수응답
자료: 2016년 신입사원 채용실태 조사, 한국경영자총협회

## 3. 대졸 신입사원의 업무수행 만족도

신입사원의 업무수행 만족도는 2010년 조사 이후 하락 추세를 지속하는 것으로 나타났다. 90~100점과 80~89점, 60~69점은 2014년(5.1%, 30.8%, 15.4%)에 비해 각각 0.1%p, 3.3%p, 1.6%p 감소한 반면, 70~79점(41.9%), 50~59점(6.8%)은 각각 4.8%p, 0.3%p 증가하였다.

2014년 조사결과와 비교하여 신입사원 업무수행 만족도 점수 70~79점 구간의 비율이 늘어났으며, 이로 인해 각 점수구간 중간값을 대표 점수로 가정하여 구한 전체평균 역시 76.0점으로 2014년 조사결과(76.2점)보다 다소 낮아졌다.

**대졸 신입사원 업무수행 평균점수(중간값 가정 시)**

| 점수구간 | 100~90점 | 89~80점 | 79~70점 | 69~60점 | 59~50점 | 평균점수 |
|---|---|---|---|---|---|---|
| 중간값 | 95점 | 85점 | 75점 | 65점 | 55점 | |
| 2016년 비율 | 5.0% | 27.5% | 46.7% | 13.8% | 7.1% | 76.0점 |
| 2014년 비율 | 5.1% | 30.8% | 41.9% | 15.4% | 6.8% | 76.2점 |
| 2012년 비율 | 9.0% | 34.9% | 37.0% | 14.3% | 4.8% | 77.9점 |
| 2010년 비율 | 5.0% | 41.9% | 42.5% | 8.9% | 1.7% | 79.0점 |

※ 전체평균=∑(각 중간값×비율)/100%
자료: 2016년 신입사원 채용실태 조사, 한국경영자총협회

300인 이상 기업 신입사원의 업무수행 평균점수는 79.8점, 300인 미만 기업은 74.8점으로 300인 이상 기업 신입사원의 업무수행 만족도가 높게 나타났다. 이는 2014년 조사 결과와 비교하면 300인 이상 기업 신입사원 업무수행 평균점수(78.5점)와 300인 미만 기업 신입사원의 업무수행 평균점수(75.2점)와의 격차(2014년 3.3점 → 2016년 5점)가 더욱 벌어지는 것으로 분석되었다.

**신입사원 업무수행 만족도(규모 · 산업별)**

| 구분 | 규모 | | 산업 | | 전체 |
|---|---|---|---|---|---|
| | 300인 이상 기업 | 300인 미만 기업 | 제조업 | 비제조업 | |
| 90~100점 | 7.1<br>(7.5) | 4.3<br>(4.0) | 3.9<br>(4.2) | 6.9<br>(7.0) | 5.0<br>(5.1) |
| 80~89점 | 41.1<br>(40.0) | 23.4<br>(26.6) | 26.1<br>(28.7) | 29.9<br>(34.8) | 27.5<br>(30.8) |
| 70~79점 | 46.4<br>(35.0) | 46.8<br>(45.1) | 50.3<br>(41.9) | 40.2<br>(41.9) | 46.7<br>(41.9) |
| 60~69점 | 3.6<br>(15.0) | 16.8<br>(15.6) | 13.7<br>(15.6) | 13.8<br>(15.1) | 13.8<br>(15.4) |
| 50~59점 | 1.8<br>(2.5) | 8.7<br>(8.7) | 5.9<br>(9.6) | 9.1<br>(1.2) | 7.1<br>(6.8) |
| 계 | 100.0<br>(100.0) | 100.0<br>(100.0) | 100.0<br>(100.0) | 100.0<br>(100.0) | 100.0<br>(100.0) |

주: ( )안은 2014년 조사결과
자료: 2016년 신입사원 채용실태 조사, 한국경영자총협회

대졸 신입사원의 업무수행에 대한 만족도는 2010년 조사 이후 계속해서 하향 추세를 보였다. 또한 300인 이상 기업과 300인 미만 기업의 신입사원 업무수행 만족도 격차는 점점 벌어졌다. 대졸 신입사원 업무수행 만족도에 대한 전체 평균점수는 2014년 76.2점에서 2016년은 76.0점으로 다소 낮아졌다.

규모별로는 300인 이상 기업이 79.8점, 300인 미만 기업은 74.8점으로 300인 이상 기업에서 더 높게 나타났다. 2014년 조사에서는 300인 이상 기업(78.5점)과 300인 미만 기업(75.2점)의 격차가 3.3점이었으나 2016년 5점으로 격차가 더욱 벌어졌다.

## 4. 능력 중심 채용을 위한 '역량 면접' 강화

전체 응답기업의 93.5%가 능력 중심 채용을 위해 노력을 기울이고 있으며, 구체적 방안으로서 '역량 면접' 실시율이 가장 높게(67.9%) 나타났다. 뒤를 이어 '채용절차 및 선발기준의 자세한 사전공지'(26.8%), '업무와 무관한 스펙 미요구'(21.1%) 순으로 나타났으며, '채용절차 및 선발기준의 자세한 사전 공지'와 '업무와 무관한 스펙 미요구'는 300인 이상 기업에서 높게 나타나는 것으로 분석되었다.

**능력 중심 채용을 위한 노력 시행률(규모 · 산업별)** (단위: %)

| 구분 | 규모 | | 산업 | | 전체 |
|---|---|---|---|---|---|
| | 300인 이상 기업 | 300인 미만 기업 | 제조업 | 비제조업 | |
| 역량파악 중심의 면접진행 | 68.5 | 67.7 | 65.4 | 72.4 | 67.9 |
| 채용절차 및 선발기준의 자세한 사전공지 | 40.7 | 22.9 | 27.0 | 26.4 | 26.8 |
| 업무와 무관한 스펙 미요구 | 35.2 | 17.2 | 25.2 | 13.8 | 21.1 |
| 기타 | 9.3 | 7.3 | 8.2 | 3.4 | 7.7 |
| 별다른 노력이 없음 | 3.7 | 7.3 | 6.9 | 5.7 | 6.5 |

주: 복수응답
자료: 2016년 신입사원 채용실태 조사, 한국경영자총협회

# 제2절 청년실업, 대응할 것인가 적응할 것인가?

## 1. 청년실업의 원인

청년실업은 2000년 이후 주로 15세에서 29세(34세) 사이 청년세대의 실업률 상승이 만성화된 상태를 의미한다. 선진 자본주의 국가들로 구성된 OECD 가맹국 대부분이 겪고 있을 정도로 자본주의가 고도화되면서 일반적으로 나타나는 문제이기도 하다. 국내외적으로 경쟁이 격화됨에 따라 기업은 기술개발과 자동화를 통해 신규 고용을 최소화하고 외주 용역비중을 늘려가고, 직접 고용을 줄여나가는 추세가 일반화되고 있다. 이에 상대적으로 높은 임금과 안정적 고용, 각종 복리후생이 보장되는 양질의 일자리는 줄어들게 되었고, 노동시장에 새롭게 진입하게 되는 청년세대가 그 영향을 직접적으로 받게 됨으로써 대규모 청년실업이 나타나게 되었다.

또한 청년실업은 신입직원 채용보다 경력직 채용을 선호하는 기업의 성향과 구직활동을 하는 청년층의 대기업 선호 현상과도 관련된다. 고용노동부 조사에 의하면 2010년도 대기업 대비 중소기업의 임금은 62.7%에 불과했고, 법정복리비는 66%, 비법정복리비는 60.9%에 불과했다.

기업규모별 임금 격차와 함께 정규직과 비정규직의 임금 격차 또한 청년실업과 관련된다.

SBS보도(2018.4.26)에 의하면 최저임금 인상 등으로 비정규직 임금이 꾸준히 오르고 있지만, 정규직과 비정규직 임금 격차는 좀처럼 줄어들지 않는 모습이다. 정부조사결과 정규직이 100만 원을 벌 때 비정규직은 69만 원을 버는 것으로 나타, 비정규직의 임금은 정규직의 70% 수준에도 미치지 못하고 있는 것으로 나타났다.

성공회 신학자 윌리엄 템플 전 캔터베리 대주교는 복지국가 이야기인 『기독교시민의 사회적 책임』에서 청년실업의 문제를 다음과 같이 말하고 있다.

"청년실업은 청년들의 자존감을 해치고, 더 나아가 노동의욕을 잃게 할 수 있다."

청년실업은 단순히 젊은 사람들이 일자리를 구하지 못하는 게 아니라 기업들이 자신들을 원하지 않음에 상처를 받게 하는 폭력임을 지적한 것이다. 그러나 청년실업을 구직자와 사용자가 원하는 인력 간의 괴리감, 차이점 등 인력의 미스매치로 보는 시각도 있다.

## 2. 청년 고용과 실업의 변화

청년실업은 남성 고용이 낮아지면 여성 고용이 높아지는 현상을 보이고 있다. 아래 그래프를 보면 청년 남성의 고용이 2002년 이후부터 계속 하락하고 있는 반면, 여성의 고용은 꾸준히 증가하고 있다. 남성의 취업이 전보다 어렵게 되는 요인으로 2002년 이전에 상대적으로 낮았던 여성의 경제활동 참여가 급격히 확대된 현상도 영향을 끼치고 있다고 할 수 있다. 청년층실업률(B)을 보면 2002년도 남성 7%, 여성 4% 수준에서 2016년 남성 12%, 여성 7%로 나타나 청년 남성의 실업률이 높게 나타나고 있다. 이는 청년층 남성의 경우 군복무로 인한 일자리 입직 기간이 여성보다 늦어진 경우도 한 요인이라고 할 수 있다.

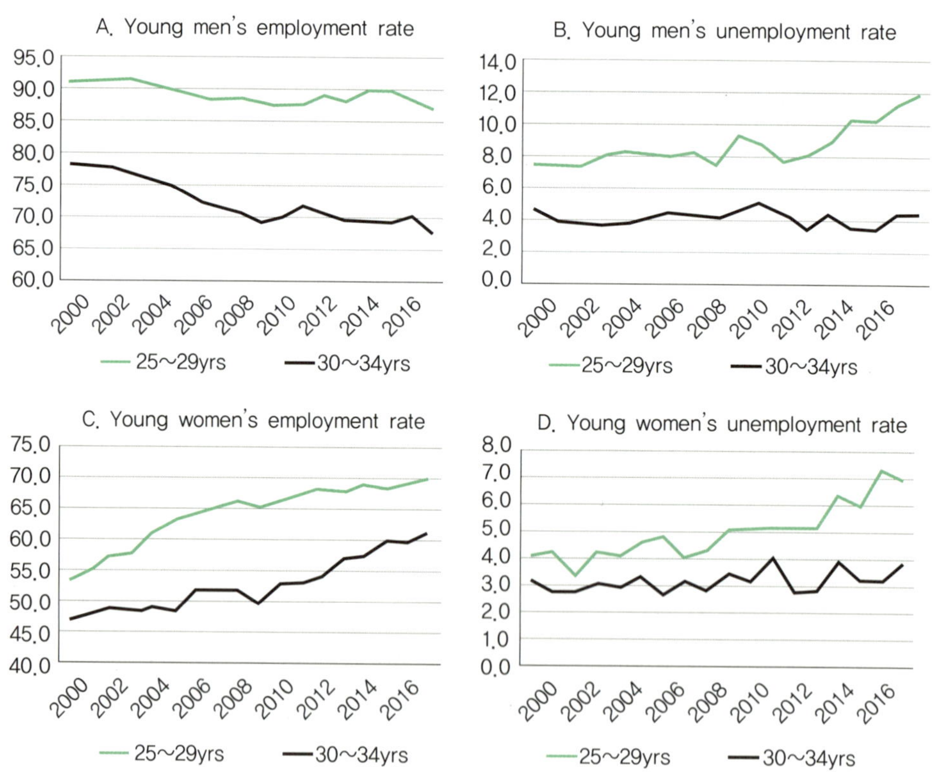


자료: 경제지식네트워크(2018. 4. 9)

## 3. 대졸자(2014~2024년 10년간) 80만 명 '일자리 없다'

향후 10년간 대졸자(전문대졸 포함) 일자리 경쟁이 더 심각해질 전망이다. 인력공급에 비해 수요가 턱없이 부족하기 때문이다. 고용노동부와 한국고용정보원이 발표한 '2014~2024 대학 전공별 인력수급전망'에 따르면 향후 10년간 79만 2,000명이 노동시장 수요를 초과해 공급될 것으로 전망됐다. 이 가운데 대졸자는 32만 1,000명, 전문대졸은 47만 1,000명이 초과될 전망이다.

고용노동부는 이번에 처음으로 대학 전공계열별로 세분화된 인력수급 전망을 공개했다. 전공계열별로 보면 대학의 공학계열(21만 5,000명)과 의약계열(4,000명), 전문대의 공학계열(4만 3,000명)과 인문계열(1만 8,000명)에서 인력 초과수요가 발생하지만 그 이외의 모든 전공계열은 인력초과공급이 전망됐다.

**❙ 향후 10년간 대졸 · 전문대졸 인력수급 현황 ❙** (단위: 천 명)

| | 2014~2024년 | | |
|---|---|---|---|
| | 인력구인공급(A) | 인력수요(B) | 차이(A−B) |
| 대학 | 3,021 | 2,699 | 321 |
| 전문대 | 1,726 | 1,255 | 471 |

**❙ 전공계열별 인력수급 현황 ❙** (단위: 천 명)

| | 대학(2014~2024년) | | | 전문대(2014~2024년) | | |
|---|---|---|---|---|---|---|
| | 인력공급(A) | 구인인력(B) | 차이(C) | 인력공급(A) | 구인인력(B) | 차이(C) |
| 인문 | 356 | 255 | 101 | 59 | 77 | −18 |
| 사회 | 840 | 623 | 217 | 487 | 260 | 288 |
| 예체능 | 352 | 305 | 46 | 288 | 207 | 81 |
| 사범 | 182 | 62 | 120 | 92 | 69 | 22 |
| 자연 | 368 | 312 | 56 | 130 | −9 | 139 |
| 공학 | 754 | 969 | −215 | 395 | 438 | −43 |
| 의약 | 170 | 173 | −4 | 276 | 214 | 62 |

특히 사회계열은 대졸자 21만 7,000명, 전문대졸 22만 8,000명이 초과공급돼 전체 초과공급자의 절반 이상을 차지했다. 이밖에도 대학의 사범계열(12만 명)과 전문대자연계열(13만 9,000명)도 초과공급 규모가 클 것으로 전망됐다.

전공을 좀 더 세분화하면 대졸자는 경영 · 경제(12만 2,000명), 중등교육(7만 8,000명), 사회과학(7만 5,000명), 언어 · 문학(6만 6,000명) 등의 순으로 초과공급이 심할 것으로 예상됐다. 반면 기계 · 금속(7만 8,000명), 전기 · 전자(7만 3,000명), 건축(3만 3,000명) 등은 여전히 수요가 공급보다 많을 것으로 나타났다. 또 전문대 졸업생은 사회과학(15만 3,000명), 생활과학(11만 2,000명), 음악(8만 명) 경영 · 경제(7만 8,000명) 등의 순으로 초과공급이 예상됐고, 초과수요는 무용 · 체육(3만 명)전기 · 전자(2만 8,000명), 컴퓨터 · 통신(2만 7,000명), 의료(2만 5,000명) 등으로 나타났다.

취업시장에서 전공에 따른 구직 선호도를 빗대 '인구론'(인문계 90%가 논다), '문송합니다'(문과라서 죄송합니다), '지여인'(지방대여자인문대생)은 울고 '전화기'(전자전기, 화학공학, 기계공학 전공자)는 웃는다 등의 신조어가 생겨나는 것도 현실을 반영한 것으로 풀이된다.

## 제3절 왜, 취업이 어려운가?

### 1. 노동시장의 문제

노동시장의 문제는 구직자가 대응하여 해결될 문제가 아니라 노동시장 환경에 적응해야 할 요소이다. 노동시장의 문제는 산업구조의 변화, 생산수단의 자동화, 인력구조의 변화라는 3가지 문제가 복합적으로 대두되고 있다. 2000년대 초부터 계속되고 있는 제조업의 위기와 고용 없는 성장의 지속, 노동인력 수급의 불안정 등이 복합적으로 등장하게 되어 청년층의 취업난을 더욱 어렵게 하는 요인이 되고 있다.

**매출 10억 원당 고용효과(취업유발계수)**

*2014년 기준

| 서비스업 | 16.7명 | | 제조업 | 8.8명 |
|---|---|---|---|---|
| 교육서비스 | 18.1명 | VS | 반도체 | 3.6명 |
| 보건 및 사회복지서비스 | 19.2명 | | 석유화학 | 1.9명 |

자료: 한국은행

2014년 한국은행에서 발표한 자료에 의하면 매출 10억 원당 고용효과가 높은 산업은 서비스업종이다. 평균 16.7명으로 제조업 8.8명에 비해 2배 이상 높은 것으로 나타났다. 반도체산업의 경우 3.6명, 석유화학 분야는 1.9명으로 보건 및 사회복지 서비스 산업의 고용창출 효과와 비교하면 1/8~1/10의 수준에 불과하다.

**갈수록 둔화되는 고용창출력**

(단위: 명)

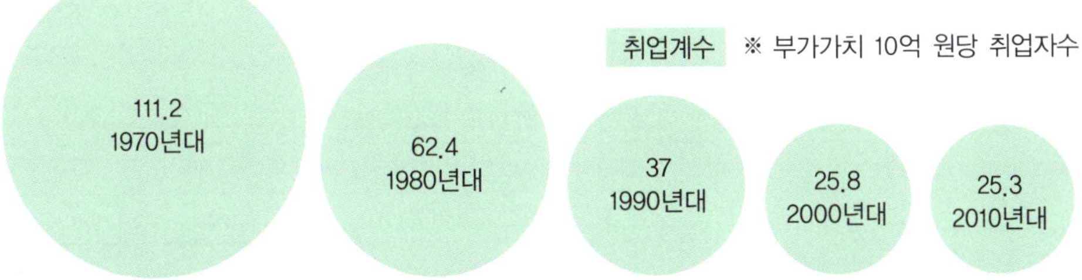


자료: 한국고용정보원(2016)

한국고용정보원 자료에 의하면 부가가치 10억 원당 취업유발계수는 1970년대 111.2명에서 2010년대 25.3명으로 크게 줄어 줄었다. 이러한 현상은 4차 산업혁명과 기술혁신으로 인하여 더욱 확산될 것으로 예상된다.

한편 1997년 IMF사태 이후 한국제조업의 많은 일자리가 해외로 이전하여 기업의 70%가 해외에 생산기지를 가지고 있다. 대기업 1개가 해외로 이전할 경우 관련 중소기업 70여 개가 동반진출하게 되어 일자리는 더욱 줄어들게 된다.

최근 국내 기업의 해외진출 실태를 보면 다음 표에 잘 나타나고 있다.

**주요 국가별 진출업종 및 매장현황**

(2015년 10월 기준)

| 국가 | 업종구분 | 대표 진출 브랜드 |
|---|---|---|
| 중국<br>(1,844) | 한식(육류구이) | 신마포갈매기(12), 본가(16), 백정(11), 화통삼(12) |
| | 한식(찌개류) | 놀부부대찌개&철판구이(17), 명동칼국수샤브샤브(10), 참이맛감자탕(14) |
| | 한식(기타) | 투다리(130), 본죽(12) |
| | 비한식(커피 · 디저트) | 카페베네(538), 만커피(80), 할리스커피(31), 핸즈커피(21), 주커피(20), 휴롬주스카페(22) |
| | 비한식(패스트푸드) | 미스터피자(100), 비비큐(54), 페리카나(14), 한스델리(16), 타르투피나(70), 치르치르(20) |
| | 비한식(제과) | 파리바게뜨(134), 뚜레쥬르(100) |
| 미국<br>(1,444) | 한식 | 백정(4), 본죽(5) |
| | 비한식(커피 · 디저트) | 카페베네(138), 탐앤탐스(10), 올어바웃차(4) |
| | 비한식(패스트푸드) | 레드망고(330), 본촌치킨(35), 비비큐(20), 요거베리(23), 처갓집양념치킨(20), 본스치킨(8), 또래오래(7) |
| | 비한식(제과) | 델리만쥬(700), 파리바게뜨(44), 뚜레쥬르(33), 코코호도(12) |
| 베트남<br>(292) | 비한식(패스트푸드) | 롯데리아(208), 비비큐(20) |
| | 비한식(제과) | 뚜레쥬르(30), 파리바게뜨(8) |
| 필리핀<br>(195) | 한식 | 꿀비닭강정(11), 불고기브라더스(5) |
| | 비한식(커피 · 디저트) | 레드망고(9), 카페베네(5), 카페띠아모(5) |
| | 비한식(패스트푸드) | 본촌치킨(92), 비비큐(16), 부어치킨(6) |
| | 비한식(제과) | 뚜레쥬르(17) |
| 일본<br>(142) | 한식(찌개류) | 소공동뚝배기집(9) |
| | 비한식(패스트푸드) | 롯데리아(86), 비비큐(20) |
| 인도네시아<br>(140) | 한식 | 본가(6), 서래갈매기(4) |
| | 비한식(커피 · 디저트) | 카페베네(5) |
| | 비한식(패스트푸드) | 롯데리아(31), 본촌치킨(19), 비비큐(7), 교촌치킨(4) |
| | 비한식(제과) | 델리만쥬(30), 뚜레쥬르(17) |

자료: 전국경제인연합회(2015)

LG전자는 2017년 2월 7일 미국 뉴저지주 잉글우드 클리프에서 LG 북미 신사옥 기공식을 열었다. LG전자는 2019년까지 총 3억 달러(약 3,400억 원)를 투자하여 연면적 6만 3,000㎡ 규모의 신사옥을 건설하고 LG생활건강, LG CNS 등 LG그룹의 계열사직원들도 입주해 미국 내 1,000여 명의 고용을 창출했다.

한국타이어는 2017년 상반기에 완공되는 테네시주 공장을 가동하기 위한 1,200명을 신규채용하고, 금호타이어는 2016년 5월 미국 조지아주에 공장을 짓고 직원 400명을 고용했다. 공장이 안정화되는 1~2년 후 생산규모가 늘면 일자리도 새롭게 창출한다는 계획이다.

뿐만 아니라 삼성디스플레이, 태광산업 등을 비롯한 국내의 많은 기업이 국내의 높은 인건비 부담을 견디지 못하고 중국이나 베트남에 생산시설을 설치하기 위하여 대규모로 투자하고 있다. 삼성전자(2018. 7)는 인도(노이다)에 8,000억 원을 투자하여 근로자 10만 명을 고용하는 세계 최대 규모의 모바일 공장을 설립했다.

## 2. 잡 미스매치와 스킬 미스매치

기업이 바라는 인재상과 대졸자들이 갖춘 역량이 맞지 않아 발생하는 '잡 미스매치(job mismatch)'와 스킬 미스매치(skill mismatch)의 문제이다. 흔히 대기업의 직무 중 70%는 고등학교 학력수준이면 충분히 수행할 수 있는 분야라고 한다. 우리나라의 경우 OECD 국가 평균의 대학진학률(36%)에 비해 월등히 높은 70% 수준이다. 중소기업에는 구인난이 지속되어 외국인 근로자를 활용하지 않으면 공장가동이 불가능한 실정이다.

**2014~2024년 대학 전공별 인력수급 전망**

(단위: 명)

| 전공자보다 일자리가 부족한 분야(구직 어려움) | | | 전공자보다 일자리가 많은 분야(구직 쉬움) | | |
|---|---|---|---|---|---|
| 순위 | 전공 | 남은 인력(인력공급-구인수요) | 순위 | 전공 | 부족한 인력(구인수요-인력공급) |
| 1 | 경영·경제 | 12만 2,000 | 1 | 기계·금속 | 7만 8,000 |
| 2 | 중등교육 | 7만 8,000 | 2 | 전기·전자 | 7만 3,000 |
| 3 | 사회과학 | 7만 5,000 | 3 | 건축 | 3만 3,000 |
| 4 | 언어·문학 | 6만 6,000 | 4 | 화공 | 3만 1,000 |
| 5 | 생물·화학·환경 | 6만 2,000 | 5 | 농림·수산 | 2만 6,000 |
| 6 | 인문과학 | 3만 5,000 | 6 | 토목·도시 | 1만 9,000 |
| 7 | 디자인 | 2만 8,000 | 7 | 의료 | 1만 1,000 |
| 8 | 음악 | 2만 | 8 | 미술·조형 | 1만 1,000 |
| 9 | 법률 | 2만 | 9 | 약학 | 9,000 |
| 10 | 특수교육 | 1만 9,000 | 10 | 교통·운송 | 9,000 |

자료: 고용노동부(2017)

뿐만 아니라 대학의 교육내용이 기업의 니즈를 반영하지 못하여 대학졸업자를 기업의 니즈에 맞도록 재교육시키는 데 평균 19.5개월에 1인당 연간 재교육비는 3,746만 원이 발생한다고 하니 신입사원보다 경력사원을 선호하고 있어 청년층 신규채용 시장은 더 어려운 실정이다.

### 1) 대졸 신입사원 1인당 평균 교육비용

한편 청년층의 학력과 스킬의 불일치 현상에 대한 조사에서 청년층 재직자의 36.6%가 학력과잉으로 나타났으며, 스킬과잉은 23.8%로 나타났다. 특히 4년제대학 이상의 학력 소지자가 전문대졸에 비하여 비이공계 전공이 이공계 전공보다 직장의 규모가 적을수록 학력과 스킬이 과잉일 가능성이 높은 것으로 나타났다.

| 구분 | 산업별 | | 규모별 | | 기업형태별 | | | 평균 |
|---|---|---|---|---|---|---|---|---|
| | 제조업 | 비제조업 | 대기업 | 중소기업 | 사기업 | 공기업 | 외국계 | |
| 교육비 | 5,135.9<br>(3,501.8) | 8,448.9<br>(4,296.1) | 10,147.3<br>(4,476.8) | 4,118.6<br>(3,316.9) | 5,802.9<br>(3,626.9) | 9,384.2<br>(3,925.3) | 5,724.4<br>(3,925.3) | 6,088.4<br>(3,746.7) |
| 교육기간 | 17.6 | 23.6 | 27.2 | 14.9 | 19.2 | 24.4 | 17.5 | 19.5 |

주: • 교육비용은 순수한 교육비 외에 연간 지급되는 임금총액과 4대보험 기업부담금 등 간접노동비용을 포함하는 총비용을 의미함.
• ( )는 1인당 연간 재교육 비용을 의미함.

자료: 한국직업능력개발원(2013. 1. 15)

### 2) 학력 및 전공에 따른 학력불일치 비율

학력과잉 집단이 임금과 직무만족도가 가장 낮고, 학력부족 집단의 경우 임금과 만족도가 가장 높게 나타났다. 학력과 스킬이 이중으로 과잉인 경우는 전체의 16.9%, 스킬은 과잉이 아니고 학력만 과잉인 비율이 19.3%, 학력과 스킬 모두에 일치를 보인 경우는 48.7%로 나타났다. 이는 청년층의 학력 및 스킬과잉은 이전까지의 교육으로 습득한 스킬의 유실과 삶의 질 저하를 초래하는 것으로 분석되었다.

<table>
<tr><th colspan="2">구분</th><th>N</th><th>학력과잉</th><th>학력일치</th><th>학력불일치</th><th>유의도 검정결과</th></tr>
<tr><td rowspan="3">학력</td><td>전문대학</td><td>444</td><td>29.1%</td><td>64.9%</td><td>6.1%</td><td rowspan="3">x2=27.22<br>p=0.000</td></tr>
<tr><td>4년제대학</td><td>519</td><td>40.1%</td><td>56.8%</td><td>3.1%</td></tr>
<tr><td>대학원 이상</td><td>237</td><td>41.4%</td><td>58.2%</td><td>0.4%</td></tr>
<tr><td rowspan="2">전공계열</td><td>비이공계</td><td>618</td><td>40.6%</td><td>56.0%</td><td>3.4%</td><td rowspan="2">x2=10.51<br>p:0.005</td></tr>
<tr><td>이공계</td><td>582</td><td>31.6%</td><td>64.4%</td><td>4.0%</td></tr>
</table>

자료: 한국직업능력개발원(2013. 1. 15, Issue Brief)

학력과잉 집단의 경우 전문대 29.1%, 4년제대학 40.1%로 학력수준이 높을수록 과잉 비율이 높게 났으며, 학력일치는 낮게 나타났다. 또한 이공계보다 비이공계열이 학력과잉 비율이 높게 나타났다.

### 3) 학력불일치와 스킬불일치의 정도

학력불일치와 스킬불일치 정도를 보면 학력불일치는 전체 응답자의 35.6%가 학력과잉으로 나타난 반면, 스킬과잉은 23.8%로 나타나 학력은 59.7%, 스킬은 69.5%가 일치하고, 학력부족은 3.7%, 스킬은 6.7%로 나타났다.

아래 자료에 의하면 지식기반 경제체제에서 산업 및 직업의 재구조화·고학력화로 인하여 구조적 실업이 발생하고, 잡 미스매치와 스킬 미스매치 및 학력과잉이 필연적으로 공존하게 된다. 따라서 과잉된 학력과 스킬은 사회적 역량으로 비출될 수도 있지만 학력과 스킬의 불일치 폭이 크고 장기간 지속될 경우 사회적 갈등요인을 야기할 우려도 발생할 수 있다.

| 구분 | 학력 | 스킬 |
|---|---|---|
| 과잉 | 35.6% | 23.8% |
| 일치 | 59.7% | 69.5% |
| 부족 | 3.7% | 6.7% |

자료: 한국직업능력개발원(2013. 1. 15, Issue Brief)

## 3. 취업준비생 자신의 문제

이 문제야말로 누군가가 대신할 수도 없고, 다음으로 미룰 수도 없으며, 그렇게해서도 안 되는 문제이다. 철저히 자신이 해결해야 할 문제다. 대학에서 20년 이상을 진로취업 업무를 담당한 필자로서 가장 취약한 분야로 학생들의 취업준비 부족을 들 수 있다.

### 1) 취업준비의 첫 번째 단계는 철저한 자기분석이다

철저한 자기분석이 이루어지지 않은 취업준비는 모래성을 쌓는 것에 불과하다. 자기분석 단계에서는 기본적인 자기역량을 객관적으로 분석하는 것을 말한다.

기업에서 제시하는 채용공고문을 중심으로 자신의 역량을 스스로 분석하여 가능성과 한계를 분석하는 것이다. 기업마다 인재상이 다르고, 기업문화가 다르며, 수행하는 직무가 다르기 때문에 일률적으로 어떠한 기준을 설정할 수는 없다.

필자의 연구에 의하면 2015년 이전까지 학업성적은 3.5/4.5 정도이면 대부분의 대기업 서류전형에 통과될 수 있는 수준이었다. 외국어 성적은 토익성적을 기준으로 750점 이상이면 되었다. 2015년 이후부터 공기업을 중심으로 NCS 기반의 블라인드 채용 제도가 도입되면서 학점, 토익성적 등은 서류전형 평가요소에서 제외되고 면접전형을 강화하는 기업이 늘어나고 있기는 하지만 이는 필수적으로 갖춰놓는 것이 유리하다.

국민의 생명과 안전을 중요시하는 직무영역의 경우에는 반드시 해당분야 자격증을 취득하는 것이 유리하다. 그 외의 경우에는 자격증은 취업에 결정적 영향을 미치지 않지만 입사 이후를 감안할 경우라면 해당분야 자격증 한두 개 정도는 취득해놓는 것이 좋다. 최근 4차 산업혁명의 대두로 취업준비에 필요한 역량으로 컴퓨터 기초역량과 S/W 분야 역량이 전 산업분야에서 강조되고 있다.

NCS 기반 블라인드 채용제도에서 취업에 결정적인 영향을 미치는 요인으로 직무경험을 들고 있다. 직무경험은 현장실습이나 인턴경험을 말한다. 최근 들어 채용연계형 인턴을 선호하는 경향이 늘어나고 있어 대학 3학년 이후에는 인턴에 도전하는 기회를 갖기를 권한다. 해외 연수경험은 특수한 직무를 제외하고는 취업성과에 영향을 미치지 않는다. 도리어 어학연수를 위해 휴학한 경우에는 재학기간이 늘어나 취업에 불리할 수도 있음을 명심해야 한다. 이와 같이 자기분석은 취업준비의 첫 번째 단계이나 학생들의 실태를 보면

이 부분이 부족하여 취업이 어렵다고 하소연하는 경우가 대부분이다.

### 2) 취업준비의 두 번째 단계는 기업분석이다

취업은 나와 나를 필요로 하는 기업(=일자리)과의 만남에서 이루어진다. 내가 아무리 원해도 기업이 원하지 않으면 취업성과는 이루어지지 않는다. 또한 기업이 아무리 원해도 내가 원하지 않으면 이 또한 취업성과가 이루어지지 않는다.

기업은 자기기업에 적합한 인재를 선발하기 위해 모든 정보를 공개하고 적극적인 채용활동을 하고 있다. 홈페이지를 통하여 기업의 인재상, 채용기준, 기업의 문화, 취업조건, 기업의 비전, 복리후생제도 등 구직자가 궁금해 하는 모든 정보를 공개하고 있다. 이에 더하여 구직자를 직접 찾아나서기도 한다. 학교를 방문하여 채용설명회, 취업박람회를 개최하여 구직자를 만나 현장에서 채용하기도 한다.

이에 비하여 구직자의 경우 취업준비가 부족한 실정이다. 취업준비생은 개인의 역량에 못지않게 자신이 취업하고자 하는 기업에 대하여 철저히 분석해야 한다. 자신의 적성과 비전, 꿈과 목표를 달성하기 위해 적합한 3~5개 정도의 기업을 선택하여 분석 항목을 정하여 객관적으로 분석해야 한다.

기업이 정해지면 기업을 방문하여 인사담당자나 홍보담당자를 직접 면담해보는 노력도 기울여야 한다. 자기보다 2~3년 먼저 취업한 선배를 찾아 기업의 특성에 대하여 알아보아야 한다. 기업의 문화는 어떠한지, 기업의 인재상, 복리후생제도, 자기개발 기회, 급여체계, 근무조건, 채용프로세서 등을 철저히 분석하여 자신의 역량과 비교하여 부족한 부분이 무엇인지 직접 확인하여야 한다.

## 4. 사회구조적 특성

OECD 통계(2017. 9. 12)에 의하면 우리나라의 지난해(2016년) 25~29세 경제활동참가율은 76.7%로 칠레와 더불어 회원국 35개국 가운데 공동 31위를 기록했다. 경제활동참가율은 15세 이상 인구 가운데 취업자와 실업자 등 경제활동인구의 비율을 뜻한다.

**ECD 회원국 경제활동참가율(2016년)**

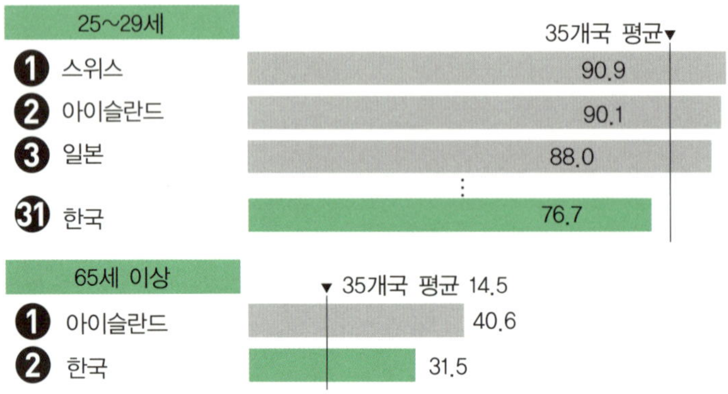


자료: 국제신문(2017. 9. 12)

20대 후반 경제활동참가율의 OECD 평균은 80.5%로 우리나라보다 3.8%포인트 높았다. 스위스(90.9%), 아이슬란드(90.1%)가 1, 2위를 차지했다. 3위인 일본(88.0%)도 한국(76.7%)보다 11.3%포인트나 높았다. 30대 초반(30~34세)의 경제활동참가율은 77.7%였다. OECD 평균(82.0%)에 비하면 4.3%나 뒤진 지표다. 순위로 따지면 회원국 중 꼴찌에서 4번째인 32위였다. 슬로베니아(93.6%), 룩셈부르크(93.1%), 포르투갈(92.1%), 스위스(91.5%), 스웨덴(90.7%), 아이슬란드(90.6%) 등 상위 6개국은 모두 이 연령대 경제활동참가율이 90%를 넘었다. 그러나 고령층이 되면 상황이 반대가 된다. 2016년도 65세 이상 고령층의 경제활동참가율은 31.5%로 아이슬란드(40.6%)에 이어 두 번째로 높았다. 우리나라의 지표는 OECD 평균인 14.5%의 2배에 달했다.

경제활동참가율이 청년층에선 낮고 고령층에서 높은 것은 청년층의 취업시장 진입이 어렵고 고령층은 일자리를 떠나기 어려운 상황이 겹쳐서다. 남성의 경우 군복무 때문에 기본적으로 사회인이 되는 시기가 다른 국가보다 늦다. 여성들은 육아·가사에 전념하느라 20대 후반, 30대 초반에서 경제활동을 손을 놓는 경우가 상당수다. 여기에 최근에는 청년취업 한파까지 겹쳤다. 취업이 바늘구멍이다 보니 교육·훈련 등으로 경제활동 진입을 최대한 늦추는 청년들이 많고 공무원 시험에 매진하는 '공시생'이 증가하며 경제활동인구로 잡히지 않는 청년이 늘고 있다.

반면 고령층은 일하지 않고서는 생계유지가 어려운 노후복지제도의 미흡으로 취업시장에 나서고 있는 모양새다. 연금제도가 성숙하지 않은 터라 주된 일자리에서 은퇴하더라도 생계를 위해 직업활동을 계속해야 하는 경우가 대부분이다. 청년층 경제활동참가율은 낮고 고령층은 높게 나타나는 현상은 경제활동인구 노령화로 이어져 생산성 저하까지 연결된다는 점에서 우려를 낳는다.

## 제4절 노동시장 패러다임의 변화

### 1. 스펙 중심에서 능력(직무역량) 중심 사회로

1970년 후반까지 25% 수준이던 대학진학률이 1980년에 27.2%를 시작으로 1990년 33.2%, 2000년 68%, 2008년 83.8%를 정점으로 2015년 70.8%, 2016년도 69.8%, 2017년 68.9%로 다소 하락세를 보이고 있다. 대학진학률이 다소나마 감소추세인 것은 경기침체, 특성화고 지원정책 등이 복합적으로 작용했고, 대졸학력을 중시하는 기존 가치관이 변하고 있는 것도 영향이 있을 것으로 분석된다.

2015년 이후부터 학벌 중심에서 능력을 중시하는 사회적 분위기가 공기업을 중심으로 노동시장의 채용 트렌드에 변화를 주고 있다. 이러한 경향은 학교교육에도 변화를 미치고 있는바 그 내용을 살펴보면 다음과 같다.

첫째, 많이 알게 하는 이론 중심의 일방적 교육에서 잘할 줄 하는 실행 중심의 쌍방향 교육이 등장하였다.

둘째, 학문(지식) 중심 교육보다 직무수행능력 함양을 위한 체험 중심 교육이 강조되고 있다.

셋째, 대기업을 중심으로 학벌과 성적위주의 채용 관행에서 개인별 능력과 통합적 사고를 중시하는 경향이 확산되고 있다.

넷째, 수도권 대학 인기학과 중심의 대학 선택에서 적성과 가치 중심의 전공 선택을 중시하는 입시문화가 바뀌고 있다.

다섯째, 스펙(spec)쌓기 중심의 무한경쟁적 학습문화에서 질문과 토론을 중시하며, 인성역량을 강조하고, NCS 기반의 직무역량을 중시하는 인재채용 프로세스로 서서히 변화되고 있는 추세라고 할 수 있다.

**▌학교와 사회에서 요구하는 인재역량의 비교▐**

| 구분 | 학교에서 요구하는 역량 | 사회에서 요구하는 역량 |
|---|---|---|
| 문제의 유형 | • 문제가 명확하다.<br>• '이것이 문제다'라고 하는 형태로 주어진다. | • 무엇이 문제인지 분명하지 않다.<br>• 스스로 과제를 설정하고, 문제를 발견하며, 합리적 대안을 강구하는 것부터 시작한다. |
| 문제해결방법 | 지식, 논리를 적용한다. | • 절대적 방법은 없다. 창의적으로 해결한다.<br>• 지식과 경험을 동반하는 지혜로서 해결한다. |
| 답의 종류 | 정답은 하나이고 절대적이다. | 정답은 없다. 가능한 많은 답을 생각하라. |
| 답의 평가 | 지속적으로 변하지 않는다. | 많은 답 중에서 상황에 맞는 답을 선택한다. |
| 필요한 능력 | 지식/논리적 분석능력 | 지혜+창조적+분석적+예측능력 |
| 핵심가치 | • 암기력, 확실한 지식함양<br>• 논리적·과학적 접근역량 | 지식+창의력+지혜를 함양하고, 상황에 맞는 의사결정역량 |

## 2. 대졸 신입사원 채용 프로세스(process)의 변화

대기업의 시대별 대졸 신입사원 채용 프로세스를 정리하면 다음 표와 같다.

**▌대기업의 시대별 대졸 신입사원 채용 프로세스▐**

| 단계 | 2015년 이전 | 2015년 이후 |
|---|---|---|
| 인재모집 | • 직무보다 인재상 중심 모집공고<br>• 근무조건과 취업 가능성에 기초 | • 직무요구와 개인능력 중심<br>• 구체적 직무내용별 KSA 제시 |
| 서류전형 | • 개인신상 중심<br>• 일대기 형식의 자기소개서<br>• 직무연관성 미흡 | • 직무요건이 초점<br>• 직무관련 경험/활동 중심 자기소개서<br>• 직무에서 갖추어야 할 능력 관련 지원자<br>• 경험 등을 기술 |
| 필기전형 | • 기초 인지능력 중심<br>• 종합(일반) 적성검사 | • 직업기초능력 필기검사<br>• 직무수행능력 필기검사 |
| 면접전형 | • 개인특성 중심<br>• 회사에 대한 동기<br>• 회사 중심의 일방적 면접<br>• 비구조화된 면접 | • 직무특성 중심, 직무에 대한 동기<br>• 쌍방향적 면접의 기회 제공<br>• 직무능력과 관련된 경험(경험면접),<br>• 업무수행과정에서 발생 가능한 상황에 대한 대처방법(상황면접), 특정 직무관련 주제에 대한 의견(PT, 집단토론) 등을 중심으로 구조화된 면접 진행 |

주: NCS 기반 블라인드 채용제도에 대해서는 별도의 장을 마련하여 상세히 기술한다.

## 3. 능력 중심 채용제도

2015년 이후 공기업부터 시작된 NCS(국가직무능력표준) 기반의 능력 중심 채용제도는 구인자(기업)가 직무별로 원하는 요건을 제시하고, 지원자가 자신의 준비 정도를 증명함으로써 목표지향적인 능력(역량)을 스스로 개발하도록 하는 제도이다.

선발 대상 직무의 구체화 → 직업기초능력의 강조 → 직무수행능력의 구체화 → 직무수행능력 중심의 선발 평가

2015년 이후 시작된 능력 중심 채용제도에서 구인자(기업), 구직자(취업준비생) 및 정부의 역할에 대하여 살펴보면 다음과 같다.

### 1) 구인자(기업)의 역할

기업(구인자)은 스펙보다 직무 관련 경험과 역량을 중시한다. 구인자(기업)가 갖는 관심요소는 지원자의 스펙이 아니라 지원분야에 대한 경험과 전문지식, 인성역량을 중요시하고 있다.

해당 직무에 필요한 인력을 수시로 선발한다, 선발 대상 직무에 대하여 구체적이고 상세한 정보와 직무수요를 제시하고, 선발의 효과성에 초점을 두고 인재를 선발한다. 구인자(기업)는 모집공고 단계부터 선발인원은 물론 이들이 담당해야 할 직무에 대하여 상세한 설명과 정보를 제공하고 있다.

### 2) 구직자(취업준비생)의 역할

구직자(취업준비생)의 경우 기업에서 제시하는 구체적인 요건에 자신의 역량을 갖추기 위해 노력해야 한다. 구인자(기업)가 제시하는 직무 중심의 지원요건에 맞는 능력과 직무역량을 쌓기 위해 스펙이 아닌 현장실습, 직업체험활동을 하게 된다. 또한 취업을 위한 명확한 직무목표와 명확한 직무 관련 정보를 탐색하고 학습한다. 구직자의 취업준비 방법은

스펙이 아니라 구인자(기업)가 요구하는 구체적인 직무 관련 전문지식(knowledge), 기술(skill), 태도(attitude)를 익히는 것이 최선의 취업전략이다.

### 3) 정부의 역할

정부의 역할은 채용과정에서 차별을 금지하고, 공정한 채용문화를 구축하고, 직무역량 중시 풍토를 확산하고, 직무역량 중심의 선발요건을 강화하고, 균등 고용기회를 제공하는 것이다.

## Review Point

### [학습목표 확인]

1 대졸 신입사원의 1년 내 퇴사율의 특징을 설명할 수 있다.

2 대졸 청년층의 조기퇴사의 주된 요인에 대하여 설명할 수 있다.

3 신입사원의 조기 퇴사를 방지할 수 있는 보편적인 방안을 설명할 수 있다.

4 대졸 신입사원의 업무수행 만족도에 대하여 설명할 수 있다.

5 청년실업의 원인에 대하여 설명할 수 있다.

6 청년고용과 실업의 연도별 변화 추세를 설명할 수 있다.

7 청년취업이 어려운 노동시장의 문제를 이해할 수 있다.

8 잡 미스매치와 스킬 미스매치의 원인에 대하여 이해할 수 있다.

9 노동시장 패러다임 변화의 일반적인 특징을 이해할 수 있다.

10 대졸 신입사원 채용프로세서의 변화를 이해할 수 있다.

### [다음 단계 소개: Chapter 3]

Chapter 3에서는 진로목표 설정과 취업준비에 관한 이론적 역량을 함양하기 위하여

1 진로 및 커리어 개발의 개념을 이해하고,

2 꿈과 비전(dream & vision)의 중요성을 인식하고,

3 취업성과에 영향을 미치는 요인을 객관적으로 살펴보고,

4 4차 산업혁명과 직업세계의 특징에 대하여 학습할 것이다.

Chapter 03

# 진로(進路=Career)목표 설정과 취업준비



## 제1절 진로(進路) 및 커리어(Career) 개발

진로(進路 = 커리어)의 국어사전적 의미는 '앞으로 나아갈 길'이라고 정의하고 있다. 영어사전에는 '인생의 커리어(career)'라는 의미로 해석된다.

일반적으로 커리어(career)라는 말은 직업생활에 필요한 경력(經力) 정도로 인식되었으나, 최근에는 '인간의 생애 전반에 대한 경력(經力)과 관련된 역량(力量)'으로 새롭게 정의되고 있다. 즉, '유아기 때부터 정규교육 과정을 거쳐 직업생활 전반을 통하여 개인의 삶에 필요한 모든 역량(力量)'을 커리어(career)라고 포괄적으로 정의할 수 있다.

학교교육을 통하여 한 인간으로서의 정체성을 찾아 시회구성원으로서 필요한 역량을 커리어(경력, 經力)라고 하며, 경력(經歷)을 가꾸어 가는 과정을 커리어 개발이라고 말한다. 정규교육 과정을 통하여 배우는 것 뿐 아니라 부모, 친구, 선배, 어른들로부터 배우고 익히는 모든 것이 경력(career)개발에 속하는 것이다.

"진로(進路)는 인생(人生)이며, 인생(人生)은 습관(習慣)이 결정한다. 습관(習慣)은 반복된 선택(選擇)의 결과이며, 선택(選擇)의 열매는 직업(職業)이며, 직업(職業)은 행복(幸福)의 씨앗"이다.

## 1. 진로는 내가 만든 수제품(手製品)

진로는 스펙이 좋다고, 부모님 잘 만났다고, 공부를 많이 했다고 저절로 얻어지는 것이 아니다. 주어진 환경 속에서 노력하며 성실하게 가꿔야만 거둘 수 있는 삶의 열매인 것이다. 진로는 과거의 경험과 현재의 상황은 물론 미래의 꿈이나 목표까지를 포함하는 개념이다.

셰익스피어는 '경험이란 값을 치를 수 없는 소중한 보물'이라고 했다. 과거의 경험을 무시하고 현재와 미래를 준비할 수 없다는 의미다.

오늘 나의 모습은 과거에 내가 가졌던 꿈의 결과라면 쉽게 인정할 수 있겠는가? 인정할 수 없다고 해도 결과는 달라지지 않는다. 그것이 현실이기 때문이다.

내가 원했던 결과라는 것을 인정하지 않는다면 '꿈도 영혼도 없는 삶'을 살았다는 증거이다. 나의 진로는 지금 이 순간부터 내가 만들어가야 한다.

내 손으로 내 생각대로 나의 의지대로 철저히 수제품으로 만들어야 한다. 남들이 만들어 놓은 완제품은 나의 것이 아니고 생명력이 길지도 않다. 과거의 경험을 인정하지 않는 잘못을 반복하지 않기 위해서라도 내가 직접 만들어야 한다. 작은 사건 하나라도 나의 이야기로 만들어야 한다. 그런 이야기가 다른 사람의 공감대를 얻고 작은 여운을 남길 수 있는 이야기가 될 수 있다면 그것이 차별화인 것이다. 잘할 수 있는 일이 없다면 지금 하는 일을 잘할 수 있도록 노력해야 한다. 하고 싶은 일이 없다면 지금 하고 있는 일을 하고 싶은 일로 만들어야 한다. 지금 당신이 있는 곳에서 가진 것들을 소중하게 잘 가꿔야 한다.

학생이라면 배움을 철저히 준비해야 하고, 직장인이라면 맡은 직무를 완벽하게 감당해야 한다. 작은 일들의 성취(成就)가 모여 나의 진로가 형성되는 것이다. 씨앗이 옥토에서 잘 자랄 수 있도록 텃밭을 가꿔가는 농부의 마음으로 자신의 일을 수행해야 한다. 거기에서 꽃이 피고 직업(職業)이라는 열매를 맺을 수 있고 마음에 드는 명품 수제품을 만들 수 있기 때문이다.

## 2. 커리어 개발의 필요성

### 1) 기업의 인재 평가 요소가 바뀌고 있다

국가직무능력표준(NCS)의 본격적 시행으로 학력(學歷)보다 직무능력이 더 중요한 가치로 인식되기 시작했다. 특히 공기업 및 공공기관 대졸 신입사원 채용에서 블라인드 채용이 제도화되고, 공무원시험에서도 직무능력을 중시하는 평가제도가 확산됨에 따라 개인의 역량 개발이 중요한 전환점을 맞고 있다.

학벌만 좋으면 존경받던 사회에서 인성과 전문성을 동시에 겸비했을 때 인정받는 기업의 인재평가요소가 바뀌고 있다.

### 2) 평생학습의 중요성이 증대되고 있다

대학교육이 종결교육이 아니라 직업생활과 학습이 지속적으로 이루어지는 평생학습의 중요성이 증대되고 있다. 학교성적만으로 상급학교 진학이 결정되고, 좋은 학교, 좋은 대학에 진학하는 것이 좋은 진로설정이라는 인식도 바뀌고 있다. 전 생애에 걸쳐 자기만의 차별화된 커리어 개발이 의미 있고 양질의 삶을 추구하는 전략이라는 직업관의 변화도 점점 확산되고 있다.

### 3) 고용 유연성이 확대되고 있다

직장인 62.2%가 첫 직장 입사 후 3년 안에 떠나는 것으로 나타났다. 잡코리아(2017년 2월)가 남녀 직장인 1,321명에게 첫 직장에 계속 다니고 있는지 조사한 결과 94.6%가 '퇴사했다'고 답했다고 밝혔다. 첫 직장을 퇴사한 시기로는 입사 후 '1~2년 미만'에 떠났다는 응답자가 25.7%로 가장 많았다. 이어 2~3년 미만(14.5%), 4~5년 미만(10.6%) 순이었다. 누적비율로 살펴보면 입사 후 2년 미만이 47.7%, 3년 미만이 62.2%로 분석됐다. 첫 직장을 퇴사하는 이유 중에는 '높은 업무스트레스(16.7%)'와 '연봉에 대한 불만(13.3%)'이 가장 높았다.

**▌첫 직장 입사 후 이직률▐**

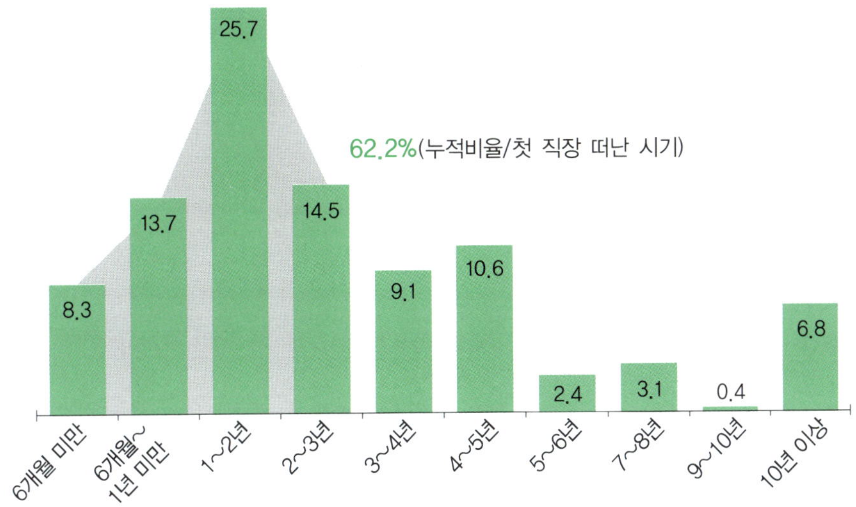


자료: 2017년 2월 잡코리아

첫 직장 퇴사 후 이직할 때의 직무는 동일업계가 55.8%로 가장 많고 다른 업계가 59.0%로 많았다. 평생직장은 그 의미가 이미 퇴색되어 가고 있다. 직장생활 30년을 기준으로 할 경우 평균 5~6번 직장을 옮긴다고 한다.

이직과 전직도 다양한 형태로 이루어지고 있다. 기업의 구조조정, 인수합병으로 자신의 의지와 무관하게 직업을 바꾸거나 직장을 옮기는 경우도 있다. 어떠한 경우라도 가장 중요한 평가요소가 개인이 가진 커리어(직무역량)이다. 따라서 직장생활을 통하여 끊임없이 자기개발을 추진해야 한다. 기회는 준비된 자에게 다가오기 때문이다.

### 4) 직업세계의 변화에 적응필요

2017년 한국고용정보원의 자료에 의하면 4차 산업혁명의 대두로 직업세계의 획기적인 변화가 예상된다고 전망하고 있다. 이러한 변화에 적응하기 위해서는 자기개발이 필연적으로 이루어져야 지속가능 성장과 생존의 기반을 마련할 수 있을 것이다.

**미래 직업세계의 7대 변화**

| 7대 변화 트렌드 | 주요 내용 |
|---|---|
| 1. 4차 산업혁명을 선도하는 기술직의 고용증가 | • 사물인터넷 제품, 웨어러블 디바이스, 자율주행차, 가상현실, 모바일 등 신산업에서 제품개발 및 서비스 관련 IT 직종전문가<br>→ 응용소프트웨어 개발자, 네트워크시스템 개발자, 컴퓨터 보안전문가, 시스템 소프트웨어 개발자 등<br>→ 전기, 전자공학기술자, 기계공학기술자, 통신공학기술자, 멀티미디어 디자이너, 제품디자이너 등 |
| 2. 4차 산업혁명으로 인해 핵심인재 중심으로 인력재편 | • 핀테크, 로보어드바이즈, 인터넷 전문은행의 확산으로 출납창구 사무원 등 단순사무원은 물론 증권 및 외환딜러 등의 전문직도 고용감소 예상<br>• 고부가가치 창출이 가능한 보험 및 금융상품 개발자 등 핵심 전문가에 대한 수요증가 예상 |
| 3. 기계화·자동화로 대체 가능한 직업 고용감소 | • 생산설비의 자동화, 산업용 로봇, 3D프린팅 기술의 확산으로 주조, 단조, 판금 및 재관분야 기술기능인력 감소 |
| 4. 고령화·저출산 등으로 의료복지분야 직업의 고용증가 | • 고령화와 의료복지 지원 확대 등으로 의사, 치과의사, 간호사, 물리 및 작업치료사, 응급구조사, 임상심리사, 사회복지사, 간병인 등의 증가<br>→ 교사·산부인과의사는 저출산으로, 영상의학과 의사는 빅데이터와 인공지능 활용 확산으로 감소 예상 |
| 5. 경제성장과 글로벌화에 따라 사업서비스 전문직의 고용증가 | • 경제규모 성장과 글로벌화로 경영환경이 복잡해지면서 경영 및 진단전문가(경영컨설턴트), 관세사, 손해사정인, 행사기획자 등 사회서비스 전문가의 고용증가 |
| 6. 안전의식 강화로 안전관련 직종의 고용증가 | • 국민들의 안전에 대한 요구가 커지고 정부 역시 안전 관련 정책을 강화하면서 경찰관, 소방관, 경호원 등 안전을 책임지는 직업들의 일자리 증가 예상 |
| 7. ICT역량 필요성 증가 | • 4차 산업혁명으로 기존 업무에 ICT(정보통신기술) 스킬이 융합된 업무가 증가할 것으로 예상<br>• ICT 스킬은 일상업무에 사용되는 '일반적인 ICT 스킬' 외에 소프트웨어 프로그래밍, 애플리케이션 개발, 네트워크 운영 등 '전문 ICT 스킬'을 포함 |

자료: 한국고용정보원(2017)

## 제2절 꿈과 비전(dream & vision)

인생에 있어서 꿈이란 자신이 꾸며가는 이야기이다. 내가 스스로 나의 미래에 이루었으면 하는 희망사항을 스스로 만들어보는 조작적 행위의 결과라고 할 수 있다. 생각 속에 있는 꿈의 상태를 눈으로 확인할 수 있도록 글이나 그림, 영상 등으로 표현하여 시각화하여 스스로 미래를 볼 수 있도록 한 것이 비전(vision)이다. 또한 최종적인 꿈은 작은 꿈(=목표)들이 모여 마침내 이루어지며, 이를 이루기 위해서는 시간과 비용이 필연적으로 수반하게 된다. 비전(vision)은 꿈을 실현하기 위한 필연적 도구이며, 방향성이 가장 중요한 가치라고 할 수 있다.

## 1. 꿈(dream)이란?

현재와 미래를 연결하며, 미래를 열어주는 열쇠라고 할 수 있다. 유사한 단어로 '희망, 바램, 원함, 소망 등'이 있으며, 이들의 개념을 정리하면 다음 표와 같다.

| | |
|---|---|
| 희망(hope) | • 자신이 바라는 어떠한 상황이 벌어질 것이라는 기대나 예측으로 주로 실현 시간이 불명확한 상태를 의미한다.<br>• 희망은 인류 역사상 많은 문학과 예술의 소재가 되어 왔으며 영화 등의 주요 테마가 되기도 했다. |
| 바램(wish) | 어떤 일이 이루어지기를 기다리는 마음. 즉 영어사전에서 바램(wish)이란 "가능성이 낮거나 불가능한 일을 바라며 '…이면 좋겠다(만약에…), 그렇기만 하다면(얼마나 좋을까)'라고 생각함을 나타내는 정도"이다. |
| 원함(want) | …필요로 하다, …을 하고 싶어 하다. |
| 소망(will) | 간절한 원함, 의지적으로 기원한다는 의미를 내포하고 있다. |

## 2. 비전(vision)이란?

### 1) 비전이란 삶의 무한한 에너지다

짐 콜린스의 연구에 의하면 명확한 비전(vision)을 가진 기업(3M, 존슨&존슨, HP, P&G, Sony, Motorola, Nordstrom 등)들은 64년간 1달러로 6,356배의 수익을 창출하였다. 그러나 비전이 없었던 동종산업의 비교기업군에서는 동일한 1달러의 64년간 투자수익율은 955달러에 불과했다.

하버드대학에 재학 중인 학생들을 대상으로 설문조사를 한 연구결과를 보면 84%의 학생은 명확한 목적, 목표, 비전이 없었다. 13%의 학생은 목적, 목표, 비전이 있었지만 특별히 기록해두지는 않았다. 3%의 학생은 명확한 목적, 목표, 비전이 있었고, 그것을 기록해두었다. 졸업 후 20년이 지난 시점에 이들의 생활상황을 다시 조사했더니 명확한 목적, 목표, 비전을 기록해두었던 3%의 학생들이 올린 수입은 97%의 학생들의 수입을 합한 것보다 10배나 많았다고 한다.

### 2) 비전의 다양한 의미

① 개인이나 조직이 미래에 이루고자 하는 뚜렷한 모습이다.
② 개인이나 조직의 미래에 존재하기를 바라는 분명한 미래의 모습이다.
③ 언젠가는 실현될 것이라 확신하는 믿음의 모습이다.
④ 비전은 이상과 현실을 연결시켜주는 매개역할을 한다.
⑤ 조직에 있어 비전이란 조직구성원 모두의 소망이고 꿈이다.
⑥ 비전은 공상이나 상상의 산물이 아니라 구체적인 자료와 정보를 종합하고 분석한 끝에 만들어진다.
⑦ 비전은 이성의 눈으로 실현 가능성을 확인할 수 있을 때 나타난다.

비전은 사막을 여행하는 자에게는 대략적인 방향을 알려주는 밤하늘의 북극성과도 같고, 동서남북의 방향을 알려주는 나침판과도 같은 것이다.

디즈니랜드(Disneyland)를 세운 월트 디즈니(Walt Disney)는 딸과 함께 공원 나들이를 하던 중 우연히 자신의 사업에 관한 구체적인 구상을 하기 시작했다. 유쾌해야 할 공원 나들이에서 불결함과 쓰레기, 종업원들의 불친절, 부모들에게는 지루하기 짝이 없는 공원을 경험하였고, 할리우드를 방문했을 때는 여행자들이 눈요깃거리에 목말라하는 것을 감지하였다. 이러한 경험을 몇 차례 반복한 끝에 1948년 미키 마우스 공원(Mickey Mouse Park)이라고 불리게 된 공원이 계획된 것이다.

샘 월튼은 10센트짜리 잡동사니를 취급하는 소매상인에 불과했지만 그는 최고의 세일즈맨이 되어 미국 유통업계를 지배하였다. 그는 '경영(행동)은 합리적인 머리로, 비전은 따뜻한 가슴으로 매일같이 약진을 준비하고, 무엇인가를 개선할 것을 결심하면서 나타난다. 실수를 두려워하지 않고 잘못된 것을 알면 곧 그것을 잊어버리고 다른 방향으로 전환한다'고 했다.

빌 클린턴은 가난과 가정폭력, 어머니의 숱한 재혼으로 얼룩진 성장기 등 불행으로 장식된 과거사를 지닌 인물이다. 그러나 꿈이 컸던 그에게는 그 어려움이 오히려 채찍이 되었고, 미국의 대통령이 되게 한 오기가 되었다.

샘 월튼과 빌 클린턴의 공통점은 아칸소주의 시골뜨기 출신이라는 점, 순전히 노력과 긍지로 리더의 자리에 올랐다는 점이다.

지금까지 다른 사람들이 생각해내지 못했던 비전을 제시하려고 노력할 필요는 없다. 비전이란 누구나 실현하고 싶어 하고 희망하는 것들이기 때문이다.

## 3) 비전(vision)의 구성요소

### (1) 핵심가치와 믿음(core values and beliefs)

조직이나 개인은 목표를 설정하고 이를 달성하기 위해 계획을 수립한다. 이러한 목표를달성하기 위해 주어진 기간 동안 구체적인 실천계획을 세우고, 그 계획을 실천하기 위해자원을 배분하고, 예산을 편성하고, 통제하는 활동을 한다.

따라서 비전(vision)은 다음과 같은 내용들로 구성된다.

① 핵심가치와 믿음은 행동으로 나타난다.
② 비전은 근본적으로 변하지 않는 철학이나 원칙과 같은 것이다.
③ 조직의 핵심가치 그리고 그에 대한 믿음이 비전을 만들어낸다.
④ 핵심가치는 경영이념이나 철학과 연결되며, 조직구성원들의 행동지침을 제공하고, 유대감을 강화시킨다.

현대그룹의 행동주의, 삼성그룹의 완벽주의, 선경그룹의 패기, LG그룹의 인화·단결, 효성그룹의 안전·온정주의, IBM의 고객서비스, 도요타의 Global 10, 혼다의 Hondaism 등은 널리 잘 알려진 기업의 핵심가치들이다.

### (2) 목적(purpose)

목적이란 존재이유다. 자신이 무엇을 해야 하고 어디로 가야 하는지를 나타낸다.

### (3) 행동규범(doing)

이는 단기적인 사명을 완수하기 위한 행동의 기준이다. 공식적인 행동규범에는 법령, 규정, 규칙, 윤리강령, 행동준칙, 선언문 등이 있고, 비공식적인 행동규범으로는 관례, 선례, 관습, 비공식적 역할기대 등이 있는데 이들은 조직문화 속에 녹아 있다.

### (4) 사명(mission)

사명이란 비전을 달성하기 위해 개인이나 조직이 수행해야 할 단기목표이다. 목적과 사명은 어떻게 다를까? 목적은 달성하고자 하는 추상적·이념적 가치라고 할 수 있다. 목적을 달성하기 위해 나아갈 때 거쳐 가는 작은 목표물은 목적을 이루는 수단이다. 이러한 작은 목표들을 이루며 목적지를 향해 나갈 때 집중하고 에너지를 투입하면 여러 개의 작은 목표를 성취하게 된다. 여러 개의 작은 목표들이 모여 사명을 이루게 되고 사명들이 모여 최종 목적지인 정상에 도달하게 된다.

정상에 오르면 또 다른 목표와 목적을 찾게 된다. 정상을 오르기 위해 집중하고 에너지를 쏟는 과정은 사명을 달성하는 행위이다. 다시 말해 하나하나의 사명을 달성해가면서 목적을 향해 한 걸음 더 다가서고 핵심가치와 믿음을 실현시켜 나간다.

### (5) 비전을 어떻게 세울 것인가?

꿈과 비전은 행동 패러다임(paradigm)으로부터 나온다. 패러다임이란 '세상을 보는 사고체계'를 의미한다. 이때 보는 것은 눈으로 본다는 의미가 아니라 '지각하고, 이해하고, 해석하는 의미'에서 세상을 보는 것을 의미한다.

패러다임은 안경과 같아서 인생에서 사물을 보는 방식에 영향을 미친다. 따라서 우리는 패러다임을 통해 자신의 비전과 가치를 다루게 된다. 인간은 머릿속에 수없이 많은 사고 체계(틀, 패러다임)를 가지고 있다.

① 사물을 있는 그대로 나타내는 사고 체계(실제)

② 사물이 어떠해야 하는지를 나타내는 사고 체계(가치)

사물을 보는 방식은 사고하고 행동하는 방식의 근원이 된다. 사람들은 각자 경험의 랜즈를 통해 자기 방식대로 사물을 보기 때문에 패러다임은 옳든 그르든 우리의 태도와 행동의 원천이 되는 것이다.

고대 이집트의 위대한 천문학자인 프톨레마이오스는 '지구가 우주의 중심'이라고 주장했다. 그런데 코페르니쿠스는 '태양이 우주의 중심'이라고 주장하면서 패러다임의 전환을 가져왔다.

물리학에서 뉴턴의 학설은 상당히 정확한 패러다임이었고, 오늘날 공학의 기본이 되고 있다. 그 후 과학계에서는 자연현상에 대한 정확한 예측과 설명을 가능케 하는 아인슈타인의 상대성이론이 과학계의 혁명을 가져왔다.

헝가리의 제멜바이스와 프랑스의 파스퇴르의 세균이론이 나오기 전에는 산모와 신생아의 사망률이 높았다. 전쟁으로 인해 사망하는 사람보다 질병에 의해 사망하는 사람이 훨씬 많았다. 그러나 세균이론이 나온 이후 질병의 원인이 무엇인지 이해함으로써 의학계의 혁명을 가져왔다.

### 4) 제주도에 가려면 어떻게 갈 것인가?

한 대학에서 강의시간에 학생들에게 '제주도에 가려면 어떻게 갈 것인가?'라는 질문을 했다. 첫 번째 대답은 비행기를 타고 가겠다고 했다.

이 질문은 제주도에 가는 방법을 묻는 질문이다. 누구나 쉽게 비행기를 타고 가겠다고 말할 수 있다. 그러나 잠시 시간을 주며 다른 생각을 해보라고 했다.

5분쯤 지난 후에 다양한 방법이 제시되었다. 승용차와 배로 가겠다, 기차와 배를 이용하겠다, 자전거와 배를 타고 가겠다 등 제주도라는 목적지가 있기 때문에 다양한 방법이 나오는 것이다.

좀 더 구체적으로 왜 가야 하는가? 언제 갈 것인가? 누구와 같이 갈 것인가? 라는 질문이 추가되면 처음과는 전혀 다른 방법이 나올 수 있다.

### 5) 목표설정

목표를 설정하고 이를 달성하는 과정은 결코 쉬운 것이 아니다. 대학생활 전반을 통하여 자신의 인생 전반을 그려보고 단계별로 삶의 목표를 설정하는 것이 무엇보다 중요하다. 일반적으로 목표를 설정하는 10단계를 취업준비 과정에 적용 시켜보아도 별로 다르지 않을 것이다.

### (1) 목표설정 10단계

첫 번째 단계는 자신의 꿈(=목표)를 글로 적어보는 것이다. 그리고 매일 그것을 확인하고 읽고 스스로의 행동이 그 목표에 다가가도록 성찰(省察)하는 것이다. 『종이 위의 기적, 쓰면 이루어진다』라는 책에서는 글로 적지 않고 생각만 하는 꿈은 24시간이 지나면 5%만 기억으로 남고 곧장 사라진다고 한다.

두 번째 단계는 자신이 원하는 꿈(=목표)을 종이 위에 적고 읽어본다. 매일 큰소리로 읽어보며 진행되는 사항을 점검하면 그것이 믿음이 되어 마침내 꿈(=목표)을 향해 나아가게 된다고 한다.

세 번째 단계는 종이 위에 기록한 꿈(=목표)을 현재형으로 바꾸고 이루어질 수 있다는 긍정적인 믿음을 가지고 반복해서 읽고 쓰는 연습을 계속 하는 것이다.

네 번째 단계는 이러한 꿈(=목표)을 설정한 이유를 스스로 생각해보고, 또한 구체적인 내용을 스스로 확인하며 그것을 꿈으로 설정한 이유 3가지를 스스로 찾아 기술해보는 것이다.

다섯 번째 단계는 지금까지의 상황에 어떠한 변화가 있는지? 보완해야 할 부분은 무엇인지를 스스로 찾아보고 점검하는 것이다.

여섯 번째 단계는 이러한 꿈(=목표)을 달성하는 데 필요한 지식이나 목표, 정보, 태도는 무엇인지를 찾아보고 이를 보완하는 것이다.

일곱 번째 단계는 현재의 진행 상태를 파악하고 걸림돌이 무엇인지? 예상되는 장애물은 무엇인지를 파악하고 미리 대응방안을 수립하는 단계이다.

여덟 번째 단계는 이러한 꿈(=목표)을 달성하는 데 누구로부터 어떠한 도움이 필요한지를 생각해보고 인맥(human network)을 정리해보는 것도 중요하다.

아홉 번째 단계는 미래의 에너지를 오늘에 가져다 활용하는 것이다. 꿈(=목표)이 이루어진 후의 자신의 모습을 상상하며 그때 자신에게 나타나는 긍정적 에너지를 지금부터 느껴보는 단계로서 가장 강력한 이미지가 될 수 있다.

마지막 열 번째 단계는 100% 완성될 때까지 포기하지 않는 것이다. 꿈(=목표)을 이룬다는 것은 결코 쉬운 일이 아니다. 여러 가지 장애요인은 물론, 시간적·경제적 어려움도 예상된다. 추진 과정에서 포기하고 싶은 충동을 느낄 때가 있을 수 있다. 그러나 마지막 고지를 향하여 한 발 한 발 다가가는 자세로 100% 완성될 때까지 포기하지 않아야 한다.

### 6) 당신의 꿈은 무엇인가?

사람들은 원하는 것을 꿈꿀 때 즐거워한다. 좋아하는 일을 할 때 신나게 몰입한다. 그리고 자신이 꿈꾸었던 목표를 달성했을 때 가장 행복해한다.

목표를 세우고, 이의 성취를 위해 노력하고, 마침내 목표를 이루었을 때 성취감과 더불어 자존감이 커지기 때문이다. 꿈은 방향이고 목적지인데 자신의 꿈이 무엇인지 모르거나 꿈이 없는 사람도 많다. 대학신입생의 52.4%가 대학생활을 통하여 이루고자 하는 꿈이 없고, 졸업을 앞둔 4학년생의 32.4%가 대학졸업 후 무엇을 할 것인가에 대한 목표가 없다고 한다. 뿐만 아니라 직장인의 83.6%가 꿈이 없이 일상을 보내고 있다고 한다.

그러니 꿈이 없는 사람은 운전대가 없는 차를 운전하는 것과 마찬가지로 아무 곳이나 가게 되는 것과 같다. 키(rudder)가 없는 배를 타고 있다고 생각해보면 얼마나 끔직한지 상상할 수 있을 것이다. 자신이 가고 싶은 방향이 아니라 바람 부는대로 물결 흐르는 대로 흘러가는 방랑객 인생이 되고 말 것이다.

내 인생의 운전대와 키를 내가 잡고 있어야 한다. 그러기 위해서는 내가 누구인지, 어디서 와서 왜 살며, 어디로 가고 있는지, 무슨 일을 하며 어떻게 살아갈 것인지 끊임없이 성찰해야 한다.

그동안 필자는 강의를 통해 5천 명 이상의 교육생을 대상으로 꿈에 대한 질문을 해봤다. 공무원, 은행원, 선생님, 돈, 창업, 행복, 전원주택 등 자신의 직업적 희망을 꿈이라고 대답한다. 꿈과 직업을 혼돈하는 사람이 이외로 많았다.

고사(古事)에서는 '인생의 4가지 덫으로 재(財), 색(色), 명(名), 위(位)'를 들고 있다.
재(財)는 연봉, 부수입, 사업소득, 주식, 펀드, 부동산 등을 의미한다.
사람은 재물 때문에 죽고 새는 먹을 것 때문에 죽는다고 했다.
색(色)은 남녀 관계 혹은 감정, 사랑, 결혼 등이다.
명(名)은 유명해지고 싶은 모든 심리를 말하고 위(位)는 직위, 지위, 신분 등을 의미한다.

인생은 꿈과 의욕만으로는 아무것도 이룰 수 없다. 치밀한 전략과 계획, 그리고 이에 대한 철저한 준비와 실행이 뒤따라야 한다. 많은 책에서 꿈과 열정만 있으면 다 이룰 수 있는 것처럼 기술하고 있지만 막상 해보면 그렇지 않다. 안될 것을 알면서도 될 것 같다는 희망을 주어서 상대를 고통스럽게 하기도 한다.

꿈만 꾸면 누구나 무엇이든 이룰 수 있다는 말은 정답이 아니다. 생생하고 선명하게 꿈만 꾼다고 행복한 성공이 저절로 다가오는 것도 아니다. 그렇게 되어서도 안 된다. 의미 있는 꿈만 이루어져야 하는 것이다. 설계도가 만들어지고 시방서대로 실제 건물을 시공해야 건물이 완성되는 것과 마찬가지다.

## 직업과 꿈은 다르다

꿈이 무엇이냐고 물으면 대부분의 학생들이 흔히 직업으로 대답한다. 학생들에게 장래 꿈이 뭐냐 라는 질문에 학생들은 공무원, 선생님, 작가, 경찰관, 법관, 의사, 과학자, 대학교수 등의 직업을 들며 그런 사람이 되는 것이 꿈이라고 한다.

그들이 말하는 꿈은 일생을 두고 계속 변화하고 성장하는 '꿈 너머 꿈'을 상상하는 것이 아니라 어떤 시점에 자신이 처한 지위획득을 꿈으로 인식하고 있는 것이다. 꿈을 직업에 고정된 것으로 한정하고, 그 이상의 활동과 역할에 대한 큰 가치를 잊고 있다는 것이다. 꿈을 직업과 연계시키면 많은 사람들이 꿈을 이룬 것이 된다는 의미다.

사실 그런가? 그렇다면 대기업이나, 공기업, 공무원 등 공식조직에서 직장생활을 하는 사람들의 꿈은 비교적 쉽게 확인할 수 있다. 신입사원의 7년 후의 꿈은 그 부서에서 과장이 되는 것이고, 10년 후에는 차장, 15년 후에는 부장이 되는 것이다. 과연 이렇게 설정하는 것이 꿈일까? 이것은 자신의 꿈을 이루어가는 과정의 일부인 작은 목표에 지나지 않는 것이다.

작은 목표를 꿈이라고 인정하는 순간 그것이 달성되었을 때부터 꿈이 없는 사람이 된다. 꿈은 살아서 움직이는 유기체와 같은 것이다. 물을 주며 매일 가꾸지 않으면 시들어버리는 콩나물 기르기와 같은 것이다. 나팔꽃처럼 바라만 보고 있으면 금방 시들어버리는 꽃과도 같다. 물을 주고 햇빛이 비추게 할 때 비로소 씨앗을 맺게 할 수 있는 것이다.

꿈은 자신이 알고 있는 직업이 아니다. 음악을 좋아하면 음악에 빠지고, 요리를 좋아하면 요리에 빠지고, 스포츠를 좋아하면 스포츠에 빠지는 것이 먼저다. 그러다 보면 그 안에서 다양한 직업으로 발전하게 된다.

'직업은 꿈을 찾아가는 과정'이다. 꿈은 계속 성장·발전되어야 한다. 자신의 재능을 찾아내고 '나다움'을 발휘하며 내가 진정으로 행복해 질 수 있는 활동과 역할을 하고 사는 것이라면 그것이 무엇이든지 꿈이 될 수 있는 것이다.

# 제3절 취업성과에 영향을 미치는 요인

운전을 20년 이상 한 성인들에게 신호등의 4가지 색깔을 좌측부터 순서대로 그려보라는 질문에 많은 사람들이 못 그린다. 원리를 모르고 무의식적으로 운전했기 때문이다. 별 관심도 없었다. 빨간 신호등에는 멈추고, 노란 신호등에는 좌우를 살피고, 파란색 신호등에서는 움직인다는 것을 듣고 보고 외우고, 다른 사람을 따라 운전하다보니 이런 질문에 답을 찾을 수 없다.

빨간색은 정지신호다. 정지해 있으면 가장 안전하다. 노란색 신호등은 주위를 둘러보고 움직이라는 신호다. 이는 빨간색보다 덜 위험하다는 의미다. 움직이면 상대적으로 위험에 노출되기 때문에 다른 차들이 다 정지했다는 것을 확인하고 움직이도록 파란색 신호를 디자인하여 좌회전과 직진신호를 순서대로 디자인된 것이다. 이와 같이 신호등은 안전을 기반으로 신호체계가 구성되어 있다.

청년취업이 어려운 국가과제다. 취업준비생 입장에서 어떻게 하면 취업성과를 높일 수 있을까? 취업준비에도 원리가 있다. 무작정 열심히 하는 것이 아니라 취업성과 결정요인을 살펴보고 자신의 특성에 맞는 요인을 강화하는 전략적 선택이 필요하다. 왜 어학능력이 중요한가? 학점은 왜 중요한가? 현장실습은 왜 필요하며, 취업클리닉은 어떻게 받아야 하는가? 등에 대하여 나만의 전략적 분석이 필요하다. 대학교육을 마치고 취업하는 학생들의 속성을 통계적으로 분석한 논문에 의하면 '개인별 인적속성요인, 학업특성요인, 개인별 취업준비 노력요인' 등이 취업성과에 일정하게 영향을 미치고 있음을 확인하고 있다.

## 1. 취업성과에 영향을 미치는 요인

### 1) 취업성공에 미치는 영향력의 크기

현장실습(2.058) → 취업클리닉(1.738) → 졸업학점(1.668) → 성별(1.605) → 어학성적(1.444) 순으로 나타났다. 따라서 취업준비를 위하여 대학에서 제공하는 현장실습 교과는적극적으로 이수하고, 전문가로부터 체계적인 취업클리닉 지원을 받는 것이 중요한 취업전략이라고 할 수 있다.

### 2) 대기업 취업에 미치는 영향력의 크기

취업클리닉(2.832) → 졸업학점(2.162) → 현장실습(1.489) → 성별(1.418) → 어학(토익)성적(1.007) 순으로 나타나고 있다. 따라서 대기업 취업을 준비하는 구직자는 전문가로부터 체계적인 취업클리닉 지원을 받는 것이 가장 중요하다고 판단된다.

### 3) 정규직 취업에 정(+)적인 영향을 미치는 요인의 크기

현장실습(3.362) → 졸업학점(3.147) → 성별(2.802) → 어학(토익)성적(1.003) 순으로 나타났다. 다만, 어학(토익)성적의 경우 승산비 Exp(B)=1.003으로 정규직 취업에 정(+)적인 영향을 미치지만 그 크기는 미미하다고 할 수 있다.

| 구분 | | 취업 성공 여부 | 대기업 취업 여부 | 정규직 취업 여부 |
|---|---|---|---|---|
| 개인 속성 | 성별(남) | 1.605**(4) | 1.418*(4) | 2.802**(3) |
| | 고교유형(일반계고) | .699 | .611 | .000 |
| | 출신지역(서울) | .952 | 1.074 | .875 |
| | 입학성적 | .905 | 1.024 | .936 |
| 학업 성적 | 토익성적 | 1.444***(5) | 1.007***(5) | 1.003***(4) |
| | 현장실습 | 2.058***(1) | 1.489*(2) | 3.362(1) |
| | 졸업학점 | 1.668***(3) | 2.162***(2) | 3.147***(2) |
| 진로 준비 | 어학연수 | 1.535 | .718 | 1.003 |
| | 자격증 | .643 | .999 | 1.148 |
| | 진로컨설팅 | 1.738**(2) | 2.832***(1) | .869 |

* p<0.10, ** P<0.05, *** P<0.01
자료: 최일수(2016), 한국경제교육학회.

## 2. 학점특성 요인

### 1) 학점

학점은 대학생활 충실도를 대표적으로 나타내는 지표로 졸업학점(평균 평점)이 높은 자가 취업성공 확률이 1.5배 이상 높고, 대기업 취업확률은 2.4배 이상 높은 것으로 나타났다. 특히 대기업의 경우 입사지원서 작성 시 일정수준 이상의 학점을 지원조건으로 명시하기 때문에 학점과 취업성과와 관련성이 있다고 판단된다.

다만, 2015년 이후부터 시행되고 있는 NCS 기반의 블라인드 채용 제도는 입사지원서 작성 시 학교성적을 기재하지 않기 때문에 학점요인이 취업성과에 어떻게 작용하였는가는 파악하기 어렵다. 다만, 학교성적은 학력(學力)수준을 동시에 나타내는 공식적 지표이기 때문에 채용과정 전반에 걸쳐 작용한다고 판단된다.

### 2) 일자리 체험(현장실습, 인턴십 등)

재학 중 전공분야와 상이한 일반적인 아르바이트 경험은 시간과 돈(=시급)을 맞바꾸는 행위에 지나지 않으며 취업확률에도 부정적인 영향을 미친다고 할 수 있다. 대학에서 공식적으로 지원하는 일자리 체험(인턴십 등)은 취업확률에 도움이 되지만, 단순 아르바이트는 취업확률에 도움이 되지 못한다고 할 수 있다.

대학재학 중 일자리 체험에서 전문대 졸업자에게는 정규직과 시간제 취업 경험이 취업확률에 긍정적인 영향을 미치며, 4년제 대학 졸업자에게는 현장실습경험이 취업 확률에 긍정적인 영향을 미치는 것으로 나타났다. 2015년 이후부터 대학재학기간(3학년 2학기~4학년 학기) 중 현장실습 및 기업체 인턴 교육과정으로 산업현장실습(IPP: Industry Professional practice)을 강조하는 교육과정이 운영되고 있다.

### 3) 진로개발 프로그램 참여

대학에서 공식적으로 제공하는 진로개발 프로그램에 참여하고, 이를 적극적으로 활용한 학생들이 제도적 사회자본을 충분히 확보함으로써 취업확률이 높아진다. 즉, 대학재학 중 진로개발 프로그램 참여 경험이 대학 재학기간을 포함하여 졸업 후의 능력개발, 만족스러운 직업생활 유지에 좋은 영향을 미치며, 노동시장에 긍정적인 영향을 미친다.

### 4) 자격증 취득

자격증은 취업을 준비하는 대학생들 사이에서 가장 중요한 스펙 중의 하나로 인식되고 있으나 자격증에 대한 평가는 일반적인 인식과 다르게 나타난다.

직무와 관련된 전문자격증은 취업에 영향을 미치지만, 해당 직무와 관련이 없는 자격증은 취업에 도움이 되지 않는다. 한편, 자격증 보유수가 많을수록 대기업 취업확률은 낮아진다. 이는 자격증 보유수가 많다는 것은 난이도가 낮은 자격증을 다수 보유하는 것으로 인식한다.

한편, 그동안 국내기업을 대상으로 조사한 자료에 의하면 자격증이 미취업 대비 취업확률을 높이는 데 도움이 되지만 자격증은 성별, 대학유형 등 자격증 취득자의 특성에 따라 효과가 상이하게 나타나며, 2015년 국가직무능력표준(NCS) 기반의 블라인드 채용과정서 지원분야와 관련 있는 자격증은 취업성과에 영향을 미친다고 할 수 있다.

### 5) 어학능력

2010년 이전까지는 구직자의 어학능력(30.1%)은 출신대학(31.8%) 다음으로 취업에 중요한 영향을 미치는 것으로 나타났다. 구직자 중 취업자와 미취업자를 판별하는 기준으로 어학(외국어)능력 변수가 가장 큰 요인으로 작용했다. 국가직무능력표준(NCS) 기반의 블라인드 채용에서는 입사지원서 작성 시 어학성적이나 어학연수 등의 기록을 요구하지 않는다. 즉 어학성적이나 어학연수 경험이 중요한 것이 아니라 면접과정에서 실제로 외국어 구사능력이 어느 정도인가를 직접 확인함으로써 직무와 관련된 외국어 활용능력을 평가하고 있다.

### 6) 취업 사교육 경험

4년제 대학생의 27.7%가 취업을 목적으로 사교육을 받는 것으로 나타났다. 대부분의 대학생들이 졸업과 동시에 취업을 희망하고 있으나, 실제로 그들이 취업할 수 있는 기회는 그렇게 많지 않다. 대졸 청년층 실업문제는 정규 교육과정을 이수하고서도 취업을 위하여 별도의 취업준비 활동의 필요성이 대두된다는 데 있다.

취업 사교육이 전반적인 취업확률에는 유의한 영향을 미치지 못하지만 대기업 정규직 취업에는 유의한 영향을 미치는 것으로 나타났다. 즉, 대학재학 중 취업 사교육(직업훈련) 경험은 취업성과에 영향을 미치며, 이는 공공기관에서 실시하는 것뿐 아니라 민간에서 실시하는 능력개발과 관련한 교육훈련이 취업에 긍정적인 영향을 미치는 것으로 해석할 수 있다.

반면에 대학교육 과정을 이수하고 취업 사교육(직업훈련) 과정을 경험하는 것은 특별한 고려가 필요하다. 전공분야와 전혀 다른 분야에서 직업훈련 과정을 이수하는 것은 바람직하지 않다. 따라서 전공분야와 동일한 분야나 유사한 분야에서 단기간의 실무역량을 익히는 교육과정은 바람직하다고 할 수 있다.

### 7) 취업클리닉 활동 참여

취업클리닉 활동이란 구직자를 대상으로 '취업목표설정, 자기분석, 기업분석, 입사지원서 작성, 면접시험 등에 대비하기 위하여 전문가가 지속적으로 지도하는 활동'을 말한다. 따라서 구직자는 대학재학 중 취업준비를 위하여 취업클리닉 활동에 참여하는 것이 바람직하다.

필자의 연구(2016)에 의하면 취업클리닉 활동 참여 경험이 있는 자가 취업클리닉 활동에 참여하지 아니한 구직자보다 취업성공 확률이 2.22배 이상 높게 나타났다. 한편 대기업 취업성과를 살펴보면 대학재학 중 취업클리닉에 참여한 경험이 있는 자가 없는 자에 비해 대기업 취업확률이 2.84배 이상 높게 나타나고 있다.

이는 취업클리닉 활동을 통하여 구체적인 취업목표를 설정하고 전문가로부터 지속적인 지도와 입사지원서(자기소개서) 작성 및 면접시험에 대비하는 취업지도를 받는 것이 대기업 취업에 유리하게 작용하는 것이라고 말할 수 있다.

# 제4절 4차 산업혁명과 직업세계

4차 산업혁명을 단일 기술로 정의하는 것은 장님 코끼리 만지기와 같다. 이민화 이사장은 4차 산업혁명에 대한 정의를 4차 산업혁명은 '현실(1, 2차 산업)과 가상(3차 산업)이 인간을 중심으로 융합하는 것이다'라고 정의한다. 즉, 1차, 2차 산업혁명은 물질, 소유, 자원에 대한 현실의 세계에 대한 발전을 일으켰으며, 3차 산업혁명은 정보, 공유, 관계 등 가상공간의 발전을 가져왔다. 4차 산업혁명 현실과 가상이 함께 발전하는 산업으로서 인간의 역량이 더욱 중요시 된다고 했다.

4차 산업혁명에 대두되는 기술로 「Big Data, IoT, AI, Machine Learning, Virtual Reality, Self-Driving Car 등」 다양한 테크놀로지들이 있다.

▌산업혁명의 발달과정▐

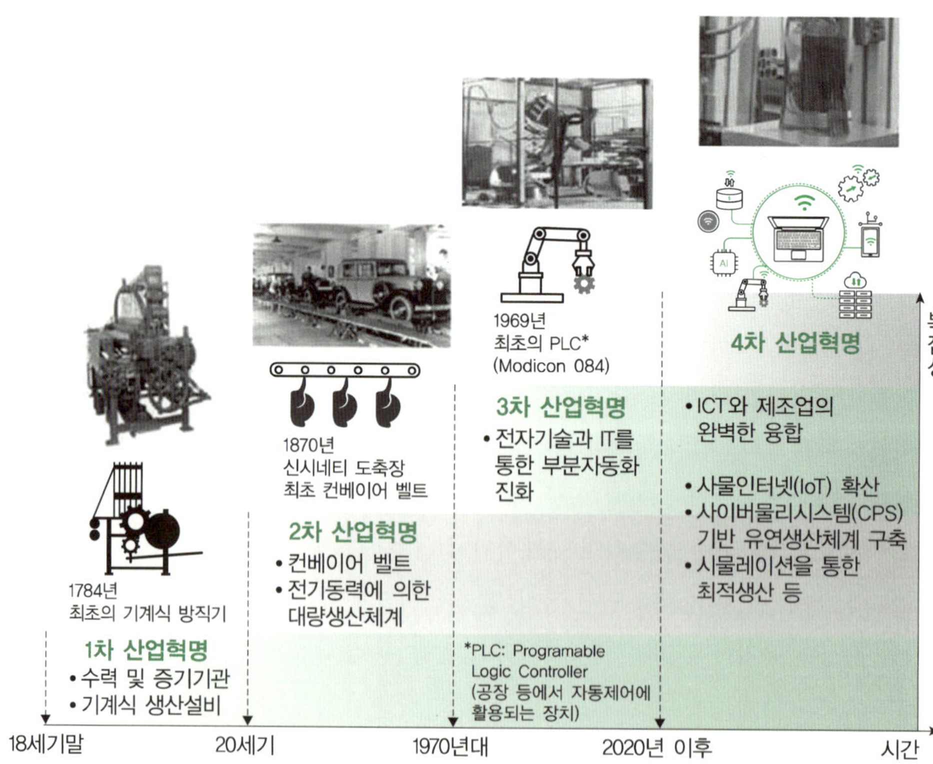

## 1. 4차 산업혁명은 이미 시작되었다

**4차 산업혁명, 현실(1, 2차)과 가상(3차)의 융합**

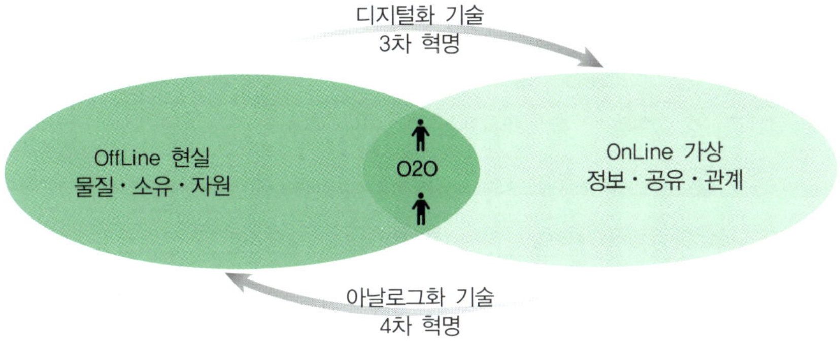


제조업 르네상스를 꿈꾸며 4차 산업혁명을 부르짖은 것도 벌써 몇 해 지났다. 하지만 어지럽게 떠도는 수많은 개념과 정보들 속에 혁명의 목적이 무엇이었는지는 조금씩 잊혀지고 있는 것도 사실이다. 새로운 산업시대를 열기 위한 길고 긴 여정을 지치지 않고 완주하기 위해서는 그 근본적인 목표를 꾸준히 상기시켜야 할 필요가 있다.

한석희 사무총장은 자신의 저서 『인더스트리 4.0』(2015)에서 위와 같은 다양한 기술이 4차 산업혁명을 촉진시킨다고 했다. 최근 몇 년간 생산제조업계의 화두였던 4차 산업혁명은 이제 시대의 화두가 되었다. 하지만 지속적으로 이슈가 되고 있는 상황임에도 여전히 4차 산업혁명에 대한 이해가 불충분한 것이 사실이다.

4차 산업혁명이 독일에서 인더스트리 4.0의 이름으로 처음 발표된 순간부터 지금까지도 이것을 마치 하나의 새로운 브랜드나 솔루션 정도로 생각하는 사람들이 많다. 4차 산업혁명은 그 자체로 쫓아야 할 대상이 아니라 우리 생산제조 업계가 쫓아야 할 어떠한 지향점으로의 여정을 명명하는 개념적 단어라고 생각된다.

증기기관 기반의 기계화, 전기동력 기반의 대량생산화, 전자・IT 기반의 자동화로 여태껏 산업발전의 역사가 흘러온 것처럼 우리는 늘 해오던 혁신의 노력을 더 진화한 기술을 기반으로 펼치고 있는 것이다. 다만 그 발전사를 후세에 1차 산업혁명, 2차 산업혁명, 3차 산업혁명이라고 규정한 것과 달리 산업 패러다임이 전환되는 시점에 미리 4차 산업혁명이라고 규정지은 것이다.

**4차 산업혁명을 촉진시키는 다양한 기술**

앞선 산업혁명은 모두 수십 년 이상의 오랜 기간에 걸쳐 진행되었다. 지금 이야기하는 4차 산업혁명 역시 얼마나 오랜 시간이 소요될지 알 수는 없다. 이 장기간의 혁명운동에서 중도탈락하지 않고 살아남으려면 '완전무인화된 인공지능 공장처럼' 꿈같은 이야기가 목표가 되어선 안 된다. 무엇 때문에 똑똑한 공장을 만들고자 하는지 그 근본적인 목표를 좇아야만 지치지 않고 혁명의 길을 완주할 수 있다.

## 2. 제조업의 새로운 패러다임

'4차 산업혁명은 전혀 새로운 것이 아니라 우리가 늘 해오던 혁신활동의 연장선이다.'

우선 4차 산업혁명이 무엇인지 그 정의를 다시 살펴보자. 인더스트리 4.0을 주도한 독일연방정보통신협회(BITKOM), 독일기계설비공업협회(VDMA), 독일전기전자산업연맹(ZVEI)은 2013년에 '인더스트리 4.0은 4차 산업혁명을 말하며, 제품 라이프사이클 전반에 걸친 가치창출 네트워크의 조직 및 관리체계의 새로운 형태'라고 공식적인 정의를 내렸다.

새로운 형태란 '네트워킹을 통해 중요 정보를 실시간으로 사용하고 사람, 객체, 시스템의 연계를 통한 실시간 최적화 및 지능화를 실현하여 결국엔 가치창출 네트워크 전체가 통합되고 자율적으로 조직되는 것'이며, 이를 통해 '원가, 자원 사용 등의 다양한 기준에 대해 최적화'가 가능해지는 것이다. 즉, 사람과 생산기기, 생산제품 등의 요소들이 개별적이고 수동적으로 움직이던 기존의 생산체계와 달리 각 생산 구성요소들이 서로 연결되어 상황에 따라 능동적으로 작업방식을 결정하며 전체 생산과정을 최적화한다는 것이다.

이것은 IoT(사물인터넷), 빅데이터, 클라우드 컴퓨팅 등으로 대표되는 ICT 기술의 발전에 기반한다. 한국전자통신연구원 하원규 책임연구원과 국립한국교통대학교 최남희 교수는 공동저술한 『제4차 산업혁명』(2015)에서 2010년대 중반에 맞이한 4차 산업혁명으로의 전환기는 'IoT, 빅데이터, CPS, 인공지능과 같은 기술발전으로부터 촉발되었다'고 기술하기도 했다.

ICT 기술의 발전은 점점 가속화되고 있다. 이에 따라 ICT 기술 간의 융합, ICT 기술과 기존 제조기술 간의 융합이 급격히 가시화되기 시작하면서 그저 남의 이야기라고 멀게만 느끼던 4차 산업혁명에 대한 국내 생산제조업계의 관심도 지속적으로 증가하고 있다.

## 3. 4차 산업혁명과 직업

**일자리는… 줄어든다? 상관없다?**

**지식노동 분야까지 빠르게 대체… WEF '순 고용 5백여만 명 감소'**

| 분야 | 대표 서비스 | 업체명 | 주요 내용 |
|---|---|---|---|
| 통신 | AI 스피커 | SK텔레콤 | 음악 감상뿐 아니라 질문에 답하는 '누구' '누구 미니' 출시 |
| | | KT | 셋톱박스 연계한 '기가 지니' 선보여 |
| 자동차 | 자율 주행차 | 테슬라 (전기자동차) | 연내 완전 자율주행자동차 출시 예정 |
| | | 현대차그룹 | 글로벌 표준을 위한 자율주행플랫폼 개발 |
| 유통 | 쇼핑도우미 챗봇 | 롯데백화점 | 맛집 추천, 매장위치 안내 지원하는 로봇 쇼핑도우미 '엘봇' 도입 |
| | | 현대백화점 | 빅데이터 기반으로 통역서비스 제공하는 '쇼핑봇' 선보여 |
| | | 신세계백화점 | 고객취향 분석해 맞춤형 쇼핑정보 제공하는 'S마인드' 적용 |
| 건설 | IoT 현장 관리 | 삼성물산 건설부문 | 스마트밴드 착용한 근로자 심박수 실시간 모니터링 |
| | | 쌍용건설 | 실시간 동영상 활용해 현장관리 |

4차 산업혁명과 일자리에 관한 내용은 2017년 9월 8일자 국민일보에 연제된 기사내용으로 살펴보자. 인공지능(AI)의 손길이 인간의 삶을 바꾸고 있다. 사람 대신 능숙하게 운전하고 쇼핑도 하며 건강까지 꼼꼼히 챙겨주는 AI가 생활 속에서 현실화하는 것은 시간문제다. AI를 비롯한 4차 산업혁명의 핵심기술로 인간의 삶에 획기적인 변화가 예상된다.

4차 산업혁명에 따른 일자리 전망은 비관론과 낙관론이 교차한다. 인공지능(AI) 및 로봇 기술발전으로 육체노동은 물론 지식노동까지 빠르게 대체될 것이란 예측과 함께 새로운 일자리가 소멸 일자리를 상쇄할 것이란 관측이 맞서고 있다. 일자리가 줄 것이란 전망은 4차 산업혁명이라는 용어가 확산되는 계기가 된 2016년 다보스 세계경제포럼(WEF) 발표에서 확인할 수 있다.

세계경제포럼(WEF)은 미래 고용보고서를 통해 4차 산업혁명 영향으로 716만 5,000명이 일자리를 잃고 202만 1,000명이 새 일자리를 찾아 순고용이 514만 4,000명 정도 감소할 것으로 내다봤다. 사무·행정 분야에서 475만 9,000명이 실직하는 것을 비롯해 제조(161만 9,000명), 건설(49만 7,000명) 등에서 일자리를 잃는 경우가 많을 것으로 전망됐다. 반면 금융(49만 2,000명), 경영(41만 6,000명), 컴퓨터(40만 5,000명) 등은 일자리가 늘 것으로 예측됐다.

칼 프레이, 마이클 오즈번 옥스퍼드대학 교수가 2013년 발표한 『고용의 미래』에서도 미국 일자리 47%, 독일 일자리 42%가 20년 이내에 사라질 것으로 전망되는 등 기술발전은 일자리 감소로 이어진다는 우려가 크다. 하지만 1~3차 산업혁명에서 단기적으로 일자리가 줄더라도 장기적으로는 일자리가 늘어난 것을 내세워 4차 산업혁명으로 인한 일자리 피해가 크지 않을 것이란 의견도 많다.

## 4. 미래 사라질 직업

직장인이나 취업준비생들이 미래에 사라질 직업 1위로 번역가를 꼽았다. 나날이 발전하는 자동통역기에 동시통역사들까지 위협받는 상황에서 활자나 영상을 번역하는 일은 더 이상 인간의 영역이 아닐 것으로 예상됐다.

### 인공지능으로 대체될 확률이 낮은 직업

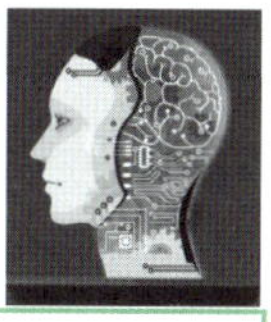

사람의 감성과 창의성에 기초한 예술 관련 직업과 인간과 소통이 필요하거나 사람 간의 공감이 필요한 직업은 사라질 가능성이 낮다.

| | | | | | |
|---|---|---|---|---|---|
| 01 | 화가 및 조각가 | 11 | 패션 디자이너 | 21 | 대학교수 |
| 02 | 사진 작가 및 사진사 | 12 | 국악 및 전통 예능인 | 22 | 미술사 등 기타 문화 및 예술 관련 종사자 |
| 03 | 작가 및 관련 전문가 | 13 | 감독 및 기술감독 | 23 | 출판물 기획 전문가 |
| 04 | 지휘자·작곡가 및 연주가 | 14 | 배우 및 모델 | 24 | 큐레이터 및 문화재 보존원 |
| 05 | 애니메이터 및 만화가 | 15 | 제품 디자이너 | 25 | 영상·녹화 및 편집 기사 |
| 06 | 무용가 및 안무가 | 16 | 시각 디자이너 | 26 | 초등학교 교사 |
| 07 | 가수 및 성악가 | 17 | 웹 및 멀티미디어 디자이너 | 27 | 촬영 기사 |
| 08 | 메이크업 아티스트 및 분장사 | 18 | 기타 음식 서비스 종사원 | 28 | 물리 및 직업치료사 |
| 09 | 공예원 | 19 | 디스플레이어 디자이너 | 29 | 섬유 및 염료시험원 |
| 10 | 예능 강사 | 20 | 한복 제조원 | 30 | 임상심리사 및 기타 치료사 |

자료: 한국고용정보원(2016년)

구인구직 사이트 '잡코리아'와 '알바몬'이 직장인과 취업준비생 4,147명을 대상으로 설문조사 한 결과(복수응답 가능) 응답자의 31%가 번역가를 미래 사라질 직업으로 꼽았다. 캐셔(26.5%)와 경리(20%)가 뒤를 이었으며 공장근로자(18.8%)와 비서(11.2%)도 곧 없어질 직업으로 예상했다.

10위 안에는 서빙·매장관리(10.5%), 데이터베이스 관리자(9.7%), 약사(9.3%), 배조종사(8.9%), 택배원·배달원(8.5%) 등이 포함됐으며 이들 직업을 선택한 응답자의 93.2%가 '컴퓨터나 로봇이 대체할 수 있을 것 같아서'라고 답했다.

### 미래 사라질 직업, 생존할 직업은?

| 사라질 직업 | 순위 | 생존할 직업 |
|---|---|---|
| 번역가 31.0% | 1위 | 연예인 33.7% |
| 캐셔 26.5% | 2위 | 작가 25.7% |
| 경리 20.2% | 3위 | 영화감독 23.0% |
| 공장근로자 18.8% | 4위 | 운동선수 15.4% |
| 비서 11.2% | 5위 | 화가·조각가 15.0% |

자료: 잡코리아·알바몬(직장인·취업준비생 4,147명 대상)

미래에 살아남을 것으로 예상되는 직업은 주로 인간관계에 영향을 미치거나 인간의 감정을 다루는 일들, 예술활동을 하는 영역에서 나왔다. 1위는 연예인으로 응답자의 33.7%가 선택했으며 작가(25.7%)가 뒤를 이었다. 영화・연극감독(23%), 화가・조각가(15%) 등이 뒤를 이었고 사회복지사(10.6%), 경찰관・소방관(10.3%), 교사(10.3%), 간호사(10.1%), 미용사・이발사(9.8%) 등이 10위권에 속했다.

설문에 응답한 직장인 중 43.5%는 자신의 직무가 미래에 사라질 것으로 내다봤다. 특히 재무・회계 분야에 종사하는 직장인의 73%가 '미래 자신의 직무가 사라질 것'으로 답했다. 인사・총무직(56.6%), 고객상담직(54.3%), 생산・제조직(53.7%), 마케팅・홍보직(51.7%) 등 직군도 자신의 미래를 불투명하다고 내다봤고 정보기술(IT)・소프트웨어 종사자들의 45.8%가 평생직장이 되기 어려울 것으로 전망했다.

반면 전문직(21.2%), 디자인직(29.6%), 기획・전략직(30.4%), 연구개발직(30.8%) 종사자는 자신의 직무가 사라질 것이라고 생각하는 비율이 상대적으로 낮았다.

향후 20년 후에 사라질 확률 70% 이상이 주요 업종으로는 '관리자, 장치・기계 조작 및 조립 종사자, 판매 종사자, 기능원 및 관련기능 종사자 등(양극화 극복을 위한 정책방향 보고서)으로 나타났다.

## Review Point

### [학습목표 확인]

1 진로 및 커리어의 개념을 이해할 수 있다.

2 커리어개발의 필요성을 이해할 수 있다.

3 미래 직업세계 7대 변화를 이해할 수 있다.

4 꿈과 비전의 차이점을 설명할 수 있다.

5 비전의 다양한 의미를 설명할 수 있다.

6 비전의 구성요소를 설명할 수 있다.

7 목표설정 10단계를 설명할 수 있다.

8 취업성과에 영향을 미치는 요인을 이해할 수 있다.

9 4차 산업혁명으로 소멸되는 직업 특징을 설명할 수 있다.

10 4차 산업혁명으로 새롭게 창출되는 직업의 유형을 설명할 수 있다.

### [다음 단계 소개: Chapter 4]

Chapter 4에서는 국가직무능력표준(NCS)에 대하여 학습하기 위하여

1 국가직무능력표준(NCS)의 개념, 도입배경, 필요성에 대하여 살펴보고,

2 NCS 기반의 능력중심 채용제도에 대하여 학습하며,

3 NCS 기반의 신입사원 채용 트렌드에 부합하는 취업준비 전략을 학습할 것이다.

Chapter 04

# 국가직무능력표준(NCS)과 블라인드 채용제도의 이해



## 제1절 국가직무능력표준(NCS)의 개념

국가직무능력표준(NCS: National competency Standards)이란 '자격기본법 제2조'에는 국가직무표준을 '산업현장에서 직무를 수행하기 위해 요구되는 능력(지식, 기술 태도)을 국가가 산업분문별 · 수준별로 체계화한 것'이라고 정의하고 있다.

### 1. 도입배경

#### 1) 국가인력양성의 문제점 해소 필요

국가인력양성의 핵심주체인 '교육훈련 체계, 자격제도 및 일터'에서는 각각 다음과 같은 문제점이 있어 이에 따른 대응정책 수립이 필요하다는 요구가 국가 사회적으로 확산되고 있었다.

① 일터: 잡 미스매치, 기술 미스매치 현상 심화, 핵심/고급인력 부족

② 교육훈련: 산업현장 요구능력을 갖춘 인력육성 미흡 및 교육훈련의 실효성 부족

③ 자격제도: 공급자 중심의 제도 운영, 자격의 현장성 미흡, 자격의 공신력 부족

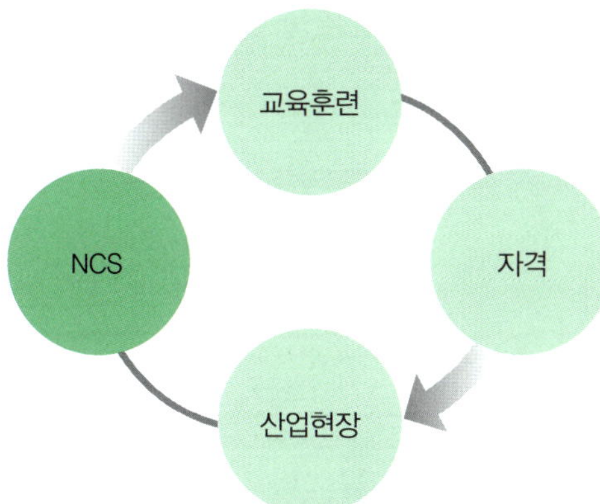


## 2) 국가인력양성 선진화 필요성 대두

① 일(산업현장): 산업현장 요구 명료화 및 반영체계 마련 니즈 확산

② 교육훈련: 산업 및 인력구조 변화 반영, 현장성 있는 과정 개발, 교육훈련 기회 및 접근성 확대 필요

③ 자격: 기술 및 노동시장 변화 반영, 자격 기관별 소관자격의 체계화 필요

## 3) 국정과제 선정

2014년 정부는 '학벌이 아닌 능력 중심 사회 여건 조성하기'를 국정의 핵심과제로 선정하고 국가직무능력표준 구축을 세부이행 과제로 제시하게 되었다. 2014년까지 797개 직종에 대해 국가직무능력표준 개발을 완료하고 이를 기반으로 직업훈련 및 자격제도를 개편하고 능력 중심 인사관리 체계를 정착하는 것을 목표로 삼았다.

**국정과제 75, 학벌이 아닌 능력중심사회 여건 조성하기**

| 협업형 개발체계 구축, 국가직무 능력표준 조기개발 | 현장 중심의 교육과정 개발 및 보급 | 훈련자격기준 및 자격시험 출제기준 개편 | 과정평가형 자격제도 도입 | 직무능력 중심의 채용, 보상, 체계 도입 |
|---|---|---|---|---|
| 2013~2014년 | NCS 기반 | NCS 기준 | NCS 구축 | NCS 기반 |

## 2. 국가직무능력표준(NCS)의 개념도

산업현장 기반의 NCS*를 활용하여 개인의 직무역량을 객관적으로 평가함으로써 구직자와 기관이 신뢰할 수 있는 채용시스템을 마련코자 함
* 국가직무능력표준(NCS: National Competency Standards): 산업현장에서 직무를 수행하기 위해 요구되는 능력(지식 · 기술 · 태도)을 국가가 산업부문별 · 수준별로 체계화한 것

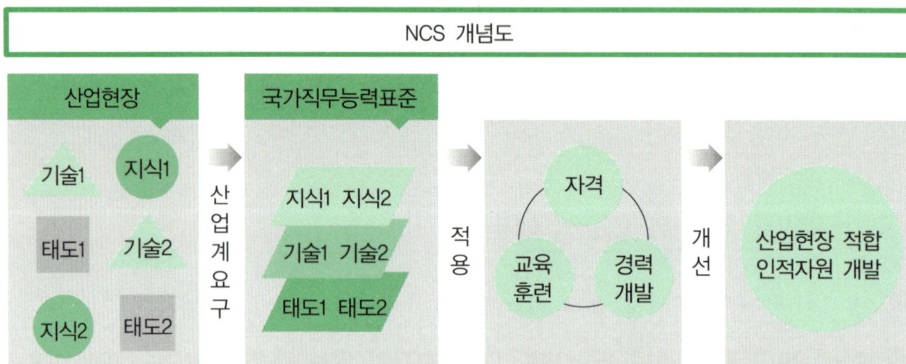


### 1) 국가직무능력(NCS)의 특징

① 직무수행능력을 평가하기 위한 기본지침이 됨

② 직무수행능력은 '무엇을 하여야 한다'라고 평가하는 것이 아니라 '무엇을 할 수 있다'라는 형식으로 제시됨

### 2) 해당직무 수행에 필요한 모든 유형의 직무수행능력을 포괄적으로 제시

① 작업능력: 특정 업무를 수행하기 위해 요구되는 능력

② 작업관리능력: 직무수행과정에 발생하는 다양한 절차를 조직화하는 능력

③ 돌발상황 대처능력: 통상적인 업무수행에 지장을 초래하는 예기치 못한 돌발상황 발생에 대처하는 능력

④ 미래지향적 능력: 해당 산업과 관련된 기술적 및 환경적 변화를 예측하여 상황에 대처하는 능력

### 3) 모듈(Module) 형태의 구성

① 한 가지 직업 내에서 근로자가 개별적으로 수행하는 직무능력을 모듈화하여 능력단위(unit)별로 구성하고 있음

② NCS는 여러 개의 능력 단위를 조합하여 새로운 직무영역을 구성할 수 있음

### 4) 산업계가 주도적으로 참여하여 개발

① 해당 분야별·산업별 인적자원개발협의체(SC), 관련 단체 등이 참여하여 개발

② 산업현장에서 우수한 성과를 내고 있는 근로자 또는 전문가가 NCS 개발 단계마다 참여

## 3. NCS의 활용영역(NCS의 기능)

| 활용영역 | 활용내용 |
|---|---|
| 인적자원개발의 핵심기능 | 산업현장의 직무수행을 체계적으로 분석하여 제시함으로써 '일–교육–훈련–자격'을 연결한 고리이다. |
| 대학, 교육기관 직업훈련기관 | 교육훈련과정, 직업능력개발 훈련기준 및 교재개발 등에 활용하여 산업수요에 부응하는 맞춤형 인재 양성에 기여한다. |
| 기업 | 신입사원의 채용기준으로 활용하며, 공개채용, 교육훈련, 배치전환, 승진 등 인력관리에 활용할 수 있다. |
| 취업준비생, 근로자 | 취업준비생은 NCS 기반의 채용기준을 참조하여 준비하며, 근로자는 경력개발경로, 자가진단도구로 활용이 가능하다. |
| 자격검정기관 | 자격종목의 설계, 개편, 검정방법, 검정문항 개발, 출제기준 등으로 활용할 수 있다. |
| 한국직업능력개발원 | NCS를 활용하여 전문대학 및 마이스터고, 특성화고 등의 교과과정 개발에 활용할 수 있다. |

## 4. 국가직무능력표준(NCS)의 필요성

그동안 취업과 관련하여 수요자(취업준비생)와 공급자(기업) 간 요구사항을 반영할 수 있는 명확한 채용기준이 없었으며, 이는 구직자들에게는 무분별한 스펙을 쌓도록 하는 부작용을, 기업에게는 꼭 필요한 직무능력을 갖춘 인재선발 어려움 등을 초래하고 있다. 정부에서는 이러한 문제점을 인식하고 국가차원의 표준을 개발・보급하여 산업현장의 직무를 성공적으로 수행하기 위해 어떤 능력이 필요한지 명확히 제시할 필요성이 대두되었다. 즉, NCS 기반 능력 중심 채용제도를 보급・확산시켜 기업은 '일 잘하는' 인재를 선발하고, 구직자들은 자신이 가지고 있는 '직무능력'을 정당하게 평가받을 수 있는 사회를 만들고자 하는 정책적 의지가 대두되었다.

### 1) 스펙 초월 채용시스템의 한계

#### (1) 그간 진행 중인 스펙 초월 채용방식

① 열린 채용: 특별한 학력요건, 자격요건 없이 모든 구직자들이 채용시험에 지원할 수 있도록 하는 방식

② 오디션 전형: 블로그, 페이스북 등에 자기소개 동영상 등을 기재하여 구직자의 끼와 역량을 평가하고자 도입된 채용방식

③ 소셜 리쿠르팅: 미션을 수행하면서 나 자신을 표현하고 다수의 평가를 통해 도출된 역량을 바탕으로 기존 스펙 중심의 서류심사를 대체하는 방식

#### (2) 구직자(청년층)의 반응

① 스펙 초월 채용의 명확한 평가기준 부재

② 기존의 채용방식에 비해 절차가 번거롭고 준비해야 할 것이 많아 오히려 구직자를 힘들게 한다.

③ 스펙 초월 채용이 또 다른 스펙을 조장하는 것은 아닌가 하는 우려가 있다.

- 토익평균점수 759.4점, 학점 3.7~3.9점
- 자격증 평균 보유 개수 2개

• 10명 중 7명이 어학연수, 공모전 등 대외활동 경력

※ 2014년 대졸신입사원 평균 스펙, 인쿠르트 자료인용

### 2) 기업(구인자) 차원에서의 필요성

NCS라는 국가 차원의 표준을 활용함으로써 인재채용과정의 공정성을 확보하고, 직무수행에 필요한 능력(직업기초능력+직무수행능력)을 갖춘 맞춤형 인재선발이 용이하고, 신입사원 채용에 따른 비용 및 신규직원 재교육에 따른 기업의 비용을 감소시킬 수 있으며, 입사 후 중도 퇴사율 감소를 기대할 수 있어 궁극적으로 기업경쟁력을 제고할 수 있을 것이다. 따라서 NCS라는 명확한 기준을 토대로 채용평가를 진행하기 때문에 채용과정의 신뢰성 및 타당성을 확보할 수 있다.

### 3) 구직자(취업준비생) 차원에서의 필요성

학점, 어학, 자격 등 불필요한 스펙이 아니라 직무수행에 꼭 필요한 스펙(on-spec)을 쌓을 수 있어 불필요한 스펙 취득에 소요되는 시간적·금전적 비용을 줄일 수 있다. 특히 채용 시 구직자들이 꼭 필요한 스펙만을 준비할 수 있도록 채용공고 형식을 통해 사전 안내함으로써 취업준비생의 부담을 덜어줄 것이며, 본인이 가진 끼·자질에 따라 사전에 가고자 하는 직무를 명확히 설정하고 이에 따른 맞춤형 채용준비로 실제 취업 후 직무적응력 및 직무만족도를 높일 수 있을 것으로 기대된다.

## 5. NCS 기반 능력 중심 채용제도

NCS 기반 능력 중심 채용제도는 구직자(취업준비생), 구인자(기관, 기업) 및 사회(국가) 모두에게 의미 있는 편익을 제공하는 제도이다. 각각에게 주어지는 편익을 도표로 살펴보면 다음과 같다.

**구직자**

**불필요한 스펙이 아닌 적합한 능력 개발**
자신이 원하는 직무에 꼭 필요한 능력 배양

불필요한 스펙쌓기에 따른 시간적·금전적 비용 절감

---

**기관(기업)**

**적합한 인재(Right Person) 선발 및 재교육비 감소**
기관에서 원하는 인재가 갖추어야 할 직무능력(지식·기술·태도 등)을 체계적으로 평가할 수 있어 적합한 인재를 채용할 수 있음

재교육 비용, 채용과정의 비효율 감소

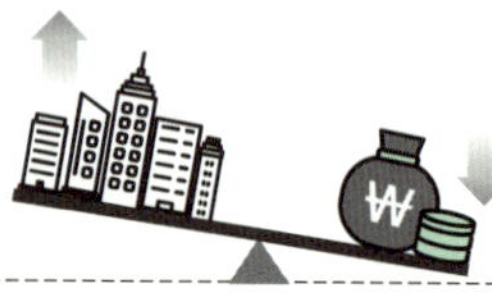

---

**사회(국가)**

**"스펙 초월 능력중심사회 구현" 및 국가경쟁력 강화**
NCS 기반 채용을 통해 '스펙 초월 능력중심사회 구현'
직무적합형 인재 선발 → 직무만족도 향상 → 조직몰입도 향상 및 성과 창출 → 개인 및 조직역량 강화 → 국가경쟁력 강화라는 선순환 고리 마련

비생산적 비용, 미스 매칭률 감소

## 1) 정부, 기업 및 개인의 역할

NCS 기반 능력 중심 채용제도는 학벌 등 불필요한 스펙(over-spec)을 평가하는 것이 아니라 직무수행 현장에서 필요로 하는 직업능력, 즉 해당 직무에 맞는 스펙(on-spec)을 지원자가 갖추었는지를 평가하는 채용방식을 말한다. 즉, 채용대상 직무를 국가직무능력표준(NCS) 기반으로 분석하고, 이를 활용하여 해당 직무에 맞는 스펙(on-spec)을 갖춘 인재를 선발하는 채용방식이다.

NCS 기반 능력 중심 채용제도는 지원자가 갖춘 직무역량을 중시하며, 정부에서는 채용 시장에서 균등기회를 강조하고, 직무능력 중심의 선발요건을 강화하도록 권장하고 있다. 따라서 기업은 지원자의 직무 중심 선발 채용을 위한 절차를 강화하고, 취업준비생은 자신의 지원하는 직무분야에 필요한 능력과 역량을 미리 준비하도록 지원하고 있는 제도이다.

능력이란 일을 하는 데 꼭 필요한 직무스펙(on-spec)을 말하며 이는 '직업기초능력'과 '직무수행능력'을 합한 역량으로 나타낼 수 있다.

NCS에서 말하는 직무능력이란 해당직업에서 단위직무 수행에 필요한 직업기초능력과 직무수행능력을 포괄적으로 의미한다. 직무(職務)란 직책이나 직업수행에 책임을 지고 담당하여 '맡은 일'을 의미한다(표준국어대사전).

능력(能力)은 일을 감당해내는 역량을 의미한다. 능력을 의미하는 영어단어는 Ability와 Competency가 있다. Ability는 단순히 객관화될 수 있는 스펙을 의미하며, Competency는 경쟁력의 의미가 가미된 능력을 의미하며, 개개인이 독립적인 행동으로 자신만의 성과를 낼 수 있는 역량을 의미한다고 할 수 있다.

최근 NCS 기반의 능력 중심 채용에서는 객관적인 수치로 나타내는 Ability능력(스펙)보다는 직무의 적합도와 경쟁력을 함축적으로 나타내는 Competency능력(역량)을 채용과정에 반영하라는 의미인 것이다.

- 직업기초능력: 직업인이 공통으로 갖추어야 할 능력으로 10개 영역, 34개 하위영역
- 직무수행능력: 직무에서 일을 성공적으로 수행하기 위해 필요한 능력(KSA) NCS 대분류 24개, 중분류 78개, 소분류 238개, 세분류 897개로 체계화

자료: www.ncs.go.kr

## 2) 직업기초능력

NCS 직업기초능력은 모든 직업인에게 필요한 공통적이고 핵심적인 능력(core competency)이다.

**■ 기초**
- 자신의 생각을 표현하고 상대를 배려하고 일에 대한 책임감을 갖는 등 모든 직무의 근간(foundation)이 되는 능력
- 문제해결, 자기계발, 조직이해 등을 포함하는 직업기초능력은 basic skill의 수준을 넘어서는 것임
- 직업기초능력≠기초능력

**■ 기본?**
- 기본이 안된 지원자를 채용할 기관이 존재하는가?
- 기본은 직무자라면 반드시 갖추어야(core, essential) 할 능력
- 기본은 조직과 직무에 따라 그 내용과 수준이 다를 수 있음

**NCS 직업기초능력 평가영역 및 하위단위 구성내역**

| 평가영역 | 하위단위 | 비고 |
|---|---|---|
| 의사소통능력 | 문서이해능력, 문서작성능력, 경청능력, 언어구사력, 기초외국어능력 | 5 |
| 자원관리능력 | 시간자원관리능력, 예산관리능력, 물적자원관리능력, 인적자원관리능력 | 4 |
| 문제해결능력 | 사고력, 문제처리능력 | 2 |
| 정보능력 | 컴퓨터활용능력, 정보처리능력 | 2 |
| 조직이해능력 | 국제감각능력, 조직체제이해능력, 경영이해능력, 업무이해능력 | 4 |
| 수리능력 | 기초연산능력, 기초통계능력, 도표분석능력, 도표작성능력 | 4 |
| 자기개발능력 | 자아인식능력, 자기관리능력, 경력개발능력 | 3 |
| 대인관계능력 | 팀워크능력, 리더십능력, 갈등관리능력, 협상능력, 고객서비스능력 | 5 |
| 기술능력 | 기술이해능력, 기술선택능력, 기술적용능력 | 3 |
| 직업윤리 | 근로윤리, 공동체윤리(성실성 등 인성평가) | 2 |
| 계 | 10개 분야 | 34 |

### 3) 직업기초능력 평가의 3가지 척도

| 직업상황 | 산업현장에서 실제로 일어날 수 있는 직업적 맥락을 문항에 반영 |
|---|---|
| 기초직업 능력 | 기존의 인·적성 검사에서 이루어지던 구직자의 인지(지적)능력의 평가보다는 실제 직무수행에 필요한 기초능력을 중점적으로 평가 |
| 행동 중심 | 특정 직무를 수행하고 있는 직업인을 대상으로 관찰 가능한 행동 중심의 평가 실시 |

① 유형: 4지 선다형 혹은 5지 선다형의 객관식 문항으로 출제

- 채용평가 방법에 따라 주관식 혹은 서술형으로 출제될 수 있음

② 시험시간: 문제풀이 시간은 1개 문항당 1분 내외로 풀 수 있도록 출제

☞ 보통 40문항 기준 50분 정도의 풀이 시간이 주어짐

③ 문항구성: 개별 직업기초능력을 각각 구성 또는 여러 능력들을 묶어서 평가 (cross-sectional approach)

### 4) NCS 직업기초능력평가 필기시험 과목별 출제경향

| 구분 | 빈도 | 출제비율 | 순위 | 비고 |
|---|---|---|---|---|
| 의사소통능력 | 44 | 88% | 2 | |
| 수리능력 | 42 | 84% | 3 | |
| 문제해결능력 | 47 | 94% | 1 | |
| 자기개발능력 | 12 | 24% | 10 | |
| 자원관리능력 | 27 | 54% | 5 | |
| 대인관계능력 | 24 | 48% | 6 | |
| 정보능력 | 23 | 46% | 8 | |
| 기술능력 | 16 | 32% | 9 | |
| 조직이해능력 | 29 | 58% | 4 | |
| 직업윤리 | 24 | 48% | 7 | |

### 5) 직무수행능력

직무수행능력평가는 특정 분야 직무를 수행하는 데 필요한 구체적인 능력(지식: Knowledge, 기술: Skill, 태도: Attitude)의 합을 말한다.

NCS에서 '직무수행능력'은 특정한 일을 수행하는 데 요구되는 전문적인 지식·기술·태도 등의 총체적인 것을 의미하며, 필수직업능력, 선택직업능력, 산업분야 공통직업능력으로 구분된다. 직무수행능력은 다수의 능력단위로 구성되어 있으며, 이들 능력단위의 조합과 연계를 통해서 훈련과 자격내용을 설계할 수 있다. 이러한 능력단위는 코드명, 능력단위명, 능력단위 정의, 능력단위 요소, 수행준거, 작업상황, 평가지침, 직업기초능력 항목으로 구성된다.

### 6) 직무수행능력 평가

직무수행능력 필기시험은 직무전문가(SME: Subject Matter Expert)들과 FGI(Focus Group Interview) 및 직무분석 워크숍을 통해 성과와 연계되거나 성과를 창출하는 직무 관련 경험 및 지식, 기술 등의 요소를 직무난이도에 따라 측정 및 평가가 가능하도록 문항을 만든 것이다. 따라서 직업기초능력 평가 및 기존에 시행한 전공시험과는 차별화 된다. 따라서 직무수행능력평가는 직무수행을 위해 필요한 능력(지식, 기술, 태도)을 NCS 기반 필기평가를 통해 전문역량을 평가하는 방식이다.

① 특징: 해당 기업·공공기관의 모집분야별 직무와 NCS를 비교·분석하여 선발인원이 필수적으로 갖추어야 할 직무능력을 객관적으로 평가하는 것이 특징이다.

② 출제방향: 일반적인 지식측정 위주의 평가가 아닌 해당 기업·공공기관의 직무수행을 위해 필수적으로 갖추어야 할 직무수행능력을 실제 직무환경에서 어떻게 발현할 수 있는지를 창의적으로 평가한다. NCS 기반 직무수행능력평가 문항은 직무 관련 능력단위, 능력단위 요소, 평가방법, 배점, 평가시간을 명시해 출제하는 것이 원칙이다.

## 제2절 NCS 기반 신입사원 채용 트렌드

### 1. 스펙 중심의 채용

2015년 이전까지의 대졸 신입사원 채용 형태는 지원자 자신이 우수한 인재임을 스스로 증명하도록 요구함으로써 지원자들의 무분별한 스펙 경쟁을 유발하였다.

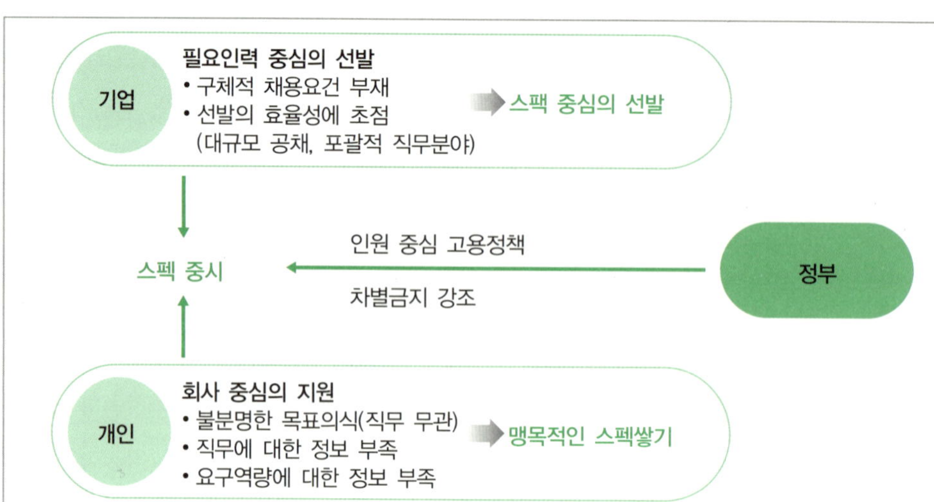

정부의 역할은 기업과 취업준비생 사이에서 수동적 방관자적 위치에 있었다.

정부가 할 수 있는 역할은 채용과정에 차별을 금지하고, 인원 중심의 고용정책을 권장하고, 기업과 개인은 스펙을 중시하는 채용시스템으로 스펙을 쌓기 위한 무한경쟁상태에 놓이게 되었다.

## 2. NCS 기반의 능력 중심 채용

2015년 이후 NCS 기반 능력 중심 채용제도가 공기업부터 도입이 권장되기 시작하였으며, 2017년 이후에는 전국의 328개 공기업에서 NCS 기반 능력 중심 채용제도가 전면적으로 도입되었다. NCS 기반 능력 중심 채용제도 도입이전과 비교하여 달라진 특징으로는 기업이 직무별로 원하는 요건을 제시하고, 지원자가 자신의 준비 정도를 증명함으로써 목표지향적인 역량 개발을 촉진하는 계기가 되었다는 것이다.

## 3. NCS 기반 능력 중심 채용의 요소 및 특성

| 단계 | 내용 |
|---|---|
| 채용공고 | 대상 직무와 NCS 간 매핑(mapping)을 통해 직무능력을 추출해 제시하므로 직무 수행시 필요한 능력을 파악하기 쉬움 |
| 서류전형 | 개인 신상정보가 아니라 지원직무와 관련된 경력이나 경험을 작성함 (NCS 기반 입사지원서, 직무능력소개서, 자기소개서) |
| 필기평가 | NCS의 능력단위, 수행준거 등을 활용하여 직업기초능력 및 직무수행능력의 핵심요소를 평가할 수 있는 문항을 개발하여 적용함 |
| 면접평가 | 직업기초능력과 직무수행능력을 다양한 면접도구를 활용해 평가하되, 각 기관 특성 등을 반영함 |
| 최종결정 | 각 단계별 결과를 취합하여 최종 결과산출 및 의사결정 |

## 4. NCS 기반 능력 중심 채용 취업준비

### 1) 필기시험 준비

#### (1) 명확한 진로 설정

본인의 꿈과 적성에 맞는 직무를 탐색하고, 취업목표를 명확히 설정하고, 본인이 희망하는 직무수행에 필요한 능력은 무엇이며, 어떻게 그 능력을 개발할 수 있는지 NCS 사이트를 통해 확인한다.

#### (2) 직무별 직무수행역량 확인

기업의 채용공고문을 통해 직무별 직무수행능력(지식, 기술, 태도 등)을 확인하고, 그 직무를 수행할 준비가 되었는지 NCS 사이트의 경력개발지원 코너를 통해 확인한다.

#### (3) NCS 기반 평가준비 확인

NCS 기반 평가는 직업기초능력과 직무수행능력을 평가하는 과정으로, 취업을 희망하는 기관에서 요구하는 능력을 파악하고, 이를 토대로 꼭 필요한 직업기초능력과 직무수행능력을 학습한 뒤, NCS 사이트 내의 평가문항 예시를 활용하여 평가 유형을 파악한다.

#### (4) 지원하고자 하는 직무에서 중시되는 직업기초능력 파악

기초직업능력은 지원기관의 채용공고문에서 상세히 기술되어 있는바, 그간 자신의 경험, 경력 등을 고려하여 강조할 수 있는 능력은 서류전형, 면접전형 등에서 활용하기 위하여 사전에 정리를 해두고, 보완이 필요한 능력이 있으면 어떤 경험이나 교육이 필요한지 파악하고 보완하는 것이 바람직하다.

#### (5) NCS 공식사이트 활용

직업기초능력 필기평가의 경우 NCS 사이트(www.ncs.go.kr)에 있는 예시문항을 참고하되 시중의 인적성 문제집에도 직업기초능력을 반영하는 문항들이 있으므로 참고시 도움이 될 수 있을 것이다. 다만 시중 문제집 참고 시 기존 유형과 다를 수 있으니 감안할 필요가 있다.

## 2) 전공시험 준비

### (1) 실무능력 중심의 문제출제에 대비

NCS 기반 채용이라 하더라도 기존 전공시험+NCS 기반 필기시험이 혼재되어 출제되는 상황이므로 전공분야는 지속적으로 준비하되, 기존처럼 높은 수준의 지식을 암기하는 방식의 공부가 아니라, 실제 직무상황에서 자신이 가진 지식을 응용하여 문제를 해결하는 방법 등 실무능력 중심의 문제 출제에 대비한 준비가 필요하다.

### (2) NCS 필기 평가를 고려한 준비 필요

해당 직무에서 요구하는 전공 관련 지식도 중요하며, 이를 활용하여 실제 업무와 연관성 높은 문제해결능력을 측정하는 시험준비가 필요하다. 다만, NCS 기반의 직무능력평가라 하더라도 이전에 전혀 존재하지 않았던 것을 새로이 만들어내는 것은 아니며, 점진적으로 실제 직무수행능력을 평가하는 방향으로 추진된다. 따라서 기존의 지식 위주의 암기식 학습을 지양하고 본인이 희망하는 직무와 관련된 실무역량 위주로 질문과 토론 위주의 학습이 필요하다.

## 3) 인문계열의 취업준비

직무 중심 채용은 특정 학과, 대학 등 학력과 관련한 스펙보다는 직무능력을 중점적으로 평가하여 채용하는 것이다. 따라서 본인이 취업하고자 하는 직무수행을 위해 필요한 능력을 갖춘다면 단순히 특정 학과 출신이라고 하여 차별받는 일은 오히려 줄어들 것이다. 인문계열 출신이라 하더라도 해당 전공 공부와 함께 본인이 취업하고자 하는 분야에 관심을 갖고 공부한다면 직무수행능력과 인문학적 소양을 겸비한 경쟁력 있는 인재로 평가받을 수 있을 것이다.

## 4) 기존의 스펙(토익, 자격증) 준비

NCS 기반 채용이 도입되어도 기존의 스펙이 모두 무용지물이 되는 것은 아니다. NCS 기반 능력 중심 채용의 취지가 해당기관의 직무수행에 부합하는 능력(직업기초능력+직무수행능력)을 갖춘 인재선발에 있다고 볼 때 토익, 한국어, 한국사의 경우 NCS 직업기초능력 중 일부 영역을 평가할 수 있는 척도로 활용될 수 있다. 특히, 토익과 한국어의 경우 의사소통능력을, 한국사의 경우 공직자로서 갖추어야 할 직업윤리를 평가하는 기준으로 활용 가능하다.

NCS 기반 능력 중심 채용은 '탈스펙이나 무스펙' 전형을 의미하는 것은 아니다. 직무별로 필수적으로 요구되는 능력(지식, 기술, 태도, 자격 등)이 객관적으로 도출된다. 따라서 구직자들은 해당기관에서 필수적으로 요구하는 직무 관련 자격을 사전에 파악하여 준비한다면 취업준비에 있어 도움이 될 것이다.

## 5) NCS 기반 단계별 취업준비

### (1) 제1단계: 채용공고문 분석하기

① 지원하는 기업의 채용공고문을 철저히 분석하여 모집분야, 채용인원, 지원자격, 근무조건, 전형일정, 우대사항 등을 확인한다.

② 채용분야에 대한 직무설명 자료를 통해 필요한 지식(knowledge), 기술(skill), 태도(attitude) 등의 내용을 명확하게 파악한다.

### (2) 제2단계: 서류전형 준비

① 채용공고문에서 제시하는 입사지원서의 서식을 참조하여 요구하는 내용을 충실히 기입한다.

② 모집분야와 관련된 교육과정 이수내역, 자격사항, 경력사항(아르바이트, 인턴, 현장실습, 취업캠프 참가실적 등)을 빠짐없이 기입한다.

### (3) 제3단계: 필기시험 준비

① 채용공고문에 제시된 필기시험 과목을 파악하여 해당유형을 확인하고, 직무설명 자료를 확인하여 이와 관련된 '직업기초능력과 직무수행능력' 등을 면밀히 학습한다.

② 직업기초능력시험은 NCS 공식 사이트에서 제시하는 NCS 직업기초능력 학습자 모듈에서 제시하는 샘플문항과 학습자용 교재를 활용하면 도움이 된다.

③ 직무수행능력은 해당직무와 관련된 전공분야 능력을 파악하는 전형으로서 기출문

제를 풀어보면 출제방향과 경향을 파악할 수 있을 것이다.

### (4) 제4단계: 면접시험 준비

① 구조화된 면접유형인 '경험면접, 상황면접, PT면접, 토론면접'에 대한 사전준비가 필요하다.

② 특히 채용공고문에서 면접유형에 대한 내용이 미리 제시되었는지를 확인하고, 궁금하면 해당 부서에 직접 확인하는 노력도 필요하다.

③ NCS 능력 중심 사이트에 공개된 면접 기출문제를 참조하여 준비하면 도움이 될 수 있다.

④ 면접시험은 혼자서 준비하는 것보다 취업동아리나 스터디그룹을 구성하여 공동으로 학습하는 것이 중요하다.

⑤ 면접준비는 '질문→대화→토론→논쟁→협상→정리→발표'를 이어가는 '히브루타' 학습방법이 가장 유용하다.

**NCS 능력 중심 채용 단계별 대응전략**

NCS 기반의 능력 중심 채용의 기본원리는 해당 직무에서 요구하는 실제적 관점의 능력요소를 단계별 채용절차에서 검증하는 것이다.

모집 분야별 NCS 매핑을 통해 직무 특성에 맞는 능력요소를 NCS 직무기술에서 추출하여 활용하므로 직무에 필요한 능력요소를 지원자에게 분명하게 공지한다

NCS의 중요 능력요소와 수준체계를 활용하여 직업기초능력 및 직무수행능력의 핵심요소를 평가할 수 있는 문항을 개발하여 적용함

채용공고문 확인 → 입사지원서 제출 → 필기시험 평가 → 면접시험 평가 → 최종 결정

개인신상 중심의 정모는 배제하고, 지원직무와 관련된 능력요소 관련 경험이나 정보를 작성하도록 지원서 항목 구성

다양한 면접도구를 구조화하여 직업기초능력과 직무수행능력을 평가하되, 각 기업의 특성과 현황, 핵심역량 등을 접목하여 현장에 맞게 적용

면접시험 결과를 반영하여 최종 합격자 결정

# 제3절 NCS 기반의 블라인드 채용제도의 이해

영어 블라인드(blind)라는 단어와 채용의 합성어로 직원을 채용함에 있어 불필요한 스펙을 배제하고 직무능력만을 평가하여 채용하는 방식으로서, 해외에서는 익명지원서(anonymous resume 등)를 통해 인종·성별·나이 등의 차별적 요소를 제거하는 목적에서 도입된 채용제도의 한 가지 유형이다.

사회에 첫발을 내딛는 청년이라면 누구나 당당하게 실력으로 경쟁할 기회를 보장받도록 하기 위해 채용단계에서부터 출신학교, 출신지역, 외모에 대한 편견 없이 평등한 기회가 보장되고, 공정한 심사가 이루어지도록 제도적으로 권장하는 체용제도를 말한다.

채용과정(입사지원서 · 면접)에서 편견이 개입되어 불합리한 차별을 야기할 수 있는 출신지, 가족관계, 학력(學歷), 외모 등의 항목을 제외하고, 능력(직무능력)을 평가하여 인재를 선발하는 인재채용 방식이다.

서류전형 단계에부터 '無서류전형(공무원)'이나 편견을 야기할 수 있는 항목을 완전히 삭제하는 '블라인드 지원서'를 활용하도록 권장하고 있으며, 면접전형 단계에서는 '블라인드 오디션', '블라인드 면접' 등을 실시한다.

## 1. 블라인드 채용의 필요성

### 1) 채용의 공정성에 대한 사회적 요구 확산

① 사회에 첫발을 내딛는 청년이라면 누구나 당당하게 실력으로 경쟁할 수 있도록 균등한 고용기회를 제공해야 하나 아직도 채용과정의 공정성에 대한 사회적 불신이 존재하고 있으며,

② 채용상 차별금지에 대한 법적 요건이 권고적 성격에서 처벌을 동반한 의무적 성격으로 점차 강화되는 추세에 있고,

③ 채용과정에서의 차별금지를 위한 다양한 법안들이 발의되고 있으며,

④ 시민의식과 지원자의 권리의식 성숙으로 불합리한 차별에 대한 법적 대응 가능성도

증가하고 있다.

### 2) 우수인재 채용을 통한 기업의 경쟁력 강화 필요

① 직무능력과 무관한 학벌, 외모 위주의 선발은 기업의 우수인재 선발 기회를 빼앗아 기업경쟁력을 약화시킬 수 있으며,

② 기업이 채용과정에서 차별을 없애고 직무능력 중심으로 선발하여 우수인재를 확보할 수 있도록 블라인드 채용의 도입·확산 필요성이 대두되고 있다.

### 3) 공정한 채용을 통한 사회적 비용 감소 필요

① 편견을 유발하는 차별적 채용은 우수한 인재의 선발을 저해하고 외모지상주의, 학벌주의 등을 심화시켜 불필요한 사회적 비용(기업의 채용비용, 청년층의 취업준비 학습비용)을 증가시킨다.

② 학연, 지연, 혈연에 의한 채용관행에서 벗어나 채용에서의 공정성을 높여 사회의 신뢰수준을 제고할 필요가 있다.

## 2. 블라인드 채용의 경과 및 특징

블라인드 채용은 기존의 직무 중심 채용방식에서 차별적인 요소를 제외하는 한걸음 더 발전된 채용방식이다. 직무 중심 채용은 일부 대기업에서 1990년대 역량 기반 채용이 도입되면서 시작되었다. 이후 무서류전형, 입사지원서 간소화, 블라인드 면접, 블라인드 오디션 등 다양한 형태로 블라인드 채용방식이 확산되고 있다.

그러나 중소기업 등 기업규모에 따라 도입에 한계가 있으며 사회적 편견에 의한 불이익이 여전히 존재하고 있어 채용 공정성에 대한 요구가 지속적으로 높아지고 있다.

## 1) 국내 채용방식의 변화

| 시기 | 채용방식 |
|---|---|
| 1980년대 | 직무와 관계없는 기업단위 모집, 대기업 중심의 대규모 공채 |
| 1990년대 | 대기업 중심으로 역량 기반 채용 실시, 직무 인·적성검사 도입 |
| 2000년대 | 대기업 중심의 역량 기반 채용과 과학적 평가기법의 확산<br>입사지원서 간소화 추세 확산 |
| 2010년대 | 직무능력 중심 채용 확산(NCS 기반, 역량 기반)<br>대기업을 중심으로 다양한 유형의 블라인드 채용방식 도입 |
| 2017년 | 대통령 지시사항으로 공공기관 블라인드 채용 전면 도입 민간기업으로 확산 |

## 2) 블라인드 채용 추진경과

### 공공부문에서의 평등한 기회를 부여하기 위한 노력

**2004 — 국가인권위원회**

근로복지공단, 예금보험공사 등 9개 공공기관 직원 채용 시 나이 및 학력제한 폐지

**2005 — 공무원시험**

응시원서에 학력란 폐지 및 블라인드 면접 도입, 서류전형이 없어 지원자 모두 필기 응시

**2007 — 공공기관 전형기준 개선**

응시자의 공평한 기회보장을 위해 성별·신체조건·용모·학력·연령 등에 대한 불합리한 제한 금지

**2015 — 공공기관 NCS 기반 능력 중심 채용**

직무를 분석하고 직무능력을 평가하여 채용, 직무기술서 공개·체계화된 면접 등 추천

**2017 — 대통령 지시사항**(2017년 6월 22일 수석·보좌관 회의)

① 이력서에 학벌이나 학력·출신지·신체조건 등 차별적 요인은 일체 기재하지 않도록 추진
　* 채용분야가 특별히 일정 이상의 학력·스펙·신체조건을 요구하는 경우 제외
② 하반기부터 공공부문(공무원·공공기관) 블라인드 선발 시행
③ 민간기업에도 블라인드 채용 확산 지원

### 3) 블라인드 채용의 특징

#### (1) 블라인드 채용은 편견요인을 요구하지 않는 대신 실력(직무능력)을 평가한다

① 공공 및 민간부문에서 직무 중심 채용이 확대되고 있으나 여전히 관행적 편견에 입각한 차별요인이 남아있다.

② 이러한 편견요인을 제외하고 직무능력 중심으로 평가하는 것이 블라인드 채용이다.

※ 직무능력 중심 채용: 기업의 역량 기반 채용, NCS 기반 능력 중심 채용과 같이 직무수행에 필요한 능력과 역량을 평가하여 선발하는 채용방식을 통칭한다.

③ 블라인드 채용의 평가요소(평가항목, 평가기준)는 직무를 수행하는 데 필요한 역량이다.

④ 직무수행에 필요한 지식, 기술, 태도 등을 과학적 선발기법을 통해 평가한다.

※ 과학적 선발기법: 직무분석을 통해 도출된 평가요소를 서류, 필기, 면접 등을 통해 체계적으로 평가하는 방법으로 평가도구로는 입사지원서, 자기소개서, 인・적성검사, 구조화 면접 등이 대표적이다.

#### (2) 기업의 여건에 맞게 도입할 수 있다

채용에서 편견이 개입되는 요소는 요구하지 않되 기업 여건에 맞게 서류・필기・면접 등 선발 단계별로 블라인드 채용을 도입할 수 있다. 기업의 여건에 맞게 서류・필기・면접 전형 등에 도입한다.

## 3. 블라인드 채용 핵심내용

2017년 7월 5일 발표한 공공기관 및 공기업 블라인드 채용 추진방안의 핵심내용을 살펴보면 다음과 같다.

### 1) 인적사항 요구 금지

입사지원서에 출신지역, 가족관계, 신체적 조건(키, 체중, 사진 포함), 학력(학력, 학과, 성적) 등에 대한 요구를 원칙적으로 할 수 없다.

## 2) 직무와 관련된 사항만 요구

직무와 관련 있는 교육, 훈련, 자격, 경험 등의 항목으로만 구성된다.

**▌스펠링으로 풀어보는 '블라인드 채용' BLIND ▌**

**B**

**Be Ready**
**마음 단단히 먹어라**

- 블라인드 채용의 주요 쟁점은 누구나 실력으로 경쟁할 기회를 보장받는다고 볼 수 있습니다.
- 블라인드 채용이 활성될수록 평가기준, 방법 등은 까다로워질 것이고 구직자들은 자신을 차별화할 수 있는 요인에 대한 고민이 더욱 요구될 것입니다. 더욱 까다로워질 평가절차를 통과하기 위한 노력과 마음가짐이 중요합니다.

**L**

**Lie**
**거짓말은 금물**

- 블라인드 채용에서는 채용 가이드북 제공, 평가자 교육지원 등 직무능력을 객관적으로 검증하기 위한 제도적 지원이 활성화됩니다.
- 다양한 상황질문, 추가질문, 압박질문 등을 적절히 혼합하여 지원자의 직무능력을 객관적으로 검증하기 때문에 근거 없는 거짓말은 채용과정에서 걸러집니다.

**I**

**Innovation**
**능력 중심 사회를 위한 혁신**

- 블라인드 채용의 기대효과는 기회균등, 과정의 공정성 등 능력 있는 인재를 선별하기 위한 노력이라고 볼 수 있습니다.
- 즉, 능력 있는 인재로 구성된 능력 중심 사회를 만들기 위한 과정으로 해석할 수 있습니다.
- 구직자의 취업준비 역시 필요한 것에만 필요할 수 있는 여건이 만들어질 것입니다.
  반면 혁신도시 30%는 지역인재 채용 논란 등 논의와 사회적 합의가 필요한 부분도 존재합니다.

**N**

**Necessary**
**필요한 것을 파악하라**

- 기관에서는 채용하는 모든 직무에 대해 직무기술서를 제공하고 있으며 직무기술서에는 필요한 지식, 기술, 태도를 기재하고 있습니다.
- 직무수행에 필요한 것에 초점을 맞춘 취업준비를 하시기 바랍니다.

**D**

**Delete**
**불필요한 이력은 모두 삭제**

- 편견을 일으킬 수 있는 항목들은 서류전형에서부터 삭제됩니다. 불필요한 이력을 삭제한 표준입사서류를 제공하고 있고, 면접 시에도 이를 확인하기 위한 질문은 금지됩니다.
- 다만 신체조건, 학력, 어학능력 등이 직무수행에 필요하다고 인정되는 경우는 예외로 합니다.

### 3) 체계화된 면접

경험, 상황, 발표, 면접 등을 실시하여 공정한 평가를 진행한다.

### 4) 시행시기

2017년 7월부터 322개 공공기관 및 149개 지방 공기업에서 전반적으로 블라인드 채용전형을 도입하고 있으나 민간부문에서는 2018년부터 적용을 권장하고 있다.

## 4. 블라인드 채용 프로세스

블라인드 채용은 기존 채용방식에 공정성을 더하며 편견이 개입되는 요소는 배제하는 채용방식이다.

일반적인 채용절차는 채용설계 → 모집 → 선발 순으로 진행되며 블라인드 채용은 각 단계에 편견요소를 제외하는 활동이 추가된다.

① 채용설계(채용계획 수립, 직무능력 정의, 전형설계+편견요소 정의)

② 모집(채용공고, 지원서접수・관리+편견요소 검토・제외)

③ 선발(서류전형, 필기전형, 면접전형+편견요소 검토・제외)

### 1) 블라인드 채용 프로세스(예시)

| 프로세스 | 세부 프로세스 | 주요 활동 |
|---|---|---|
| 채용설계 | 채용계획수립 등 | 채용일정, 비용 등의 채용계획을 수립한다. |
| | 직무능력 정의 | 채용 직무에 필요한 직무능력을 도출・정의한다. |
| | 전형설계 | 평가요소, 평가기법을 설계하고, 평가기준을 정한다. |
| | 편견요소 정의 | 채용단계별 편견요소를 도출・정의한다. |

▼

| 프로세스 | 세부 프로세스 | 주요 활동 |
|---|---|---|
| 모집 | 편견요소 검토 | 모집과정에서 편견요소를 검토하여 제외한다. |
| | 채용공고 | 모집 직무내용과 직무능력 등을 사전 공고한다. |
| | 지원서 접수·관리 | 지원서를 접수하고 관리한다. |

▼

| 프로세스 | 세부 프로세스 | 주요 활동 |
|---|---|---|
| 선발 | 편견요소 검토 | 선발전형별로 편견요소를 검토하여 제외한다. |
| | 서류전형 | 입사지원서 등으로 지원자를 평가한다. |
| | 필기전형 | 직무관련성 높은 필기시험으로 지원자를 평가한다. |
| | 면접전형 | 구조화된 면접도구 등으로 지원자를 평가한다. |

| 채용 의사결정 |
|---|

※ 선발절차는 서류, 필기, 면접이 가장 일반적이나 이 외에 기업의 특성에 맞는 다양한 전형을 적용할 수 있음.

## 2) 블라인드 채용 평가요소

### (1) 직무에 필요한 직무능력(역량)을 평가요소로 도출·정의한다

① 채용 시 평가요소는 기업의 인재상과 채용 직무에 대한 내부자료(직무기술서, 직무명세서, 역량사전 등) 또는 국가직무능력표준(NCS) 등을 활용하여 '직무능력과 관련된 것'으로 구성한다.

② 채용의 각 단계별로 직무능력 관련 평가항목을 결정하고 객관적 평가를 위한 평가기준을 설정한다.

### (2) 채용설계 단계에서 편견요소를 도출·정의한다

서류, 필기, 면접 등 선발의 각 단계별로 편견이 개입되는 평가요소를 검토하여 제외한다.

### (3) 블라인드 채용 평가요소

<table>
<tr><th rowspan="2">선발단계</th><th colspan="2">직무능력과 평가요소 평가방법</th></tr>
<tr><th>직무능력 중심 채용 평가요소</th><th>편견요소 제외</th></tr>
<tr><td>서류전형</td><td>• 서류를 평가하지 않는 전형(무서류전형)<br>• 직무와 관련 있는 요소들만 평가<br>예 교육사항, 경험사항, 자격사항 등</td><td rowspan="3">• 채용단계별 편견이 개입되는 요소, 직무와 관련 없는 항목과 질문 등 배제</td></tr>
<tr><td>필기전형</td><td>• 직무와 관련된 지식, 기술, 인성(태도) 등을 주로 평가<br>예 조직적합성, 인지능력, 전공지식 등</td></tr>
<tr><td>면접전형<br>(실기 포함)</td><td>• 직무수행에 필요한 전문성, 인성(태도), 기술 등을 주로 평가<br>예 비판적 사고, 창의력 등</td></tr>
</table>

## 3) 채용단계별 주요 편견요소

효과적인 블라인드 채용을 위해서는 각 채용단계별로 편견을 유발하는 요소들을 검토하여 제외한다.

**▌채용단계별 주요 편견요소▐**

| 구분 | 채용공고 | 입사지원서 | 면접전형 |
|---|---|---|---|
| 성별 | 지원자격을 특정 성별로 제한 | 입사지원서에 성별에 따라 다른 양식, 기재항목, 구비서류를 요구 | 면접과정에서 성별에 따라 질문사항을 달리하거나 별도의 질문시간을 할애 |
| 신앙 | 지원자격을 특정 종교로 한정 | 입사지원서에 종교를 요구 | 면접과정에서 종교 관련 사항(종교관, 종교 유무 등) 질문 |
| 연령 | 지원자격을 일정 연령 이하 또는 이상으로 제한 | 입사지원서에 연령을 식별할 수 있는 생년월일, 학교 입학년도, 졸업년도를 요구 | 면접과정에서 연령을 묻거나 연령에 대해 부정적으로 언급 |
| 신체조건 | 지원자격을 직무관련성이 없음에도 신장, 체중 등의 신체조건을 이유로 제한 | 입사지원서에 신장, 체중 등의 신체조건 기입을 요구 | 면접과정에서 용모 및 신체조건에 대해 질문 |
| 사회적 신분 | 지원자격을 직무관련성이 없음에도 전과 등을 이유로 제한 | 입사지원서에 전과자, 탈북자 등 사회적 신분을 요구 | 면접위원들에게 지원자에 대한 신원조회 결과 등을 제공하는 경우 |
| 출신지역 | 지원자격을 출신지역으로 제한 | 입사지원서에 출신지, 본적 등을 요구 | 입사지원서에 출신지, 본적 등을 요구 |

| 학력, 출신학교 | 지원자격을 특정 학력 이상 또는 이하로 제한 | 입사지원서에 직무에 필수적인 조건이 아님에도 학력, 출신학교 등을 기재토록 하는 경우 | 면접과정에서 직무에 필요한 조건이 아닌 경우 학력, 출신학교 등을 질문하는 경우 |
|---|---|---|---|
| 혼인, 임신 | 지원자격을 결혼 여부 등을 이유로 제한 | 입사지원서에 결혼 여부, 자녀유무, 임신 여부 등의 개인정보를 요구하는 경우 | 면접과정에서 결혼 여부, 임신 여부 등을 질문하는 경우 |
| 가족관계 | - | 입사지원서에 가족사항을 요구 | 면접과정에서 가족사항(관계, 출신지, 직업 등)에 대해 질문하는 경우 |

자료: 박귀천 외 4인, 채용상 차별에 관한 해외사례 및 실태조사 연구, 고용노동부, 2015. 9.

## 5. 블라인드 채용의 도입유형

블라인드 채용의 도입방식은 채용규모, 기업 및 직무의 특성 등에 따라 다양하나 선발전형의 각 단계별로 아래와 같이 유형화할 수 있다.

① 서류전형: 무서류전형, 블라인드 지원서 등

② 필기전형: 필기전형은 응시자의 인적특성 식별이 어려워 대체로 블라인드 채용의 요소를 내포

③ 면접전형: 블라인드 면접, 블라인드 오디션 등

**▌블라인드 채용의 유형▐**

| 채용단계 | 유형 | 주요 내용 |
|---|---|---|
| 서류전형 | 무서류 | 채용절차 진행을 위한 최소 인적사항(이름, 연락처 등)만 포함한 입사 지원서를 접수하고 평가를 진행하지 않는 방식 |
| | 블라인드 지원서 | 입사지원서와 자기소개서에서 불합리한 차별을 유발할 수 있는 항목 (출신지, 가족관계, 사진, 성별, 연령, 학력, 출신학교 등)을 요구하지 않고 직무 관련 사항만으로 평가하는 방식 |
| 면접전형 | 블라인드 면접 | 면접위원에게 입사지원서, 자기소개서 등 일체의 사전자료를 제공하지 않거나, 사전자료를 제공하되 불합리한 차별을 유발할 수 있는 항목을 포함하지 않는 방식<br>※ 면접 도중에도 차별을 유발할 수 있는 개인신상 등을 질문하지 않아야 함 |
| | 블라인드 오디션 | 일체의 사전자료나 정보 없이 오디션 방식으로 지원자의 재능을 자유롭게 보여주도록 하고, 평가자는 그 과정을 관찰하여 직무능력을 평가하는 방식 |

자료: 대한상의, 주요국 차별 요인 및 입사지원서 항목 조사, 2017. 8.

## Review Point

### [학습목표 확인]

1 국가직무능력표준(NCS)의 개념과 도입배경을 이해할 수 있다.

2 NCS의 활용영역과 필요성을 이해할 수 있다.

3 국가직무능력표준(NCS) 직업기초능력을 이해할 수 있다.

4 NCS 기반 신입사원 채용 트렌드를 이해할 수 있다.

5 NCS 기반의 능력 중심 채용시험 프로세스를 이해할 수 있다.

6 NCS 기반 단계별 취업준비프로세스를 이해할 수 있다.

7 블라인드 채용의 필요성과 특징을 이해할 수 있다.

8 블라인드 채용의 핵심내용과 체용 프로세스를 이해할 수 있다.

9 블라인드 채용단계별 주요 편견요소를 이해할 수 있다.

10 블라인드 채용의 도입 유형과 도입효과를 이해할 수 있다.

### [다음 단계 소개: Chapter 6]

Chapter 6에서는 NCS 기반 블라인드 채용 전형 유형을 학습하기 위하여

1 블라인드 채용 서류전형에 대하여 살펴보고,

2 블라인드 채용 필기시험, 면접전형 프로세스를 이해하고,

3 기존의 채용과정과 블라인드 채용과정의 차별에 대하여 학습할 것이다.

Chapter 05

# NCS 기반 블라인드 채용 전형유형



## 제1절 블라인드 채용 서류전형

### 1. 서류전형의 평가요소

NCS 기반 블라인드 채용의 서류전형은 '입사지원서 평가 → 자기소개서 평가 → 경험 및 경력기술서 평가' 등을 통하여 조직 및 직무에 적합한 인재를 선발하는 과정이다.

### 2. 평가대상 직무능력

서류전형에서 평가할 직무능력은 채용계획 단계에서 설계한 '직무능력×평가기법' 중 '서류전형'으로 평가하는 부분이다. 경영기획 업무의 서류전형 평가기준을 보면 아래 표와 같다. 직무능력별로 평가요소(입사지원서, 자기소개서, 경험·경력기술서)를 선별적으로 평가하게 된다.

**▌경영기획직무 – 서류전형 설계 매트릭스 예시▐**

| 경영기획직무의 직무능력 | | 서류전형 | | |
|---|---|---|---|---|
| | | 입사지원서 | 경험·경력기술서 | 자기소개서 |
| 지식·기술 | 경영학, 경제학 | ● | | |
| | 무역학 | ● | | |

| | | | | |
|---|---|---|---|---|
| | 인사 및 조직관리 | ● | | |
| | 재무, 세무, 회계학 | ● | | |
| 자격사항 | 경영관리직무 관련 자격증 | ● | | |
| 역량 | 기획력 | | | ● |
| | 계획력 | | | ● |
| | 창의력 | | | ● |
| | 고객지향 | | | ● |
| | 의사소통 | | | ● |
| 경력·경험 | 경영업무지원 경험 | | ● | |
| | 영업활동·영업관리 경험 | | ● | |
| | 조직구성원관리 경험 | | ● | |
| | 회계, 예산관리 경험 | | ● | |

※ 매트릭스에서 '●'으로 표기된 항목은 그에 맞는 선발도구로 평가가능하며 선택적으로 활용가능함.

## 3. 평가도구

NCS 기반 블라인드 채용의 서류전형에서 주로 사용하는 평가도구는 입사지원서, 자기소개서, 경험기술서, 경력기술서, 포트폴리오 등이 있다.

**▌NCS 기반 블라인드 채용 평가도구 특징▐**

| 평가도구 | 주요 내용 |
|---|---|
| 입사지원서 | • 기업이 지원자를 평가할 목적으로 직무 관련 사항을 기재토록 하는 지원서<br>• 인적사항, 교육사항, 경력사항, 자격사항 및 직무 관련 사항 |
| 자기소개서 | • 기업의 핵심가치, 인재상과 관련된 사항을 확인할 수 있도록 구체적으로 설계된 지원자 소개서 |
| 경험기술서 | • 입사지원서에 기재한 경험사항을 보다 상세하게 기술한 기술서<br>• 직무와 관련하여 지원자가 살아오면서 경험한 내용을 기술 |
| 경력기술서 | • 입사지원서에 기재한 경력사항을 보다 상세하게 기술한 기술서<br>• 직무와 관련된 업무수행 경력을 기술 |
| 포트폴리오 | • 지원자의 직무 관련 특정 역량을 확인할 수 있는 대표적인 산출물<br>• 논문, 홈페이지, 디자인 시안, 음원 등 |

## 4. 블라인드 채용 입사지원서 작성전략

블라인드 채용 입사지원서 작성에는 가족관계, 사진, 신체조건 등이 삭제되고, 교육훈련, 자격증, 직무경험의 비중이 커지는 것이 특징이다.

**블라인드 채용 – 공공기관 입사지원서 예시(안)**

| 1. 인적사항 | | | | | |
|---|---|---|---|---|---|
| 지원구분 | 신입( ), 경력( ) | 지원직무 | | 접수번호 | |
| 성명 | (한글) | | | | |
| 현주소 | | | | | |
| 연락처 | (본인휴대폰) | 전자우편 | | | |
| | (비상연락처) | | | | |
| 최종학교 소재지 | **지역인재 우대 응시자* | 가점항목 | □ 장애대상 □ 보훈대상 | | |

| 2. 교육사항 | | |
|---|---|---|
| * 지원직무 관련 과목 및 교육과정을 이수한 경우 그 내용을 기입해 주십시오. | | |
| 교육구분 | 과목명 및 교육과정 | 교육시간 |
| □ 학교교육 □ 직업훈련 □ 기타 | | |
| 직무 관련 주요 내용 | | |
| | | |

| 3. 자격사항 | | | | | |
|---|---|---|---|---|---|
| *지원직무 관련 국가기술/전문자격, 국가공인민간자격을 기입해 주십시오. | | | | | |
| 자격증명 | 발급기관 | 취득일자 | 자격증명 | 발급기관 | 취득일자 |
| | | | | | |

| 4. 경험 혹은 경력사항 | | | | |
|---|---|---|---|---|
| *지원직무 관련 경험 혹은 경력사항을 기입해 주십시오. | | | | |
| 구분 | 소속조직 | 역할 | 활동기간 | 활동내용 |
| □ 경험 □ 경력 | | | | |
| *직무활동, 동아리/동호회, 팀 프로젝트, 연구회, 재능기부 등의 주요 직무경험을 서술해 주십시오. | | | | |
| 직무 관련 주요 내용 | | | | |
| | | | | |

위 사항은 사실과 다름이 없음을 확인합니다.
지원날짜:
지원자: ________________ (인)

## 5. 입사지원서 작성에 필요한 직무능력 자가진단

다음에 제시하는 직무능력 자가진단표는 취업준비생 스스로 입사서류 작성에 필요한 직무교육, 자격, 경험역량을 스스로 체크해보고 미비한 부분의 역량을 보완할 수 있도록 자가진단 항목으로 구성되어 있다.

### 지식/기술역량 진단

| 진단항목 | Y/N | 배점 |
|---|---|---|
| 직무탐색 | | |
| 직무의 특성 및 필요역량을 정리 및 정의할 수 있는가? | | 5 |
| 직무담당자로서 미래 계획수립이 가능한가? | | 5 |
| 교육사항 | | |
| 본인의 전공(복수전공 포함)은 희망직무와 직접적인 연관이 있는가? | | 5 |
| 학교교육 외 직무능력과 연관 있는 교육을 이수하였는가?(직업훈련 포함) | | 5 |
| 자격/수료 | | |
| 직무(직무기술서 기준) 관련 자격증을 취득하였는가? | | 10 |
| 직무기술서에 기재된 자격증 외 취득한 자격증이 있는가? | | 10 |
| 그 외 직무 관련 능력을 보여줄 수료증이 있는가? | | 5 |
| 영역합계 | | 45 |

### 경험/활동역량 진단

| 진단항목 | Y/N | 배점 |
|---|---|---|
| 역량발휘 | | |
| 인턴/직장체험 등 직무 관련 및 조직(사회)생활을 경험한 적이 있는가? | | 10 |
| 직무 수행 시 필요한 역량을(한 가지라도) 발휘하여 행동한 과업(아르바이트 포함)을 가지고 있는가? | | 7 |
| 직무와 무관하지만 다양한 아르바이트 경험을 가지고 있는가? | | 5 |
| 교/내외활동 | | |
| 직무 관련 공모전 등 대외활동 수상내역이 있는가? | | 10 |
| 봉사활동/공모전 등의 참여 경험이 많은가? (3회 이상) | | 8 |
| 직무와 무관하나 교내 동아리활동을 하였는가? | | 5 |

| 팀 단위 과제 | | |
|---|---|---|
| 직무와 관련된 팀 프로젝트 경험이 있는가? | | 5 |
| 영역합계 | | 50 |

**직무공통**

| 진단항목 | Y/N | 배점 |
|---|---|---|
| 문서작성, OA 활용 등 기본적인 PC 활용능력을 갖췄는가? (관련 자격증을 가지고 있는가) | | 5 |
| 영역합계 | | 5 |
| 전체영역 | | 100 |

※ 진단결과는 Y영역의 배점 합계 작성(모두 Y의 경우 총 100점)

**직무능력 자가진단 결과표**

| 환산점수 | 진단결과 | 해설 |
|---|---|---|
| 0~25 | 매우 미흡 | 직무분석 및 직무이해도 점검 필수. 직무에 적합한 능력을 파악하여 전체적인 계획을 수립하기 위한 노력을 필요로 함 |
| 26~45 | 미흡 | 직무수행에 필요한 능력을 갖추고 있지 않음. 직무에 적합한 능력을 가진 인재로 보이기 위한 종합적 노력 필요 |
| 46~70 | 보통 | 직무수행에 필요한 능력이 미비함<br>영역별 미비된 역량을 체크하여 능력쌓기에 초점 |
| 71~85 | 우수 | 직무수행에 필요한 능력과 자질을 갖추고 있다고 판단. 타인과의 경쟁력을 키우기 위해 필요한 노력을 점검 |
| 86~100 | 매우 우수 | 직무수행에 필요한 능력과 자질이 뛰어나다고 판단<br>자신의 역량을 어떻게 보여줄 수 있을지에 초점을 맞춰 준비 |

## 6. 블라인드 채용 서류전형 Q&A

**Q1** 블라인드 서류전형은 서류에서 아무것도 평가하지 않는가?

**A1** 서류평가에서 편견이 개입되어 차별을 유발할 수 있는 항목은 제외하고 직무를 수행하는 데 필요한 직무능력을 평가하는 것이다.

이를 위해 인사담당자는 직무와 무관하고 차별적인 항목을 배제하고, 직무능력과 관련하여 어떤 정보를 요구하고 어떻게 평가할 것인지에 대한 계획을 수립하고 적용해야 한다.

**Q2** 블라인드 서류전형을 진행할 때 신원확인이나 작성내용의 증빙을 위해 필요한 정보는 어떻게 수집해야 하는가?

**A2** 서류전형에서는 증빙자료를 요구하지 않는다. 대부분의 경우에는 필기전형이나 면접전형 단계에서 본인의 신원확인을 위한 추가 자료를 요청한다.
다만, 신원 확인을 위해 추가로 수집한 정보는 면접전형 시 면접위원에게 제공하지 않아야 한다.

**Q3** 지원자가 자기소개서에서 자신의 신상정보를 의도적으로 노출하는 경우 어떻게 해야 하는가?

**A3** 입사지원서에 기재난이 없는 항목은 자기소개서에서도 지원자가 의도적으로 노출하지 않도록 해야 한다. 이러한 사실을 자기소개서 유의사항에 강조하여 지원자들이 그러한 사실을 주의해서 작성하도록 안내해야 한다.

# 제2절 블라인드 채용 필기전형

## 1. 필기전형이란?

필기전형은 채용직무에 필요한 직무능력을 지필형태로 평가하는 전형이며 서류전형과 면접전형 사이에 진행하는 것이 일반적이다.

## 2. 평가대상 직무능력

필기전형에서 평가할 직무능력은 채용설계 단계에서 도출한 '직무능력×기법' 매트릭스

중 필기전형에 해당하는 부분이다.

**▌경영기획직무 – 필기전형 설계 매트릭스▐**

| 경영기획직무의 직무능력 | | 필기전형 | | |
|---|---|---|---|---|
| | | 인성검사 | 직무적성검사 | 직무지식검사 |
| 지식·기술 | 경영학, 경제학 | | | ● |
| | 무역학 | | | ● |
| | 인사 및 조직관리 | | | ● |
| | 재무, 세무, 회계학 | | | ● |
| 자격사항 | 경영관리직무 관련 자격증 | | | |
| 역량 | 기획력 | | ● | |
| | 계획력 | ● | | |
| | 창의력 | | ● | |
| | 고객지향 | ● | | |
| | 의사소통 | | ● | |
| 경력·경험 | 경영업무지원 경험 | | | |
| | 영업활동·영업관리 경험 | | | |
| | 조직구성원관리 경험 | | | |
| | 회계, 예산관리 경험 | | | |

※ 매트릭스에서 '●'으로 표기된 항목은 그에 맞는 선발도구로 평가가능하며 선택적으로 활용가능함.

## 3. 필기전형의 실시

① 필기전형은 모든 지원자를 편견 없이 공정하게 평가할 수 있는 블라인드 채용방법의 하나이다. 필기전형은 신입직원 선발 시에 반드시 포함시켜야 하는 것은 아니며 모집인원, 경쟁률, 비용 등을 고려하여 기업의 여건에 맞게 실시할 수 있다.

② 신규로 필기검사를 개발하거나 기존 검사를 검토하여 보완해야 한다.

③ 필기전형이 확정되면 채용공고문에 필기시험 개요, 평가과목 등을 공지하여 지원자들이 사전에 준비할 수 있도록 해야 한다.

## 4. 필기전형의 유형

기업과 공공기관 신입직원 선발을 위한 필기시험은 인성검사, 직무적성검사, 직업기초능력평가, 직무지식검사, 전공, 외국어, 논술 등이 대표적이다.

① 기업: 인성검사, 직무적성검사, 직무지식검사를 주로 실시

② 공공기관: 직업기초능력평가, 직무지식검사를 주로 실시

**▌필기전형별 특징▐**

| 구분 | 주요 내용 |
|---|---|
| 인성검사<br>(성격검사) | • 조직적합성, 직무수행 관련 성격적인 역량을 주로 진단하는 검사<br>• 인재상과의 부합성, 직무 관련 성격, 태도, 가치관 등 측정<br>• LG WayFit Test, SKCT 심층역량검사 등 |
| 직무적성검사<br>(능력검사) | • 직무수행에 영향을 미치는 인지능력 수준을 진단하는 검사<br>• 직무수행 관련 언어능력, 수리능력, 추리능력, 지각능력 등 측정<br>• GSAT, PSAT, HMAT, CJCAT, L-TAB 등 |
| 직무지식검사 | • 직무수행에 필요한 지식을 평가하는 검사<br>• 전공시험, 경영 · 경제지식, 외국어, 논술 등 |

**▌기업의 필기시험(인 · 적성검사) 현황▐**

| 기업명 | 검사 명칭 | 인성 | 직무적성검사 | | | | |
|---|---|---|---|---|---|---|---|
| | | | 언어능력 | 수리능력 | 추리능력 | 지각능력 | 기타 |
| 삼성 | GSAT | ○ | 언어논리 | 수리논리 | 추리 | 시각적 사고 | 상식 |
| 현대차 | HMAT | ○ | 언어이해 | 자료해석,<br>정보추론 | 논리판단,<br>도식이해 | 공간지각 | |
| SK | SKCT | ○ | 언어능력 | 수리력 | 직무능력 | | 직무능력,<br>한국사 |
| LG | LGWayfit | ○ | 언어이해 | 수리력 | 언어추리,<br>도형추리 | | 인문역량<br>(한국사,<br>한자) |
| 롯데 | L-TAB | ○ | 언어이해 | 자료해석,<br>수리공간 | | | |
| 포스코 | PAT | ○ | 언어 | 수리 | 도식 | 공간 | 상식 |

| GS | | ○ | 판단력, 언어유추력, 언어연상력 | 응용수리력, 판단력(자료해석) | 언어추리력, 수추리력 | 공간지각력, 지각정확력 | 한국사 |
|---|---|---|---|---|---|---|---|
| 현대중공업 | HATCH | ○ | 언어(독해) | 수리분석 | 언어추리 | 공간 | 종합상식 |
| KT | | ○ | 단어연상력, 판단력 | 응용계산력, 판단력(자료해석) | 언어추리력, 수추리력, 도식추리력 | 지각정확력 | |
| 두산 | DCAT | ○ | 어휘유창성, 언어논리 | 수리자료 분석 | 언어논리 (언어추리) | 공간추리 | |
| CJ | CJCAT | ○ | 언어능력 | 수리능력 | 추리능력 | 공간지각 | 상식 |
| LS | LSAT | ○ | 언어이해, 문제해결 | 자료해석 | | 집중력 | 상식 |
| 금호아시아나 | K-SAT | ○ | 언어능력 | 수리능력 | 추리능력, 분석판단력 | 사무지각 능력 | 직무상식 능력 |
| S-OIL | – | ○ | 언어력 | 수리력 (자료해석, 창의수리) | 도형추리력, 수리력 (수추리) | | |
| 효성 | – | ○ | 언어유추력, 판단력 (독해) | 응용계산력, 판단력(자료해석) | 언어추리력, 수추리력 | 공간지각력, 지각정확력 | |
| 이랜드 | ESAT | ○ | 언어비평 | 수리비평 | | | |
| 농협 | NHAT | ○ | 언어, 이해력 | 수리 | 상황판단 | | |
| 동부 | – | ○ | 언어능력 | 수리능력 | | | |
| 아모레퍼시픽 | APAT | ○ | 언어유추력, 언어추리, 판단력 | 응용계산력, 수추리 | | 공간지각, 지각정확성 | 한국사, 창의력 (1문항) |

※ 조사시점, 회사방침 변경 등으로 기업별 실제 실시내용과 차이가 있을 수 있음.
구직자의 경우 기업 채용공고문을 기준으로 필기시험 준비 요망.

※ 국내 기업의 약 28.6%가 인・적성검사를 실시하고 있으며, 기업규모가 클수록 지원자가 많고 경쟁률이 높아 실시비율이 높음.

자료: 대한상공회의소, 기업채용실태조사, 2015. 7.

## 5. 필기전형 결과 평가

### 1) 점수산출방식

필기전형 결과를 점수화하는 방식은 평가역량에 대한 지원자 간 수준 비교가 용이하도록 규준점수(normative score)를 일반적으로 활용한다.

### 2) 결과적용방식

필기전형 결과는 기업의 상황에 따라 다양한 방법으로 활용되지만 일반적으로는 단계별 허들식 방법을 주로 사용한다.

① (Step 1) 인성검사에 부적합 판정을 받은 인원을 선별한다.

② (Step 2) 직무적성검사, 직업기초능력평가, 직무지식검사의 순위로 필기전형 합격자를 선정한다.

## 6. 검사결과 활용가이드

**| 검사결과 활용가이드 |**

← 지원자선별 Screen Out → ← 선발 Select In →

| 신뢰도 판정 | 인성검사 판정 | 적성/지식 검사 판정 | 검사결과 면접에 활용 |
|---|---|---|---|
| 응답에 대한 신뢰도 판정 미달인원 선별 | 부적합판정인원 선별 | 면접대상 인원에 맞게 순위로 선발 | 전형 간 독립성 확보를 위해 인성검사 결과만 면접에 활용 |

※ 선별(Screen Out): 기준에 미달되는 지원자를 탈락시키는 방식
선발(Select In): 더 역량 있는 지원자를 선발하는 방식

## 7. 블라인드 필기전형 고려사항

① 채용 직무수행에 반드시 필요한 직무능력(지식, 기술, 인성태도)을 평가하는 필기시험을 구성하여 실시한다.
② 필기 응시원서에 차별을 유발할 수 있는 응시조건을 요구하지 않는다.
③ 필기전형의 공정성 확보를 위해 사전에 평가 과목을 공개한다.
④ 출제문항 중 차별로 인식될 수 있는 주제(예: 성차별, 지역차별) 또는 문항 문구는 제외한다.

## 8. 블라인드 채용 필기전형 Q&A

**Q1** 블라인드 채용을 위한 필기전형을 별도로 준비해야 하나요?

**A1** 필기전형은 블라인드 채용을 도입할 때 매우 유용한 평가수단이다.
다만 기존에 필기전형을 위한 검사시험들이 직무능력과 무관한 요소를 평가하고 있지는 않은지 또는 지나치게 일반적이고 지엽적인 요소만 평가하고 있지는 않은지 검토할 필요는 있다. 직무수행에 필요한 요소를 충분히 평가하고 있었다면 기존방식대로 시행해도 무방하지만 그렇지 않다면 내용을 보완하는 것이 바람직하다.

**Q2** 필기전형을 반드시 도입해야 하나요?

**A2** 기업의 여건이나 직무특성에 따라 필기전형을 제외하고 서류전형과 면접전형만 진행할 수도 있다. 다만 많은 수의 지원자를 평가하는 데 필기전형이 효율적인 방법이라고 할 수 있다.

**Q3** 블라인드 채용을 적용하여 입사지원서 항목에서 사진을 제외할 경우 필기전형에서 지원자의 본인확인은 어떻게 해야 하나요?

**A3** 서류전형 합격자에 한해 필기전형의 기회를 제공하는 경우에는 이들에게만 따로

사진을 요청하는 것이 보다 바람직하다. 다만 서류평가 없이 모든 지원자에게 필기전형 기회를 제공하는 경우에는 필기전형 당일 고사장에서 지원자 본인 확인을 할 수 있도록 입사지원서에 사진 항목을 넣을 수도 있을 것이다. 물론 어떤 경우라도 사진을 첨부하는 이유와 목적을 분명히 밝히는 것이 중요하다.

## 제3절 블라인드 채용 면접전형

### 1. 면접전형이란?

면접전형은 면접위원이 지원자에게 질의하거나 지원자의 발표와 토론을 관찰하여 조직 및 직무적합성을 평가하는 방식이다. 면접에서는 심층적인 질의응답 또는 지원자 간 상호작용을 통하여 직무수행에 필요한 인성적·능력적 차원의 역량을 검증할 수 있다.

### 2. 평가대상 직무능력

면접에서 평가해야 할 지식, 기술, 인성태도, 경험·경력 등 평가요소를 결정해야 한다. 이때 채용계획 단계에서 설계한 '직무능력×평가기법'을 적용한다.

**예시: 경영기획직무 – 면접전형 설계 매트릭스**

| 경영기획직무의 직무능력 | | 면접전형 | | | |
|---|---|---|---|---|---|
| | | 경험면접 | 상황면접 | 발표면접 | 토론면접 |
| 지식·기술 | 경영학, 경제학 | | | | |
| | 무역학 | | | | |
| | 인사 및 조직관리 | | | | |
| | 재무, 세무, 회계학 | | | | |
| 자격사항 | 경영관리직무 관련 자격증 | | | | |

| | | | | | |
|---|---|---|---|---|---|
| 역량 | 기획력 | | | ● | |
| | 계획력 | ● | | | |
| | 창의력 | | | | ● |
| | 고객지향 | | ● | ● | ● |
| | 의사소통 | ● | ● | ● | ● |
| 경력 · 경험 | 경영업무지원 경험 | ● | | | |
| | 영업활동 · 영업관리 경험 | ● | | | |
| | 조직구성원관리 경험 | ● | | | |
| | 회계, 예산관리 경험 | ● | | | |

※ 매트릭스에서 '●'으로 표기된 항목은 그에 맞는 선발도구로 평가가능하며 선택적으로 활용가능함.

## 3. 면접기법

### 1) 구조화 면접/비구조화 면접

구조화 면접이 비구조화 면접에 비해 평가타당도와 공정성 면에서 우수하다.

| 특징 | 비구조화 면접 | 구조화 면접 |
|---|---|---|
| 방법 | 평가할 직무능력(역량), 질문이 정해져 있지 않고, 면접위원이 자유로운 방식으로 진행하는 면접방식 | 사전에 평가하고자 하는 직무능력(역량), 질문, 절차, 평가기준이 정해져 있는 면접방식 |
| 면접위원 역할 | 자유롭게 질문하고 평가 | 정해진 질문과 평가기준을 통해 평가 |
| 대표적 유형 | 전통적 면접 | 경험, 상황, 발표, 토론면접 등 |
| 장 · 단점 | 면접위원의 재량에 따라 면접의 공정성 및 타당도에 차이가 발생 | 평가공정성이 높음, 타당도가 높음 |

※ 구조화 면접의 종류: 경험, 상황, 발표, 토론 면접 등

### 2) 구술 면접/시뮬레이션 면접

각 면접방식의 특성과 비용 및 운영 측면을 고려하여 면접기법을 선택한다.

| 특징 | 구술 면접 | 시뮬레이션 면접 |
|---|---|---|
| 방법 | 질의응답을 통해 개인의 성격, 태도, 동기, 가치 등의 특성을 평가 | 과제를 부여한 후 지원자들이 과제를 수행하는 과정과 결과를 관찰하여 평가 |
| 면접위원 역할 | 해당 역량이 드러날 수 있는 적절한 시작(main) 질문과 심층화(probing) 질문을 하여 평가 | 평가하고자 하는 역량을 판단할 수 있는 행동들을 정확히 관찰·기록하고 평가 |
| 대표적 유형 | 경험 면접, 상황 면접 등 | 발표 면접, 토론 면접, 역할연기, 서류함기법(in-basket) 등 |
| 장점 | 개인의 다양한 인성과 능력평가에 적합 | 개인의 능력적 요소를 평가하는 데 적합 |

## 4. 면접결과

### 1) 합산방식

① 지원자들의 면접평가점수를 평가요소별 및 평가기법별로 가중 또는 단순합산하여 상위점수를 받은 순서에 따라 합격자를 결정한다.

→ 경험 면접점수와 발표 면접점수의 합산

→ 1차 실무진 면접점수와 2차 임원 면접점수의 합산

② 합산방식은 다수의 지원자들 중 소수의 합격자를 선발해야 할 때 주로 활용된다.

### 2) 과락방식

① 지원자들의 면접평가점수 중 평가요소별 또는 평가기법별 최소기준을 충족하지 못하는 경우 불합격시키는 방식이다.

→ 평가하는 요소 다섯 개 중 두 개에서 기준점수 미만인 경우 과락 적용

② 과락방식은 지원자가 최종 합격 인원 대비 많지 않은 경우에 주로 활용될 수 있다.

### 3) 합격자 발표

① 면접전형 평가결과가 결정되었다면 지원자에게 합격·불합격 통보를 해야 한다.

② 합격·불합격 통보는 지원자에게 면접전형의 공정성을 인식시킬 뿐만 아니라 기업

이미지, 채용 브랜드 등을 높이는 데 도움이 된다.

## 5. 블라인드 면접전형 유의사항

### 1) 블라인드 면접전형 원칙

① 편견이 개입된 면접평가 요소를 검토하고 제외한다.
② 평가요소와 무관한 지원자의 입사지원서 기재사항은 면접위원에게 제공하지 않는다.
③ 면접위원은 지원자에게 차별적이거나 모욕적인 질문을 하지 않는다.
④ 직무능력을 평가하기 위한 구조화된 면접(경험·상황·토론·발표 면접 등)을 실시하고 공정한 평가를 한다.
⑤ 면접위원에게 블라인드 면접에 대한 사전교육을 실시한다.

### 2) 블라인드 면접유형 예시

면접 시 활용하는 면접도구와 면접위원에게 제공되는 지원자정보 정도를 기준으로 면접을 유형화할 수 있다.

| 구분 | 주요 내용 |
|---|---|
| 유형 1 | • 입사지원 시 지원자들이 작성한 자료를 면접위원들에게 제공하는 방식<br>• 입사지원 시 작성한 자료들이 면접평가 요소와 관련되어 있으며 면접과정에서 차별을 유발하는 요소들이 포함되어 있지 않은 경우에 활용가능<br>• 구술 면접 등 지원자들의 직무 관련 정보들이 필요한 경우 적용가능 |
| 유형 2 | • 입사지원 시 지원자들이 작성한 정보들 중 면접에서 평가하려는 요소와 관련되는 정보들만을 선별하여 면접위원들에게 제공하는 방식<br>• 면접운영시간의 제약으로 인하여 평가요소와 관련된 지원자들의 사전정보가 요구되는 경우에 활용가능<br>• 구술 면접 등 지원자들의 직무 관련 정보들이 필요한 경우 적용가능 |
| 유형 3 | • 지원자들과 관련된 어떠한 정보도 면접위원들에게 제공하지 않고 면접으로만 평가하는 방식<br>• 지원자 개인정보가 평가에 별다른 기능을 하지 못하는 경우에 활용가능<br>• 시뮬레이션 면접과 구조화된 구술면접 시 적용가능 |

## 6. 블라인드 채용 면접전형 Q&A

**Q1** 블라인드 면접이 기존의 면접과 다른 점은 무엇인가? 별도로 준비해야 하는 것은 무엇인가?

**A1** 기존에 비구조화된 면접방식을 적용하고 있었다면 구조화된 면접적용을 먼저 권장한다. 비구조화된 면접에서는 면접결과의 타당도와 신뢰도를 확보하는 데 어려움이 있기 때문이다. 반면 기존에 구조화된 면접방식을 적용하고 있었다면 블라인드 면접을 위해 면접위원에게 평가요소와 관련된 지원자정보만을 제공하고 편견이나 개입되어 차별을 유발할 수 있는 지원자정보는 제공하지 않아야 한다. 따라서 면접을 준비하는 과정에서 지원자 정보 중 차별을 유발하는 요소가 없는지 다시 한 번 꼼꼼하게 점검해야 할 필요가 있다. 또한 블라인드 면접에서는 면접위원의 면접역량이 더욱 중요해지므로 이들에 대한 철저한 면접교육을 실시하고 평소 면접위원의 면접역량을 지속적으로 관리하는 노력이 필요하다.

**Q2** 블라인드 면접에서는 면접위원이 무엇을 평가해야 하나?

**A2** 블라인드 면접은 기존의 직무능력 중심 면접과 목적이나 취지는 같다.
따라서 채용설계 단계에서 설정한 직무와 관련된 면접평가요소를 평가해야 한다.
이를 위해 면접평가요소와 관련된 지원자정보를 면접위원에게 제공할 수도 있다.
단, 직무 또는 면접평가요소와 관련된 내용일지라도 면접위원은 지원자 입장에서 차별적 요소로 인식될 수 있는지를 항상 주의하면서 면접을 진행해야 한다.

**Q3** 당장 모든 면접에 블라인드 방식을 도입해야 하나?

**A3** 지금까지 면접위원에게 제공된 정보 중에서 직무와 무관하고 편견과 차별을 유발하는 것이 있었는지 검토하고 이를 제외하면서 블라인드 방식을 적용할 수 있다. 특히 기업이 처한 상황이 여의치 않은 경우 블라인드 면접을 도입하기 수월한 직무나 면접기법이 무엇인지 따져보고 점차적으로 블라인드 면접을 도입하는 것이 효과적이다.

## 7. 블라인드 채용사례

### 1) 블라인드 서류전형

| 기업명 | 주요 내용 | 특징 |
|---|---|---|
| 현대<br>자동차 | • 2013년부터 지원서에서 사진, 부모주소, 생년월일, 본적, 키/체중, 가족관계란 등 개인정보 기입란과 해외경험 등의 기입란 삭제<br>• 2015년부터 지원서에 동아리, 봉사, 학회활동 기입란 삭제<br>• '자기 PR 프로그램'에 선발 시 서류전형 면제(무서류) | 학점 덜 보고 채용절차도 간소화…직무적합평가, 심층면접 깐깐(헤럴드경제, 2016.9.21) |
| 현대<br>ENG | • 지원자의 전공, 자기소개서를 제외한 정보 블라인드 처리<br>• 기계공학, 전기/전자, 화학공학, 건축공학, 안전/환경, 인문 전 계열의 전공을 대표 전공으로 두고 있으나 전공에 따라서 지원을 제한하지는 않음 | • 현대엔지니어링 채용상담 후기(잡코리아, 2017.3.7)<br>• 현대ENG 채용설명회 현장…서류 블라인드 평가, 역사관 PT면접(캠퍼스잡앤조이, 2017.3.9) |
| 제니퍼<br>소프트 | • 2005년 창업 이래 현재까지 12년 동안 블라인드 채용 진행<br>• 학력, 외모, 성별, 연령 등 어떠한 제한도 없음<br>• 기본 기재사항: 이름, 성별, 연령, 연락처<br>• 2017년 채용에서는 자유형식의 이력서 사용 및 학력, 성별, 사진, 연령을 적지 말아달라고 명시<br>• 입사지원서 심사 대신 논술과제 작성으로 서류전형을 대신 | • 스펙보단 열정, 열린채용 늘리는 기업들(아이뉴스24, 2013.9.9)<br>• 스펙만 안 본다, 6시간 걸려 문제풀고 면접도 최장 7시간(중앙일보, 2017.7.15) |
| CJ그룹 | • 자기소개서 문항평가 시 이름, 사진, 학교 블라인드 처리 후 직무를 실제로 수행 중인 현업부서의 실무자 중 전형위원을 섭외하여 지원서평가<br>• 서류전형에서 어학점수 입력란을 제거하였으며, 글로벌 인재전형에서 영어, 중국어 어학성적 우수자의 경우 명시된 어학시험의 기준 성적 제출 시 별도의 어학테스트 면제 | • CJ그룹 직무미식회 현장스케치(잡코리아, 2015.9.12)<br>• CJ, 허울뿐인 블라인드 면접(시사저널, 2016.12.5)<br>• 유통업체, 올 하반기 신입공채 규모 확대(2017.7.23)<br>• CJ푸드빌 채용설명회 후기(잡코리아, 2016.3.14) |

## 2) 블라인드 면접

| 기업명 | 주요 내용 | 특징 |
|---|---|---|
| 농협 | • 다대다 집단 면접, 토의 면접, 역할극 면접 등 3가지 방식으로 진행<br>• 서류심사부터 생년월일 및 학력 대신, 생일 및 경력사항(인턴 등) 정보만 기재<br>• 면접 시 이름 대신 지정된 일련번호로 자기소개를 하도록 안내<br>• 면접위원들에게 지원자의 이름, 출신학교, 전공 등의 정보를 묻지 못하도록 사전교육 | 158번지원자입니다. '블라인드 면접'은 이름도, 학교도 안 따졌다(한국경제신문, 2017.11.21) |
| 포스코 | • 공개채용<br>– 학력, 학점, 어학점수, 자격증 블라인드 처리 후 면접을 진행(2013~)<br>– 직무역량평가(1차 면접)는 실무진 면접으로, 면접위원들은 지원자의 인적사항과 스펙을 모른 채 자기소개서만으로 블라인드 면접을 진행<br>– 합숙 면접으로 진행하며 가치관 및 직무역량 수준을 검증하는 4가지 면접을 시행(AP/GD 면접, 직무적합성 면접, 역사에세이로 구성)<br>• 챌린지 인턴십 전형의 블라인드 서류전형: 블라인드 항목 정보 미제출<br>– 학년, 전공, 학교, 학점, 어학성적 등의 입력란 없음<br>– 면접에서도 개인 인적사항을 지운 블라인드 평가 시행<br>– 자기소개서는 필터링 없이 개인정보가 전혀 없는 블라인드 형식으로 현업/인사부서에서 Cross 평가를 하는 등 꼼꼼히 검토 | • 2017 상반기 포스코그룹 챌린지 인턴십(포스코 기업 블로그, 2017.7.6)<br>• 철강업계 이색채용 눈길… 포스코 · 현대제철 '블라인드 면접'. 동국제강 주니어사원(캠퍼스잡앤조이, 2017.7.13)<br>• 채용, 포스코2017 상반기 공채, 모든 정보를 담았다!(2017.2.18)<br>• [채용문화 바꾼다] 주요 기업 '無스펙' 확대…오디션 선발 등 실험 중(서울신문, 2016.3.29) |
| 신세계 | • 2차 면접에서 블라인드 면접방식인 '드림 스테이지' 면접 도입<br>• 면접관들에게 출신학교, 전공, 나이 등과 같은 개인정보를 제공하지 않고 서류전형 및 1차 면접점수도 미반영<br>• 지원회사와 관련된 4~5개의 주제에 대해서 10분 분량의 PPT를 제작, 면접 2~3일 전에 인사팀에 제출 | 면접의 계절 기업별 준비전략…(캠퍼스잡앤조이, 2017.10.31) |

### 3) 블라인드 오디션 면접

| 기업명 | 주요 내용 |
|---|---|
| 롯데 그룹 | 〈채용 특성〉<br>• 일반 채용 전형과 함께 스펙터클 오디션이라는 현장오디션 진행<br>• 신입지원의 경우 서류전형, L-TAB, 면접전형, 건강검진, 입문교육의 프로세스를 따름<br>〈스펙터클 오디션〉<br>• 지원서에 성명, 연락처 및 지원회사 외 학력, 경력, 자기소개서 등 일체의 추가 입력사항 없이 진행<br>• 일률적인 문항의 자기소개서가 아닌 회사/직무별 특성이 반영된 별도주제에 대한 과제를 미리 작성한 뒤 제출<br>• 현업전문가의 개별심사를 통해 합격자를 선정<br>• 스펙터클 오디션은 개별 발표, 조리 시연, 프로그램 코딩 등 회사/직무별 특성이 반영된 주제로 현장오디션을 실시<br>• 사전에 평가내용 및 평가기준을 설립하여 평가의 구조화와 객관화를 이루기 위해 노력<br>• 지원서 내 추가 스펙사항 확인 없이 오디션 내용만으로 심사 |
| SK | 〈채용 특성〉<br>• 일반채용과 함께 신입채용의 일부 인원을 바이킹형 인재로 선발<br>• 일반전형은 연령, 성별 등 개인신상정보와 학력과 전공, 학점 등의 기본자격요건 사항은 기재, 사진은 미부착<br>• 2015년 상반기 대졸 공채부터 외국어성적, 해외연수, 수상경험, 정보기술(IT) 활용능력 같은 각종 스펙 관련 항목 입력란 삭제<br>〈SK 바이킹 챌린지 전형〉<br>• 지원서에 이름, 연령, 성별, 연락처, 최종졸업연도 기재<br>• 스펙 없이 지원자의 스토리로만 평가하는 오디션 형식의 채용<br>• 10분 내외의 프레젠테이션을 통해 자유롭게 자신의 역량을 보여주는 방식<br>– 과장~부장급 심사위원 2명씩 배치, 약 5분간 심사위원들이 심층질문 진행<br>– 지원자가 학력이나 스펙 등을 부각하면 감점을 받을 정도로 철저하게 문제해결능력과 도전정신 위조의 능력 평가<br>– 오디션 합격 후 인턴십이 시작될 때까지 합격자의 학력 등 정보는 공개되지 않으며 회사 관계자들도 부서배치하기 직전에 세부사항을 알게 됨<br>〈기업 내부 반응〉<br>• 신입직원의 10~15%를 열정평가 오디션 형태로 선발하는 바이킹 챌린지 프로그램 운영 관계자는 '무(無)스펙 전형을 도입한 뒤 적극적이고 진취적인 사원이 늘었다는 것이 내부평가'라는 긍정적인 반응 |
| KT | 〈채용 특성〉<br>• 서류에서 면접까지 모든 전형을 직무능력 중심 평가로 진행<br>• 전체 채용인원의 10~20%를 스타오디션과 달인채용을 통해 선발<br>〈KT 스타오디션〉<br>• 개인식별용 정보(이름, 연락처, 거주지 등) 외에 스펙 기재란 없음<br>• 학교, 전공은 스펙 관련으로 안 봄, 합격자는 공채 서류전형 면제<br>• 진행방식: 3~4명의 심사위원에게 5분 내외로 자기 PR 진행 |

〈달인채용〉
- 2012년부터 시작된 달인채용은 특정 직무(유통영업, 보안 등)에서 스펙보다는 실제 경험이나 성공사례를 중심으로 선발하는 방식
- 유통, 창업 유경험자나 보안, SW개발 등의 분야에서 깊은 경험이 있는 지원자를 스펙 관련 없이 선발
- 서류심사, 1차 직무면접, 2차 인성면접 진행 후 최종합격자 선발
- 2017년 스타오디션과 달인채용 전형을 KT 스타오디션으로 단일화

〈기업 내부 반응〉
- 3년째 운영되고 있는 열린 채용 제도를 통해 입사한 지원자들이 성과도 우수하고 주변 평판도 좋다는 내부 의견 · 채용 특성
- 일반 채용전형과 함께 2013년부터 열린 채용 제도인 KT 스타오디션, 달인채용 도입

## 제4절 블라인드 채용과정의 차별

채용과정에서의 차별이란 합리적인 이유 없이 성별, 나이, 장애, 학력, 출신학교, 출신지역, 외모 등 직무와 직접적인 관련이 없는 지원자의 개인적인 특성을 기준으로 채용에서 특정 지원자를 우대 · 배제 · 구별하거나 불리하게 대우하는 경우를 말한다. 다만, 아래와 같은 합리적인 이유가 있을 경우에는 차별로 보지 않는다.

첫째, 기업이나 직무의 특성상 반드시 필요한 자격요건에 해당하는 경우

둘째, 이미 존재하는 차별을 개선하기 위해 특정 지원자를 우대하는 경우(사회형평적 채용, 적극적 고용개선조치)

### 1. 우리나라 법에서 규정하는 차별금지 항목

① 우리나라는 헌법에서 모든 국민의 기본적인 인권과 평등권을 보장하고 있으며, 이를 기초로 채용과 관련된 5대 법률에서 채용과정에서 금지해야 할 차별항목들을 구체적으로 규정하고 있다.

② 블라인드 채용은 서류, 면접전형 등의 채용과정에서 이들 법제에서 정하는 항목들을 요구하지 않도록 권고하고 있다.

## 2. 채용절차 공정화에 관한 법률

① 채용절차 공정화에 관한 법률(2014. 1 약칭: 채용절차법)은 채용절차의 공정성을 확보하고 구직자의 권익을 보호하기 위해 제정되었다.

② 채용관련 5대 법률이 차별의 '내용'을 규정하고 있다면, 채용절차법은 채용현장에서 적용해야 할 구체적인 '절차'를 규정하고 있다.

③ 채용절차 공정화에 관한 법률 주요 내용: 채용일정 및 채용과정 고지, 차별적 항목을 포함하지 않는 표준이력서와 자기소 개서 사용 권장, 채용결과 고지, 채용서류 반환

| 법률 | 차별금지 항목 |
|---|---|
| 고용정책기본법 | 성별, 신앙, 연령, 신체조건, 사회적 신분, 출신지역, 학력, 출신학교, 혼인・임신, 병력 |
| 남녀고용평등과 일・가정 양립 지원에 관한 법률 | 성별, (여성의) 용모・키・체중 등의 신체적 조건, 미혼조건 등 |
| 고용상 연령차별금지 및 고령자 고용촉진에 관한 법률 | 연령 |
| 장애인차별금지 및 권리구제에 관한 법률 | 장애인 |
| 국가인권위원회법 | 성별, 종교, 장애, 나이, 사회적 신분, 출신지역, 출신국가, 출신민족, 용모 등 신체조건, 혼인 여부, 임신 또는 출산, 가족 형태 또는 가족상황, 인종, 피부색, 사상 또는 정치적 의견, 형의 효력이 실효된 전과, 성적 지향, 학력, 병력 등 |

## 3. 기존 면접과 블라인드 면접의 차이점

다양한 이력사항을 검토하며 진행했던 기존 면접과 달리 블라인드 면접은 지원자의 제한된 정보를 토대로 진행되기 때문에 적극적으로 면접관의 관심을 이끌어내야 한다. 즉, 면접관에게 궁금증을 유발하여 긍정적인 추가 질문을 받는 것에 초점을 맞춘다.

### 1) 기존 면접과 블라인드 면접의 비교

| 기존 면접 | 블라인드 면접 |
|---|---|
| 〈면접의 목적〉<br>입사서류에 담긴 다양한 정보들이 사실인지 확인하는데 중점 | 〈면접의 목적〉<br>• 입사서류에 담긴 정보의 사실 확인<br>• 답변을 통해 새로운 역량을 어필 |
| 〈자기소개〉<br>• 자신을 각인시키기 위한 독특한 방법<br>• 환경, 성격, 동기 등을 간략하게 답변 | 〈자기소개〉<br>잘하는 것, 경험을 통해 기여할 수 있는 점 등의 핵심역량을 요약하여 답변 |
| 〈면접의 성격〉<br>설명: 면접관에게 자신의 능력을 이해시키고 각인시키기 위한 과정 | 〈면접의 성격〉<br>설득: 자신의 능력을 이해 및 각인시키고 업무에 어떻게 적용시킬 수 있는지 어필 |

블라인드 면접은 개인신상에 대한 질문이 금지되어 있고, 면접자도 역량과 무관한 개인정보 언급 시 감점 처리된다.

### 2) 블라인드 면접 트레이닝(롤플레잉)

| 팀구성 | 준비 | 진행순서 |
|---|---|---|
| • 면접관: 1~3명<br>• 면접자: 1~3명<br>• 관찰자: 1명<br><br>• 테이블 1개, 인원수만큼 의자<br>• 촬영용 캠코더(핸드폰) | • 블라인드 입사지원서<br>• 면접질문 준비<br>(입사지원서 사전 검토 후 준비)<br>• 면접평가표 준비<br>• 관찰자는 면접자 전신이 담길 수 있도록 촬영 준비 | • 면접관 착석 후 대기<br>• 면접자 입장<br>• 관찰자 촬영 시작<br>• 면접 시작<br>(면접관, 관찰자는 평가, 면접자는 역량을 어필하기 위한 답변)<br>• 면접 마무리 후 피드백<br>• 역할 바꾸기 |

## 3) 면접 트레이닝 및 면접평가표 예시

### (1) 면접관

면접관은 면접자의 개인신상 및 학력사항 등을 전혀 모르는 상태로 블라인드 채용 입사서류 토대로 작성 후 제공된 정보만을 가지고 면접 질문 리스트를 작성한다. 면접 진행 시에는 실제 직원을 채용한다는 마음으로 개인의 역량을 파악하는 데 주력한다.

### (2) 면접자

지원자는 실제 면접에 임한다는 마음으로 진지한 답변을 하고 자신의 업무능력을 면접관에게 잘 이해시키기 위한 노력을 해야 한다. 또한 자신의 답변이 어떤 추가질문을 이끌어낼지 예측하여 답변하는 연습을 한다.

### (3) 관찰자

관찰자는 지원자의 표정, 태도, 자세 등의 불필요한 습관을 체크한다. 또한 면접자의 모습을 촬영하여 피드백을 준다.

### (4) 면접평가표 예시

| 항목 | 체크포인트 | 평가등급 | | | 의견 |
|---|---|---|---|---|---|
| | | A | B | C | |
| 시각적 요소 | 시선 처리 | | | | |
| | 자신감 결여(손떨림 등) | | | | |
| | 습관적인 태도(사족, 한숨쉬기 등) | | | | |
| | 자세 및 인사불량 | | | | |
| | 질문을 경청하는 태도 | | | | |
| 청각적 요소 | 목소리 음량 | | | | |
| | 높낮이가 없는 톤 | | | | |
| | 부정확한 발음 | | | | |
| | 말 빠르기(느리거나 빠름) | | | | |
| 답변 구성 | 자신감 있는 주장을 펼침 | | | | |
| | 논리의 타당성 | | | | |
| | 직무능력과 연결되는 결론 제시 | | | | |

| | | | | | |
|---|---|---|---|---|---|
| | 명확한 질문의도 파악 | | | | |
| | 답변 주제와 직무능력의 연관성 | | | | |
| | 궁금증 유발하는 답변 | | | | |
| | 질문 및 맥락과 무관한 개인 신상발언(부모님 직업, 학교명 등) | | | | |
| 종합의견 | | | | | |

## 4. 블라인드 채용 면접전형 7가지 원칙

블라인드 채용 면접전형은 면접관의 질문에 답하는 것이다. 그동안 면접관의 질문 유형을 분석해보면 대표적으로 다음과 같은 7가지 유형에서 질문이 이루어진다.

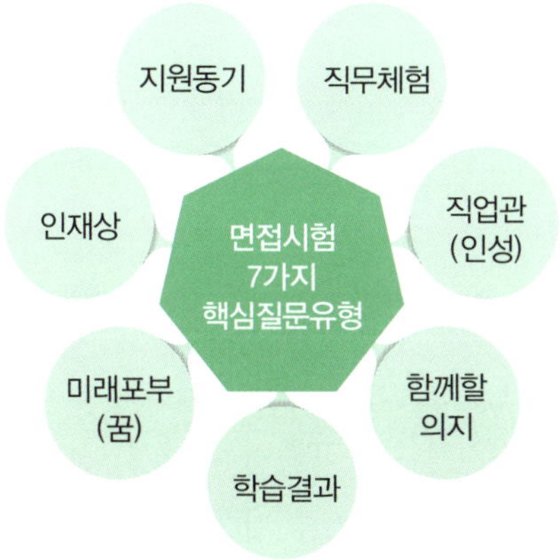


### 1) 지원동기에 대한 질문에 답변을 준비해야 한다

동기요인은 '어떤 일이나 실제적인 행동을 유발하도록 하는 계기가 되는 요인'이다. 기업을 선택하고 해당 직무에 지원하게 된 '지원동기'는 면접전형에서 가장 핵심적인 질문이다.

많은 기업 중에서 왜 우리 기업을 지원했는가는 가장 중요한 질문이다. 면접시험에서 지원동기 질문에 관한 답변은 반드시 준비해야 한다. 유사질문을 만들어 친구들과 답변을 연습해보는 것은 좋은 방법이 된다.

### 2) 인재상에 관한 질문에 답변을 준비해야 한다

기업은 사명과 설립목적이 있다. 설립목적을 달성하기 위해 장·단기 목표와 방침을 수립하고 있다. 물론 이는 조직구성원에 의해 추진되고 이루어진다. 따라서 기업은 나름대로 구성원이 갖춰야 할 인재상을 가지고 있다. 취업을 준비하는  수험생은 지원하는 기업의 기업이념, 설립목적, 기업문화, 인재상 등을 철저히 분석하여 자신의 특성과 비교하여 질문에 답변할 수 있어야 한다.

### 3) 미래포부(꿈)에 관한 질문에 답변을 준비해야 한다

꿈이 있는 사람이 꿈이 없는 사람보다 성과가 더 높게 나타난다는 것은 쉽게 짐작할 수 있다. 따라서 기업에 입사하여 자신이 이루고 싶어 하는 미래 포부와 꿈은 무엇인지 질문에 답변할 수 있어야 한다.

### 4) 직무체험에 관한 질문에 답변을 준비해야 한다

2017년 하반기 채용부터 블라인드 채용제도가 본격적으로 도입되고, 공기업은 의무적으로 실시되고 있으며, 민간기업으로 확산되고 있다. 필자의 연구에 의하면 지원하는 분야에 실무경험이 있는 경우 취업확률이 2배 이상 높게 나타났다. 정규직 취업의 경우 3배 이상 높게 나타났다. 학교에서 배운 이론 지식보다 직무수행에 필요한 역량이 강조되는 고용시장의 특성을 잘 나타나고 있다.

### 5) 직업관(인성)에 관한 다양한 질문에도 답할 수 있어야 한다

학교성적이 우수하고, 좋은 대학 출신이라고 우선 선발하던 시대는 지났다. 다른 역량이 우수해도 인성역량 평가에서 좋은 평가를 받지 않으면 최종선발에서 선택하지 않는다는 답변을 한 인사담자의 의견이 50%가 넘는다. 기업에서의 이루어지는 과제는 직무 중심의 문제해결에 초점이 맞춰져 있다. 이는 혼자서 해결하는 경우보다 다른 직원과의 관계 속에서 이루어지는 경우가 대부분이다. 흔히 일은 힘들지 않은데 인간관계가 힘들다는 말이 이러한 경우에 속한다. 자신의 성격의 장·단점을 친구들과 터놓고 얘기하며 부족한 부분을 집중적으로 보완하는 준비가 필요하다.

### 6) 함께할 의지를 묻는 질문에도 답변할 수 있어야 한다

한국경영자총협회(2016)의 통계자료에 의하면 대졸 청년들의 1년 이내 퇴사율이 평균 27.7%에 이른다고 한다. 근로자 300인 미만 기업의 경우 32.5%나 된다. 따라서 기업은 우수인재를 선발하는 것도 중요하지만 일단 선발된 직원이 이탈하지 않는 경우가 더 중요하다는 것을 인식하게 되었다. 2015년 NCS 기반 채용이 확산되면서 우수인재(Best People) 키워드가 적합인재(Right People)로 바뀌었다. 일단 선택한 일자리라면 최소한 3년 이상 적응해보는 노력도 필요하다. 물론 취업준비 과정에서 자기분석과 기업분석을 철저히 해야 하는 것은 당연한 선행과제다.

### 7) 학습결과는 성실성을 담보하는 보증서다

'NCS 기반의 블라인드 채용'은 최근 고용시장을 함축적으로 나타내는 용어다. 대학에서의 학습결과는 성적으로 증명된다. 학점, 동아리활동, 관련분야 자격증, 다양한 직무경험, 공모전 참가, 연구과제 수행, 군복무, 다양한 봉사활동 등은 대학생을 통하여 누릴 수 있는 특권이자 의무이다. 이와 관련된 자기만의 사례를 모아 글감과 말감의 소재로 활용할 수 있어야 한다.

이는 스토리텔링(MDS: My Doing Story)의 소재가 되어 자기소개서와 면접에서 차별화 전략으로 활용할 수 있다.

## Review Point

### [학습목표 확인]

1 블라인드 채용 서류전형 프로세스를 이해할 수 있다.

2 블라인드 채용 입사지원서 작성방법을 이해할 수 있다.

3 블라인드 채용 입사지원서 작성에 필요한 직무능력 자가진단을 실시할 수 있다.

4 블라인드 채용 필기시험 전형 프로세스를 이해할 수 있다.

5 블라인드 채용 면접시험 개념을 이해할 수 있다.

6 블라인드 채용 면접에서 구조화 면접과 비구조화 면접을 비교할 수 있다.

7 블라인드 면접 전형 유의사항을 이해할 수 있다.

8 블라인드 채용 기업별 서류전형 및 면접전형 사례를 이해할 수 있다.

9 블라인드 채용 과정의 차별요소에 대하여 이해할 수 있다.

10 기존면접과 블라인드 채용 면접의 차이점을 이해할 수 있다.

### [다음 단계 소개: Chapter 6]

Chapter 6에서는 성공취업의 조건을 학습하기 위하여

1 인성공부의 중요성과 필요성을 살펴보고,

2 취업에서 인성요소가 어떻게 작용하는가를 사례를 통하여 학습하며,

3 성공취업의 조건으로 인성인재의 특성과 과제가 무엇인가를 학습할 것이다.

Chapter

# 06 성공취업의 조건



## 제1절 인성공부(人性工夫)가 먼저다

농경사회에서는 농사를 지으며 살아가는 일이 공부였다. 공부란 삶을 통하여 터득하는 자연과 인간에 대한 인식(認識)이다.

공부(工夫)는 '장인 공(工)'자에 '아비 부(夫)'자가 합쳐진 말이다. '공(工)'자는 도구 혹은 연장의 모양을 의미한다. '부(夫)'자는 남편 또는 사내를 의미한다. 신영복 교수는 '공부(工夫)란 쟁기를 들고 서 있는 사내, 즉 농사짓는 일과 같다'고 해석했다. 농사짓는 일이 앉아서 머리만 굴리는 일이 아니듯이 공부(工夫)는 몸을 움직여 애쓰는 과정이다.

공부의 공(工)은 정신노동이 아니라 육체노동인 것이다. 즉, 공부란 정신(mind)과 육체(body)의 통합적 인격 전체를 의미하는 것이다. 제대로 된 공부는 머리로 익힌 이론을 몸(행동)으로 실천하여 결실을 맺는 것이다.

머리로 이해할 수는 있지만 직접 체험하지 않고는 가슴으로 느낄 수 없다. 아무리 위대한 생각이나 아이디어라 할지라도 내 몸이 수반되는 체험이 동반되지 않는 공부는 관념적이며 조각난 지식에 지나지 않을 것이다. 머리로 계산하고 논리적으로 판단한 지식을 몸으로 부딛치며 체험적으로 깨달은 통찰력과 판단력이 참된 지식(知識)이며, 진정한 지혜(智慧)인 것이다.

'학이시습지 불역열호(學而時習之 不亦說乎)'는 『논어』 학이편 1장에 나오는 글이다. '이론과 실습으로 배우고 익히면 즐겁다'는 공부방법을 말하고 있다.

공부는 머리로만 하는 것이라고 생각하는 사람은 부분적 지식만 양산할 뿐 다른 사람과 공감을 일으키는 지혜를 익힐 수 없다. 실천이 실종된 생각은 현실에 뿌리를 내리지 못하고 무력하게 무너질 수 있는 사상누각(沙上樓閣)이 된다.

머리로 익힌 이론을 몸이 경험하는 과정에서 나만의 독특한 색깔을 찾을 수 있는 것이다. 이것이 나의 경쟁력이고 차별화 역량이 된다. 꿈을 머리로 꾸면 골치가 아프고 몸으로 꾸면 고통스럽다. 고통을 이겨내려는 노력을 통하여 다른 방법을 찾게 된다. 이것이 혁신(革新)이고 창조(創造)인 것이다.

구체적이고 힘든 경험이 몸에 체화되면 그 누구도 갖고 있지 않는 나만의 역량으로 함양된다. 나만의 체험적 깨달음이 그 누구도 갖고 있지 않는 나만의 핵심역량이며 경쟁력으로 남는 것이다.

## 1. 왜 공부해야 하는가?

학생들에게 공부를 왜 하는가? 하는 질문을 던졌다. 예기치 못한 질문에 조금은 당황한 모습이었다. 고등학교까지 공식적인 교육제도에서 12년 이상을 공부해온 대학신입생이다. 특히 고등학교 3년 동안은 수능시험이라는 과제에 온 가족이 매달렸다. 오죽하면 고3병이라 했던가? 그런 상황에서도 공부를 왜 해야 하는가?에 대한 질문은 스스로에게도 해보지 못했다고 한다. 학교라는 제도가 있었고, 중학교까지는 의무교육이라 학교에 가야 했다.

대학교육은 선택이다. 이제는 왜 공부해야 하는가?에 대한 질문에 답을 찾아봐야 한다. 공부가 재미있는가?라는 질문에 대부분의 학생들은 재미없다고 한다. 공부가 재미없는 이유로 다른 학생들과 비교하며 순위를 매기고 성적으로 평가하기 때문이라고 한다. 공자는 '학이시습지불역열호(學而時習之不亦說乎)'라고 했다. '배우고 때때로 익히면 즐겁다'라는 의미다. 배우고 익힌다는 의미는 이론과 실습을 통하여 배우고 익힌다는 의미다. 그러면 배우는 것이 즐겁다는 말이다.

그동안 우리나라에서 진행된 교육을 한 문장으로 표현하면 '선생님 말씀 잘 듣고, 외우고, 시험보고, 잊어버린다'는 교육이었다. 대학에서도 왜 공부해야 하는가에 대한 철학적 사고는 여전히 미흡하다.

수강신청 시에도 왜 이 과목을 수강해야 하는지, 이 과목은 어떤 내용이며, 나의 진로와 어떤 관계가 있는가에 대한 설명이나 소개는 턱없이 부족하다. 필수과목이기에 피해 갈 수도 없다. 선배로부터 학점 잘준다는 족보가 내려오기에 학점 채우기 위해 수강했을 뿐이란다. 조갑제 칼럼리스트는 공부해야 하는 3가지 이유를 다음과 같이 말했었다.

첫째, 진위(眞僞)를 분별하는 지혜(智慧)를 갖추기 위해서이다.

일상 속에는 참과 거짓이 공존한다. 진짜가 있으면 가짜가 있다. 우리는 양단 간에 선택해야 하는 수많은 경우에 직면하게 된다. 이때 공부를 하지 않으면 무 엇이 진짜이고, 무엇이 거짓인지 분별하기 어렵다.

둘째, 선악(善惡)을 분별하는 지혜(智慧)를 갖추기 위해서이다.

인생에서 '선과 악'은 태초부터 있어 왔다. 인간은 선은 취하고 악은 버린다는 선택의 원리를 적용하며 살고 있다. 지식이 부족하면 무엇이 선한 것인지, 어떤 것이 악한 것인지를 분별하기가 어려운 때가 있다.

셋째, 피아(彼我)를 분별하는 지혜(智慧)를 갖추기 위해서이다.

전쟁터에서 누가 아군(我軍)이고 누가 적군(敵軍)인지도 모르고 전쟁한다면 어떻게 될까? 일상에서도 마찬가지다. 피아를 구별하는 지식을 배우고 익히는 것은 생존의 도구이기도 하다.

## 2. 공부(工夫), 어떻게 해야 하는가?

공부(工夫)란 '무엇인가를 배우는 것이 아니라 각자의 강점을 나누는 것이다'(필립스 엑시터 아카데미). 지금까지 경험한 것들을 뒤돌아보며 성찰(省察)하는 공부가 필요하다는 의미다. '온고이지신(溫故而知新)'의 마음으로 평생학습한다는 의미로 해석된다. 경륜과 경험으로 깊어지되 마음을 열어야 한다. 내가 모르는 분야가 더 많다는 것을 인정하며 언제나 자세를 낮추고 새로운 것에 익숙해질 수 있도록 노력해야 한다.

공부란 '근본을 깊이 파고들어 성장할 수 있는 높이를 준비하는 작업'이다. '군자무본 본립도생(君子務本 本立道生)이라는 말이 있다. 군자는 근본(根本)에 힘써야 하고, 근본이 서면 도(道)가 생긴다)는 『논어』 학이편에 나오는 말이다. 뿌리가 튼튼하게 서면 가는 길을 알 수 있다는 의미로도 해석된다. 나무의 줄기는 위로 향하지만 뿌리는 아래로 향하고 가지는 옆으로 뻗어 꽃이 피고 열매를 맺는다. 나무의 뿌리는 줄기와 가지의 근본이 되며, 아래로 파고든 뿌리의 깊이는 줄기가 위로 성장 할 수 있는 높이를 결정한다. 깊이 없는 높이는 사상누각이다.

깊이 뿌리를 내려야 세찬 바람에 흔들려도 넘어지지 않을 것이다. 공부도 깊이 파고 들어 근본을 잡아놓아야 유혹에 흔들리지 않고 시련과 역경에 무너지지 않고 앞으로 나아 갈 수 있다(유영만, 2017).

공부는 뿌리를 찾기 위해 깊이 파고들되 넓이를 동시에 추구해야 한다. 깊이 파고드는 공부를 한다고 넓이 없이 깊이만 파는 공부만 하면 기피 대상이 될 수 있다. 깊이 없는 넓이는 참을 수 없는 가벼움이며 넓이 없는 깊이는 견딜 수 없는 답답함이다(유영만, 2017).

자신의 전공분야를 파고들어 어느 정도 경지에 이르러야 다른 분야를 만나도 내 주관으로 합리적 의심을 하고 비판할 수 있는 자신감이 생기게 된다. 그 다음에 다른 분야와 융합을 시도해야 새로운 창조적 지식 융합이 일어날지를 예측할 수 있다. 깊이 없는 무분별한 학문적 접목은 이것도 저것도 아닌 미천한 논리와 지식을 양산할 뿐이다. 전공에 대한 내공을 쌓아야 더 깊은 곳을 더 넓게 파고들어 가는 관점이 생길 수 있다.

경험은 분명 값진 것이지만 나누는 가치를 인정 받을때 진가가 나타난다. 익숙한 것으로부터 벗어나는 준비도 필요하다. 함께하는 노력도 필요하다. 혼자보다는 둘이 좋다. 둘보다는 셋이 더 좋다. 이들과 협업(協業)할 수 있는 공부방법이 새로운 방법으로 대두되고 있다.

## 3. 공부 잘하는 7가지 방법

'학교 다녀오겠습니다'라는 인사를 하고 나가는 아이에게 '공부 잘해라' 하며 손을 흔들어주었다. 몇 발짝을 가다 아이가 돌아서며 '엄마, 어떻게 하면 공부 잘하는 거야?'라고 물었다. 느닷없는 질문에 잠시 머뭇거리다가 '열심히 하는 거야'라고 말했다. '네' 하고 뒤돌아서 가던 아이가 또 몇 발작을 가다가 '엄마, 어떻게 하는 것이 열심히 하는 거야?'라는 질문을 해왔다. 난감했다. 이를 어떻게 설명해야 할까?

잠시 생각하다 '최선(最先)을 다하는 것이 열심히 하는 거야'라고 말했다. 아이는 더 이상 질문이 없이 학교에 갔다. 아이를 보내놓고 아이와 나눴던 말을 생각해보았다. '열심히 하는 것, 최선을 다하는 것'이 과연 공부 잘하는 방법일까? '최선(最先)을 다하는 것이

열심히 하는 것을 쉽게 설명하는 말일까?'

'최선(最先)을 다하는 것과 열심히 하는 것'의 개념(槪念)은 무엇이며, 이를 공부 잘하는 것과 어떻게 연결시킬 수 있을까? 『탈무드』에는 '아는 것을 말로 표현하지 못하면 모르는 것이다'라는 말이 있다. 그동안 '잘'이라는 의미를 일상에서 많이 쓰면서 살았다. 많은 대화 중에 가장 자주 쓰이는 말이 '잘'이라는 단어일 것이다. 생활 속에서 '잘'이라는 단어의 사용 예를 들어보자.

'마음을 잘써라, 잘 먹었다, 운동을 잘한다, 잘해라, 잘가라, 마침 잘 왔다, 잘 논다, 잘 생긴 얼굴이다, 공부 잘한다' 등 일상의 대화에서 자주 등장하는 단어다. 스티븐 코비는 성공하는 사람들의 자세를 7가지 습관을 예시를 들어 설명하고 있다. '첫째 자신의 삶을 주도하라, 둘째 끝을 생각하며 시작하라, 셋째 소중한 것을 먼저 하라, 넷째 승-승을 생각하라, 다섯째 먼저 이해하고 다음에 이해시켜라, 여섯째 시너지를 내라, 일곱째 끊임없이 쇄신하라'이나(스티븐 코비, 김영사, 2017).

공부에 '잘'이라는 단어를 사용할 때도 개념을 이해할 수 있는 말을 할 필요가 있다. '하브루타러닝'에서는 '공부 잘하는 방법'으로 '생각하는 것'을 기본으로 각각의 개념을 가진 7가지 키워드로 설명하고 있다. 즉, 생각하고, '질문 → 대화 → 토론 → 논쟁 → 협상 → 정리 → 발표'하는 과정을 거쳐 완전 학습에 다가가는 것이라고 설명하고 있다(최일수, 하부르타러닝).

그동안 우리나라 교육을 한 마디로, 표현하면 '주입식 공부' 방법이었다. 선생님 말씀 '잘 듣고, 외우고, 시험보고, 잊어버리는' 공부방법인 것이다. 생각하지도 않고, 질문도 없고, 토론도 없다. 합리적 비판도 허용되지 않는다. 예시문 중에서 선생님이 정해놓은 한 가지 정답만 찾으면 된다. 공부방법만 바꾸면 우리도 유대인을 앞설 수 있다. 주입식 공부방법으로는 더 이상 발전을 기대할 수 없다.

생각하는 공부방법이 선택적 대안이다.

## 4. 격물치지(格物致知)의 이해

격물치지(格物致知)란 우주와 만물의 원리를 이성적(理性的)으로 사고(思考)하고 과학적(科學的)으로 탐구(探求)하여 진리(眞理)를 발견하는 학습방법이다.

격물치지(格物致知)의 핵심은 '사물(事物)의 이치(理致)를 끝까지 파고들어 완전한 앎에 이른다'는 의미다. 여기서 '사물(事物)'은 우주, 생명, 물질, 에너지 등을 의미하며, '이치(理致)'는 근본원리(根本原理)를 말한다.

'파고듦'은 이성적(理性的) 사고(思考)와 과학적 탐구(科學的 探求)를 동시에 시도하는 것을 의미한다. '완전한 앎'이란 진리(眞理)를 의미한다.

격물치지(格物致知)의 단계에 이르는 학습방법으로 다음과 같이 3가지를 제시한다.

첫째, 글자나 단어의 이치(理致)나 개념(槪念)을 파고든다.
책이나 텍스트(계약서, 공문서 등)를 읽는 중에 그 의미를 깨닫기 어려운 단어나 글자를 만나면 그 단어나 글자의 근본 뿌리를 알고, 그 글자가 쓰인 문장이 완벽하게 이해될 때까지 치열하게 연구하고 사색한다.

둘째, 글자나 단어가 활용된 사례나 역사적 이치를 파고든다.
글자나 단어가 쓰인 다른 글이나 문장을 비교하여 의미를 완전히 이해한다.

셋째, 실제로 우주와 사람과 만물의 이치를 파고든다.
'세종대왕'은 언어의 이치를 파고들어 한글을 창제했다. '아인슈타인'은 우주와 시공간의 이치를 파고들어 상대성 이론이 탄생됐다. '빌 게이츠'는 컴퓨터의 이치를 파고들어 새로운 컴퓨터 시대를 열었다. '이건희'는 業의 이치를 파고들어 삼성을 세계일류 기업으로 만들었다.

## 5. 개념(槪念) 공유와 소통(疏通)

대학 1학년 첫 수업시간에 교수님의 질문이 아직도 기억에 남아있다.

'애(愛)?'자를 흑판에 써놓고 개념을 설명하라는 질문을 던져놓고 학생들의 시선을 바라보고 있었다. 10초, 20초의 시각이 지나도 쉽게 답하는 학생이 없었다. 이 정도가 무슨 질문인가?라는 표정을 짓는 학생도 있었다. 그러나 교수님은 심각했다. 행정학을 공부하는 학생들이 개념을 이해한다는 것은 학습의 출발점이기 되기 때문이라는 말씀도 했다. 잡다한 답변이 지난 후에 교수님이 직접 설명했다.

개념(槪念)이란 한자의 의미를 풀이하기 시작했다.

평미레를 한자어로 개(槪)란 한다. '말이나 되에 곡식을 담고 그 위를 평평하게 밀어 고르게 하는 데 쓰는 방망이 모양의 기구'라는 의미의 한자 뜻 풀이였다. 어려서 시골에 살았지만 평미레라는 말은 자주 듣지 못했다. 사진과 함께 평미레를 보고 이해할 수 있었다.

쌀 10되를 '고봉(高捧)'으로 담아보면 담는 사람이나 횟수에 따라 10되의 양(量)이 일정하지 않다. 그러나 쌀 10되를 '깨끼'로 담아보면 누가 담아도 횟수에 관계 없이 10되의 양(量)이 일정함을 알 수 있다. 이때 깨끼로 담을 수 있도록 '평평하게 밀어주는 둥근 막대가 평미레'인 것이다. 따라서 개념이란 '학습이나 경험을 통하여 습득된 지식이 다른 사람과 공유할 수 있는 상태', '어떤 사물이나 현상에 대하여 일반적으로 공유된 지식'이라고 정의할 수 있다.

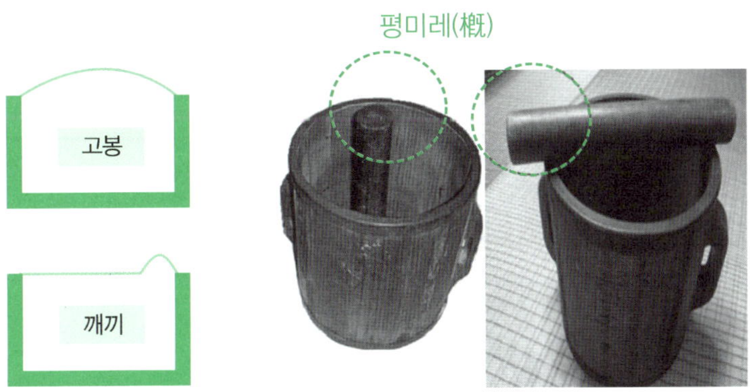


소통(疏通)에서 가장 중요한 것은 사용하는 말이나 글의 개념이 공유되는 것이다. 개념이 공유되지 않은 상태에서 소통은 불가능하다. 내가 하는 말이나 글의 의미를 상대방이 알고 있을 것이라는 추측으로 시작하면 소통은 이루어지지 않고 갈등만 남게 된다. 그래서 개념을 이해하는 것은 중요한 학습대상이 된다.

개념을 이해하고 글로 표현하는 것은 창에 서린 성애를 닦아내는 작업과 비슷하다. 흐릿하고 모호했던 개념이 글을 쓰면서 서서히 명확하게 윤곽을 드러내기 시작한다. 어떤 글이든, 메모든, 편지든, 쪽지든 무언가를 쓰면서 비로소 진정으로 자신이 무엇을 말하고자 하는지를 깨닫는다(윌리엄 진서, 2017).

말하는 것도 마찬가지다. 생각하지 않고 의미 있는 말을 할 수 없다. 생각하지 않고 의미 있는 글을 쓸 수도 없다. 그래서 개념을 생각하고 배우는 공부가 먼저인 것이다. 아는 것을 말로 표현하다 보면 정확한 개념을 이해할 수 있게 된다.

## 제2절 취업, 인성이 답이다

직업생활은 나 혼자만의 활동이 아니다. 조직 속에서 누군가와 함께하며 성과를 내는 활동이다. 나의 생각이 전적으로 옳은 것도 아니며, 나의 생각대로 이루어지는 것도 많지 않다. 모든 것이 타협과 양보, 균형과 비율로 이루어진다고 해도 과언이 아니다. 그래서 인간관계(人間關係)가 중요하다. 인간관계는 인성(人性)이라는 소통 기재(器材)를 활용하여 이루어지기 때문에 인성이 중요하다는 것이다.

그동안 우리나라의 정규교육과정에서는 학문과 전문성교육만 강조되고 인간관계의 기본이 되는 인성교육은 뒷전으로 밀려 있었다. '아는 것이 힘'이라는 산업사회의 니즈(needs)에서 벗어나지 못하고, 남들보다 좀 더 많이 아는 전문성만 강조해 왔다. 된 사람보다 난 사람을, 더불어 사는 방법이 아니라 남보다 앞서가는 방법만을, 다른 사람을 먹여 살릴 사람보다 다른 사람을 이기는 방법을 정규교육과정의 경쟁 속에서 키워온 셈이다.

인성이 빠진 전문교육은 사냥개나 탐지견을 사육하는 수성(獸性)교육과 무엇이 다른가? 가정으로부터 양육(養育)이 제대로 안 된 상태에서 정규교육과정에서조차 지나쳐 버린 인성교육을 누가 가르쳐야 할 것인가?

대학교육조차 철저히 전문성만 강조하는 무한경쟁을 하고 있다. 정작 직업생활에서 필요한 전문성이 무엇인지, 자신에게 필요한 것이 무엇인지 판단할 기준도 없다. 남이 하니까 나도 해야 한다는 식이다.

자신의 삶에 대한 로드맵도 없다. 꿈이나 비전은 애초부터 사치스러운 것이다. 이것이 우리나라 대학생들의 현실이다. 이러한 상태로 대학교육이 이루어진다면 젊은이들은 인생을 어렵게 살아가게 될 것이 분명하고 우리나라의 미래도 그만큼 어두워질 수밖에 없을 것이다.

이를 바로잡기 위한 사회적 비용도 많이 들어갈 것이다. 대졸신입사원의 신규입직교육(80% 이상이 인간관계와 인성교육영역임)에 투입되는 기간과 비용이 19.2개월에 약 6천만 원 정도의 교육비가 발생한다고 한다. 정규교육과정을 통하여 전인교육에 관심을 가져야 하는 이유가 여기에 있다. 늦기는 했지만 학생들의 인성을 함양하고 창조적인 사회인이 될 수 있도록 준비시키는 교육이 대학에서 담당해야 할 가장 큰 역할 중 하나라고 본다. 그래서 인성이 다른 어떤 스펙보다 중요하다는 것이다.

최근 기업의 신입사원 채용패턴도 많이 바뀌고 있다. 신입사원 채용패턴을 보면 필기시험과 토익성적 및 재학 중 학점을 기준으로 학업역량이 우수한 인재(best people)를 선호하던 추세에서 실제로 기업에서 함께 오래 일할 수 있는 적합한 인재(right people)를 선호하는 경향이 뚜렷해지고 있다. 학업성적과 토익성적은 최소한의 기준으로 설정하고 인·적성검사와 NCS 기반의 구조화된 면접시험을 강화하는 경향이 나타나고 있다.

면접시험과정에서 중요하게 평가되는 요소가 개인이 가지고 있는 인성역량을 다면평가를 통하여 검증하는 것이다. 한 사람의 우수인재보다 기존의 조직에서 팀워크를 형성하며 함께 오래 일할 수 있는 역량을 겸비한 인재를 선호하고 있다. 이때 인재의 선발과 채용과정에서 평가의 핵심기준이 되는 요소가 인성이 기반이 된 전문(專門)역량이다.

## 1. 인성이란?

인성(人性)이란 말을 일상적으로 사용하면서도 구체적으로 어떤 의미인가를 한마디로 정의하기란 쉽지 않다. 인성(人+性)의 성(性) 자를 해자해보면 '心+生'으로 구성된다. 즉, 성(性)은 사람이나 사물이 태어나면서부터 가지게 되는 특성이라고 할 수 있다. 따라서 인성(人性)이란 사람이 태어나면서부터 천성적(天性的)으로 지닌 본질적 마음(성품)이라고 할 수 있다.

국어사전에는 인성을 '사람의 성품' 또는 '각 개인이 가지는 사고와 태도 및 행동특성'으로 규정하고 있다. 영어사전에는 퍼스낼리티(personality) 또는 캐릭터(character)로 규정하며 문맥에 따라 다양하게 사용하고 있다. 일반적으로 심리학자들은 퍼스낼리티를 사용하고, 교육학자나 윤리학자들은 캐릭터를 선호한다.

심리학에서는 인간의 건전한 성격을 다루는 성장심리학을 중심으로 인성에 대한 논의가 이루어지는 반면에 교육·윤리학에서는 인성이 한 개인의 실천적인 선택과 행동과 관련된 도덕적 특성을 의미한다.

최근에는 캐릭터를 선천적 성격으로, 퍼스낼리티를 후천적 성격의 의미로 구별하기도 한다. 즉, 캐릭터는 선천적으로 타고난 인성이지만, 퍼스낼리티는 노력 여하에 따라 바뀔 수 있는 후천적 인성으로 구별하기도 한다. 스티븐 코비(Stephen Covey)는 『성공하는 사람들의 7가지 습관(*The 7 Habits of Highly Effective People*)』에서 인성을 '성품윤리'(character ethics)와 '성격윤리'(personality ethics)라는 개념으로 구분하여 설명하고 있다.

성품윤리(性品倫理)는 인간관계의 기본적 원칙에 속하는 '언행일치, 겸손, 충성, 용기, 정의, 인내, 근면 등'을 개인의 성품에 결합시키는 것이다. 이러한 기본원칙을 지키면 인성(성품)이 좋다는 평가를 받게 된다. 성격윤리(性格倫理)는 개성을 의미하는 요소로서 인간관계를 원활히 해주는 대중적 이미지, 태도와 행동 등 기술과 테크닉에 관한 것이라고 설명하고 있다. 따라서 성격중심의 접근은 다른 사람들이 자신을 좋아하도록 여러 가지 술수를 쓰게 되어 가식적이고, 조작적이며, 기만적인 측면이 강하게 나타나게 된다고 했다.

스티븐 코비는 인간관계에서 성격윤리가 강하게 작용하는 것은 바람직하지 않다고 했다. 일례로 성품에 결점이 많고, 이중적이고 불성실한 사람이 다른 사람과 좋은 관계를 갖기 위해 각종 성격적 기법을 사용한다면 이는 불신을 초래하여 장기적으로는 인간관계가 실패하게 될 것이라고 했다. 결론적으로 착함과 신뢰 등 기본적으로 훌륭한 성품, 즉 인성이 좋아야 성격윤리적 각종 기법도 쓸모가 있고, 영구적인 성공이 가능하다는 것이다.

공자는 '지(智), 인(仁), 용(勇)'을 인성의 중요한 내용으로 여기고 그것이 합치되면 온전한 인격이 된다고 했고, 맹자는 성선설(性善說)을 주장하며 인성을 인간만이 지닌 온전한 도덕적 속성이라고 했다.

취업준비에서는 인성에 관한 학자들이나 선각자들의 정의뿐 아니라 기업현장의 인사담당자나 CEO의 정의 또한 중요하다. 그들은 인성은 실상이 존재하지 않는 것이기에 드러나는 성격윤리에 기반을 둔 특성요인, 즉 기술과 체력, 태도나 자세, 언행 등으로 인성을 평가하게 된다. 예컨대 밝은 표정, 명랑한 태도, 긍정적인 사고, 성실성, 상사나 선배, 동료들과 원만한 관계를 유지하는 성격 등을 꼽는다. 그들의 잣대에 따라 인성역량이 평가되며 인재선발기준이 결정되기 때문이다.

한편 인성교육은 주입식교육과 이론교육만으로 향상될 수 있는 것이 아니다. 인성교육은 가정교육과 학교교육을 바탕으로 체험과 경험을 통하여 몸으로 습득(習得)되어지고, 이러한 내용이 습관적인 행동으로 나타날 때 비로소 인성이 잘 갖춰져 있다고 말할 수 있다.

인성기반이 허약한 전문성은 사상누각(砂上樓閣)으로 언제 기업의 부담으로 되돌아올지 불안하기만 하고, 한 사람의 잘못된 행위가 기업 전체 이미지를 실추시키는 사례는 얼마든지 찾을 수 있다.

## 2. 인성교육의 필요성

학교교육에서 인성교육을 강화해야 한다는 취지로 인성교육진흥법이 2015년 7월 21일 제정되었지만 그 성과를 확인하기에는 많은 시간이 필요하다. 직장인을 대상으로 하는 직무교육은 말만 들어도 '지루하다, 지겹다, 힘들고 졸린다'라는 등의 반응으로 나타난다. 인간을 기계의 한 부속품으로 간주하고 오직 생산성 향상에만 관심을 두었다. 인생에 있어 중요한 일과 삶에 대한 가치관 형성을 위한 '생각하는 교육'에는 누구도 관심을 두지 않았다. 대학입시에서 도덕과 역사 교과목이 사라진 지 오래다. 기업에서도 경쟁을 통한 성과 위주로 평가가 이루어진다. 그동안 우리들이 학교교육제도나 직장교육과정을 통하여 받아온 교육은 선생님이나 강사로부터 전문지식을 전수받는 교육수준을 결코 넘어서지 못했다.

중학교, 고등학교에서 배운 교육내용은 고등학교나 대학진학에 필요한 전문지식을 중심으로 성적 위주의 줄 세우기로 평가가 이루어진다. 학원에서 배우는 교육과정은 철저히 선행학습 위주와 난이도 높은 입시 위주의 교과목중심으로 학습된다. 대학에서 배우는 교육과정은 더욱 전문화되어 교수 개인의 전달수준에 따라 학생들이 받아들이는 정도의 차이는 천차만별이다. 교육내용을 철저히 이해하고 이를 어떻게 활용할 것인가는 별개의 문제로 시간과 학기단위로 구분되어 있다.

산업사회에서 무엇을 원하고 있는지는 별개의 문제다. 교수는 진정한 교육자라기보다는 강사(講師)로 정해진 시간만 지나면 의무를 다한다고 생각한다. 자신이 담당하는 교과목이 사회에서 어떻게 활용되며, 이 과목을 수강하는 학생들이 자신의 삶과 어떻게 연계시킬 수 있을 것인가에 대한 관심은 별로 없다.

대학에서 배우는 교양(敎養) 교과목도 고등학교에서 배운(국어, 영어, 수학, 물리, 화학, 역사 등) 교과목 위주로 1학년 과정에 집중 편성되어 있다. 우리나라 교육제도 전반을 통하여도 인성교육과정은 턱없이 미흡한 실정이다.

필자는 2008년도 공과대학을 졸업하고 기업에 취업하여 5년 미만인 초급사원을 대상으로 대학에서 배운 교과목 중 직업인으로서 적응하는 데 가장 중요한 교과목은 무엇이며, 후배들에게 대학생활을 통하여 익히도록 권장할 내용은 무엇인가를 조사했다. 설문에 응한 570여 명의 졸업생들이 제시한 의견은 일반인들이나 필자의 예상을 훨씬 빗나갔다. 흔히 관련분야의 직무수행에 필요한 전문지식과 영어, 컴퓨터 등일 것이라고 예상했으나, 설문의 결과는 예상을 뛰어넘어 92.5%의 응답자가 인성교육영역을 강조했다.

동일한 내용의 설문을 신입사원을 고용하고 있는 기업의 인사부서장 및 CEO 100명을 대상으로 조사했다. 이들의 반응도 신입사원들의 의견과 마찬가지로 응답자의 94.5%가 인성교육영역을 강조했다. 구체적으로 인성교육의 내용을 묻는 질문에는 직장생활의 예의범절, 기업문화, 인간관계, 보고서 작성능력, 커뮤니케이션능력, 프레젠테이션능력 등을 제시했다. 즉, 과거 조선시대부터 인재등용의 기준으로 삼았던 도덕적 윤리기준인 오상(仁義禮智信)과 신언서판(身言書判) 및 청언독서(聽言讀書)의 현대적 기준을 요구하고 있었다. 일반인들이나 대학교수, 재학생들이 생각하는 전공분야 지식은 그들이 원하는 필수항목에 포함되지 못했다.

대학생활을 통하여 배우는 전공지식은 직업생활에 필요한 기본기임에는 틀림없으나, 각 기업마다 기술수준이 다르고, 응용사례가 다르기 때문에 대학에서 배운 전공분야의 기본을 바탕으로 기업에서 별도로 교육을 실시하지 않을 수 없다는 의견이었다. 따라서 대학교육과정에서 분야별로 전문지식은 물론 포괄적인 인성교육이 중요하다고 강조했다. 미국은 고위 공직자 3대 선발기준으로 인성역량의 대표적인 3C(Competence: 능력, Commitment: 헌신, Character: 품성)를 강조하고 있다.

## 3. 인성교육의 가치

인성교육진흥법(2015. 7. 21 시행)에는 인성교육을 '자신의 내면을 바르고 건전하게 가꾸고 타인·공동체·자연과 더불어 살아가는 데 필요한 인간다운 성품과 역량을 기르는 것을 목적으로 하는 교육'이라고 정의하고, 핵심가치와 덕목으로 '예(禮), 효(孝), 정직, 책임, 존중, 배려, 소통, 협동'의 8가지를 제시하고 있다.

성경(출애굽기 20장)에는 인간관계에서 지켜야 할 가치로 '네 부모를 공경하라, 살인하지 말라, 간음하지 말라, 도둑질하지 말라, 네 이웃에 대하여 거짓증거하지 말라, 네 이웃의 집을 탐내지 말라'는 6가지를 기록하고, 갈라디아서 5장 22절에는 '사랑, 희락, 화평, 인내, 자비, 양선, 충성, 온유, 절제'의 9가지를 인간이 갖춰야 할 인성의 가치로 기록하고 있다.

라이즈업 코리아(Rise up Korea) 품성교육원의 자료에 의하면 인성교육을 통하여 얻을 수 있는 가치(경쟁력)로 7개 분야 18개 역량을 제시하고 있다.

**| 인성교육의 가치와 인성개발역량 |**

| 인성교육의 가치 | 인성개발역량 |
|---|---|
| 심력(心力)을 키운다 | 인내(忍耐), 절제(節制), 용기(勇氣) |
| 지력(智力)을 키운다 | 지혜(智慧), 열심(熱心), 분별력(分別力) |
| 덕성(德性)을 키운다 | 정직(正直), 존중(尊重), 감사(感謝) |
| 신앙(信仰)을 키운다 | 신뢰(信賴), 충성(忠誠), 신실(信實) |
| 도덕성(道德性)을 키운다 | 인격(人格), 지위(地位) |
| 생활력(生活力)을 키운다 | 품위(品位), 성공(成功) |
| 대인관계(對人關係)를 향상시킨다 | 존경(尊敬), 연합(聯合) |

인성교육은 어른으로서 갖춰야 할 사고체계를 가르치는 교육이다. 어떠한 사건이나 사물 또는 사회적 현상에 대해서 자신만의 의견(일가견: 一家見)을 말할 수 있는 정신체계를 갖춘 사람을 '어른'이라고 하며, 다른 말로 '전문가(expert) 또는 리더(leader)'라고 한다. 나이가 40~50세가 되어도 이러한 정신체계를 갖추지 않았다면 그 사람을 어른이라고 하지 않고 '철부지' 또는 '애늙은이'라고 부른다. 우리는 무한경쟁시대에 살고 있다. 인재가 경쟁력인 시대에서 끊임없는 도전과 경쟁 속에서 살아남아야 한다. 순간의 실수로 기회를 놓친다면 경쟁자로부터 생존을 위협받게 된다.

기업은 본질적으로 우수한 인재를 확보하기 위해 총력을 기울인다. 기업이 원하는 우수한 인재란 어떤 인재를 말하는가? 한마디로 기업은 철부지나 애늙은이를 원하는 것이 아니라 인성을 갖춘 전문가(어른)를 원한다. 인성의 문제는 우리 사회에 끊임없이 등장하는 사건에서뿐 아니라 가정생활, 직업생활과 인간관계 전반에 걸쳐 가장 중요한 핵심요인으로 대두되고 있다.

## 4. 인성은 어른들이 보여야 할 본보기다

아이는 부모의 등을 보고 성장하며, 후배는 선배의 그림자를 보고 배운다는 말이 있다. 인성교육은 본(本)보기가 중요하다는 의미이다. 등을 보고 배울 부모가 없고, 그림자를 남겨주는 선배가 없는 세상에서 아이와 후배는 누구의 등과 그림자를 보고 배울 것인가? 본보기가 될 부모와 선배, 도덕적 윤리를 가르치고 훈계할 어른의 역할이 존재하지 않는 세상에서 아이들만 교육시킨다고 될 일도 아니다. 인성교육은 모든 세대가 동시에 나서야 할 것이다.

성선설(性善說)을 주장한 맹자나, 성악설(性惡說)을 주장한 순자의 이론에 전적으로 동의할 수도 없지만, 인간의 성(性)을 본연지성(本然之性)과 기질지성(氣質之性)으로 나누어 설명한 주자의 이론에 의하면, '본연지성(本然之性)은 이(理)요, 선(善)이라 하였고, 기질지성(氣質之性)은 타고난 기질에 따라 청탁(請託)과 정편(正編)이 있어 반드시 선(善)한 것만은 아니고, 때로는 악(惡)하게도 된다'라고 했다. 이와 같이 사람에 따라 청탁(淸濁) · 지우(智愚) 등 여러 차별이 있으나, 이는 불변이 아니고 인간의 노력과 수양에 따라 우(愚: 어리석음)가 지(智: 지혜로움)로도 변하고 탁(濁: 어둡고 더러운)함을 청(淸: 맑고 깨끗함)으로 만들 수도 있다는 것이다. 따라서 인성교육은 전 세대에 걸쳐 동시에 이루어져야 효과가 나타나는 것이다.

최근 우리 사회에 나타난 제반 사건들의 현상을 보면 그것이 아이들만의 문제인가? 아이들이 저지른 문제는 개인과 소수의 집단에 영향을 미치지만, 소위 어른(철부지, 애늙은이)들이 저지른 문제는 조직, 사회, 국가, 인류에 그 영향을 미치게 된다.

대기업 임원이 저지른 '항공기승무원 폭행사건'으로 대한민국의 대기업 임원 모두가 동일시되었으며, 젊은 영업사원의 대리점 대표에 대한 제품 밀어내기 '언어폭행사건'은 모든 대기업의 '갑을관계' 문제로 확산되었고, 유명 제과업체 사장의 '주차관리원 폭행사건'은 회사의 폐업으로 이어져 종업원들을 실업자로 내몰리게 하였다.

공립 어린이집 교사의 '휴지통 폭행사건'은 전국 어린이집 문제로 제기되었다. 대통령의 입이라고 불리던 '대변인의 성추행사건'은 국기를 흔드는 심각한 문제로 대두되었다. 심지어 성직자라는 목사의 '어린이 성매매사건', 사설 유치원 보육교사의 '주먹폭행사건' 등은 더 이상 인성의 문제가 성역 없이 자행되고 있는 실정이기도 하다.

그 외에도 일일이 나열할 수도 없을 정도로 많은 문제들이 아이들이 아닌 어른(철부지, 애늙은이)에 의해서 이루어졌다. 그래도 아이들만 인성교육의 대상이 되어야 하는 것인가? 여기에 인간의 윤리성 및 도덕성이라는 문제가 제기된다. 인성교육을 통한 인간성 회복이 절실한 실정이다. 최근 국내 대기업을 중심으로 대졸신입사원 채용 시 인성면접이 강화되고 있다. 이번에는 일회성으로 그치지 않고 전 국민의 교육으로 이어지기를 기대한다.

인성교육의 필요성, 만시지탄(晩時之歎)의 늦은 감이 있지만 '늦었다고 느낄 때가 가장 빠르다'는 말이 있듯이 지금부터라도 청소년은 물론 모든 국민이 관심을 가져야 할 때라고 생각된다.

### 조지 볼트의 인생역전

**난 사람 가고 된 사람 온다**

폭우가 쏟아지는 어느 날 밤, 노부부가 차를 몰고 가다 허름한 호텔에 들렀다. 호텔 프런트에서 종업원에게 방 하나를 요청했다. 그러나 마침 그 호텔에는 객실이 없었다. '방이 없습니다'라며 다른 곳을 찾아보도록 정중하고 친절하게 안내하면 그 종업원의 역할은 끝난다. 그러나 그 직원은 인근의 호텔에 방이 있는지 수소문하였고, 상황이 여의치 않자 결국 자신의 거처를 내주어 노부부가 머물 수 있게 했다. '폭우 속에 노인들을 어디로 보내겠는가? 휴! 살았다.'

다음날, 노부부는 호텔을 나서면서 '덕분에 잘 잤다'며 방값을 건넸으나 그는 극구 사양했다. 정상적인 객실이 아니라는 이유에서다. 자기 방을 잠시 내줬을 뿐이라는 것이다.

그로부터 약 2년이 지난 어느 날 허름한 호텔의 그 직원에게 뉴욕행 왕복항공권과 함께 한 장의 초대장이 날아들었다. 자신의 방에서 자고 간 바로 그 노부부로부터 온 것이었다. 그가 초대에 응하여 뉴욕에 갔을 때 노부부는 새로 지은 웅장한 호텔 현관에서 그를 맞이했다. 그러고는 '당신을 위해 이 호텔을 지었다'며 경영권을 그에게 맡기겠다고 밝혔다. 우아! 세상에 이런 일이!

그 호텔이 바로 오픈 당시 세계 최대 규모의 호텔이라는 기록을 세웠던 미국 월도프 아스토리아 호텔이다. 허름한 호텔의 직원은 세계 최대 호텔의 초대 경영자가 된 조지 볼트(George Bolt)이다. 따뜻한 인성(人性)이, 좋은 품성(品性)이 어떤 운명과 연결될 수 있는가를 보여주는 감동적인 일화다. 타인을 배려하는 볼트의 성품이 결국 행운의 문을 열어준 것이다.

자료: 서울경제(2010. 3. 3)

## 5. 인성이 스펙을 이긴다

최근 들어 기업체 채용현장과 대학입시에서 인성을 중요한 스펙 중 하나로 평가하는 분위기가 확산되면서 인성을 중시하던 옛 전통이 되살아나고 있다. 글로벌 금융위기를 겪는 과정에서 미국 월가의 도덕적 해이가 가장 심각하고 중요한 문제로 지목됨에 따라 자기중심적인 'Me세대'가 아닌 공동체를 중시하는 'We세대'의 가치가 새삼 주목받는 데 따른 현상이다. 경제학자인 실비아 휼렛은 '파이낸셜 타임스' 기고를 통해 '공동체와 조직을 먼저 생각하는 We세대는 자신이 세상의 중심이어야 한다는 Me세대에 대비되는 개념'이라며 글로벌 금융위기를 겪으면서 We세대가 Me세대를 대체하고 있다고 강조했다.

1970년대부터 시작된 산업화과정을 겪으면서 각종 평가는 과정보다 성과 위주의 무한경쟁으로 치달았다. 학교교육은 지식 위주의 교육을 중시하여 읽고, 쓰고, 정해진 공식에 따라 문제를 푸는 방법과 배운 것을 잊어버리지 않고 정답을 얼마나 잘 기억하고 있는가의 정도를 첫 번째 평가기준으로 하고 있다. 두 번째 평가기준은 전문교육으로서 생계를 유지하기 위한 전문화된 기술과 기능을 시범과 모방을 통하여 표본이나 기존의 것과 동일한 결과를 나타내는 방법을 배우고 익히도록 가르쳤다. 원리나 이론은 별로 중요하지 않았다. 표본과 다르면 오답으로 평가받았고 감성적이고 윤리적 판단기준은 후순위로 밀리고 말았다.

인간교육의 근간을 이루었던 도덕과 윤리적 관점은 국정교과서에서도 제외되고, 대학수능시험 과목에서도 사라졌다. 공무원 채용시험과, 대기업 신입사원 채용시험 과목에서도 사라졌다. 오직 선진국에서 이룩한 결과만을 쫓으며 그대로 모방하여 결과만을 빨리 이루도록 가르쳤다. 왜 이러한 공부를 해야 하는가, 다른 방법은 없는가에 대한 사고(思考)나 사유(思惟)는 중요하지 않았다. 이러한 교육방법으로 과거 70년 동안 대한민국을 지탱할 수 있었으나 이제 더 이상 유지할 체력이 부족하다.

모방의 한계에 직면하여 창의교육의 중요성이 대두되면서 학교교육을 바꿔야 한다는 목소리가 커지고 있다. 마침내 국회에서 중등교육과정에 인성교육을 필수교과목으로 신설해야 한다며 세계 최초로 인성교육진흥법을 제정하였다(2015. 7. 21 시행).

김난도(서울대 소비자학과) 교수는 '매너남녀(manner matters)'를 지식정보화사회 10대 트렌드 중 하나로 제시했다. 그는 인간관계에서 매너는 사소한 예의범절의 문제를 넘어 성공과 실패를 가름하는 평가기준으로 대두될 것이라고 했다. 따라서 '인격(人格)과 매너(manner)는 다른 어떤 스펙보다 중요해지면서 개인과 조직을 불문하고 세련되고 인간적인 매너를 갖추기 위한 노력이 온 · 오프라인을 가리지 않고 펼쳐질 것'이라고 전망했다(트렌드 코리아 2010, 미래의창).

지식은 유한하지만 치열한 삶의 태도, 타인과 더불어 살아가는 데 필수적인 인성(人性)은 인생을 좌우하며 더 나아가 몸담고 있는 조직의 미래까지 좌우한다. 그동안 가장 중요한 덕목이면서 경제논리에 밀려 간과됐던 인성이 70년 세월을 돌아 제자리를 잡고, 이기적인 욕심보다 타인을 배려할 줄 아는 '된 사람'을 길러내는 데 역량을 집중한다면 '국민소득 4만불시대'에 당당히 진입하는 날이 앞당겨질 것이다.

대기업 인사담당자들의 의견 또한 같은 맥락이다. 아무리 스펙이 좋고 실력이 뛰어나도 인성역량이 부족하면 선발하지 않겠다는 의견이 54%를 넘고 있다. 최근 들어 대기업을 중심으로 인재를 채용할 때 인성역량을 최상의 가치로 인정하는 사례가 늘어나고 있다.

2017년 하반기부터 NCS 기반의 블라인드채용 제도가 확산되면서 면접시험비중이 확대되고 있다. 면접시험에서는 직업기초능력과 직무수행능력을 중점적으로 평가한다. 이 과정에서 핵심적으로 평가하는 요소가 인성역량 부분이다.

## 제3절 성도교의 이해

'天命之謂性(천명지위성), 率性之謂道(솔성지위도), 修道之謂敎(수도지위교)'. 『논어』 중용(中庸) 제1장 천명장(天命章)에 나오는 말이다. '하늘이 명하는 것을 일컬어 성(性)이라 하고, 성(性)을 따르는 것 그것을 일컬어 도(道)라 하고, 도(道)를 닦는 것 그것을 일컬어 교(敎)라 한다'는 뜻이다.

도(道)라는 것은 잠시라도 떠날 수 없는 것이다. 도(道)가 만약 떠날 수 있는 것이라면 그것은 도(道)가 아니다.

호두를 깨려면 호두가 있어야 한다. 고정된 사고방식이나 고정된 인식을 고정관념이라고 한다. 변화가 중요한 화두가 되고, 속도가 경쟁력인 시대에 개인은 물론 조직차원에서도 가장 경계해야 할 대상으로 고정관념을 지적하기도 한다. 그러나 곰곰이 생각해보면 소위 고정관념이라는 어휘에 대한 부정적 의미만 제외한다면 고정된 사고방식이나 고정된 인식 자체는 사실 가치중립적 의미가 강하게 내포되어 있다.

좋고 나쁘고 올바르고 틀림의 문제가 아니다. 선악(善惡)이나 정부(正否)의 문제라면 고정된 사고방식이나 인식의 틀 자체는 오히려 선(善)이고 정(正)이라고 할 수 있다. 고정된 사고방식이나 고정된 인식이 없으면 사람들은 사회현상, 자연현상들을 제대로 이해할 수가 없다. 우리가 정규교육과정에서 배우는 모든 이론들이 사회현상과 자연현상을 이해하기 위한 '고정된 틀'이고 연역과 귀납을 통해 확립된 인식체계다.

『과학혁명의 구조』에서 토마스 쿤이 이야기한 패러다임(paradigm)이 곧 고정관념인 것이다. 문제는 어떻게 적용하는가에 달려 있다. 기존의 고정된 사고방식이나 고정된 인식을 주변상황에 따라 새로운 시각에서 적용하게 되면, 그것이 바로 창의적인 활동이 된다. 중소기업이 오랜 시간을 들여 구축한 핵심역량(core competency) 또는 핵심기술(core technology)에 집요하게 매달리면서 역발상을 포함한 새로운 발상과 응용으로 다양한 상품화를 시도하는 과정이 바로 창의적인 활동에 해당된다.

사람이 성장해 가는 과정에도 일정한 패러다임이 있다. 우리 선조들의 경험을 통해 얻은 고정관념이 바로 패러다임인 것이다. 교육도 마찬가지다. 교육과 관련된 고정관념을 버리는 것은 능사가 아니다. 고정관념을 바꾸는 것이 창의적 교육의 출발이다.

고정관념을 바꾸려면 우선 고정관념이 있어야 한다. 호두를 깨려면 호두가 있어야 하는 것과 같은 이치이다. 아이들 교육도 고정관념, 즉 패러다임을 바꾸는 것에서부터 출발해야 할 것이다. 기존의 틀에서 작은 것들을 바꾸어 가는 것이 창의교육이다. 그동안 우리들이 활용해온 교육방법은 지난 시대에 맞는 교육방법인 것이다.

농경사회에서는 전통적 방법에 따라 배워도 별 어려움 없이 적응할 수 있었다. 산업화 시대에는 선진기술을 도입하여 제품을 생산하고 경쟁력을 확보하고, 선진국의 기술과 문화를 배우고 익히기 위해서는 모방적 학습에 의한 공부가 최선의 방법이었다. 2000년대 이후부터 시작된 지식정보화사회에서는 더 이상 단순모방에 의한 교육방법으로는 지속가능경영과 생존을 보장받지 못하는 시대가 되었다.

원가(cost)경쟁에서 가격(price)경쟁을 넘어 이제 가치(value)경쟁에서 살아남기 위해서는 인간중심의 교육과 경영만이 생존을 보장하는 유일한 대안으로 떠오르고 있다.

## 1. 성(性): 천명지위성(天命之謂性)

성자명출(性自命出)에는 '희노애비 지기, 성야(喜怒哀悲 之氣, 性也)'라고 가르친다. 이는 인간의 '본성(本性)은 천명에서 나온다'는 말이다. 즉, '문명의 훈도(訓導)가 가해지기 전의 인간이나 사물의 본래적 상태'가 '성(性)'인 것이다.

인간이 '기쁘고, 화나고, 애통하고, 슬픈 기운이 본성(本性)'이라는 의미다. 인간의 본성은 밖으로 드러나지 않으면 알 수 없다. 이것이 밖으로 드러날 때 그 사람의 본성을 알 수 있다. 즉, 본성이 밖으로 드러나게 가르치는 것이 교육이다.

인성(人性)이란 '사람이 태어나 어린이와 학생이라는 과정을 거치며 교육을 통하여 희노애비(喜怒哀悲)의 에너지를 비춰볼 수 있는 마음의 거울을 가진 상태'를 말하며, 이때 밖으로 드러나는 에너지가 '일가견(一家見)'을 갖추고 생각하고 행동함으로써 다른 사람이 보고 배울 수 있는 본보기가 되는 사람을 어른이라고 한다.

한편, 자신의 삶을 통하여 교육과 경험을 통해 습득한 지식과 지혜를 바탕으로 주변 현상에 대해 옳고 그름을 판단할 근거가 되는 정신적 사고체계의 고정된 틀을 일가견(一家見)이라고 정의하고, 어린이가 성장하여 일가견을 갖춘 성인이 된 사람을 어른(家長, 部長, 社長)이라 부른다.

고등학교 선생님(40명)을 대상으로 한 강의에서 '자신이 어른이라고 생각하는가?'라는 질문을 던졌다. 자신이 어른이라고 답하는 비율이 30% 정도 되었다. 나머지는 분명한 답을 하지 않았다. 답을 하지 않았다고 해서 그들이 어른이 아니라고 생각하는 것은 아닐 것이다. 다만, '어른'이라는 단어에 대한 이해가 부족해서 어른이라는 말에 동의하지 않은 것으로 생각된다.

대학 4학년 학생들을 대상으로 어른에 대한 개념을 설명하지 않고 '당신은 어른인가?'라는 질문을 던졌다. 80%의 학생들이 자신은 아직 어른이 아니라고 했다. 그 이유를 물었으나 그냥 그렇게 생각한다는 것이었다. 대학생과 고등학교 선생님들이 생각하는 어른의 개념은 다를 것이다. 그렇다면 '어른'이라는 단어를 어떻게 정의할 수 있을까? '당신은 어른인가?'라는 질문을 던지면 대체로 다음과 같은 3가지 반응이 나타난다.

첫째, 나이는 법적으로 20세가 넘었고, 신체적으로도 성인이 되었지만 아직 사고체계는 어른이 아니다.

둘째, 법률적으로 성인이 되었으므로 어른이다.

셋째, 아직 어른인지 아닌지 분별할 능력이 없다.

그렇다. '어른인가?'라는 질문에 상응하는 답은 위의 3가지 속에 포함되어 있다.

## 2. 도(道): 솔성지위도(率性之謂道)

성(性)이 완성되도록 이끄는 길을 도(道)라고 했다. 도(道)의 한자 의미는 '길'이다. 길은 사람이 한 번 지나갔다고 만들어지지 않는다. 여러 사람이 다양한 방법으로 시도해보고, 수많은 시행착오와 반복적인 수행과정을 거쳐 가장 안전하고, 가장 순리적이며, 가장 보편적이라고 판단되는 시점에 길(道)이 만들어진다.

도올 김용옥은 '길(道)은 반드시 선택되어 반복적인 습성을 통해 형성되는 것이다'라고 했다. 그러나 그 선택된 길은 계속 끊임없이 사람이 다니고 보수공사를 해야만 유지된다. 그 길을 닦는 과정(즉, 修道)은 '근정'(近情)에서 '근의(近義)'로 가는 과정이다. 즉, 모든 사람들이 그 길을 걸어가도록 만드는 것은 '의(義)'이지만, 그것은 '정(情)'에서 시작하는 것이다.

'학이불사즉망(學而不思則罔), 학이불학즉태(思而不學則殆)'는 배우기만 하고 생각하지 않으면 얻는 것이 없고, 생각만 하고 배우지 않으면 위태롭게 된다는 뜻이다. 『논어』 위정(爲政)편에 나오는 글이다.

어린이가 태어나 어른이 되기 위해 가야 하는 길은 어떠한가? 어린이가 태어나 어머니의 품에서 성장하고, 나이에 맞게 교육을 받으며 사회인으로서 맡겨진 일을 감당하는 과정을 '사람이 가야 하는 길'이라고 할 수 있다. 이 길을 제대로 따라가야 어른으로 성장하게 된다는 의미인 것이다. 남녀가 결혼을 하면 일가(一家)를 이루는 부부가 된다. 정자와 난자가 만나 어머니 몸속에 잉태되어 40주(280일)가 지나면 아기가 태어난다. 아기가 자라 어린이가 되고, 유치원, 초등학교, 중학교, 고등학교, 대학교의 교육과정을 거쳐 육체적·정신적으로 성장하게 된다. 이렇게 성장해 가는 과정을 길(道)이라고 한다.

어른이 되기 위해 가는 길은 수많은 시행착오와 반복적인 관습과 제도를 통하여 길(道)이 만들어진다. 동산의 오솔길도 수많은 사람들이 가장 안전하고 가깝다고 느끼고 오랜 세월을 통하여 반복적으로 다닌 결과 오솔길이 생기게 되는 것이다. 어린이가 어른이 되는 길의 원리는 오솔길과 비교할 수 없는 길이다. 수십 년, 수백 년, 수천 년의 기간이 필요하기도 한다.

이스라엘 민족은 2000년 이상을 나라 없는 민족으로 방랑생활을 하면서도 그들의 전통과 문화를 잊지 않고 하나님 말씀을 따라 오직 한 길을 걸어왔기에 마침내 그들이 원하는 국가를 다시 건설할 수 있었다. 제2차 세계대전이 종료되고 1948년 지금의 이스라엘 땅에 새로운 국가를 건설했을 때 전 세계에 흩어져 있던 유대인이 모여들어 지금의 강성국가를 형성하게 되었다. 이들이 수천 년 동안 세계 각국에 흩어져 살며 지켜온 전통교육은 같은 민족으로서 정체성을 회복하는 데 결정적인 역할을 했다. 유대인들의 자녀들은 부모로부터 철저히 교육받았다. 할아버지 → 아버지 → 손자의 3대로 이어져 오는 『토라』의 전통교육은 철저한 습(習)의 원리에 따라 대를 이은 격대교육으로 이루어졌다. 교육은 100년의 대계(大計)라는 말이 여기에서 유래되었다고 생각된다.

일본의 식민지배시대에 독립운동을 하다 일본군 형사에 잡혀 여순 감옥소에서 재판을 기다리던 안중근 의사에게 1910년 2월 14일 마지막 공판에서 사형이 선고되었다. 안중근 의사는 사형이 선고되자 '일본에는 사형 이상의 형벌은 없느냐?'고 오히려 조소(嘲笑)를 지었다고 한다.

이러한 안중근 의사의 태도에는 항소를 하지 않겠다는 뜻이 담겨 있었다. 안중근 의사의 사형선고 소식이 고향에 계신 어머니에게 전달되었다. 어머니는 아들의 사형 소식을 전해 듣고 아들에게 편지를 써 보냈는데 그 편지의 내용은 다음과 같다.

'옳은 일을 하고 받는 형(刑)이니 비겁하게 삶을 구하지 말고, 떳떳하게 죽는 것이 어미에 대한 효도(孝道)이다. 살아서 나라와 민족에 욕이 될 때는 오히려 죽음을 택하라. 네가 만약 늙은 어미보다 먼저 죽은 것을 불효(不孝)라 생각한다면 이 어미는 웃음거리가 될 것이다. 너의 죽음은 너 한 사람의 것이 아니라 조선인 전체의 공분을 짊어지고 있는 것이다. 네가 항소를 한다면 그것은 일제에 목숨을 구걸하는 짓이다. 네가 나라를 위해 이에 이른즉 딴 맘 먹지 말고 죽음을 택하라!'

어머니의 어른됨의 본보기가 아들에게 습(習)의 원리로 전달되는 감명 깊은 내용이다. 어머니의 편지에 담긴 의미는 그동안 지켜온 '어른'의 근본을 깨닫게 하는 계기가 되고, 후손들을 위한 어른의 자세가 어떠하여야 하는가를 생각하게 하는 본보기가 되는 글이다.

## 3. 교(敎): 수도지위교(修道之謂敎)

교(敎)는 도(道)를 따라 가도록 지원하는 모든 가르침을 말한다. 행동이나 습관의 변화를 이루기 위해 교(敎)의 대상이 동물일 경우에는 사육(飼育), 식물이나 미생물일 경우 배양(培養)이라고 한다. 그러나 교(敎)의 대상이 사람일 경우 이를 교육(敎育)이라고 한다. 어린이가 정해진 길이나 올바른 길로 가지 않고 다른 길, 즉 외도(外道)로 가는 경우 올바른 길로 가도록 당근과 채찍으로 가르치는 과정을 '교(敎)'라고 한다. 이와 같이 교육(敎育)이란 오직 사람에게만 해당되는 말이다.

인성교육(人性敎育)이란 '어른을 만드는 교육'이라고 할 수 있다. 단순히 나이가 많은 사람을 어른이라고 하는 것은 육체적 현상만 보고 말하는 것이다.

2009년 2월 김수환 추기경이 선종(善終)하였을 때 많은 사람들이 조문을 하고, 매스컴을 비롯하여 여러 언론에서 우리나라의 큰 '어른'께서 돌아가셨다고 했다. 왜 사람들은 김수환 추기경을 나라의 큰 어른으로 존경하며, 그분의 사상과 철학, 말씀 및 가르침을 흠모하며 밤을 새며 마지막 가는 길을 애도했을까? 단순히 육체적으로 나이가 많은 사람과 달리 김수환 추기경을 어른으로 존경하는 의미는 어떻게 다른가?

김수환 추기경은 평생을 종교에 몸을 담고 국민들이 정치적 · 사회적 · 경제적으로 어려워할 때 이를 극복할 수 있는 격려와 용기를 주며 간절한 기도와 덕담(德談)을 보내주고 본보기가 되는 삶을 살았다. 국민들은 이러한 덕담을 받아 시련을 극복하며 어려움을 헤쳐나갈 수 있었다. 그래서 우리는 김수환 추기경을 이 시대의 '큰 어른(leader)'이라며 존경하는 것이다.

따라서 어른이란 육체적으로 성인(成人)이 되어, 지금까지 자신이 경험했거나 실제로 겪은 체험을 통하여 얻은 지식과 지혜를 바탕으로 사회현상에 대하여 자신만의 견해를 논리적으로 표현할 수 있는 사고체계를 가진 사람, 즉 일가견(一家見)을 가진 사람을 말한다.

나이는 40세, 50세가 되어도 일가견이 없는 사람을 우리는 철부지 또는 애늙은이라고 말하는 것이다. 기업은 철부지나 애늙은이가 아니라 진정한 '어른'을 원한다.

## 4. 밥상머리교육

우리 속담에는 '세 살 버릇 여든까지 간다'고 했다. 이는 어릴 때 익힌 습관(習慣)이 평생을 거쳐 나타난다는 의미이다. 인성교육은 학교에서 이루어지는 것이 아니라, 가정에서 이루어진다. 특히 어머니와 함께하는 습관적 행동과 밥상머리교육이 중요하다고 한다.

아이를 위한 밥상머리교육의 실천지침 10가지를 『밥상머리의 작은 기적』(리더스북)이라는 책에는 다음과 같이 기술하고 있다.

① 일주일에 한 번이라도 정기적인 '가족식사의 날'을 만들어라.
② 정해진 장소에서 정해진 시간에 식사하라.
③ 어떤 일이 있어도 절대 큰 소리는 내지 마라.
④ 하루일과를 순서대로 말해보는 습관을 들여라.
⑤ '네 생각엔 어떤데?', '어떻게 하면 좋을까?' 식의 오픈형 질문을 던져라.
⑥ 단답형 표현을 짧은 문장으로 다시 말하게 하라.
⑦ 공감을 통해 적극적인 표현을 유도하라.
⑧ 의무감을 심어줄 땐 반드시 이유를 설명해라.
⑨ 아이가 잘못된 말을 하더라도 중간에 끊지 말고 끝까지 경청하라.
⑩ 답변이 성의가 없을 땐 캐묻지 말고 생각할 시간을 주어라.

최근 미국의 하버드대학과 콜럼비아대학 연구팀이 밝힌 놀라운 실험결과는 '하루 20분 동안의 가족식사가 아이의 미래를 바꾼다'라고 밝히고 있다. 하버드대학 연구진의 실험결과는 '아이가 식탁에서 배우는 어휘량은 책을 읽을 때의 10배다'라는 것이었고, 콜럼비아대학 CASA 연구결과는 '가족식사의 횟수가 적은 아이는 흡연, 음주경험 확률이 높다, 부모가 권위적일수록 아이가 욕을 많이 하고 수업시간에 잠을 자거나 모바일 채팅을 많이 한다'고 주장하고 있다.

이 연구결과는 우리 선조들이 이미 습관적으로 실천한 습(習)의 원리이다. 우리 선조들은 '어릴 때 매(枚, 梅)를 아끼면 아이교육을 망친다'라고 했다. 『탈무드』에는 자녀교육을 위해 징계를 아끼지 말라고 했다. 오른손으로 매를 들고 왼손으로 감싸주라고도 했다.

나뭇가지(枝)의 매(枚, 梅)는 그 의미가 열매가 맺히는 가지(枝)이기도 하다. 어린아이 때 매를 아끼면 그 가지에는 열매가 맺히지 않는다는 의미이다. 따라서 부모는 가정교육을 통하여 아이가 열매 맺는 가지로 성장할 수 있도록 매를 아끼지 말아야 한다고 했다.

그런데 우리나라 교육의 실상은 어떠한가? 부모는 어린아이 때부터 가정교육을 포기하고 어린이집이나, 친정부모, 시부모님에게 아이를 위탁·양육하고 있다. 아이들의 습(習)의 대상이 되어야 하는 사람은 어린이집 선생님이나 친정부모, 시부모가 아니라 아이를 낳아준 부모라는 사실을 잊지 말아야 할 것이다.

불과 20년 전만 해도 우리나라에 소아정신과라는 병원은 없었다. 놀이치료, 음악치료, 미술치료라는 단어도 흔하지 않았다. 그러나 지금은 어떤가? 어린이가 가장 많이 찾는 병원이 소아정신과이며, 놀이치료, 음악치료, 미술치료 등 각종 치료센터이다. 병원이나 각종 치료센터를 찾는 아이는 대부분 맞벌이라는 이유로 어릴 때 부모와 애착관계(愛着關係) 형성에 실패한 것이 가장 큰 원인이라고 한다.

애착관계는 태아 때부터 7세까지 형성되는 아이와 부모 사이에 존재하는 애정이나 사랑의 정도라고 한다. 이는 아이의 일생을 통하여 영향을 미치기 때문에 이 시기에 부모들이 가장 관심을 갖고 자녀양육에 집중해야 한다고 한다.

밥상머리교육의 원조는 유대인의 자녀교육에서 찾을 수 있다. 이들은 금요일 저녁에 안식일을 지낸다. 안식일에는 일을 하지 않으며 온 가족이 식탁에서 하브루타(친구, 짝) 학습으로 『토라』를 배우며 대화를 이어간다. 성경적 가르침은 물론 주중에 있었던 일상적인 대화를 중심으로 질문과 대화를 이어가며 토론과 논쟁으로 진리(眞理)에 접근하려는 노력을 끊임없이 반복해 간다.

부모님은 물론 조부모까지 함께하며 3대가 동시에 동일한 주제를 놓고 자기 생각을 논리적으로 주장하며 경청과 배려, 협상, 커뮤니케이션과 프레젠테이션역량은 물론 제기된 내용을 정리하고 최종적으로 발표하는 밥상머리교육을 일상적으로 진행하고 있다. 이는 이스라엘이 AD 70년에 로마제국에 나라를 정복당한 이후에도 가정을 중심으로 2000년 가까이 이어져 온 전통적인 가정교육의 한 형태이다. 『로마제국의 성쇠』라는 책에는 로마멸망의 원인은 가정의 붕괴에 있다고 지적하고 있다. 국가권력에 나라의 미래를 맡겼던 고대국가들은 모두 사라졌다. 천년제국 로마도 그 중 한 사례라고 주장하고 있다. 가정의 붕괴는 가정에서 자녀교육이 사라지고, 가정의 신성함과 권위가 파괴됨에 따라 자녀들이 방황하게 되고 끝내는 국가의 멸망으로 이어지게 되었다고 강조하고 있다.

우리나라의 밥상머리교육은 어떠한가? 과거 우리 선조들은 '밥 먹을 때 말을 하면 복 나간다'라고 가르치며 말을 하지 말도록 했다. 그저 조용히 밥만 먹으라고 가르쳤다. 이러한 가르침이 해방 이후 70년이 지난 지금의 현대가정에서도 그대로 이어져 오고 있다. 그러다 보니 식사시간이 5~10분이면 끝난다.

그러니 밥상머리에서 교육을 할 기회는 고사하고 다정히 이야기할 기회조차 갖지 못했다. 뭔가 잘못된 것은 아닌가? 온 가족이 한자리에서 식사하며 다양한 주제로 이야기하며 화기애애한 분위기의 모습, 상상만 해도 즐거운 모습 아닌가?

통계자료에 의하면 1일 아버지와 평균 대화시간이 '5분 미만'이라는 응답이 48%, '5~15분 이내'라는 응답이 25%라고 한다. 대화의 내용을 보면 너무나 일상적인 내용이며 부모님의 일방적인 지시나 훈계가 대부분이라고 한다. 아이들을 대화상대로 인식하고 아이들 의견을 존중하며 경청과 배려를 통한 진정한 대화는 찾아보기 어려운 것이 현실이라는 주장을 하기도 한다.

## 5. 나라를 되찾은 가정교육

전 세계 5000년 역사를 뒤돌아볼 때 고대국가 중에서 오늘날까지 나라 이름이 존속된 국가는 이스라엘이 유일하다. BC 8세기경 지중해 연안을 중심으로 탄생한 로마가 강력한 국가로서 입지를 굳히게 된 시기는 BC 510년 공화정기(共和政期)부터이다. '모든 길은 로마로 통한다는 팍스 로마나'를 구가하며 약 800년 동안 강력한 왕국을 누렸으나, AD 245년 가이우스 디오클레티아누스(AD 245~316년)가 황제가 되면서 로마제국은 4등분 되었다. 마지막 세력이었던 비잔티움제국(동로마제국)마저도 1453년에 몰락을 맞이하고 지구상에서 국가로서 존재가 사라졌다. 영원히 존재할 것 같았던 로마제국은 왜 스스로 멸망하였을까?

가정의 몰락이 로마멸망의 원인이었다. 무력과 총칼로 일어난 나라는 또 다른 무력과 총칼에 의해 멸망한다는 교훈을 역사에서 배웠다. AD 70년에 로마에 의해 멸망한 이스라엘은 1945년 제2차 세계대전이 끝난 이후까지 2천년 동안 나라 없는 민족으로 살아왔지만 그들은 '가정(home)'이라는 소중한 가치를 유지해 왔다. 전 세계에 분산되어 나라 없이 기본적 삶만을 유지해왔지만 그들이 잃지 않고 지켜온 것은 가정이었다.

어디에 사는 것도 중요했지만 그들이 지켜온 가정은 생존을 위한 마지막 보루였다. 그들에게 가정은 곧 국가였으며, 학교였으며, 성전(聖殿)이었다.

부모는 교사였으며, 대제사장(大祭司長)이었다. 그들에게는 『토라』(모세 5경)와 『탈무드』가 있었다. 『토라』와 『탈무드』는 그들이 배우고 익혀야 하는 역사이자, 전통이며, 삶을 지탱해주는 율법이었고 필수 교과서였다. 아이들은 『토라』와 『탈무드』를 가정교육을 통하여 부모에게서 배웠다. 3대가 함께하는 격대교육(格代教育)을 통하여 가정교육은 2천년 넘게 이어져 왔다. 그들이 배우는 공부는 무엇을 성취하고 다른 사람과 비교·경쟁하며, 더 잘살고, 더 행복하게 살기 위해 하는 공부가 아니라 배움 자체가 공부하는 목적이었다.

이스라엘 학생들은 '왜 공부하는가?'라는 질문에 '『토라』와 『탈무드』를 배우고 실천하기 위해서' 공부한다는 말을 스스럼없이 한다. 배우고 익힌 것을 다른 사람(자녀)과 나누기 위해 공부한다는 것이다. 아이들 교육은 어머니 배 속에 있을 때부터 시작된다. 이것이 태교(태담)이다. 아이와 어머니가 끊임없는 대화를 하는 것이다. 『토라』를 읽어주며 율법을 실천하며 일상적인 행동 하나까지 부모로서 본보기의 대상이 될 수 있도록 한다. 머리 위에서 항상 하나님이 지켜보고 있다는 생각을 잊지 않고 생활한다.

유대인의 교육관(教育觀)은 '4성교육'에서 찾는다. 영성+인성+전문성+창의성이 4성교육이다. 어릴 때부터 『토라』와 『탈무드』를 기본으로 하는 영성교육과 613가지 율법으로 이루어져 있는 인성교육은 철저히 가정교육을 통하여 부모로부터 그 기본을 배우고 익힌다.

자율적 판단력은 가정교육에서 배운다. 영성과 인성을 가정에서 배우고 난 후에 학교교육을 통하여 전문성과 창의성을 배운다. 영성과 인성이 교육의 기본이고 바탕인 것이다. 힘들고 어려움에 직면하면 영성과 인성교육의 기본으로 돌아가 스스로 판단한다. 스스로 판단하고 결정하는 방법을 어릴 때부터 배우고 익혀 온 가정교육 덕분(德分)이다.

최근 우리나라에서도 인성이 핵심이슈로 등장하고 있다. 대학진학은 물론, 직업생활과 취업준비과정에서 인성역량이 가장 중요하게 대두되고 있다. 기업의 대졸신입사원 채용과정에서 중요시하는 영역도 인성역량이 60%, 전공역량이 40%로 나타나고 있다. 아무리 전문역량이 우수해도 인성역량이 부족하면 채용하지 않겠다는 기업이 절반을 넘고 있다.

대학입시에서도 학교성적과 인성역량을 동시에 고려하는 비중이 늘어나고 있는 추세이다. 최근 비교과영역의 성적을 학부모와 교사가 결탁하여 허위로 작성한 자녀의 성적이 발각되어 대학입학이 취소되고 아이의 미래는 엄청난 혼란으로 다가온 사례가 인성행동의 중요성을 나타내는 단면이다. 조작된 성적으로 대학에 진학하겠다는 발상부터가 문제인 것이다.

어릴 때부터 나만 생각하는 극단적 이기주의가 부모는 물론 아이의 장래에 돌이킬 수 없는 오점을 남긴 것이다. 부모나 어른들의 이러한 행위를 보고 아이들은 무엇을 배울 것인가?

유대인들의 인성교육에는 『토라』와 『탈무드』라는 분명한 지침서가 있다. 과거 우리나라에도 『삼강오륜』(三綱五倫)이라는 가정교육의 지침서가 있었다. 산업화시대의 급격한 변화를 맞이하면서 도덕적 · 윤리적 기본틀이 무너졌다. 교육현장에서는 인성역량보다 전문역량이 우선시되었다. 전문성교육만 강조한 결과 오늘날 여러 분야에서 혼란을 초래하고 있다. 최근에 발생된 안전사고의 전반을 살펴보면 모든 것이 인성역량의 부재에서 발생된 근원적(根源的) 사고라고 해도 틀린 말이 아니다.

부모들은 '학교교육이 잘못되었다'라고 말하고, 교사들은 '가정교육이 문제'라고 탓한다. 무엇이 문제라고 탓하기 전에 부모부터 모범을 보이는 것이 필요하다. 아이들에게 본보기가 되는 인성행동을 중요시할 때 아이들이 부모의 등을 보고 따라 할 것이다.

법률로 규정한다고 해서 갑자기 인성이 좋아지는 것이 아니다. 인성은 사람과 사람 사이에서 '행동과 말'로 나타나는 요소이기 때문에 새로운 생각과 행동의 철저한 반복으로 나타난다. 인성을 함양하는 데는 절대적인 시간이 필요하다. 영 · 유아기 때부터 부모로부터 배우는 것이 중요하다. 그래서 가정교육이 중요하다고 강조하는 것이다. 유대인이 가정교육을 통하여 나라를 되찾은 것과 같이 우리는 가정교육을 회복하여 아이들에게 꿈을 찾아주어야 할 것이다.

# 제4절 인성인재의 특성과 조건

## 1. 기업이 원하는 인성인재(人性人材)

기업의 인재상은 취업준비의 준거기준이 되는 가장 중요한 요인이다.

우리나라 100대 기업이 원하는 인재상(대한상공회의소, 2013. 4)에 의하면 전문성(Specialty), 창의성(Unconventionality), 도전정신(Pioneer), 도덕성(Ethicality), 주인의식(Responsibility)을 갖춘 슈퍼(S.U.P.E.R)맨을 원하는 것으로 나타났다.

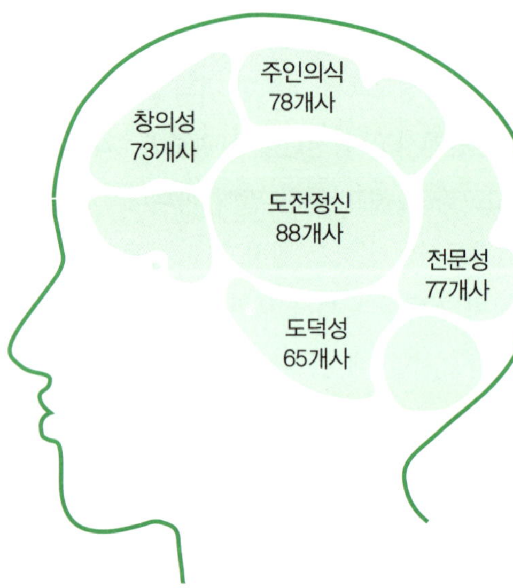


'도전정신'을 꼽은 기업이 88개사로 가장 많았고, '주인의식' 78개사, '전문성' 77개사, '창의성' 73개사, '도덕성' 65개사 순으로 나타났다. 21C 지식정보화시대를 맞이하여 기업은 인재가 경쟁력이라는 화두에 직면하여 기업의 특성에 부합하는 인재를 선발하기 위하여 다양한 신입사원 채용전략을 수립하고 있다.

1994년 이전까지는 필기시험성적을 중시하는 스펙 위주의 인재를 선발하는 것이 핵심전략이었다면, IT기술의 발달과 지식정보화시대가 도래되고, 국제경쟁이 심화되면서 기업의 인재선발패턴은 '함께할 수 있는 인재'를 선발하는 전략으로 바뀌고 있다. 대표적인 사례가 그동안 가장 중요한 가치로 자리 잡았던 필기시험제도를 폐지하고, 지원자를 종합적으로 평가할 수 있는 종합 인·적성검사, NCS 기반의 직업기초능력 평가제도를 도입하고 면접시험 비중을 대폭 강화하고 있다.

이는 단편지식을 중시하는 인지적 능력평가 위주에서 다양한 경험과 역량을 중시하는 비인지적 능력평가를 중요시하겠다는 기업의 선택적 의지를 엿볼 수 있다. 이와 같이 신입사원 채용전략에서 비인지적 역량을 중시하는 경향은 대기업을 중심으로 개발되어 2015년에는 대부분 기업에서 채택하여 스펙을 중요시하는 것보다 기업의 인재상을 중시하는 면접시험 위주의 채용제도로 바뀌고 있다.

최근에는 대기업을 중심으로 대졸신입사원보다 경력직 사원 채용규모가 점점 증가하는 추세에 있다. 이러한 트렌드의 변화는 여러 가지 측면에서 이해될 수 있으나, 기업의 경영환경 변화에 따라 인재확보전략이 직무역량 중심으로 변화하고 있다는 것을 알 수 있다.

### 1) 인성인재의 덕목

유교에서는 다섯 가지 변하지 않는 인간의 성품으로 인의예지신(仁義禮智信)을 지칭하였다. 즉, 인(仁)은 사랑(어짐), 의(義)는 올바름, 예(禮)는 도리, 지(智)는 지혜, 신(信)은 믿음을 의미한다. 가장 폭넓게 이해되는 것이 예(禮)로서 말과 행동으로 나타나는 예절(禮節)을 중요시했다. 예(禮)는 곧 인성행동의 핵심요소가 되기도 했다.

예절은 인간관계를 규정짓는 핵심요인이다. 국어사전에는 예절을 '인간관계에 있어서 사회적 지위에 따라 행동을 규제하는 규칙과 관습의 체계'라고 정의하고 있다. 예절의 형식은 생활방식·사고방식·사회풍조에 따라 다르다. 법에 의해서 강제되는 행동규칙과 집단에 의해 강제되는 행동규범이 아니므로 예절은 강제되지는 않으나 어길 경우 다른 구성원들로부터 소외당하게 된다. 이와 같이 예절은 인간관계를 규정짓는 핵심요인이 되는 것이다.

예절은 구체적인 행동으로 실천하는 것이다. 예절은 인간관계에서 마음에 바탕을 두고 마음으로부터 시작되는 인성행동이다. 예(禮)는 나를 낮추고 상대를 높이는 마음, 상대방을 편하게 해주는 마음, 상대방이 나에게 호감을 갖게 하는 마음, 남에게 폐를 끼치지 않는 마음, 상대방을 편하게 해주는 마음, 그리고 상대방을 부끄러운 처지로 몰아넣지 않는 배려하는 마음을 내포하고 있다. 이러한 마음을 가지고 바른 몸가짐, 바른 언어생활, 바른 행동을 할 때 우리는 '예절이 바르다'라고 말한다.

'구슬이 서 말이라도 꿰어야 보배'라고 하듯이 머릿속에는 알고 있으나 그것이 말이나 행동으로 나타나지 않으면 아무 소용없다. 예절이란 머릿속에 알고 있는 것이 중요한 것이 아니라 바른 몸가짐과 바른 동작, 바른 언어생활을 하려는 마음가짐과 실천하는 구체적 행동으로 나타나는 것이 중요하다. 그래서 인성교육이 어렵고 시간이 많이 걸리는 교육이라고 하는 것이다.

### 2) 인성인재의 평가기준: 신언서판

조선시대 조정에서 과거시험을 통해 인재를 선발할 때도 '신언서판(身言書判)'은 중요한 평가기준이 되었다. 이러한 전통은 600년이 지난 오늘날까지도 면접시험에서 신언서판을 인성인재의 평가기준으로 활용되고 있다.

산업화시대를 거쳐 직업의 종류가 늘어나고 직무수행역량의 중요성이 대두됨에 따라 인성역량에 직무전문성을 평가하는 기(技: technic)를 새로운 평가기준에 포함하여 신언서판+기(身言書判+技)를 21세기 인재선발기준으로 활용하고 있다. 우수인재의 선발은 조직이나 기업경영에서 가장 중요한 인사전략과제이다. 조직의 성패가 사람에 따라 결정되기 때문이다. 600년이 넘도록 이어져 오고 있는 신언서판의 4가지 개념을 성찰해볼 필요가 있다.

첫째는 신(身)으로 맵씨(禮)를 중요한 요소로 여겼다.

사람을 평가할 때 예(禮), 즉 태도를 중요시하며, 외모를 평가하는 것이다. 이는 인상이 좋고 외모가 풍성하고 행동이 공손하고 친절하면 좋은 인재로 평가받을 수 있다는 것을 의미한다.

둘째는 언(言)으로서 말씨를 중요한 요소로 여겼다.

사람을 평가할 때 언변이나 말투가 분명하고 정직하면 신뢰할 수 있는 사람으로, 믿음(信)을 주는 바른 사람임을 보여줄 수 있음을 의미한다.

셋째는 서(書)로서 글씨를 중요한 평가요소로 여겼다.

서(書)는 문장력을 말하는 것으로 조직이나 개인 간 중요한 의사결정과 공식적 표현은 문서로 이루어졌다. 글씨체가 바르고 문장력이 좋고 품격(品格) 있는 내용으로 쓰여진 글씨는 의미전달이 분명하며 진정성이 담긴 지혜(智)로운 사람으로 평가받았다.

넷째는 판(判)으로서 옳고 그름을 판단하는 마음씨다.

판(判)은 사물이나 사건을 인식할 때 논리나 기준 등에 따라 옳고 그름을 객관적으로 판정할 수 있는 판단력을 나타내는 의미이다. 글이나 말의 이치가 논리적이어야 하며 상황을 객관적으로 인식하며 올바르게 판단하는 능력을 인재선발기준으로 삼았다.

이러한 평가기준은 오늘날까지 조직인(組織人)이 갖춰야 할 인성인재의 중요한 평가기준으로 활용되고 있다. 산업화시대를 지나 창조혁명시대의 인재는 인성역량을 기반으로 전문성(技: technic)을 갖춘 인재가 핵심인재로 평가받고 있다.

### 3) 인성은 마음에서 나오는 약속이다

사람들이 공동생활을 영위하기 위해서는 자기중심적이고 이기적인 행동을 하기보다는 상대를 배려하며 이타적인 행동으로 남에게 폐를 끼치지 않도록 주의할 필요가 있다. 이것은 가정, 학교, 직장, 사회 등 사람들이 모이는 곳에서는 더욱 필요한 것이다. 스포츠경기에서 일정한 규칙을 상호 간 지켜야 하는 것과 같은 이치인 것이다. 개인의 이익과 공공의 이익, 즉 균형과 비율이 합리적이어야 살기 좋은 사회를 만드는 기본이 되는 것이다. 이러한 균형과 비율을 성실하게 추구하는 태도나 사물을 사고하는 방식의 기본을 이루는 것이 도덕이며 예절이라고 할 수 있다. 동시에 외면적으로는 친절하고 마음속으로 무례한 것을 은근무례(慇懃無禮)라고 하며, 형식뿐 마음에 없는 예절은 죄악이라고 인식했다(이도경 · 최일수, 2013).

대화가 인간 상호 간 이해를 깊게 하는 것처럼 예절은 인간관계의 윤활유 역할을 해준다. 기름이 떨어지면 기계가 마모되는 것처럼 예의범절에 소홀해지면 인간관계에 단절이 생기거나 금이 가게 된다.

인도의 시인 타고르는 우리나라를 '동방의 등불'이라 했고, 중국은 우리 민족을 '항상 예의 바른 동방의 작은 나라'라고 하여 '동방예의지국'(東方禮義之國)이라고 했다. 우리 선조들이 받은 예절의 평가를 오늘을 사는 후손들이 되찾을 수 있도록 예절 바른 인성인재가 되는 것이 우리들의 과제인 것이다.

## 2. 인성인재의 특성변화

### 1) 인생의 씨앗은 3살 전에 뿌려라

신생아의 뇌 무게는 약 400g이며 생후 3살이 되면 성인 뇌 무게의 약 80%인 960~1,120g 정도로 성장한다. 4~7세가 되면 성인의 뇌와 거의 비슷한 크기로 성장하며, 10세 직후부터 20세까지 3단계를 거쳐 남자는 약 1,400g, 여자는 약 1,200g 정도의 크기로 완성된다. 즉, 생후 3년 동안 어떤 자극을 받고 어떤 경험을 하느냐에 따라 뇌의 기본이 다르게 형성된다. 이렇게 초기 3년 동안 뇌에 저장되는 것이 잠재의식(subconscious)으로 성장하게 된다. 잠재의식은 마음의 대부분을 차지하게 되고 결국 이것이 그 사람의 기본적 성품(性品)으로 형성된다고 한다.

생후부터 7세까지 부모와 자녀 간 형성된 관계를 애착(愛着)이라고 하며, 특히 만 3세까지의 애착관계가 중요하다고 한다. 부모와 자녀 사이에 안정된 애착관계를 형성하느냐, 그렇지 않느냐에 따라 앞으로 자녀가 안정된 삶의 기반을 갖느냐, 그렇지 않느냐를 결정짓게 된다. 따라서 부모와 자녀 사이의 안정된 애착관계를 형성하는 것은 포도나무의 가지가 줄기에 붙어 있어야 포도를 맺는 것과 같은 이치다.

아이들은 생후 3~4개월이 되면 최초로 고집을 부린다. 이때의 고집은 아이에게 최초로 의지(意志)가 생기는 것이며 그것은 큰 변화이다.

이 시기 아이의 고집을 나쁘게만 볼 것은 아니다. 고집은 자기 스스로 뭔가를 하겠다는 의지의 표현, 즉 자립을 위한 과정이기 때문이다. 문제는 이때 아이교육을 체계적으로 실시하지 않으면 고집이 자립성이 아닌 안하무인(眼下無人)으로 가는 싹이 된다는 것이다.

태어날 때부터 말 잘 듣고 예의 바르게 태어난 아이는 없다. 한 연구자의 실험결과에 의하면 신생아실의 아이가 혼자 우는 일은 별로 없다고 한다. 한 아이가 울면 곁에 있는 아기들이 모두 따라 운다고 한다. 심리학자들은 이것을 '신생아성 반응 울음'이라고 한다. 신생아에게 자기 울음소리가 녹음된 테이프를 들려주었을 때는 따라 울지 않는다. 이것은 아이가 단순히 울음소리에 반응하는 것이 아니라 타인의 고통에 대한 반응으로 운다는 사실을 알려준 것이라고 한다(EBS, 다큐 프라임).

농사를 지을 때 정말 놓쳐서는 안 되는 시기가 있다. 바로 씨를 뿌리는 기간이다. 농부가 씨를 땅에 뿌릴 수 있는 기간은 절기를 따라 1년 중 1~2주일 정도라고 한다. 그 기간이 지나 씨를 뿌리면 농부가 아무리 거름을 줘 가며 정성껏 가꿔도 좋은 열매를 맺기 힘들다고 한다.

열매를 맺게 양분을 공급하는 시기를 놓치게 되면 뿌리가 튼실하지 못하여 결실을 제대로 맺기 어렵기 때문이다. 한 번 시기를 놓치면 다시 돌이키기 어려운 농사처럼, 아이를 사람다운 사람으로 잘 양육시키는 것도 시기가 있다. 그 시기를 놓치면 뒤늦게 후회해도 소용이 없다. 이 시기를 '결정적 시기'라고 한다.

『태교신기』(조선시대 사주당 이씨)는 '스승의 10년 가르침보다 어머니 배 속의 10개월이 낫다'고 했다. 태어난 후 30년의 영양상태보다 어머니 배 속의 10개월이 더 중요하다고도 했다. 저체중으로 태어난 소아는 정상으로 태어난 소아보다 성인병 위험이 6배 이상 높다고 현대 의학에서 실험을 통하여 증명하고 있다.

농부가 씨 뿌리는 시기를 놓쳤다면 1년을 기다리면 다시 기회가 오지만, 인생의 씨 뿌리는 시기는 다시 되돌아오지 않는다. 짧지만 중요한 1주일을 놓쳐서 후회하는 농부가 되지는 말자. 이것은 앞으로 펼쳐질 아이의 인생이 걸린 문제이기 때문이다.

'세 살 버릇 여든까지 간다'는 속담이 있다. 세 살 때까지 형성된 습관(習慣)의 무서움을 강조한 의미다.

'습관은 성공하는 자의 노예이며, 실패한 자의 주인이다'라는 말이 있다. 대부분의 습관은 7~8세 이전에 형성된다. 습관은 이성적 판단력이 형성되기 전에 부모나 어른들의 말이나 행동을 보고 따라서 배우게 된다. 3살 된 아이의 뇌세포 성장을 관찰해보면 20세 성인 뇌세포의 80% 이상 성장되어 있다고 한다. 아이가 태어나서 3살까지 성장하는 모습을 보면 전적으로 부모의 모습을 따라 배운다. 이 시기 아이들의 행동특성은 스스로 생각하여 행동하는 것이 아니라 전적으로 부모의 모습을 보고 생각 없이 온몸으로 따라 배운다.

아이가 부모나 어른들의 모든 행동을 수없이 반복함으로써 자신의 것으로 만든다는 의미에서 이 시기를 학습기간(學習期間)이라 한다. 이때까지 부모로부터 온몸으로 배우고 익힌 습(習)의 원리가 뇌(腦) 속에 장기기억으로 저장되기 때문에 세 살 버릇이 여든까지 간다는 속담의 의미가 아닌가 생각된다.

## 2) 무엇을 어떻게 가르칠 것인가?

아이들이 7세가 되면 새로운 변화의 시기가 다가온다. 이때는 이성(異性)이 최초로 발로되는 과정으로 나와 부모가 다르다는 것을 스스로 인식하게 되고, 그동안 친하게 놀던 남자친구가 자기와 다른 구조를 가지고 있다는 것도 알게 된다. 이 시기부터 무엇이든지 자기주장이나 자기생각대로 하고 싶어 하는 고집을 피우게 된다. 이 시기를 '미운 7살'이라고 하는 이유도 여기에 있다.

그러나 이 시기 또한 아이의 성장과정에서 대단히 중요하다. 그래서 아이들을 학교라는 정규교육제도의 틀 속에서 동연배의 다른 아이들과 함께 공동생활을 통하여 양보하며, 타협할 줄 아는 사회성을 배울 수 있도록 해야 한다.

이 시기의 교육이 중요하기 때문에 국가에서는 초등교육이라는 제도를 통하여 중학교까지 아이들에게 의무교육을 받도록 법으로 규정하고 있다. 아이들을 의무적으로 교육하도록 하고, 비용을 국가에서 부담하고 있는 것이다. 학교에서의 교육이란 본래 아이들이 모르는 것을 전문가인 선생님에게 질문을 통해서 배울 수 있도록 하는 교육을 말한다. 그래서 학문(學問)이라는 글자에 '물을 문(問)' 자가 포함되어 있는 것이 아닌가 생각된다.

왜 질문이 중요한가? 유대인 교육의 특징은 하브루타 교육방법이다. 하브루타교육이란 짝을 지어 질문하고, 대화하고, 토론하며, 논쟁하며 진리를 스스로 탐구하는 교육방법이다.

유대인의 자녀교육은 철저한 질문으로부터 시작된다. 이 점이 우리나라 교육과 차이가 나는 부분이다. 이스라엘과 우리나라의 각종 지표를 비교해보아도 우리나라의 여건이 결코 불리한 것은 아니다. 국토의 면적(한국 22만km$^2$, 이스라엘 2만 2천km$^2$)은 한반도가 약 10배 넓다. 인구(남한 5천만 명, 이스라엘 600만 명)도 약 8배 이상 많다. 대학진학률(한국 72%, 이스라엘 36%)은 2배 이상 높다. 국민 IQ수준(한국 106, 이스라엘 94)도 우리나라 국민이 높다.

유대인의 미국 아이비리그 대학 재학생 비율을 보면 하버드대 29.6%, 예일대 26.7%, 펜실베니아대 30.8%, 프린스턴대 10.6%, 다트머스대 10.7% 등 평균 23.6% 수준을 보이고 있으나, 우리나라는 통계가 작성되지 않아 평균 1% 수준에 머문다는 것이 정설이다.

**미국 아이비리그 재학생 유대인 비율** (단위: %)

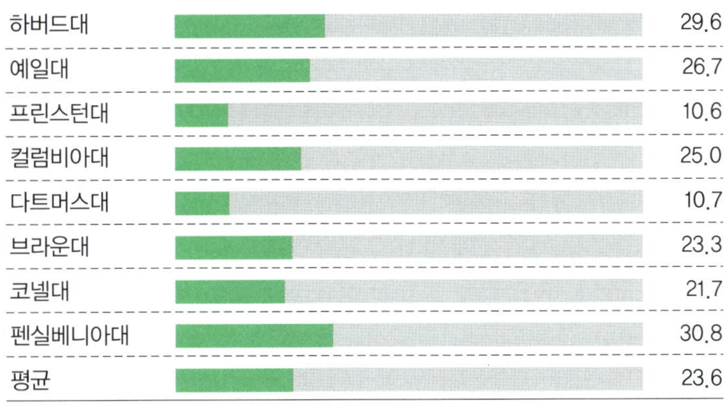


자료: 힐렐, 2003년 재학생 기준(동아일보, 2007. 12. 15)

1901년부터 2013년까지 유대인의 노벨상 수상자수를 보면 전체의 24%를 차지하고 있다. 유대인의 IQ가 높아서 그런 것도 아니다. 그들이 우리나라 아이들보다 더 열심히 공부해서도 아니다. 부모의 교육열이나 아이들 학습시간 등을 비교하면 우리나라가 훨씬 높다. 다만, 우리나라의 교육과 비교할 수 없는 요인이 질문 중심의 하브루타 교육방법에서 차이가 나는 것이 아닌가 생각된다. 유대인은 하브루타 교육방법을 수천 년 동안 전통교육방법으로 활용하고 있다.

### 3) 우리 학교교육의 실상

학급당 30명 이상의 학생을 1명의 선생님이 맡고 있으니 학생들의 개별적인 질문에 답하는 교육이 어떻게 가능하겠는가? 부득이 학교에서는 표준교재를 만들어 1시간 이내 단위시간을 정하여 선생님이 일방적으로 가르치는 표준화교육을 실시하고 있지 않은가? 이러한 교육제도를 통하여 어떻게 아이들이 특성을 개발하고, 창의적이고, 개성을 갖춘 차별성을 키울 수 있는 교육이 가능하겠는가?

부모들이 중심이 되는 가정교육은 어떠한가? 학교 선생님이 일방적으로 전달하는 지식(知識)교육에만 관심 있고, 지혜(知慧)교육은 안중에도 없다. 영어단어 암기나 수학공식 한 가지 더 외우는 교육에만 관심이 있는 것이다. 내 아이의 절대적인 가치가 아닌 다른 아이들과 상대적 비교를 통하여 점수 몇 점으로 아이를 평가하고 있다. 그럴 수밖에 없는 것도 지금까지 우리 교육제도의 현실이었다. 모든 것이 점수로 구별되고, 마침내 점수로 대학입학이 결정되며, 세칭 일류대학을 나와야 제대로 된 사람 행세를 할 수 있고, 사람다운 삶을 살 수 있다고 믿는 사회가 우리들이 살고 있는 현실이기 때문이다.

우리들의 아이가 사람다운 사람으로 성장하여 성공하기를 원한다면 그에 따른 교육은 빠를수록 좋다. 뇌 과학자들의 연구결과에 의하면 뇌에서 도덕적인 추론능력, 즉 사람다운 행동을 하게 만드는 것은 뇌의 전두엽에서 담당한다. 그런데 어릴 때 전두엽에 손상을 입느냐, 성인이 되고 난 후 전두엽에 손상을 입느냐에 따라 엄청난 차이가 있다고 한다.

어릴 때 전두엽에 문제가 발생하면 사회적으로 용납이 안 되는 행동을 서슴없이 하게 되고, 원하는 것이 있으면 법을 어기고서라도 아무 거리낌 없이 살인도 저지를 수 있다고 한다. 오늘날 OECD국가 중 자살률 1위, 출산율 최하위, 성폭력, 가정파괴범 등 우리나라의 각종 사회적 병리현상의 근본적 이유가 3살까지 애착실패와 7살까지 가정교육 붕괴에 근원이 있다고 주장하는 사람들의 논리에 수긍이 간다.

하지만 성인이 되고 난 뒤에 전두엽에 손상을 입은 사람은 상식에 어긋나는 행동을 할지라도 남을 해치는 짓은 하지 않는다고 한다. 어릴 때부터 어머니로부터 가정교육을 받고 실천에 옮기고, 그것이 이미 습관화되어 있기 때문에 문제를 덜 일으킨다는 것이다. 어릴 때부터 부모가 도덕적 인성교육을 시켜야 할 이유가 여기에 있다. 이 시기를 놓치면 그에 따른 부작용은 사회적 문제로 나타나게 된다.

수학, 영어 등 지식과 관련된 공부는 때를 놓쳤다 해도 어느 정도 노력하면 만회할 수 있다. 하지만 전두엽의 특성에서 보는 바와 같이 어릴 때 사람됨의 가치를 배우지 못하면 그 뒤에 배운다 해도 그것이 습관화되기는 어려우며 그 영향이 평생을 지배하게 된다는 것이다. 그럼에도 불구하고 부모들은 맞벌이라는 삶에 묶여 아이들의 가정교육을 방관하고 교육시기를 놓치고 있는 것은 아닌가?

영어단어는 남보다 빨리 한 개라도 더 가르치려고 열정을 보이면서 아이의 올바른 버릇과 가치관을 세우는 데는 왜 그렇게 무관심한 것인가? 나쁜 버릇을 제때 바로잡지 못하면 아이의 인생은 불행해질 수밖에 없다, 집에서든 밖에서든 제 뜻대로만 하려고 하다가 친구도 없고 선생님 사랑도 못 받는 외톨이가 되고 말 것이기 때문이다. 그러다 보면 사랑스런 아이가 다른 사람들과 어울려 살 수 없는 기피인물이 되어 있을지도 모른다.

### 4) 대학에서의 인성교육

대학교육의 진정한 의미는 어디에서 찾을 수 있을까? 자신의 인생설계에 맞는 전공을 찾아 전문가로 성장할 수 있는 기반을 다지고, 사회가 원하는 진정한 어른으로 성장할 수 있도록 교육하는 것이 대학교육이 가지는 진정한 의미일 것이다.

대학교육은 고등학교까지 주입식교육의 틀을 벗어나 자신이 학습의 주체가 되어 스스로 문제를 해결하는 과정에서 전문가의 지도를 받는 자율적 학습형태로 이루어지며 자율과 책임이라는 말로 대표된다. 대학교육이 전문성을 갖추고 사회가 원하는 진정한 어른됨을 가르치는 교육이라면 전문성과 함께 강조되어야 할 영역이 교양교육(인성교육)일 것이다. 대학에서 교양교육(인성교육)은 어떠한 형태로 이루어지고 있는가?

대학교육의 1학년과정은 고등학교 교육의 연장선상에 있다. 대부분 교과목도 고등 학교에서 배운 내용을 교양(教養)과정이라는 이름으로 개설되고 있다. 학습자 주도의 학습은 찾아볼 수 없고, 교수중심의 주입식교육이 또 다른 형태로 진행된다. 대학 1학년과정의 교육과정을 보면 수강신청 단계부터 학습자 개인의 의사는 철저히 배제된다. 학교에서 지정하는 과목을 필수교과목이라는 이유로 조건 없이 이수해야 한다. 대학교육과정에 인성교육이라는 과목은 아예 없다. 무엇이 인성교육의 영역인가조차도 구분되어 있지 않다. 최근 들어 일부 대학에서 인문학이라는 이름으로 강의가 개설되기 시작하고 있을 정도이다.

우리나라를 대표하는 세계 최고의 기업에서 10년 이상 근무한 엔지니어가 돈의 유혹을 이겨내지 못하고 특허기술을 경쟁상대인 외국기업에 팔아넘기고 구속되는 사례를 얼마든지 찾을 수 있다. 얼마나 한심한 일인가? 적과 아군을 구별하는 기본적인 가치를 배운바 없어서 그렇다고 치부하기에는 너무 손실이 크다. 나 자신만이 아니라 나와 우리 가족, 내가 소속된 우리 기업 및 조직, 우리 사회 및 우리나라에 대한 자부심(自負心)을 돈 얼마에 팔아서는 안 된다는 것을 누가 어떻게 교육해야 한다는 것인가?

전문성교육만 잘 시키면 해결될 수 있는 것인가? 기업은 인성을 갖춘 인재를 선호한다는 것은 잘 알려져 있다. 대학교육이 그 자체로서 존재하기보다 기업의 니즈를 반영하는 교육과정이 운영되어야 한다는 것은 수년 전부터 강조되어 왔다. 고 정주영 현대그룹 회장은 공개토론 프로그램에서 대학졸업생에게 인성교육을 강조하며 '전문교육은 기업에서 알아서 교육할 수 있으니 사람 만드는 교육이라도 대학에서 제대로 해달라'는 하소연을 공중파방송에서 강조한 바 있다.

기업의 특성에 맞는 전문교육은 기업의 생존을 위해 기업에서 실시하는 것이 당연하다. 대학에서 익힌 전문교육은 기업의 특성에 비추어 볼 때 너무나 범용적인 수준에 불과하다. 환경변화에 적응하기 위해서는 기업의 특성을 감안한 교육과정을 기업이 주도적으로 실시해야 한다. 물론 그 대상은 사람이다. 인성을 기본적으로 갖춘 사람을 대상으로 기업의 특성에 맞는 전문교육을 실시할 때 기업이 원하는 인재가 된다는 것은 자명한 이치이다.

### 5) 유대인의 4성교육(四性敎育)

첫 번째는 영성(신앙)교육이다. 『토라』(모세5경)를 중심으로 철저한 영성교육을 한다. 유대인들은 '왜 공부하는가?'라는 질문에는 망설임 없이 『토라』와 『탈무드』를 배우기 위해서라고 말한다. 그들이 토라와 탈무드를 배우는 것은 삶 그 자체라고 할 수 있다.

두 번째는 인성(人性)교육이다. 영성교육을 근본으로 가정교육을 통하여 율법(인성)을 배우며 익힌다. 5세까지는 주로 어머니를 통해 배우며, 5~12세까지는 아버지를 통해 7년간 율법(인성)을 배운다. 율법에는 613가지의 계율이 있으며 이에는 365가지 반드시 지켜 행하여야 할 계명과 248가지 하지 말아야 할 계명이 있다. 이러한 율법을 7년을 주

**유대인의 4性교육**

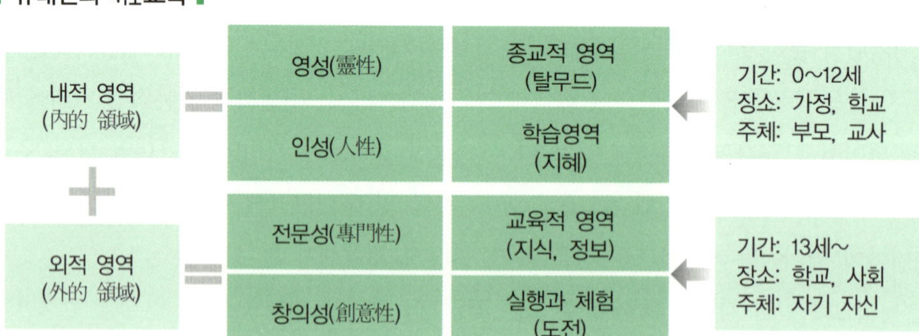


**인성(人性)은 교육을 통해서 길러진다.**
가정에서 미쳐 깨닫지 못한 내용도 교육을 통해서 깨닫게 함으로써 평생을 가정과 사회의 한 구성원으로 살아가는 기본을 배우는 것이다.

기로 일생을 통하여 반복적으로 배운다. 13세가 지나면 성인식과 함께 성인으로 인정받으며 하브루타를 통하여 친구와 함께 스스로 율법을 배우며 인성을 함양하게 된다.

세 번째는 전문성(專門性)교육이다. 영성과 인성을 바탕으로 인간관계와 삶에 필요한 전문성을 배우게 된다. 주로 정규학교과정을 통하여 다양한 전문성을 배우게 되며, 다양한 인문학적 소양은 물론 전공분야에 대한 소양도 함께 배우게 된다. 모든 학습은 하브루타방식으로 질문과 토론을 통하여 진리(眞理)를 탐구하는 학습을 하게 된다.

네 번째는 창의성(創意性)교육이다. 창의성교육은 전문성교육과 함께 주로 학교교육에서 이루어진다. 특히 관심을 끄는 것은 군복무를 통하여 직업생활에 필요한 창의성을 배우는 것이다. 남녀가 공히 고등학교를 졸업하면 의무적으로 군복무를 수행해야 한다. 군복무가 대충 시간을 보내는 것이 아니라 국방의 의무를 완수하면서도 앞으로 사회에서 직업생활을 하며 살아가기 위한 준비를 하는 기간으로 활용한다는 것이다. 이스라엘의 대학교육과정은 군복무 이후에 본인들의 선택에 따라 결정하게 된다. 대학신학률은 평균 40% 미만이다. 대학 졸업자의 70~80%가 창업을 하는 것도 우리나라 대학교육과 다른 점이다.

탈무드에는 '인간의 생활에 필요한 전문기술(기능)교육을 시키지 않으면 자녀가 도둑질을 하도록 방치하는 것과 같다'는 말이 있다. 유대인 부모들은 자녀들에게 남들이 하기를 기피하는 전문기술(기능)을 한 가지 이상 반드시 익히도록 가르치는 것도 특이한 점이다. 지정학적으로 사방에 적들의 공격에 노출된 그들의 역사적 전통에서 기인된 생존을 위한 학습의 결과라고 이해된다.

## 3. 인성모형과 의식단계

인성은 인간관계에서만 나타나는 특징이 있다. 인성이 머물고, 인성이 모습을 보이는 곳은 사람과 사람 사이이며, 성장단계에 따라 모형이 다르게 나타나게 된다. 이러한 모형을 보고 개인의 인성가치를 평가하기도 하며, 교육의 방향이나 내용을 설정하기도 한다.

**연령별 인성모형과 의식단계 변화**

| 구분 | ~10세 | ~20세 | ~30세 | ~40세 | ~50세 | ~60세 | 61세~ |
|---|---|---|---|---|---|---|---|
| 인성모형 | □ | □ | □ | ▲ | ▲ | ▲ | ○ |
| 욕구충족 | + | + | + | +, × | ×, −, + | −, + | ÷, + |
| 의식단계 | 모방 | 생각 | 행동 | 태도 | 습관 | 인생(운명) | |
| 『논어』 | 지학(志學) | 약관(弱冠) | 이립(而立) | 불혹(不惑) | 지천명(知天命) | 이순(耳順) | 회갑(回甲) |
| 과정 | 훈습(薰習) | 학습(學習) + 학문(學問) | | 실천(實踐) | | | 계승(繼承) |
| 지도자 | 부모 | 선생님 + 부모 | | 조직의 장 | | 사회의 어른 | |

주: 인성(人性)의 모형을 인간의 욕구충족(欲求充足)과정에 따라 네모(□), 세모(▲), 동그라미(○)와 더하기(+), 곱하기(×) 빼기(−), 나누기(÷)로 구분한다.
자료: 이도경·최일수(2013), 21세기 인성리더십, 강강수월래.

네모(□)의 유형은 전 생애를 걸쳐 지속적으로 나타나는 채우고 쌓아가는 욕구(needs)에 해당된다. 세모(▲)의 유형은 상향의지의 열정과 하향의지의 갈등이 상충하며 내면적 자아를 형성해 가는 욕구에 해당된다. 동그라미(○)유형은 인간의 내면적 욕구와 외면적 욕구가 끊임없는 갈등을 겪으며 마침내 진정한 어른(장=리더)됨의 모습을 갖추고 완성단계에 접어드는 유형이다.

더하기(+)는 삶에 필요한 지식과 지혜를 배우고 익혀가는 과정으로 정규교육과정을 통하여 이루지는 것이 대부분이다. 곱하기(×)는 더하기로 형성된 지식과 지혜를 바탕으로 성과와 부가가치를 창출하는 과정이다. 빼기(−)는 후배나 자녀들에게 그동안의 경험과 지혜를 시범과 모범을 통하여 전해주고 가르쳐주며 조언해주는 과정이다. 나누기(÷)는 그동안의 삶을 통하여 축적된 경험과 지식, 지혜를 후배와 후손들에게 아낌없이 나눠주는 과정이다.

### 1) 10세까지의 인성모형은 네모(□)유형이다

이 시기는 반복적 모방으로, 전적으로 부모의 행동을 따라 배우고 익히게 된다. 스스로 옳고 그름을 판단하고 행동으로 옮기는 것이 아니라 부모의 행동은 전적으로 옳다고 믿고 학습(學習)하는 단계이다.

훈습(薰習)을 통하여 마치 향나무의 향기를 맡거나, 모닥불에 연기를 쪼이는 것처럼 부모의 행동이나 말씨를 아무런 비판 없이 있는 그대로 온몸으로 받아들이며 배우고 익혀 따라 하는 시기이다. 그래서 부모의 행동 하나하나, 말씨 한 마디 한 마디가 아이에게 더하기(+)형태로 학습되고 차곡차곡 내면적(內面的) 특성으로 축적되어 언젠가는 밖으로 나올 준비를 하게 된다.

### 2) 10~30세까지의 인성모형도 네모(□)유형이다

가정과 학교에서 부모와 선생님의 가르침을 통하여 새로운 가치관이 형성되며, 친구들과 사회적 활동을 통하여 마침내 자기 생각이 포함된 비판적 사고를 형성하는 시기라고 할 수 있다. 이 시기에 중요한 것은 새로운 학문(學文)에 대한 호기심과 관심을 갖게 되며, 질문(質問)을 통하여 자기 생각을 중심으로 역량을 극대화시키는 것이다.

이 시기의 욕구충족방법 역시 더하기(+) 형태로 이루어지며, 단순모방에서 자기 생각을 더하여 지식의 폭을 넓히고, 스스로 행동하며 홀로서기를 준비하는 단계라고 할 수 있다. 이 시기는 다양한 경험을 통하여 지식을 축적시키고 인간관계의 폭을 넓혀가며 나와 다름을 이해하고 경청(傾聽)과 배려(配慮)의 인성행동을 통하여 내공을 쌓아가는 것이 중요하다. 이러한 과정을 통하여 이립(而立)의 홀로서기와 자기 자신의 삶을 준비하는 것이 필요하다.

### 3) 30~40세까지의 인성모형은 삼각형(▲)유형이다

그동안 쌓아온 내공으로 부가가치를 생산하는 행동에 적극적으로 참여하는 시기이다. 이 시기의 욕구충족방법은 더하기(+)와 곱하기(×) 형태로 이루어지며 새로운 가치와 성과창출을 통하여 반드시 필요한 인재로서 존재감을 나타낼 수 있어야 한다.

긍정적인 자세와 언행일치를 통해 신뢰성을 확보하고 어떠한 유혹에도 흔들리지 않는 불혹(不惑)의 가치기준을 정립하여야 하며, 직장상사에게는 성과로 보답하고, 후배에게 본보기가 되는 역량을 꾸준히 쌓아가는 것이 중요하다.

마음속에 솟아나는 일에 대한 열정을 스스로 다스리며 성공적인 삶을 준비하기 위해 수평적 · 수직적 인간관계를 구축하는 것이 중요하다.

### 4) 40~50세까지의 인성모형도 삼각형(▲)유형이다

이 시기부터는 불혹(不惑)의 단계로서 직장생활 전반을 통하여 가장 열정적으로 일할 수 있는 시기이다. 자신만의 가치기준을 명확히 설정하고 선(善)과 악(惡)을 구분할 수 있는 판단기준을 설정하되 자기 자신의 범주를 넘어 조직과 사회, 국가, 인류까지 생각할 수 있는 안목을 가지는 것이 중요하다.

흔히 직장생활 성공의 기준으로 믿을 수 있는 후배 3명이 있다면 그는 직장생활에 성공한 존재라고 한다. 조직의 장으로서 실천을 통하여 성과를 창출(×)하고 그동안 쌓아온 일과 삶의 지혜를 후배들에게 베풀 수 있는 빼기(−)와 그 빈자리를 채우기 위한 자기개발(+)을 게을리하지 말아야 한다. 이 시기는 일과 가정의 가치를 동시에 생각하는 지혜로운 자세로 삶의 가치를 더해 가는 것이 중요하다.

### 5) 50~60세까지의 인성모형도 역시 삼각형(▲)유형이다

50세를 흔히 지천명(知天命)의 나이라고 한다. 하늘의 뜻을 알아가는 나이라는 의미이다. 그동안 살아온 경험과 지혜를 통하여 형성된 습관으로부터 자신의 삶을 정리하는 시기이다. 그래서 더 많이 베풀고 더 많이 빼기(−)를 해야 한다. 특히 위를 바라보는 것보다 아래를 바라보며 힘들고 어려워하는 후배들에게 일과 삶에 대한 지혜를 아낌없이 줄 수 있어야 한다.

자식들에게도 그동안의 경험을 눈높이에 맡게 빼기(−)를 해주어야 한다. 가정에서는 완고한 아버지가 아니라 삶의 경륜이 묻어나는 인생선배로 대화의 상대가 되는 어른의 역할을 할 수 있어야 한다. 직장에서도 마찬가지다. 후배들의 사기를 높여주고, 그들의 어려움을 해결해주는 조언자로서 역할을 해야 한다. 후배들의 일과 역할을 차지하는 것이 아니라 그들에게 도움이 되는 조력자로서 참된 어른(리더)이 되는 것이 중요하다. 마음의 빈자리는 인생 2막을 위한 더하기(+)로 채워야 한다.

### 6) 61세 이후의 인생모형은 동그라미(○)로 표현된다

나이 60세를 이순(耳順)이라 한다. 귀가 순해져서 어떠한 말을 들어도 다 이해하고 소화할 수 있는 나이라는 뜻이다. 회갑(回甲)을 맞이하게 되면 진정한 어른으로 대접받는 행동을 해야 하며, 본보기가 되어야 하며, 사회적 · 윤리적 책임도 함께 져야 한다. 지금부터의 삶은 철저히 나누기(÷)하는 삶을 살아야 한다. 무엇인가를 채우는 삶이 아니라 가진 것을 나누며 비우는 삶을 살아야 한다. 더 이상 위로 올라가는 삶이 아니라 내려가는 여유 있는 삶을 살아야 한다. 그동안 쌓아온 덕(德)을 나누며 본보기가 되는 삶을 사는 것이 중요한 삶의 가치이다. 나누고 남은 빈자리는 인생 2모작을 위한 작은 더하기로 메꾸어 가는 지혜가 필요하다.

## 4. 인성인재의 실천과제

### 1) 자존심을 회복하라

국어사전에는 자존심(自尊心)을 '남에게 굽히지 아니하고 자신의 품위를 스스로 지키는 마음'이라고 정의하고 있다. 이와 같이 인간관계에서 부딪치는 각종 문제에서 자신의 품위를 스스로 지키고 당당하게 해결하며, 행복을 누릴 가치가 있다고 믿는 것이 바로 자존심이다.

자존심은 생존(生存)을 위해 필요하다. 흔히 삶과 행복이 마음먹기에 달려 있다고 한다. 우리의 마음은 스스로 가장 중요한 문제에 집중하도록 프로그래밍되어 있지 않다. 우리의 마음은 선택에 따라 수동적으로 작동한다. 예를 들어, 자존심이 강한 사람은 아무리 어려운 문제에 직면하더라도 최적의 방법으로 스스로 선택하며 슬기롭게 극복하게 된다.

그래서 인생을 B(Birth)와 D(Death) 사이의 C(Choice), 즉 반복되는 선택의 결과라고도 한다. 물론 자존심이 강한 사람이 모든 문제를 스스로 극복할 수 있는 것은 아니지만 실패보다는 성공할 가능성이 훨씬 높다는 것이다. 그리고 성공의 경험이 많아질수록 자존심도 높아진다고 한다. 나다니엘 브랜든(Nathaniel Branden)은 자존심을 높여주는 6가지 원칙을 다음과 같이 제시하고 있다.

#### (1) 자신이 무엇을 하고 있는지 인식하며 살아라

자신이 어떤 행동을 하고 있는지 인식하고, 순간에 집중하는 삶을 살아야 한다. 예를 들어 고객, 상사, 부하직원, 동료와 대화를 하고 있는 중이라면 그 순간과 상대방에게 집중해야 한다. 회사나 조직의 목표달성을 위해 열정을 보이면서 가족과 자기 자신에 대해 잘 알지 못하는 삶은 곤란하다. 스스로 자아(自我)를 의식하며 돌아봄으로써 인생의 목적에 한 걸음 가까이 다가갈 수 있기 때문이다.

### (2) 자신을 있는 그대로 인정하며 살아라

스스로를 있는 그대로 수용하면 자신이 항상 심판대 위에 놓여 있다는 생각에서 자유로울 수 있다. 그러면 상대방이 무엇을 지적하거나 다른 의견을 내놓더라도 적대적인 마음을 품지 않고 상대방의 말을 경청할 수 있다.

### (3) 자신의 선택과 행동에 책임을 져라

현재 자신이 살아가는 모습은 자신이 내린 선택과 그에 따른 행동의 결과라는 사실을 인식해야 한다. 한 사람의 인생이 한 권의 책이라면 그 책을 쓰는 사람은 다름 아닌 자기 자신이기 때문이다.

### (4) 자신의 의견을 당당히 드러낼 줄 알아라

상대방을 대할 때 예의에 어긋나서는 안 되지만 동시에 자신이 추구하는 가치를 속여서도 안 된다. 자신이 추구하는 가치대로 살아갈 용기를 발휘해야 한다. 그리고 스스로를 위해 일어설 줄 알아야 한다. 다른 사람들의 시선이나 비판이 두려워 진정한 자신의 모습을 숨기거나 가장하면서 사는 것은 당당한 삶이 아니다.

### (5) 목적을 가진 삶을 살아라

목적의식 없이 흘러가는 대로 살지 말고 분명한 목적을 가지고 살아야 한다. 목적의식이 있으면 하루하루 살아가면서 어디에 우선순위를 두어야 할지 잘 알 수 있다. 목적의식을 가지고 사는 것은 외부적인 성공만을 의미하는 것은 아니다. 자존심의 뿌리는 본질적으로 외부에서 이루어 낸 무언가가 아니라 우리가 무언가를 성취할 수 있도록 동기를 부여하는 내면적인 힘과 가치이다. 그 내면적인 힘과 가치를 모은 것이 바로 자존심이다.

### (6) 정직한 인격을 갖추도록 노력하라

언행일치를 위해 힘쓰라. 진실만을 말하고 자신이 내뱉은 말에 반드시 책임을 질 줄 알아야 한다. 중요하다고 생각하는 가치를 몸소 행동으로 실천하며, 모든 사람들을 공정하게 대하고 친절을 베풀어라. 자신의 가치를 저버리는 것은 양심을 배신하는 행동이며 자존심에 상처를 입힌다. 인격(人格)은 자존심의 근원이면서 동시에 자존심의 표현이기도 하다.

## 2) 의미 있는 일을 찾아라

프로기사들은 바둑 한 판을 마무리한 후 그들이 둔 바둑을 완전히 복기하며 어떤 돌이 실수인가 되짚어본다. 복기란 바둑이 끝난 뒤, 양 대국자가 그동안 두었던 한 판의 바둑을 처음부터 끝까지 다시 되풀이하며 성찰하는 것을 의미한다. 그것은 바둑 돌 한 점 한 점이 모두 의미를 가지고 있으며, 그때 그 순간에 내가 선택할 수 있는 최선의 결과로 그 돌을 그 위치에 놓았기 때문이다.

오스트리아의 정신심리학자이며 대학교수였던 빅터 프랭클은 그가 유대인이라는 이유 하나 때문에 3년이라는 세월을 나치의 집단수용소에서 지내야 했고, 그곳에서 경험을 바탕으로 로고테라피(의미요법)라는 심리치료이론을 만들어 냈다(네이버 사전).

로고테라피(의미요법)란 어떤 상황에서도 그 나름대로 고유한 의미를 찾기만 하면 결코 삶을 포기하지 않는다는 것이다. 그는 그것을 확인이라도 하듯이 같은 수용소 동료들에게 '이렇게 고통스러운 삶을 살아가면서도 죽지 않는 이유는 무엇인가'라고 물어보곤 했다. 그들의 대답은 평범한 것이지만 나름대로 고유한 것, 즉 아내를 만나기 위해서, 아이들이 보고 싶어서, 내가 하던 일을 마무리해야 하는 것 등 때문에 살아남는다는 것을 알아낸 것이다.

대기업에 입사하여 10년간 직장생활을 한 제자가 들려주는 신입사원 시절의 이야기가 생각난다. 입사 2년 때 그는 세탁기 성능 실험담당자 역할을 맡았다. 어느 날 세탁기 3대를 놓고 시험가동하던 중 주체할 수 없는 눈물을 흘리며 2시간 동안 내내 울었다고 한다. 실컷 울고 나서 왜 그렇게 울었나 하고 그 상황을 되돌아보았더니, 우선 그 시험가동하는 일에서 자신에 대한 아무 의미를 찾지 못했고, 또한 그 의미 없는 일에서 탈출할 수 없을 것 같은 자신의 절박함 때문이었다고 한다. 그런 일이 있은 후, 그는 의미 있는 일을 찾으려 애썼고, 결국 해당 분야의 박사학위를 취득하였으며, 한 걸음 더 나아가 지금은 다른 사람을 성장시키는 커리어 컨설턴트로 일하고 있다.

건축현장에서 일하는 3명의 벽돌공에게 신부님이 다가가 '당신은 지금 무슨 일을 하고 있습니까?'라는 질문을 했다. 첫 번째 벽돌공은 바쁘다는 표정을 지으며 '예, 지금 벽돌을 쌓고 있습니다'라고 말했다. 두 번째 벽돌공에게 똑같은 질문을 했다. 그는 짜증을 내며 '보고도 모르겠소? 난 지금 벽을 쌓기 위해 벽돌을 다듬고 있소'라고 퉁명스럽게 말했다. 마지막 세 번째 벽돌공은 '당신은 지금 무슨 일을 하고 있습니까?'라는 질문에 환한 얼굴로 신부님을 바라보며 '예, 저는 지금 성전을 건축하는 일에 참여하고 있습니다'라고 즐거운 마음으로 대답했다. 3명의 벽돌공이 하는 일은 동일하지만 그들이 생각하는 바에 따라 일하는 의미는 전혀 다르다.

니체는 '삶의 의미를 아는 사람은 삶을 의미 있는 목적지로 데려갈 수 있다. 그리고 그 의미는 이미 어떻게 할 것인가를 품고 있다'라고 말했다. 오늘을 살고 있는 우리 모두는 자신에게 물어보아야 할 것이다. 내가 복기하고 싶은 내 삶의 가장 의미 있고 설레는 순간은 언제였으며, 나는 왜 오늘의 삶을 이어가고 있는가? 취업을 준비하고 있는 대학생으로서 나에게 직업은 어떤 의미를 가지며, 나아가 그러한 직업이 나의 가족, 내가 속한 직장에는 어떠한 의미를 가지며, 아울러 내가 살고 있는 사회와 국가에는 어떠한 의미가 있는가를 되새겨볼 때 진정으로 의미 있는 일을 발견하게 될 것이다.

### 3) 꿈의 패러다임을 보고 소망을 가져라

어느 초등학교 교정에 '큰 사람이 되자'라는 표석이 높이 세워져 있는 것을 보았다. 익히 듣던 교훈이다. 인격적으로 포용력 있고 호연지기(浩然之氣)를 가진 대인이 되라는 말이다.

'Boys be ambitious!(젊은이여, 야망을 가져라!)'라는 말도 일맥상통하는 말이다. 꿈은 내가 꾸며낸 이야기이다. 나의 미래 모습을 내가 글로 써보는 것이다. 자신이 가져야 할 가장 소중한 것을 스스로 꾸며가는 이야기가 꿈이 되는 것이다. 꿈은 화초 기르기와 같은 것이다. 단 하루라도 물을 주지 않으면 시들어 버리는 나팔꽃 같기도 하고, 선인장 같이 너무 많은 물을 주게 되면 뿌리부터 썩어 버리게 된다.

꿈은 지속적인 관심을 가져야 한다. 단 하루도 뒤돌아보고 가까이 하지 않으면 서서히

멀어지는 것이 꿈이다. 우리 자신을 뒤돌아보면 초등학교 때까지는 누구나 꿈을 가지고 있었다.

필자의 아이들의 경우를 살펴보니 이들이 초등학교 4~5학년 때 5월 '가정의 달' 일기장에 '나의 꿈'이라는 제목의 일기가 있었다. 어린이날을 기해 담임선생님이 제목일기를 숙제로 낸 것 같았다. 그러나 아이들이 중학교 고등학교에 진학하면서 그들의 꿈은 사라지고 상급학교에 진학하는 것으로 바뀌어 있었다.

하지만 이제 큰 꿈을 꾸미기 전에 남다른 꿈을 꾸며보라고 권하고 싶다. 우리의 청소년과 청년들이 뛰어야 할 무대를 한반도에 머물게 할 수는 없다. 전 세계 각계각층의 무대에서 활약하기를 꿈꾸는 젊은이들이 경쟁자들을 이겨낼 덕목(德目)은 그 크기를 재단할 수는 없기 때문이다.

시대의 변화는 빨라지고 수많은 새로운 것들이 변화를 더욱 가속화시키고 있다. 시대는 남과 다른 것으로 이길 수 있을 뿐, 큰 것으로 이길 수 있는 세상이 아니다. 큰 것에 감격해하는 시대는 지났다. 그래서 다른 것, 차별화된 것으로 감동을 주어야 하는 것이다. 독창성과 개성은 미래세대가 살아남을 수 있는 생명 같은 키워드이다. 하물며 우리의 자라나는 신록들에게 여전히 추상적인 큰 꿈을 가지라고 주문할 수만은 없다.

소망은 목표가 분명한 희망이다. 남과 다름으로써 더욱 커 보이는 것이다. 취업을 준비 중인 학생들도 남들과 다른 어떤 꿈을 그릴 것인가에 따라 진로에 엄청난 차이를 가져온다. 꿈을 이야기할 때, 비록 그것이 소위 목표와는 달라서 구체적이지도, 계획적이지도 않은, 그래서 단지 '막연한 꿈'에 불과한 것이라 할지라도, '무엇이 되고 싶다'라는 꿈과 '무엇을 하고 싶다'라는 꿈, 또한 '큰 꿈'과 '남다른 꿈'은 꿈의 패러다임 자체가 다르다. 꿈의 패러다임이 바뀌면 인생의 패러다임도 바뀔 수 있기 때문이다.

### 4) 무엇이 되고 싶다가 아닌, 무엇을 하고 싶은가를 꿈꿔라

미래학자들이 30년 후 사회를 예측할 때 조사하는 방법으로 중·고등학교 청소년들의 교실에서 이들의 꿈을 조사하는 방법이 있다. 중·고등학교 청소년들이 어떤 꿈과 이상을 갖는가는 바로 30년 후 그 사회의 모습이 될 수 있기 때문이다.

이들이 꾸는 꿈은 우리 모두의 현실이 된다. 세상에 이보다 더 중요한 꿈이 있을까? 이들은 지금 어떤 꿈을 꾸고 있을까? 아니 무슨 꿈을 꾸게 할 것인가? 초등학교 시절부터 담임선생님은 물었다. '장래 커서 무엇이 될 것이냐?' 초롱초롱한 어린이를 보면 어른들은 누구나 묻는다. '나중에 크면 무엇이 되고 싶냐?' 그들이 꾸고 있는 꿈이 궁금했고, 또 꿈을 그리게 하려는 질문이었다.

언제부터인가 필자는 학생들에게 꿈을 물을 때 '무엇이 되고 싶은가?'가 아니라 '무엇을 하고 싶은가?'라고 물어야 한다고 생각했다. '되고 싶은 꿈'은 지위에 대한 꿈같이 들리고, '하고 싶은 꿈'은 '업적과 역할에 대한 꿈'으로 보이기 때문이다. 엄밀히 따지자면, 안일하게 자리를 누릴 생각이 아니라면, 무엇이 된다는 것은 무엇을 하기 위한 수단일 수밖에 없다. 따라서 꿈의 최종적 이상(理想)은 무엇을 하는 것, 바로 그것일 것이다. '남북통일을 이루고 싶다'라는 꿈과 '대통령이 되고 싶다'라는 꿈은 목표와 열정이 다르고, '타임머신을 만들고 싶다'와 '위대한 과학자가 되겠다'는 것에는 꿈의 박력이 다르다.

노벨상은 무엇이 된 사람에게 주는 상이 아니라, 무엇을 한 사람에게 주는 상이다.

'내게는 꿈이 있습니다. 언젠가는 조지아의 붉은 언덕 위에 옛 노예와 주인의 아들들이 함께 형제의 테이블에 앉게 되리라는 꿈이 있습니다. 내게는 꿈이 있습니다. 언젠가는 골짜기마다 돋워지며 모든 언덕과 산들이 낮아지며 고르지 않은 곳이 평탄케 되며 험한 곳이 평지가 될 것이요, 하나님의 영광이 나타나며 모든 육체가 그것을 함께 보리라는 꿈이 있습니다. 뉴햄프셔의 광활한 언덕 위에서 자유의 종이 울리게 합시다. 뉴욕의 웅장한 산맥 가운데 자유의 종이 울리게 합시다'(마틴 루터 킹 목사의 연설 'I have a dream'에서).

노벨평화상을 받은 킹 목사의 유명한 '내게는 꿈이 있습니다'라는 연설 속에 무엇이 되겠다는 꿈은 한 구절도 없었다. 내가 무엇이 되는 것보다 더 중요한 꿈! 무엇이 되는 것보다 더 깊은 생각이 요구되는 꿈! 무엇이 되는 것보다 더 열정적인 꿈, 그것은 '무엇을 할 것이다'라는 꿈이다.

우리나라에서 고등학교를 졸업하고 곧바로 미국의 유명 대학(세칭 아이비리그 대학)에 진학한 학생들 중에서 대학 1학년 때는 대단히 우수한 성적으로 시작하지만, 대학 1학년 과정을 마치고 2학년에 진급할 때쯤에는 약 44%의 학생들이 낙제를 한다고 한다(전성수, 2014). 그 이유를 분석한 글은 충격적이었다. 고등학교를 졸업하고 미국의 유명 대학에 진학한 한국학생들은 이미 자신들의 꿈을 이루었기 때문에 더 이상 꿈으로 도전할 대상을 설정하지 못했다는 것이다. 즉, 꿈 넘어 꿈을 찾지 못하고 있다는 분석이었다.

직장인의 68%가 꿈이 없으며, 졸업을 앞둔 '대학 4학년생의 34%가 대학졸업 후에 이루고 싶은 일에 대한 구체적인 꿈이 없다'고 한다. 심각한 문제가 아닐 수 없다. 그들에게도 무엇이 될 것인가를 묻지 말고, 무엇을 할 것인가를 묻자. 그리고 그들이 꿈을 갖도록 가르쳐야 할 것이다. 그 다음에 무슨 일을 하며 그것을 통해 무엇을 남기고 싶은가를 진지하게 고민하게 해야 할 것이다. 노벨상은 고민의 끝자락에 놓여 있으며, 그들이 왜 공부를 해야 하며, 직업생활을 하며 어떻게 살아야 할 것인가의 의미를 찾는 시발점이기 때문이다.

## Review Point

### [학습목표 확인]

1 취업준비에서 인성공부의 중요성을 이해할 수 있다.

2 격물치지의 개념을 이해할 수 있다.

3 취업준비에서 인성교육의 필요성을 이해할 수 있다.

4 취업준비에서 인성교육의 가치를 이해할 수 있다.

5 성도교(性道敎)의 개념을 이해할 수 있다.

6 기업이 원하는 인성인재의 특성을 이해할 수 있다.

7 인성인재의 특성변화를 이해할 수 있다.

8 유대인의 4성교육의 특징을 이해할 수 있다.

9 인성모형과 의식변화의 단계별 특징을 이해할 수 있다.

10 인성인재의 실천과제를 이해할 수 있다.

### [다음 단계 소개: Chapter 7]

Chapter 7에서는 NCS 기반의 5W-1H 취업전략을 학습하기 위하여

1 5W-1H 취업전략의 이론적 개념과 단계별 실천과제를 작성하며,

2 자기분석과 기업분석의 중요성을 이해하고 워크시트를 작성하며,

3 입사지원서 글감 찾기를 워크시트를 작성하며,

4 취업준비 실태 자가진단을 통하여 자신의 준비상태를 스스로 확인할 수 있도록 학습할 것이다.

Chapter 07

# NCS 기반 5W-1H 취업전략



## 제1절 5W-1H 취업전략의 이해

취업준비를 위한 실천전략과 진행사항을 일목요연(一目瞭然)하게 정리해보는 것도 의미 있는 일이다. 자기 스스로 무엇을 어떻게 준비하고 있는가를 한눈에 볼 수 있도록 작성한 자료를 가지고 있다면 수시로 진행사항을 점검하고 부족한 부분을 보완하며 취업준비의 완성도를 높일 수 있기 때문이다.

이러한 의미에서 5W-1H 전략은 중요한 의미를 가진다고 할 수 있다. 각각의 전략에 대하여 혼자 생각하고 준비하는 것은 시간도 많이 걸리고 준비과정에서 나태함에 빠지기 쉽다. 5W-1H 전략은 취업동아리나 친구와 짝을 지어 각각의 항목에 대하여 질문하고, 대화하며, 토론과정을 거쳐 완성도를 높여가는 실천전략이다.

국가직무능력표준(NCS)은 직종별 직무역량을 표준화시킨 것이다. 이는 학교교육과 기업의 니즈(needs)를 연계시킴으로써 인적자원 개발의 효율성을 높이기 위해 개발되었다. 5W-1H 전략은 개인별 직무역량을 체계적으로 정리하여 입사지원서(자기소개서) 작성 시 직무역량 중심의 글감을 찾을 수 있음은 물론 면접과정에서 MDS(My Doing Story)의 스토리텔링 중심으로 차별화된 이야깃거리를 찾을 수 있기 때문에 효율적인 취업준비 전략이라고 판단된다.

혼자 하는 것이 아니라 취업동아리에서 친구와 짝을 지어 다양한 관점에서 질문과 대화 중심의 토론을 이어가다 보면 각각의 5W-1H 전략과 관련된 차별화된 스토리 키워드를 찾아가는 과정에서 경청, 발표력, 배려, 판단력 등을 획기적으로 향상시킬 수 있는 차별화된 전략이기 때문이다.

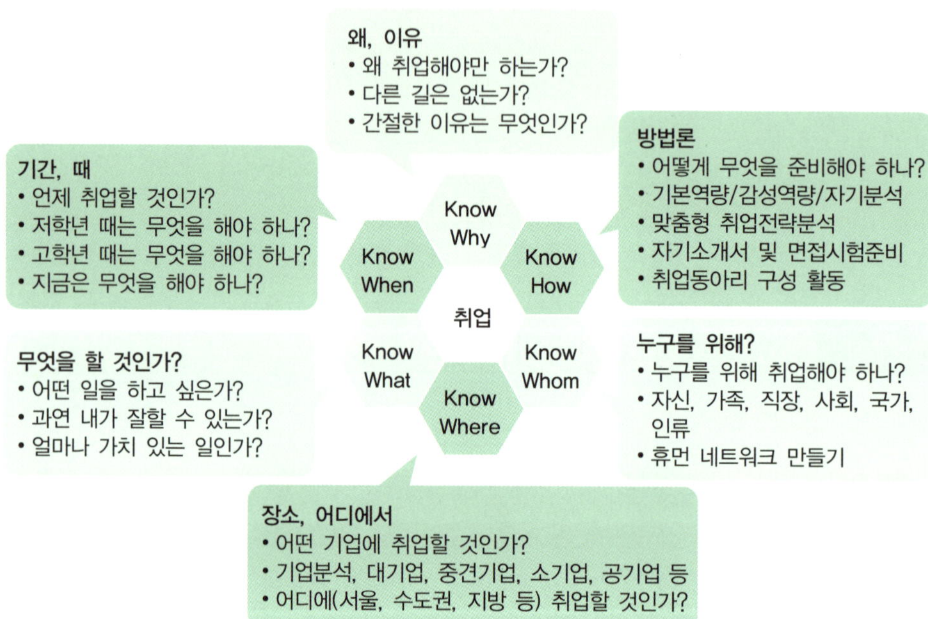


## 1. Know Why: 왜 취업을 해야 하는가?

국내 한 대학의 재학생 대상의 설문조사에서 신입생의 54%가 대학에서 이루고 싶은 목표나 꿈이 무엇인지 구체적으로 생각해본 적이 없으며, 4학년 1학기에 재학 중인 학생의 32.4%가 구체적인 진로목표가 없다는 답을 했다고 한다.

취업준비를 하고 있는 당신은 다음 질문에 답해야 한다.

1. 왜 꼭 취업을 해야 하는가?
2. 취업하지 않고 창업을 하면 어떻게 해야 하는가?
3. 대학원에 진학하는 것과 취업하는 것은 어떤 차이가 있는가?
4. 대학원에 진학하여 석·박사 학위를 취득하면 무엇이 달라지는가?
5. 석·박사 학위를 취득하면 더 좋은 일자리를 얻을 수 있다는 확신이 있는가?

이러한 질문에 답할 수 있을 때 에너지가 생기며, 나에게 맞는 전략을 구상할 수 있고, 방법을 강구할 수 있기 때문이다.

## 2. Know What: 무슨 일을 하고 싶은가?

대학교육과정을 마치고 취업하기로 결정했다면 다음 사항에 대하여 스스로 답을 찾아가는 노력이 필요하다. 혼자 하기 힘들면 친구와 같이 하브루타 방법으로 질문과 토론을 통하여 최선의 방법을 찾아야 한다. 이것이 인생의 출발이 될 수 있기 때문이다.

| |
|---|
| 1. 어떤 분야(업종, 직종)에서 직업생활을 하고 싶은가? |
| 2. 전공분야와 동일한 분야에서 직업을 찾을 것인가? |
| 3. 내가 진정 하고 싶은 일과 잘할 수 있는 일은 무엇인가? |
| 4. 내가 삶의 가치로 여기고 있는 일은 무엇인가? |
| 5. 내가 원하는 직업과 가치 있는 삶을 연계시킬 수 있는 방법은 무엇인가? |

## 3. Know When: 언제부터 취업준비를 해야 하는가?

취업준비는 빠를수록 좋다.

| |
|---|
| 1. 1학년: 대학생활 전반에 대한 목표를 설정하라.<br>• 친구관계, 동아리활동, 인간관계 형성, 독서활동, 어학공부, 기초학력 배양 |
| 2. 2학년: 진로설정, 세부전공 선택 및 학습목표 방법 등을 설계하라.<br>• 동아리활동, 공모전 준비, 군복무계획 수립, 인맥관리, 사회봉사활동 참가 |
| 3. 3학년: 기업분석과 직업체험 프로그램 참여를 통한 취업준비 시작<br>• 일하고 싶은 기업과 직업을 선택하고 NCS 기준에 의한 직무역량 확인<br>• 5개 정도의 기업분석 파일(file)을 작성하고 동아리 멤버들과 공유한다.<br>• 방학기간을 통하여 직업체험 활동에 참여한다.<br>• 학교에서 지원하는 직업체험 인턴 활동에 참여한다. |
| 4. 4학년: 구체적인 입사 희망기업을 선정하고 취업준비 실전활동 이행<br>• 직무 관련 전공 자격증 취득, 채용연계형 인턴체용 지원<br>• 입사지원서 작성, NCS 기반의 채용전형 준비(자기소개서, 블라인드 면접 등) |
| 5. 입사지원서 제출시기 결정<br>• 대학재학 중에 할 것인가? 졸업 후에 할 것인가? 지원시기를 결정한다. |

## 4. Know Where: 대기업, 중견기업 등 어디에 취업해야 하는가?

취업목표 기업을 선택하는 것은 1단계 취업전략의 마지막 단계이다.

| |
|---|
| 1. 내가 취업하고 싶은 기업의 규모를 선택하라. |
| 2. 내가 취업하고 싶은 기업의 소재지를 확인하라. |
| 3. 왜 이 기업을 선택하는가에 대하여 구체적인 이유를 작성하라(3가지 이상). |
| 4. 중소기업이라면 입사 10년 후 자신의 비전을 구체적으로 작성해보라. |
| 5. 지원하는 직무에 대한 구체적 직무내용을 NCS 기준을 찾아 확인하라. |

대학졸업 후 시작하는 최초의 직장이 인생에 많은 영향을 끼친다. 일단 붙고 보자는 생각으로 적성, 가치관 등이 다른 기업을 선택하여 입사 후 지방근무라는 이유로 입사를 포기하거나, 1년 이내 퇴직하는 퇴사율이 27.7%라고 한다. 300인 이상의 대기업의 경우 1년 이내 퇴사율이 9.4%이나, 300인 미만의 중소기업의 1년 이내 퇴사율은 32.5%로 월등이 높은 편이다.

일단 입사가 결정되면 그 직무를 좋아하고 그 일에 흥미를 느낄 수 있도록 노력해보는 것도 중요하다. 지금까지 좋아하는 일이 없었다면 지금 주어진 일을 좋아해보는 노력이 필요하다. 여기에서 자신의 새로운 모습을 발견하고 도전하는 자세를 갖추도록 노력하는 것이 바람직하다.

## 5. Know Who: '취업', 누구를 위한 것인가?

'누구를 위해 취업(就業)을 해야 하는 것인가?' 취업준비를 하며 한 번쯤은 질문해보는 것도 의미있을 것이다.

인간의 욕구를 달성할 수 있는 유일한 방법은 직업을 갖는 것이다. 직업이 없이는 어떠한 욕구도 이룰 수 없을 것이다. 따라서 직업을 갖는 것은 '나'의 삶을 유지하기 위한 가장 기본적이며, 가장 중요한 가치의 실현이라고 할 수 있다.

취업(就業)은 오직 '나' 자신을 위한 선택에서 출발하는 것이다. 직업활동은 아무도 나를 대신해서 할 수도 없으며, 그렇게 해서도 안 되는 것이다. 오직 직업활동에 필요한 전문역량과 인간관계에서 필요한 인성역량을 스스로 배우고 익혀야 하는 것이다.

직업활동은 그 목적이 개인의 삶에서 출발하여 가족, 직장, 사회, 국가 및 인류까지 직업관(職業觀)의 가치를 확장시키는 노력이 필요하다. 그러나 대부분의 사람들은 직업활동의 종착지를 개인의 정년까지로 한정하고 있다. 그러나 직업활동이 '나'의 개인적 삶에서 출발하여 가족과 직장, 사회 및 국가를 넘어 인류를 위하는 목표를 갖게 된다면 이는 또 다른 의미를 갖게 될 것이다.

**직업관(職業觀)의 확장**

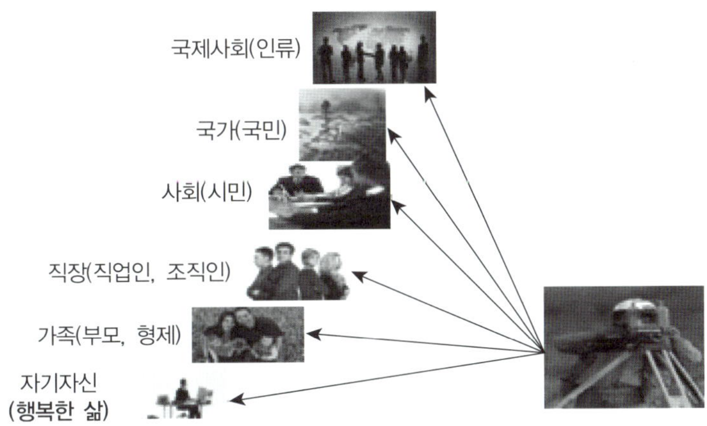


## 6. Know How: 어떻게 준비해야 하는가?

취업준비의 마지막 단계로 구체적인 취업전략과 방법이 필요한 시점이다. 취업은 나와 나를 필요로 하는 기업(=일자리)의 욕구의 만남에서 이루어진다.

내가 아무리 원해도 상대(=기업)가 나를 원하지 않으면 이루어질 수 없으며, 상대(=기업)가 나를 아무리 원해도 내가 동의하지 않으면 이 또한 이루어지지 않기 때문이다. 따라서 취업준비의 구체적 방법을 다음과 같이 정리할 수 있다.

| |
|---|
| 1. 나 자신에 대하여 정확히 알아야 한다. |
| 2. 하고 싶은 일에 대하여 분석해야 한다. |
| 3. 실제로 직업현장에서 이루어지는 직무내용과 실태를 분석해야 한다. |

| |
|---|
| 4. 취업하고 싶은 기업의 정보(인재상, 기업문화, 비전)를 파악해야 한다. |
| 5. 취업동아리를 구성하여 함께 준비한다(정보의 공유, 역할 나눔). |
| 6. 맞춤형 입사지원서를 작성한다(이력서, 자기소개서 작성). |
| 7. 지원하는 기업의 채용방법에 맞는 맞춤형 대응전략을 강구한다(면접전형). |

취업준비 방법의 핵심은 자기소개서 작성과 면접전형에 대비하는 것이다.

첫째, 자기소개서는 '나'라는 제품의 사용설명서에 해당하는 중요한 부분이다. 아무리 좋은 제품 구입해도 어떻게 사용하는가를 알지 못하면 무용지물(無用之物)에 속하기 때문이다. 자기소개서는 지원자의 특징을 기업이 원하는 조건에 맞도록 작성한 자기사용설명서에 해당한다고 할 수 있다.

둘째, 면접전형은 제품의 작동상태와 성능을 확인하는 테스터 과정이다. 노트북을 구입할 때 제품설명서에 제시된 내용들이 실제 구동상태에서 정확히 구현되는가를 확인하는 것과 같다. 입사지원서에 기술된 내용과 직업인이 갖춰야 할 NCS 직업기초능력(지식, 기술, 태도)을 갖췄는가를 질문, 대화, 토론 등의 방법으로 확인하는 과정이다.

이와 같이 마지막 Know How 단계에서는 지금까지 준비된 사항을 종합적으로 분석하여 자기소개서 작성을 위한 글감과 면접전형에 대비하는 말감 작성에 집중해야 한다.

## 제2절 나를 알면 직업이 보인다

### 1. 취업(就業)은 '나와 일자리와의 만남'이다

취업을 준비하는 학생들에게 가장 필요한 말이 '너 자신을 알라'라는 말이다. 이 말은 '소크라테스'가 한 유명한 말이다. '소크라테스'는 사람들에게 '너 자신을 알 라'고 함으로써 사람들이 자기 자신의 '무지(無知)'를 깨우치고 스스로를 검증하고 반성할 것을 촉구하였다. 처음에 소크라테스가 말했을 당시에는 '무지(無知)'라는 말의 의미가 도덕적 차원에서의 '무지(無智)'이었겠지만 취업을 준비하는 학생들에게는 다른 의미로 다가올 수 있다.

성공적인 취업준비는 '하고 싶은 일을, 일하고 싶은 기업에서 할 수 있도록 자신을 기업의 인재조건에 맞춰가는 구체적 활동'이다. 이러한 활동 중 가장 우선적으로 해야 할 일이 자신을 발견하는 것이다. 즉 '나를 알면 직업이 보인다'라는 것이다. 다시 말해서 '나를 알아야 직업을 볼 수 있고, 나를 알지 못하면 직업이 보이지 않는다'라고 뒤집어 말할 수 있다.

나를 알아보는 방법으로는 인성검사나 적성검사를 해보거나 부모님, 선생님 또는 친구들과 토론을 통하여 자신의 취미, 특기, 적성, 장점, 단점 등을 찾아서 정리해보고 대학생활 전반을 통한 동아리활동, 인턴활동, 사회봉사활동, 해외연수경험, 졸업연구과제 수행 공모전 참여 경험 등을 체계적으로 기술해보고, 장점은 더욱 발전시키고, 단점은 장점으로 전환시켜 자기를 관리하는 작업이 필요하다.

## 2. 나를 아는 것이 의외로 쉬운 일이 아니다

평소에 우리는 자신의 삶을 살면서도 자신을 알고자 하는 데 크게 노력하지 않았다. 다른 사람이 한 말이나 다른 사람이 쓴 글을 통해 다른 사람의 사상과 철학을 배우면서도 이러한 것들이 얼마나 자신을 변화시켰는가를 뒤돌아보는 기회가 많지 않았다. 타고난 성격도 제대로 파악하지 못했다.

어릴 때 꿈은 학년이 높아지면서 단순히 상급학교 진학하는 것으로 대체되었다. 장점도 단점도 오직 학교성적으로 재단되고 있다. 공부만 잘하면 모든 것이 용서받는 학교생활이 직업생활의 성공으로 이어진다는 보장은 더욱 못한다.

아무리 탁월한 전문성이 있어도 인간관계에서 나타나는 도덕적 윤리기준인 인성(人性)에 기반을 두지 않는다면 사상누각(砂上樓閣)이 된다는 것을 현실사회에서 너무나 실감나게 경험하고 있다.

나를 아는 구체적인 과정은 지금까지 자신과 관련된 이야기를 작성해보는 것이다. 초등학교, 중학교, 고등학교 때까지의 개인적 이야기(MDS)를 키워드를 중심으로 작성하여 스토리 데이터베이스를 구축하는 것이 중요하다. 특히 대학생활 경력과 관련된 사항은 아래 표에서 제시하는 내용을 작성하여 포트폴리오를 만들어보는 것도 중요하다.

## 1) 나의 인식스타일 분석

존 로크(J. Locke)는 인간은 천부적으로 주어진 본유관념(本有觀念)이 존재하는 것이 아니라, 모든 관념은 후천적(後天的: posterionity)인 경험을 통해서 이룩된다는 백지설(白紙說: theory of tabula rasa)을 주장했다. 현대 과학에서는 선천적 유전자(DNA)로 그 사람의 기본적 특성을 갖게 된다고 주장하고 있다.

인간의 능력도 선천적 기질인 씨앗(DNA)에 따라 고유의 성장 방향이 정해진다고 할 수 있다. 이와 같이 사람은 성장을 통하여 각자의 개성을 갖게 되며, 학습을 통해 다양한 사고체계를 형성하게 된다. 사건이나 대상을 바라보는 인식의 정도도 각각 다르다. 태어날 때부터 천성적 기질이 다르고, 부모와 애착관계나 돌봄 정도가 다르기 때문에 성장과정에서 체험하고 학습하는 내용도 다르다. 사람은 이렇게 형성된 사고체계나 인식 정도에 따라 사물이나 사건을 바라보게 되며, 그 결과에 따라 자신의 삶과 진로를 스스로 선택하게 된다. 따라서 각 개인이 사물이나 사건을 바라보고 느끼는 인식스타일을 알아보는 것은 의미 있는 일이다.

**나의 인식스타일 분석**

| 구분 | 인식스타일 분석 항목 | 선택항목 | | | | | | |
|---|---|---|---|---|---|---|---|---|
| | | 1 | 2 | 3 | 4 | 5 | 6 | 7 |
| 1 | 현재 정직한 사람은 미래에도 정직할 것이다. | | | | | | | |
| 2 | 이 우주의 만물은 어떤 형태로든 서로 연결되어 있다. | | | | | | | |
| 3 | 사람의 행동을 이해하려면 그 사람의 성격뿐만 아니라 그 삶이 직면한 상황도 고려해야 한다. | | | | | | | |
| 4 | 현재 성공한 인생을 살고 있는 사람은 앞으로도 계속 순조롭게 살 것이다. | | | | | | | |
| 5 | 전체는 각 부분을 더한 것보다 크다. | | | | | | | |
| 6 | 미래의 사건은 현재상황을 바탕으로 예측할 수 있다. | | | | | | | |
| 7 | 복수의 인간 사이에서 의견이 일치하지 않을 경우는 서로 양보해서 모두의 의견을 수용할 방법을 모색해야 한다. | | | | | | | |
| 8 | 극단이 되기보다는 중립적인 입장을 취하는 편이 바람직하다. | | | | | | | |
| 9 | 전체성을 고려하지 않고 부분을 이해하기는 불가능하다. | | | | | | | |
| 10 | 구체적인 것 보다 전체적인 흐름에 주의를 기울이는 편이다. | | | | | | | |

주) 1. 전혀 동의하지 않는다 ~ 7 전적으로 동의한다.

총점의 합이 40점 이상이면 당신의 인식스타일은 전체론적(통합적) 사고체계를 가지고 있고, 점수가 높을수록 그 정도가 강하게 나타난다. 총점의 합이 40점 미만인 경우 분석적(개별적) 인식체계를 가지고 있으며, 점수가 낮을수록 그 정도가 강하게 나타난다.

## 2) 직업적성검사

기업에서는 인·적성평가를 위한 필기시험을 실시하고 있다. 기업이 적성검사를 통하여 얻고자 하는 것은 채용하고자 하는 인재가 어떠한 적성을 가지고 있는지를 파악하여 그 인재가 어떠한 분야에 강점이 있으며, 맡은 직무를 잘 수행할 수 있는지를 파악하기 위하여 수행하는 검사 유형이다.

취업준비생 입장에서 바라보면 본인 스스로 자신이 어떠한 직무에 강점이 있고, 어떠한 직무가 자신에게 맞는지 알아보는 것은 앞에서 기술한 이직사례를 볼 때 대단히 중요하다. 이를 알아보기 위해서는 직무적성검사를 전문가의 도움을 받아 해보거나 또는 직접 실시해보는 것이 바람직하다.

대표적인 온라인 사이트로는 한국고용정보원(워크넷, www.work.go.kr), 한국직업능력개발원(커리어넷, www.career.go.kr) 등이 있다. 검사유형으로는 직업적성검사, 직업선호도검사, 구직준비도검사, 창업적성검사, 직업가치관검사 등이 있다.

**직업적성검사 세부항목**

| | | |
|---|---|---|
| 검사항목 | 언어력 | 동의어와 반의어 찾기, 단어의 뜻, 문장독해력 검사 |
| | 수리력 | 단순계산력 검사, 제시한 자료를 해석하는 자료해석력 검사 |
| | 추리력 | 숫자 간의 관계성을 찾는 수열추리검사, 도형추리검사 |
| | 공간지각력 | 완전한 도형을 만드는 조각맞추기와 그림맞추기 검사 |
| | 사물지각력 | 사물을 지각하는 능력을 측정하는 지각속도검사 |
| | 상황판단력 | 상황판단에 따른 실제적 지능측정검사 |
| | 기계능력 | 운동법칙과 물리, 기계원리 등의 판단과 지식검사 |
| | 집중력 | 방해과제 속에서 주어진 과제를 수행하는 능력검사 |
| | 색채지각력 | 두 가지 색을 혼합하여 예상되는 색상을 측정하는 검사 |
| | 사고유창력 | 자신에게 당면한 상황 속에서 일어날 수 있는 사건을 예측하는 검사 |
| | 적응능력 | 주어진 시간 안에 특정 기호를 빠르게 적어보는 검사 |

### 3) 직업선호도검사(S/L형)

직업선호도검사는 흥미검사와 같은 의미다. 자신이 어떠한 분야에 관심이 있고, 어떠한 활동을 할 때 에너지가 발생되는지를 알아보는 검사로서 흥미만 대상으로 하는 S(Short)형 검사방법과 생활영역과 성격부분을 동시에 복합적으로 대상으로 하는 L(Long)형 검사로 구분된다.

#### (1) 직업선호도검사 세부항목: S형

<table>
<tr><td rowspan="6">검사 항목</td><td>현실형(R)</td><td>질서정연, 체계적 활동, 기계조작활동 및 기술을 선호</td></tr>
<tr><td>탐구형(I)</td><td>관찰적, 상징적, 물리, 생물학적, 창조적인 팀구활동 등을 선호</td></tr>
<tr><td>예술형(A)</td><td>예술적 창조와 표현, 변화와 다양성, 상징적인 활동을 선호</td></tr>
<tr><td>사회형(S)</td><td>타인을 이해하고 도와주고 치료해주는 활동을 선호</td></tr>
<tr><td>진취형(E)</td><td>목적을 위해 지도, 계획, 관리하는 일과 명예, 권위를 선호</td></tr>
<tr><td>관습형(C)</td><td>정해진 원칙과 계획에 따라 정리, 조작하는 활동을 선호</td></tr>
</table>

#### (2) 직업선호도검사 세부항목: L형

<table>
<tr><td rowspan="6">검사 항목 (1)</td><td>현실형(R)</td><td>질서정연, 체계적 활동, 기계조작활동 및 기술을 선호</td></tr>
<tr><td>탐구형(I)</td><td>관찰적, 상징적, 물리, 생물학적, 창조적인 팀구활동 등을 선호</td></tr>
<tr><td>예술형(A)</td><td>예술적 창조와 표현, 변화와 다양성, 상징적인 활동을 선호</td></tr>
<tr><td>사회형(S)</td><td>타인을 이해하고 도와주고 치료해주는 활동을 하는 유형</td></tr>
<tr><td>진취형(E)</td><td>목적을 위해 지도, 계획, 관리하는 일과 명예, 권위를 선호</td></tr>
<tr><td>관습형(C)</td><td>정해진 원칙과 계획에 따라 정리, 조작하는 활동을 선호</td></tr>
<tr><td rowspan="5">검사 항목 (2)</td><td>외향성</td><td>타인과의 상호작용에 대한 검사</td></tr>
<tr><td>호감성</td><td>타인과 조화로운 관계유지에 대한 검사</td></tr>
<tr><td>성실성</td><td>사회구성원으로서 규범, 규칙준수에 대한 검사</td></tr>
<tr><td>정서적 불안정성</td><td>정서적 안정성과 자기통제력 등을 보는 검사</td></tr>
<tr><td>경험에 대한 개방성</td><td>세상에 대한 관심과 포용력에 대한 검사</td></tr>
<tr><td rowspan="5">검사 항목 (3)</td><td>대인관계 지향</td><td>사람들과 어울려 지내는 것에 대한 검사</td></tr>
<tr><td>자존감</td><td>자신의 능력과 외모, 성품에 대한 검사</td></tr>
<tr><td>독립심</td><td>스스로 문제를 해결하는 정도에 대한 검사</td></tr>
<tr><td>양육환경</td><td>성장기 주변환경에 대한 검사</td></tr>
<tr><td>야망</td><td>사회적 부와 명예의 중요성에 대한 검사</td></tr>
</table>

| | | |
|---|---|---|
| | 학업성취 | 청소년기 학업성적 검사 |
| | 예술성 | 자신의 예술적인 자질, 경험에 대한 검사 |
| | 운동선호 | 운동능력과 선호도에 대한 검사 |
| | 종교성 | 일상생활에서 종교의 중요성을 얼마나 인식하는지 검사 |
| | 직무만족 | 자신의 직무에 대한 만족도 검사 |

### 4) 직업가치관검사

직업생활을 통해 자신이 이루고자 하는 궁극적인 가치는 무엇인지를 알아보는 검사로서 총 13개 항목으로 구성되어 있다. 구직자들이 기업을 선택할 때 기업의 이념, 비전, 문화 등은 기업의 홈페이지나 홍보용 자료를 통해 알아볼 수 있다.

그러나 자신이 가지고 있는 가치관에 대해서는 대부분 잘 모르고 있다. 자신의 직업적 가치관과 기업의 기업이념, 비전, 문화가 일치하는 기업을 선택한다면 일하는데 에너지가 넘쳐날 것이다.

**직업가치관검사 결과의 이해**

| | | |
|---|---|---|
| 검사 항목 | 성취 | 목표를 세우고 성취감을 맛보는 것을 중시함 |
| | 봉사 | 남을 돕고 사회의 이익을 고려하는 것을 중시함 |
| | 개별활동 | 자신만의 시간과 공간을 중시함 |
| | 직업안정 | 안정적으로 오랫동안 일할 수 있는가를 중시함 |
| | 변화지향 | 다양하고 새로운 것을 경험하는 것을 중시함 |
| | 몸과 마음의 여유 | 스트레스를 적게 받고 건강을 유지하는 것을 중시함 |
| | 영향력 발휘 | 자신의 뜻대로 진행할 수 있는지를 중시함 |
| | 지식추구 | 새로운 지식을 얻을 수 있는가를 중시함 |
| | 애국 | 국가의 발전을 위해 기여하는 것을 중시함 |
| | 자율성 | 자율적으로 업무를 해나가는 것을 중시함 |
| | 금전적 보상 | 돈을 많이 벌 수 있다는 점을 중시함 |
| | 인정 | 타인에게 인정받고 존경받는 것을 중시함 |
| | 실내활동 | 신체활동이 적은 사무실에서의 직무수행을 중시함 |

## 5) 행동습관분석

개인의 태도와 행동습관을 분석해보는 것도 자기분석에 도움이 된다. 다음 질문사항에 'Yes/No' 중 해당란에 체크해보시오. 너무 오래 생각하지 말고 가장 먼저 떠오르는 대답을 표기하도록 한다.

**나는 나 자신에게 얼마나 충실한가**

| 질문사항 | Yes | No |
|---|---|---|
| 1. 나는 필요하다면 도어맨이나 경비를 제치고 자나 갈 수 있다. | | |
| 2. 나는 절대 새치기를 하지 않는다. | | |
| 3. 나는 몰래 영화관에 들어갈 수 있다면 그렇게 할 것이다. | | |
| 4. 나는 나를 불쾌하게 만든 사람들에게 똑같이 복수한다. | | |
| 5. 나는 가게점원이 실수로 물건 값을 받지 않으면 말하지 않고 그냥 간다. | | |
| 6. 나는 누군가 내 잘못을 탓하는 것을 용납하지 않는다. | | |
| 7. 나는 모르면 모른다고 솔직히 인정한다. | | |
| 8. 나는 언제나 솔직해지려고 노력한다. | | |
| 9. 나는 보통 사람들과 달리 선입견이 없다고 생각한다. | | |
| 10. 나는 집에서 근사한 레스토랑에서와 똑같은 방법으로 식사하는 것을 즐긴다. | | |

[점수계산]

- 1~4점: 당신은 사회적 요망성(social desirability, 사람들에게 환영받는 것)에 대한 관심이 낮다.
  - → 당신은 사회적 기준에 저항하는 경향이 있으며, 남과 다르게 향동하고, 독립적으로 살아가려고 노력하며, 자아 정체성이 강한 편이다.
  - → 집단에서 소외되어도 괜찮다고 생각하는 스타일이며, 자신에게 충실한 특성을 가지고 있는 편이다.
- 5~7점: 당신은 사회적 요망성에 대한 의지가 보통이다.
  - → 당신은 타인에게 솔직한 모습을 보여주는 편이다. 정서적으로 한정되어 있으므로 자신의 장점 뿐 아니라 단점까지 솔직히 드러내는 경향이 강한 편이다.
  - → 보다 분명한 자신의 색깔을 보여줄 필요가 있다.
- 8~10점: 당신은 사회적 요망성에 대한 관심이 높은 편이다.
  - → 당신은 지나치게 다른 사람의 동의를 구하려고 노력하는 편이다.
  - → 당신은 수줍음이 많아서 자신을 잘 드러내지 못하는 편이다.
  - → 열등감 때문에 괴로워하기도 한다.
  - → 자신의 모습을 있는 그대로 편안하게 받아들이고 보여주는 연습이 필요하다.

[정답: No – 1, 2, 3, 4, 5 Yes – 6, 7, 8, 9, 10]

☞ 점수가 낮을수록 자기 자신에게 충실한 사람임

## 6) 당신은 최대 잠재력을 발휘하고 있는가?

당신은 자아를 실현하고 있는가? 자신의 내면을 잘 들여다보면서 아래의 질문에 답해보자.

| 질문사항 | 그렇지 않다 | 약간 그렇다 | 매우 그렇다 |
|---|---|---|---|
| 1. 나는 구름의 모양을 보는 것을 좋아한다. | | | |
| 2. 나는 보통사람들보다 이상하고 놀라운 경험을 많이 했다고 생각한다. | | | |
| 3. 나는 할로윈이나 복장파티 때 변장하는 것을 좋아한다. | | | |
| 4. 나는 이 세상이 정말 평화롭다는 느낌을 가져본 적이 있다. | | | |
| 5. 나는 사랑하는 사람을 위해 기꺼이 목숨을 바칠 수 있다는 사람을 충분히 이해한다. | | | |
| 6. 나는 책을 읽고 마치 내가 주인공이 된 것 같은 착각에 빠진 적이 있다. | | | |
| 7. 나는 문제의 해결책을 찾고 대단히 만족스럽고 뿌듯했던 적이 있다. | | | |
| 8. 나는 초자연적인 현상을 경험해본 적이 있다. | | | |
| 9. 나는 나 자신을 완전히 잊은 채로 그 사람만 생각할 정도로 사랑에 빠져본 적이 있다. | | | |
| 10. 나는 마치 꿈에서처럼 멀리서 나 자신을 보는 것 같은 경험을 한 적이 있다. | | | |

[점수계산] 그렇지 않다 1점, 약간 그렇다 2점, 매우 그렇다 3점

- 15~20점: 당신의 자아실현 정도는 보통수준이다.
- 21~27점: 당신은 자아를 실현하고 있는 듯하다. 계속 목표를 달성하려고 노력하면 대단히 크게 만족할 수 있을 것이다.
- 28~30점: 당신은 정말로 자아를 실현하고 있다고 생각된다. 세상에 완벽한 사람은 없다는 사실을 명심하고 더 큰 만족을 얻기 위해 노력하기 바란다.

# 제3절 입사지원서 글감 찾기 워크시트

본 절에서는 입사지원서 작성에 필요한 글감을 찾기 위해 필요한 워크시트를 작성해보고자 한다. 아래 질문을 읽고 50~100자 이내의 짧은 글을 작성해보기 바란다. 자기소개서는 글감을 소재로 나의 경쟁력을 나타내보이는 목적이 있는 글쓰기이다.

## 1. MDS(My Doing Story)로 차별화 요인을 찾아라

| 구분 | 취업역량평가를 위한 질문서 |
|---|---|
| 1 | 지금까지 본인이 느끼고 있는 자신의 가장 큰 장점은 무엇인가? |
| 2 | 당신의 주변사람(부모, 친구, 선생님 등)들이 당신에게 느끼는 장점은 무엇인가? |
| 3 | 지금까지 살아오면서 당신이 가장 보람을 느끼며 수행한 일은 무엇인가? |
| 4 | 당신이 가장 존경하는 품성은 무엇인가? |
| 5 | 지금까지 살아오면서 당신 인생에 가장 큰 영향을 준 사람은 누구인가? 왜 그렇게 생각하는가? |
| 6 | 지금까지 살아오면서 당신 인생에서 가장 행복했던 순간들은 언제였으며, 왜 그 순간들이 행복했다고 생각하는가? |
| 7 | 만일 당신에게 무제한의 시간과 돈이 있다면 당신은 무엇을 하고 싶은가? |
| 8 | 지금 당신에게 가장 중요하다고 생각하는 것 3~4가지는 무엇인가? |
| 9 | 대학생활에서 가장 가치 있다고 생각하는 활동은 무엇인가? |
| 10 | 남들이 가치 있다고 생각하는 일 가운데 당신이 가장 잘할 수 있다고 생각되는 일은 무엇인가? |
| 11 | 다른 사람이 잘 모르고 있는 당신의 재능에는 어떤 것이 있는가? |
| 12 | 지금까지 당신이 성취한 활동 중에서 당신이 만족해하는 것은 무엇인가? |
| 13 | 지금까지 당신이 성취한 활동 중에서 가장 불만족한 것은 무엇인가? |
| 14 | 인생에서 당신이 진정으로 본받고 싶은 사람은 누구이며, 가장 하고 싶은 일은 무엇인가? |
| 15 | 지금까지 살아오면서 다른 사람을 위해 한 일은 어떤 것이며, 그 일을 통하여 무엇을 느꼈는가? |

## 2. 인적사항

| 구분 | 평가항목 | 내용 |
|---|---|---|
| 1 | 성명 | 한글: 한자: 영문: |
| 2 | 생년월일 | |
| 3 | 출생지 | |
| 4 | 가족관계 | |
| 5 | 혈액형 | |
| 6 | 출신고교 | |
| 7 | 출신대학 | (전공: ) 평점: /4.5 |
| 8 | 외국어능력 | 토익: 점 토플: 점 (기타: ) |
| 9 | 취득자격증 | |
| 10 | 수상기록 | |

## 3. 대학생활 커리어

### 1) 아르바이트 경험

| 업체명 | |
|---|---|
| 경험기간 | |
| 경험목적 | |
| 수행업무 | |
| 교훈<br>(100자 이내) | |

### 2) 봉사활동 경험

| 기관, 단체명 | |
|---|---|
| 활동기간 | |
| 활동목적 | |
| 주요 활동내용 | |
| 교훈<br>(100자 이내) | |

### 3) 동아리활동 경험

| 동아리명 | |
|---|---|
| 활동기간 | |
| 활동목적 | |
| 주요 활동내용 | |
| 교훈<br>(100자 이내) | |

### 4) 인턴십, 직업체험, 현장실습 참여 경험

| 기업체명 | |
|---|---|
| 참여기간 | |
| 활동목적 | |
| 주요 활동내용 | |
| 교훈<br>(100자 이내) | |

### 5) 연구활동, 공모전, 졸업작품 제작 등 참여 경험

| 과제명 | |
|---|---|
| 참여기간 | |
| 활동목적 | |
| 주요 활동내용 | |
| 교훈<br>(100자 이내) | |

## 4. 나의 취업준비 목표

"나 ○○○는 20 년 월 일까지 ○○○○의 신입사원이 될 것이다."

→ 나는 이러한 목표를 달성하기 위하여 다음 사항을 충실히 이행할 것이다.

| 구분 | | 현재역량(A)<br>(As is) | 미래역량(B)<br>(To be) | 준비역량<br>(B-A) |
|---|---|---|---|---|
| 1 | 토익성적 | | | |
| | 토익스피킹 | | | |
| | OPIC성적 | | | |
| | 한자 등 기타 외국어 | | | |
| 2 | 정보화역량 | | | |
| 3 | 취업동아리 활동 참여 | | | |
| 4 | 취득학점 | | | |
| 5 | 자격증 취득(전공분야) | | | |
| 6 | 인턴, 아르바이트, 현장실습 경험 | | | |
| 7 | 사회봉사활동 경험 | | | |
| 8 | 공모전 경험 | | | |
| 9 | 취업캠프 경험 | | | |
| 10 | 취업클리닉 참가 여부 | | | |
| 11 | 기타 특기사항 | | | |

20 년 월 일
성명: ○○○(서명)

## 5. MDS(My Doing Story) 데이터베이스 구축

취업준비를 위해서는 자기소개서를 작성하여야 한다. 자기소개서를 작성할 경우 가장 난감한 부분이 나만의 경험적 스토리가 없다는 것이다. 지금까지 살아오면서 다른 지원자에 비해 내세울 만한 스토리를 찾기가 쉽지 않다는 것이다. 다른 지원자와 같거나 유사한 이야기를 쓸 수도 없다. 인터넷에 떠도는 이야기를 내 것인양 베껴 쓸 수도 없다. 면접과정에서 들통이 나기 때문이다. 특히 기업에서는 지원자의 인성역량을 중요시하고 있어 이에 대한 준비가 필요하다. 인성역량은 혼자서 책보고 외우고 공부한다고 길러지는 역량이 아니다. 알고 있는 지식을 실제적인 체험을 통해서만이 형성되는 역량이다. 최근 국내의 100대 기업에서 강조하는 인재상을 분석한 결과 크게 10개 영역으로 구분할 수 있다.

### 1) 우리나라 100대 기업의 인재상 역량의 주요 키워드

| 인재상 | 주요 키워드 |
|---|---|
| 창의성 | 폭넓은 상상력, 인식의 전환, 독창성, 가치창출, 변화와 혁신, 제도개선, 일하는 방법개선 등 |
| 전문성 | 전문지식, 역량개발, 탁월성, 자격증 취득, IT 활용능력, 졸업과제수행 등 |
| 도전정신 | 개척정신, 모험성, 도전경험, 과감한 시도, 위험감수, 공모전 참여, 인내 등 |
| 도덕성 | 윤리성, 정직성, 원칙준수, 신뢰성, 무결점, 예의범절, 근면성실, 일관성유지, 따뜻한 인간미 등 |
| 팀워크 | 동료애, 협력, 공동체의식, 상호존중, 공동연구 등 |
| 글로벌역량 | 국제적 안목, 어학능력, 해외여행, 어학연수, 폭넓은 시야, 열린 사고, 글로벌마인드, 다양성 존중 등 |
| 열정 | 승부근성, 건강, 체력, 자신감, 도전의식, 공모전참가 등 |
| 주인의식 | 책임감, 자긍심, 자율성, 성실성, 사명감, 자부심, 투철한 직업관 등 |
| 실행력 | 리더십, 추진력, 실천력, 신속한 의사결정, 유연성 등 |
| 고객중심 | 봉사, 배려, 역지사지 정신, 헌신성, 고객만족, 소통과 협력, 신용과 의리, 솔선수범, 서비스마인드 등 |

이러한 10개 분야에 대하여 실제로 자신이 경험한 스토리를 작성하여 차별화시키는 것이 중요하다. 이것을 필자는 MDS(My Doing Story)라고 했다.

취업준비과정에서 가장 어려워하는 부분이 자기소개서에 쓸 글감을 쉽게 찾지 못한다는 것이다. 특히 기업에서 요구하는 지문이 복잡하고, 통합적일 경우가 많아 지문을 받아들고 그에 맞는 자기소개서를 쓰기란 결코 쉬운 일이 아니다. 이러한 어려움에서 벗어나기 위해서는 자신의 삶을 여러 활동영역으로 구분하고, 그 각각의 활동영역에서 자신이 경험한 일(사건)을 중심으로 키워드별 맞춤형 스토리를 미리 작성하여 이를 데이터베이스로 구축하는 것이 중요하다.

여러 기업의 입사지원서를 작성하기 위해서는 다양한 분야에 관한 스토리가 있어야 한다. 이는 면접과정에서도 필요하기 때문에 결코 소홀히 다룰 일이 아니다.

아래 표에서 보는 바와 같이 활동영역별로 자신이 경험하였거나 참여한 활동내용을 150자 이내의 Story1, Story2, Story3으로 구분하여 작성하고, 각각 Story의 키워드를 찾아 기입한다.

실례로 자신이 경험한 Story1이 전공분야를 이해하고, 학교에서 배운 이론지식의 적용 사례를 배우는 중요한 계기가 되었다면 전문성역량에 체크하면 된다.

자신이 경험한 Story2가 조직 내 팀워크의 중요성을 배우는 계기가 되었다면 친화력에 체크하면 된다.

자신이 경험한 Story3이 창의성의 중요성을 배우는 계기가 되었다면 창의성에 체크하면 된다. 자신이 경험한 일(사건)에서 핵심 키워드를 찾아 이를 MDS 데이터베이스로 구축해 놓는다면 어떠한 자기소개서 지문을 접해도 대응할 수 있다. 글자수가 부족하면 여러 분야의 영역에서 작성된 동일한 키워드를 통합하여 글쓰기를 완성하면 된다.

### 2) MDS(My Doing Story) 데이터베이스 구축

| 구분 | 활동영역 | | MDS(My Doing Story) 키워드 | | | | | | | | | |
|---|---|---|---|---|---|---|---|---|---|---|---|---|
| | | | 창의성 | 전문성 | 도전정신 | 도덕성 | 팀워크 | 글로벌역량 | 열정 | 주인의식 | 실행력 | 고객중심 |
| 1 | 동아리활동 | Story1 | | | | | | | | | | |
| | | Story2 | | | | | | | | | | |
| | | Story3 | | | | | | | | | | |
| 2 | 국내·외 여행 | Story1 | | | | | | | | | | |
| | | Story2 | | | | | | | | | | |
| | | Story3 | | | | | | | | | | |
| 3 | 아르바이트 | Story1 | | | | | | | | | | |
| | | Story2 | | | | | | | | | | |
| | | Story3 | | | | | | | | | | |
| 4 | 사회봉사 | Story1 | | | | | | | | | | |
| | | Story2 | | | | | | | | | | |
| | | Story3 | | | | | | | | | | |
| 5 | 인턴 및 현장실습 | Story1 | | | | | | | | | | |
| | | Story2 | | | | | | | | | | |
| | | Story3 | | | | | | | | | | |
| 6 | 학회연구 활동 | Story1 | | | | | | | | | | |
| | | Story2 | | | | | | | | | | |
| | | Story3 | | | | | | | | | | |

| | | |
|---|---|---|
| 7 | 가족활동 | Story1 |
| | | Story2 |
| | | Story3 |
| 8 | 학교생활 | Story1 |
| | | Story2 |
| | | Story3 |
| 9 | 기타 문화활동 | Story1 |
| | | Story2 |
| | | Story3 |

# 제4절 기업을 알면 일자리가 보인다

지피지기 백전백승(知彼知己 百戰百勝)이라고 했다. 취업준비의 한 축인 상대(기업)를 아는 것은 나를 아는 것 못지않게 중요하다. 다른 사람이 아무리 좋은 기업이라고 해도 나에게 맞지 않으면 좋은 일자리기 아닌 것이다. 반대로 다른 사람이 아무리 싫어해도 나에게 맞는 일자리라면 좋은 일자리인 것이다. 다만 객관적인 관점에서 좋은 일자리인지 아닌지를 판단하는 것도 무시할 수 없다. 따라서 취업하기 전에 원하는 일자리에 대한 객관적인 분석이 필요하다.

## 1. 기업의 실상을 분석하라

하고 싶은 일과 일하고 싶은 기업을 선택하고 난 이후에는 개별 기업에 대한 분석에 들어가야 한다. 기업을 분석하는 것은 취업준비를 위한 핵심과정이다. 내가 원하는 기업의 실상을 분석하고, 미래의 발전 가능성과 과거의 실적 등을 살펴보고, 기업의 인재상, 기업문화, 복리후생제도 등을 분석하는 것은 입사지원서 작성과 면접과정에서 자신의 경험을 기업과 연계시킬 수 있는 '글감과 말감'을 찾는 중요한 전략이기 때문이다.

**기업분석 워크시트(work sheet)**

| 구분 | 기업분석항목 |
|---|---|
| 1 | 기업체명, 소재지(주소, 홈페이지, 약도, 조직도 등) |
| 2 | 기업이념, 기업문화 |
| 3 | 지원회사에 대한 첫인상 |
| 4 | 급여체계 및 복지후생제도 |
| 5 | 자기개발 기회 및 제도 |
| 6 | 경쟁관계에 있는 국내외 기업은 어떠한 기업인가? |
| 7 | 신입사원 입장에서 바라본 5년 후 비전은? |
| 8 | 자신이 신입사원이 되어 기업에 기여할 수 있는 역할은 무엇인가? |
| 9 | 최근 3개월 이내 기업관련 홍보자료 및 특징, 의견 |
| 10 | 이 기업에 입사하고 싶은 진정한 이유는 무엇인가? |

**기업정보 검색 온라인 채널**

- 지원하는 기업의 홈페이지
- 지원하는 기업의 채용 사이트
- 금융감독원 전자공시시스템(dart.fss.or.kr)
- 공공기관 경영정보공개시스템 알리로(www.alio.go.kr)
- 전국경제인연합회(www.fki.or.kr)

## 2. 기업분석이 갖는 의미

### 1) 기업분석은 자기소개서 글감의 최대 보고(寶庫)다

지원하는 기업에 관한 정보 없이 자기소개서를 작성하는 것은 주제 없이 소설을 쓰는 것과 같다. 자기소개서는 자신을 면접까지 이끄는 글이다. 글감이 없이 글을 쓸 수 없다. 자기소개서를 쓰기 위해서는 지원하는 기업과 관련된 글감을 찾아야 한다. 기업분석을 통하여 객관적인 글감 몇 개만 가지고도 경쟁력 있는 자기소개서를 작성할 수 있다.

### 2) 기업분석은 자신이 선택한 기업을 객관적으로 알 수 있는 방법이다

취업성과는 나와 나를 필요로 하는 일자리(기업)와의 만남에서 이루어진다. 다른 사람의 의견도 중요하지만 나 자신의 생각이 더 중요하다. 자신의 직업선택 기준에 따라 기업을 선택해야 한다. 이러한 과정에서 반드시 거치는 과정이 기업분석이다. 마트에서 음료수 한 병을 살 경우에도 주요 성분, 첨가물내용, 유통기간, 제조연원일, 제조회사, 원산지 등 따져보는 것이 한두 가지 아니다. 하물며 당신의 인생을 좌우할 수 있는 직업을 선택하는데 기업분석을 소홀히 하는 것은 불량식품을 구입하여 먹는 것과 같은 의미라고 할 수 있다.

### 3) 기업의 관심과 충성도를 보여줄 수 있다

취업은 경쟁이다. 절대적 평가보다 상대적 평가에서 비교우위를 확보하면 선택될 확률이 높다. 수많은 자기소개서의 글감이 지원하는 기업과 관련된 내용이라면 인사담당자의 공감을 얻을 수 있을 것이다. 기업이 원하는 인재상, 기업문화와 공감할 수 있는 글감으로 작성된 자기소개서는 분명 차별성을 인정받을 수 있기 때문이다.

### 4) 기업의 지속가능경영을 따져보라

기업을 선택할 때 을의 자세로 구걸하는 것은 바람직하지 않다. 어렵게 입사한 기업의 경영상태가 불안하다거나 지속가능 경영역량이 부족하다면 이 또한 낭패다. 특별히 이 부분을 따져보는 것은 자기소개서 글감이나 면접시험에서 말감을 찾는 데 유용하다.

**기업의 지속가능경영 요인분석**

| | | |
|---|---|---|
| 경제적 요인 | 경제의 질적 성장 | • 지역사회 경제기여, 경영투명성, 공정경쟁<br>• 혁신(경영혁신, 기술혁신) |
| 사회적 요인 | 사회적 책임 | • 사회공헌활동, 준법경영, 인권경영,<br>• 안전보건활동 |
| 환경적 요인 | 에코 효율성 | • 청정생산, 전 과정관리(친환경공급망, 제품책임주의), 기후변화 대응, 환경리스크관리, 생물다양성보호, 제품의 서비스 |

자료: 전국경제인연합회 사이트

## 3. 회사 명성 때문에 지원하지 마라

평생직장도 평생직업도 사라졌다. 평생 일해야 한다는 당의성만 존재한다.

닛케이비즈니스가 메이지유신 이후 100년 동안 일본 100대 기업에 올랐던 기업들을 연구할 결과, 기업의 수명은 평균 30년으로 나타났다. 미국의 시장도 별반 다르지 않다. 1955년 포춘지 선정 미국의 500대 기업 중 40년이 지난 1944년까지 생존한 기업은 160개이며 340개의 기업은 소멸되었다. 1970년대 포춘지 선정 미국의 500대 기업 중 2000년에 생존하는 기업은 330개이며 170개의 기업이 소멸되었다. 1965년대 국내의 100대 기업에 속했던 기업 중에서 2008년까지 존재한 기업은 11개뿐이다. 89%의 기업이 소멸했거나 다른 기업에 인수합병되었다.

국제적으로 보면 대표적인 기업 중 핀란드의 노키아는 스마트폰의 환경변화에 적응하지 못하여 바이크로소프트사에 인수합병되었다. 한때 우리나라의 대표적 글로벌 기업이었던 대우그룹은 30여 년의 생명을 끝으로 흔적도 없이 공중분해되었다. 국내 2위의 자동차 생산 기업이었던 대우자동차는 미국의 GM자동차에 팔렸다. 쌍용자동차는 우여곡절을 거치며 인도의 대주주에게 넘어갔다. 삼성자동차는 르노삼성이라는 이름으로 외국기업에 팔렸다. 취업지원기업을 선택하는 기준이 100대 기업에 속하기 때문이어서는 곤란하다. SAS 인스티튜트의 마이크 갈라거 HR 디렉터는 회사의 복지제도와 시설 등을 바라고 지원했다면 계속 일하기는 힘들 것이라고 말했다.

톰 피터스(Tom Peters)는 그의 저서 『경영혁명』(1987)을 통해 '초우량 기업은 존재하지 않는다'라고 말했다. 유엔미래보고서에 의하면 2030년에는 현존하는 일자리의 80%가 사라지며 직업은 있으나 직장이 없어지는 시대가 온다고 한다. 또한 많은 직업 중에서 프리랜서가 가장 많아질 것이라고 예측하고 있다. 따라서 일하고 싶은 기업을 선택하고자 할 때 지금의 기업명성만 믿고 선택할 것이 아니라 기업의 장래성을 보고 선택하는 것이 바람직할 것이다.

# 제5절 취업준비실태 자가진단

## 1. 취업역량평가를 위한 자기기술

| 구분 | 취업역량평가를 위한 자기기술 |
|---|---|
| 1 | 지금까지 자신이 느끼고 있는 자신의 가장 큰 장점은 무엇인가? |
| 2 | 지금까지 살아오면서 자신이 가장 보람을 느끼며 수행한 일은 무엇인가? |
| 3 | 자신이 가장 존경하는 품성은 무엇인가? 그 이유는 무엇인가? |
| 4 | 지금까지 자신의 인생에 가장 큰 영향을 준 사람은 누구인가? |
| 5 | 지금 자신에게 가장 중요하다고 생각하는 것 3~4가지는 무엇인가? 왜 그런가? |
| 6 | 지금까지의 삶에서 가장 가치 있다고 생각하는 일은 무엇인가? |
| 7 | 다른 사람이 잘 모르고 있는 자신의 숨겨진 재능은 어떤 것이 있는가? |
| 8 | 지금까지 자신이 성취한 활동 중에서 가장 만족해 하는 것은 무엇인가? |
| 9 | 지금까지 자신이 성취한 활동 중에서 가장 불만족해 하는 것은 무엇인가? |
| 10 | 지금까지 살아오면서 다른 사람을 위해 한 일은 어떤 것이며, 그 일을 통해 무엇을 느꼈는가? |

## 2. 자기평가영역 준비실태

| 구분 | | 평가항목 | 준비실태 | |
|---|---|---|---|---|
| | | | Yes | No |
| 자기평가영역 | 1 | 당신은 언제 어디서나 할 수 있는 자기소개 맨트가 준비 되었는가? | | |
| | 2 | 당신은 지원동기에 어떤 내용이 포함되어야 하는지 확실히 알고 있는가? | | |
| | 3 | 당신은 자신의 성격의 장·단점에 어떤 내용이 포함되어야 하는지 확실히 알고 있는가? | | |
| | 4 | 당신을 채용해야 되는 이유를 3가지 이상 말할 수 있는가? | | |
| | 5 | 당신은 자신만의 특이한 경험을 가지고 있는가? | | |
| | 6 | 당신 개인에게만 물어볼 수 있는 질문이 따로 준비되어 있는가? | | |

| | | | | |
|---|---|---|---|---|
| | 7 | 당신이 향후 하고 싶은 업무에 대하여 충분히 설명할 수 있는가? | | |
| | 8 | 당신은 자신의 미래상에 자신 있게 말할 수 있는가? | | |
| | 9 | 당신은 감동적인 마지막 한마디를 따로 준비하고 있는가? | | |
| | 10 | 당신은 자신에 대하여 잘 알고 있다고 생각하고 있는가? | | |
| | 소계 | | | |

## 3. 기업평가영역 준비실태

| 구분 | | 평가항목 | 준비실태 | |
|---|---|---|---|---|
| | | | Yes | No |
| 기업평가영역 | 1 | 당신은 지원하는 회사를 방문해본 적이 있는가? | | |
| | 2 | 당신은 지원하는 회사의 인사담당자 또는 업무 관련자를 만나본 적이 있는가? | | |
| | 3 | 인터넷과 신문, CEO가 쓴 책 등을 통해 회사에 대하여 연구한 적이 있는가? | | |
| | 4 | 구체적으로 당신이 하고 싶은 업무가 어떤 것인지 알고 있는가? | | |
| | 5 | 당신은 그 회사의 현재 분위기를 알고 있는가? | | |
| | 6 | 당신은 지원하는 회사에 대하여 남다른 추억이 있는가? | | |
| | 7 | 당신은 지원하는 회사의 비전에 대하여 알고 있는가? | | |
| | 8 | 진실로 당신은 그 회사에 필요한 인재인가? | | |
| | 9 | 당신의 열정을 바칠 준비가 되어 있는가? | | |
| | 10 | 당신은 지원한 회사에 취업하고 싶은 간절한 소망을 가지고 있는가? | | |
| | 소계 | | | |

**[분석결과 해설]**

2항(자기평가영역)과 3항(기업평가영역)의 진단결과를 합산하면 다음과 같다.

① 18개 이상: 완벽한 준비상태

② 16~17개: 준비상태가 매우 우수한 상태

③ 14~15개: 비교적 우수하나 다양한 노력이 필요한 수준

④ 11~13개: 보통 수준으로 상당한 노력이 필요한 수준

⑤ 9~10개: 미흡한 수준으로 체계적인 준비가 필요한 수준

⑥ 9개 미만: 상당히 미흡한 수준으로 전문가의 체계적인 컨설팅이 필요한 수준

## 4. 신입사원 면접평가표(sample)

<table>
<tr><td>면접일자</td><td colspan="2"></td><td>면접자</td><td colspan="2">(인)</td><td>수험자성명</td><td></td></tr>
<tr><td>수험번호</td><td colspan="2"></td><td>최종학력</td><td></td><td>남 여</td><td>출신학교</td><td></td></tr>
<tr><td colspan="8">외향적 인상(면접 도중에 인상을 적절히 체크한다)</td></tr>
<tr><td>구분</td><td colspan="2">A</td><td colspan="2">B</td><td colspan="2">C</td><td>비고</td></tr>
<tr><td>열정</td><td></td><td>에너지가 강함</td><td></td><td>에너지 보통</td><td></td><td>힘이 없음</td><td></td></tr>
<tr><td>복장</td><td></td><td>격식에 맞은</td><td></td><td>보통</td><td></td><td>격식에 맞지 않음</td><td></td></tr>
<tr><td>자세</td><td></td><td>단정함</td><td></td><td>보통</td><td></td><td>산만함</td><td></td></tr>
<tr><td>긍정성</td><td></td><td>밝고 긍정적</td><td></td><td>보통</td><td></td><td>어두움</td><td></td></tr>
<tr><td>인성</td><td></td><td>배려성이 있음</td><td></td><td>보통</td><td></td><td>배려성이 없음</td><td></td></tr>
<tr><td>사교성</td><td></td><td>사교성이 있음</td><td></td><td>보통</td><td></td><td>사교성이 없음</td><td></td></tr>
<tr><td>준비</td><td></td><td>준비성이 많음</td><td></td><td>보통</td><td></td><td>즉흥적 발언</td><td></td></tr>
<tr><td>호감</td><td></td><td>호감이 감</td><td></td><td>보통</td><td></td><td>비호감 형임</td><td></td></tr>
</table>

<table>
<tr><td rowspan="2">구분</td><td rowspan="2">체크</td><td rowspan="2">질문사항</td><td rowspan="2">답변</td><td rowspan="2">평가요소</td><td colspan="5">평가척도</td></tr>
<tr><td>A</td><td>B</td><td>C</td><td>D</td><td>E</td></tr>
<tr><td rowspan="5">지원동기</td><td></td><td>오늘 면접보러 오면서 어떤 생각을 했는가?</td><td></td><td>적극성</td><td></td><td></td><td></td><td></td><td></td></tr>
<tr><td></td><td>왜 우리 회사를 지원하였는가?</td><td></td><td>열정</td><td></td><td></td><td></td><td></td><td></td></tr>
<tr><td></td><td>우리 회사에 들어오기 위해 어떤 준비를 했는가?</td><td></td><td>계획성</td><td></td><td></td><td></td><td></td><td></td></tr>
<tr><td></td><td>우리가 왜 당신을 채용해야 하는가?</td><td></td><td>자신감</td><td></td><td></td><td></td><td></td><td></td></tr>
<tr><td></td><td>우리 회사에 대해 알고 있는 것을 말해보세요.</td><td></td><td>관찰력</td><td></td><td></td><td></td><td></td><td></td></tr>
<tr><td rowspan="7">면접태도</td><td></td><td>업무와 관련된 아르바이트를 한 경험이 있는가?</td><td></td><td>경험</td><td></td><td></td><td></td><td></td><td></td></tr>
<tr><td></td><td>만약 불합격되면 어떻게 하겠는가?</td><td></td><td>적극성</td><td></td><td></td><td></td><td></td><td></td></tr>
<tr><td></td><td>회사가 야근을 많이 시키면 어떻게 하는가?</td><td></td><td>협조성</td><td></td><td></td><td></td><td></td><td></td></tr>
<tr><td></td><td>상사가 부당한 일을 시키면 어떻게 하는가?</td><td></td><td>윤리성</td><td></td><td></td><td></td><td></td><td></td></tr>
<tr><td></td><td>당신은 회사를 얼마나 다닐 생각인가?</td><td></td><td>상식성</td><td></td><td></td><td></td><td></td><td></td></tr>
<tr><td></td><td>자신이 원하지 않은 부서로 발령을 낸다면?</td><td></td><td>사회성</td><td></td><td></td><td></td><td></td><td></td></tr>
<tr><td></td><td>1분 동안 자기 자신을 PR해 보세요.</td><td></td><td>홍미성</td><td></td><td></td><td></td><td></td><td></td></tr>
</table>

| 대인관계 | | 친구를 사귈 때 가장 중요한 가치는 무엇인가? | | 사회성 | | | | | |
|---|---|---|---|---|---|---|---|---|---|
| | | 멘토가 있는가? | | 지식 | | | | | |
| | | 지식이나 정보를 주로 어디에서 얻는 편인가? | | 관심 | | | | | |
| | | 동아리활동이나 여타 모임활동을 주기적으로 했거나 하고 있는 것이 있는가? | | 적극성 | | | | | |
| | | 가족관계는 어떠한가? | | 태도 | | | | | |
| | | 리더의 역할을 해본 경험이 있는가? | | 리더십 | | | | | |
| | | 당신을 색깔에 비유할 때 어떤 색깔인가? | | 표현력 | | | | | |
| 총평 | | | 부가사항 | | | | | | |

## 5. 면접 스피치 평가표

| 구분 | 평가항목 | 아니다 | 보통이다 | 그렇다 |
|---|---|---|---|---|
| 서론<br>(관심 끌기) | 관심을 끌 수 있는 퍼포먼스가 있는가? | 1 | 2 | 3 |
| | 강력한 에피소드가 있는가? | 1 | 2 | 3 |
| | 신입사원의 패기가 느껴지는가? | 1 | 2 | 3 |
| | 면접관에게 긍정적인 에너지를 보였는가? | 1 | 2 | 3 |
| 본론<br>(내용) | 주장을 먼저 던지고 근거를 말했는가? | 1 | 2 | 3 |
| | 다양한 에피소드를 준비했는가? | 1 | 2 | 3 |
| | 에피소드 'BAEAS'법을 지켰는가? | 1 | 2 | 3 |
| 결론<br>(감동) | 감동적인 클로징(마무리)을 했는가? | 1 | 2 | 3 |
| | 마지막까지 뒷심을 발휘했는가? | 1 | 2 | 3 |
| 언어적·<br>비언어적<br>측면 | 진심과 열정을 담은 공명 목소리였는가? | 1 | 2 | 3 |
| | 목소리의 속도와 크기는 적절했는가? | 1 | 2 | 3 |
| | 발음은 정확했는가? | 1 | 2 | 3 |
| | 자신의 목소리를 들으면서 이야기했는가? | 1 | 2 | 3 |
| | 정확하고 올바른 어휘를 사용했는가? | 1 | 2 | 3 |
| | 말이 간결했는가? | 1 | 2 | 3 |
| | 제스처가 품위있었는가? | 1 | 2 | 3 |
| | 습관적인 몸의 움직임은 없었는가? | 1 | 2 | 3 |

| | | | | |
|---|---|---|---|---|
| | 표정이 밝고 자신감이 있었는가? | 1 | 2 | 3 |
| | 눈빛은 살아있었는가? | 1 | 2 | 3 |
| | 아이컨택을 확실히 했는가? | 1 | 2 | 3 |
| | 안정적인 자세를 유지했는가? | 1 | 2 | 3 |
| 전반적인 점 | 본인이 선택될 것이라 확신하는가? | 1 | 2 | 3 |
| 총점 | 총 22개 항목(66점 만점) | | | |

60~66점: 완벽, 59~50점: 양호, 49~40점: 보통, 39~30점: 준비부족
29~20점: 준비부족 심각, 19점 이하: 다시 처음부터 준비

## Review Point

### [학습목표 확인]

1 5W-1H 취업전략의 개념을 이해하고 자신만의 행동전략을 작성할 수 있다.

2 자신의 인식 스타일을 진단하고 특성을 설명할 수 있다.

3 직업선호도 검사를 통하여 자신의 특성을 설명할 있다.

4 직업 가치관 검사를 실시하고 자신의 특성을 설명할 수 있다.

5 자신의 행동 습관을 검사하고 특징을 설명할 수 있다.

6 자신의 잠재력을 진단하고 특징을 설명할 수 있다.

7 자신의 인성역량을 진단하고 특성을 설명할 수 있다.

8 자기소개서 작성을 위한 글감 찾기 워크시트를 작성하고 설명할 수 있다.

9 취업준비 자가진단을 실시하고 유형별 특성을 설명할 수 있다.

10 신입사원 면접 평가표를 이해하고 자신의 특성을 설명할 수 있다.

### [다음 단계 소개: Chapter 8]

Chapter 8에서는 NCS 기반의 취업준비 실천전략을 학습하기 위하여

1 NCS 기반의 입사지원서 작성전략을 학습하고,

2 NCS 기반의 면접시험전략을 학습하며,

3 면접시험 유형별 맞춤전략을 학습하고 최근 면접전형의 주제 및 전망에 대하여 학습할 것이다.

Chapter 08

# NCS 기반의 취업준비 실천전략



수많은 지원자 속에서 어떻게 하면 '나'를 멋지게 마케팅할 수 있을까? 정교하고 치밀하게 자신을 알릴 필요가 있다. 최소한 14~16년간 긴 시간을 투자하고, 나름대로 사회생활을 했을 것이다. 이렇듯 막대한 투자를 통해 만들어진 제품을 마케팅하는 일은 지금까지 경험한 어떠한 일보다 중요한 일이다.

'나'라는 제품이 다른 사람과 차별화된 '유능한 인재'인지의 여부는 입사지원서에서 판단된다. 당신의 가치를 평가하는 담당자의 책상 위에는 수많은 지원자의 입사서류가 쌓여 있다. 그 중에서 가장 상품가치가 높은 당신의 존재를 어떻게 선택되게 할 것인가? 입사지원서(이력서, 자기소개서)는 직업을 구하는 마케팅 도구이기 때문에 도구로서 생명력이 있어야 한다. 수많은 지원자 중에서 단지 깨끗이 정리되었다는 외형만으로 담당자의 시선을 사로잡지 못한다. 기재된 내용뿐 아니라 문장의 표현기술도 중요하다. 읽는 사람의 입장에서 쉽게 정리되어 있는지, 문장의 구성은 논리적이고 설득력이 있는지, 표현하고자 하는 내용이 잘 정리되어 있는지를 종합적으로 검토해야 한다. 입사지원서는 자신을 알리는 기초적인 도구로서, 면접을 위한 선택 단계에서 생명력을 시험받게 된다. 선택되지 않고 살아남지 못한다.

'다음 단계란 존재하지 않는다.'

인사담당자는 이력서와 자기소개서를 통해 회사가 요구하는 경력과 자격을 갖춘 역량 있는 인재인가를 평가하게 된다. 따라서 기업이 요구하는 인재조건에 부합되는 자신의 장점을 찾아 이를 강조해야 한다.

# 제1절 NCS 기반 이력서 작성

## 1. 이력서는 '나'라는 제품의 카탈로그

이력서는 기업이 관심을 갖는 아이템을 나의 개인경험에서 보여주는 행위다. 즉, 내가 표현하고자 하는 내용이 아니라 지원하는 기업의 인사 담당자가 알고 싶어 하는 내용으로 구성되어야 한다. 이력서는 면접과정까지 도달하기 위한 최초의 입사서류이며, 자신에게 관심을 가지도록 유도하는 필수적인 서류이다.

이력서는 기업이 관심을 갖는 아이템을 나의 개인 창고에서 꺼내어 보여주는 행위이다. 즉, 내가 표현하고자 하는 내용이 아니라 지원하는 기업의 인사담당자가 알고 싶어 하는 내용으로 구성되어야 한다. 이력서는 면접과정까지 도달하기 위한 최초의 입사서류이며, 자신에게 관심을 가지도록 유도하는 필수적인 서류이다.

### 1) 어떤 이력서가 훌륭한 이력서인가?

뛰어난 학력, 경력, 자격을 갖추고 있는 이력서가 훌륭한 이력서인가? 그렇지 않다. 가장 훌륭한 이력서는 취업하는 데 가장 '적합'한 이력서이다. 누가 보아도 '적합성을 띤 이력', 이것이 기업에서 찾고 있는 이력서이다. 구직자 입장에서 봤을 때 한두 장의 지원서류를 통해 목적했던 삶을 성취해냈다면 그보다 훌륭한 이력서는 없을 것이다.

### 2) 이력서는 성공적인 사회생활을 위해 당신을 알리는 초청장이다

이력서는 세상에 뛰어들기 위한 초청장을 스스로 만들어 잠재적인 초대자에게 배포하는 것이다. 우리 속담에 '보기 좋은 떡이 맛도 좋다'고 했다. 제품의 성능이 아무리 우수해도 디자인과 포장기술이 떨어지면 소비자 관심을 끌지 못하고,제값을 받기도 어렵다. 백화점에서도 상품을 판매하기 위해 제품 카탈로그를 제작하고 특색 있게 포장하여 진열대에 올려놓고 판매사원들을 교육시키며, 소비자의 관심을 끌기 위해 총력을 기울인다.

### 3) 이력서는 설득력이 있어야 한다

이력서는 자신을 마케팅하기 위한 제품 카탈로그다. 이력서를 통해 진정한 자기 가치를 알리고 싶다면 스킬과 용기가 필요하다. 대부분의 기업에서 입사서류를 인터넷으로 작성하게 하고 있다. 일부 중소기업에서는 전통적인 방법으로 이력서와 자기소개서를 작성하도록 하는 경우도 있다. 어떠한 경우라도 읽어 보는 사람이 공감할 수 있는 내용으로 작성되어야 한다.

### 4) 당신이라는 제품에 호기심을 갖도록 써라

짧고 강하고 설득력 있는 이야기를 중심으로 작성한다. 면접관이 이력서를 보고 '왜 호주에 현장실습을 다녀왔습니까?'라고 궁금증을 가지고 질문할 수 있는 내용이어야 한다. 또는 '전공과목 중에서 지원분야와 관련된 프로젝트를 수행한 경험을 말씀해주시겠어요?'라는 호기심으로 질문이 나올 수 있도록 써야 한다.

이력서는 당신의 이야기를 10초에 리뷰하도록 하는 스토리보드와 같은 역할을 한다. 당신의 삶이 매우 질서정연하며 함축되어 있어야 한다는 의미다.

### 5) 선택되는 이력서만 살아남는다

이력서는 서류전형의 첫 단계 자료로서 인사담당자의 눈에 띄어야 한다. 눈에 띄지 않고 실패한 이력서는 읽어보는 사람이 항상 바쁘다는 점을 간과하고 자신이 보여주고 싶은 글감을 중심으로 작성되었다는 공통점을 갖고 있다.

이력서는 짧은 시간에 인사담당자의 눈과 마음을 통해 선택되고 읽혀지도록 명확하고 매력 있게 작성하는 게 포인트다.

**선택되지 못하는 이력서 특징**

- 전문분야에 대한 언급이 미흡하다.
- 경력내용만 단순히 나열하고 있다.
- 성과에 대한 언급이 없다.
- 성의가 없고 내용이 빈약하다.

## 2. NCS 기반 입사지원서(신입사원 채용)

### 1) 인적사항

지원자를 식별하고 관리하기 위한 최소한의 정보로 구성된다. 성명, 생년월일, 현주소, 연락처, 전자우편(e-mail), 지원분야 등 실질적 평가에는 반영되지 않는다.

**1. 인적사항**

※ 인적사항은 필수항목으로 반드시 모든 항목을 기입해주십시오.

| 지원구분 | 신입( ) 경력( ) | 지원분야 | | 접수번호 | |
|---|---|---|---|---|---|
| 성명 | (한글) | 생년월일 | (월/일) | | |
| 현주소 | | | | | |
| 연락처 | (본인 휴대폰) | 전자우편 | | | |
| | (비상 연락처) | | | | |

### 2) 교육사항

직무수행에 필요한 KSA(지식·기술·태도)를 갖추고 있는가를 평가하기 위한 항목이다. 직무와 관련된 학교교육이나 직업교육 혹은 기타교육 등 직무에 대한 지원자의 관심 등을 평가한다. 기타교육은 학교 이외의 기관에서 개인이 이수한 교육과정 중 지원직무와 관련이 있다고 생각되는 교육내용이다.

**2. 교육사항(모집대상 직무와 연관이 있는 학교교육이나 직업교육 혹은 기타교육)**

※ 학교교육이나 직업교육 혹은 기타교육 등 직무와 관련된 교육사항 내용을 기입해주십시오.

| 학교교육이나 직업교육 혹은 기타교육 등 | | |
|---|---|---|
| • [경영기획 업무] 관련 학교교육이나 직업교육 혹은 기타교육 과목을 이수한 경험이 있습니까? | 예( ) | 아니오( ) |
| • [경영평가 업무] 관련 학교교육이나 직업교육 혹은 기타교육 과목을 이수한 경험이 있습니까? | 예( ) | 아니오( ) |
| • [사무행정 업무] 관련 학교교육이나 직업교육 혹은 기타교육 과목을 이수한 경험이 있습니까? | 예( ) | 아니오( ) |
| • [지원기관의 직무관련 업무] 지원하고자 하는 기관의 주요 업무 관련 학교교육이나 직업교육 혹은 기타교육 과목을 이수한 경험이 있습니까?<br>(예 : 도로공사-도로관련 교과, 소비자보호원-소비자관련 교과, 인력공단-인력개발 관련교과 등) | 예( ) | 아니오( ) |

※ '예'라고 응답한 항목에 해당하는 내용을 아래에 기입해주십시오. 해당 직무를 수행하는데 도움이 되었거나 도움이 될 것이라고 판단되는 교육과목(직업기초능력 포함)을 이수한 경험이 있으면 모두 적어주십시오.

예시) 과목 1. 문헌정보학 입문 → 문서이해능력, 문서작성능력
과목 2. 한국어 의미의 이해 → 문서이해 및 문서작성능력
과목 3. 철학개론 → 사고력

| 학교교육 | | 직업교육 | | 기타교육 | |
|---|---|---|---|---|---|
| 교과목명 | 학점(내신등급) | 교과목명 | 이수시간(h) | 교과목명 | 이수시간(h) |
| | | | | | |

### 3) 자격사항

채용공고문 및 직무설명자료에 제시되어 있는 자격현황을 토대로 지원자가 해당 직무를 수행하는 데 필요한 능력을 가지고 있는지를 판단하기 위한 항목이다. NCS에서 제시된 해당 직무와 관련된 자격만을 명시(국가공인, 기술·전문·민간자격을 선택하여 작성)한다.

**3. 직무능력 관련 자격사항(NCS 내 환경분석의 자격현황 참고)**

※ 자격은 직무와 관련된 자격을 의미합니다. 코드를 확인하여 해당 자격증을 정확히 기입해주십시오.

| 직무관련 자격 |
|---|
| |

※ 자격에는 국가기술자격, 개별법에 의한 전문자격, 국가공인 민간자격, 기타자격이 포함됩니다. 위의 자격목록에 제시된 자격증 중에서 보유하고 있는 자격증을 아래에 기입해주십시오.

| 코드 | 발급기관 | 취득일자 | 코드 | 발급기관 | 취득일자 |
|---|---|---|---|---|---|
| | | | | | |

※ 그외 [직무 혹은 직무관련 지식]에 관련된 자격증은 아래에 기입해주십시오.

| 자격증명 | 발급기관 | 취득일자 | 자격증명 | 발급기관 | 취득일자 |
|---|---|---|---|---|---|
| | | | | | |

### 4) 경험 혹은 경력사항

직무와 관련된 경력이나 경험 여부를 포함하여 직무와 관련한 역량을 갖추었는지를 평가하기 위한 항목으로, 경력은 임금을 받으며 일정기간 동안 일했던 경우를 의미하며, 경험은 임금을 받지 않고 수행한 활동을 포함한다.

**4. 경험 및 경력사항(지원하는 직무와 연관성 있는 경력 혹은 경험사항을 제시하도록 안내)**

| | | |
|---|---|---|
| • [경영기획 업무] 관련 수행한 경험 및 경력이 있습니까? | 예( ) | 아니오( ) |
| • [경영평가 업무] 관련 수행한 경험 및 경력이 있습니까? | 예( ) | 아니오( ) |
| • [사무행정 업무] 관련 수행한 경험 및 경력이 있습니까? | 예( ) | 아니오( ) |
| • [지원기관의 직무관련 업무] 관련 수행한 경험 및 경력이 있습니까? | 예( ) | 아니오( ) |

※ '예'라고 응답한 항목에 해당하는 내용을 아래에 기입해주십시오.

| 근무기간 | 기관명 | 직위/역할 | 담당업무 |
|---|---|---|---|
| | | | |

| 교육과정 내 수행평가 과제수행경험 등 | | 기타 활동경험 | |
|---|---|---|---|
| 수행평가 내용 | 과제내용 | 소속조직 | 주요역할 |
| | | | |

※ 직무와 관련하여 금전적 보수를 받고 일정기간 동안 일했던 경력이나 금전적 보수를 받지 않고 수행한 활동 등의 이력을 기록합니다.
※ 자세한 기입사항은 경험 및 경력기술서에 작성해주시기 바랍니다.

### 5) 경험기술서

입사지원서에 기술한 직무관련 활동에 대해 구체적으로 본인이 수행한 활동내용을 시계열(시간, 장소)적으로 기술한다.

### 6) 경력기술서

입사지원서에 기술한 경력사항 중 직무영역, 주요 활동내용, 주요 역할 및 성과를 자세히 기술한다.

### 7) 체크할 사항

① 해당직무에 대한 업무수행에 어느 정도 기여할 수 있는가?
② 해당 직무에서 요구하는 역량을 어느 정도 구비하고 있는가?
③ 경험을 통해 갖춰진 해당 직무역량을 현업에서 얼마만큼 활용할 수 있는가?
④ 경험한 역량을 바탕으로 직무를 수행할 때 관련된 다른 업무 수행과 어느 정도 협업을 이루어낼 수 있는가?
⑤ 해당 업무를 수행함에 있어 경험이 업무성과에 어느 정도 기여하는가?
⑥ 해당 업무와 관련하여 긍정적으로 변화된 것들이 제대로 기술되어 있는가?

# 제2절 NCS 기반 자기소개서 작성

자기소개서는 '나'라는 제품의 사용설명서에 해당된다. 자기소개서는 지원하고자 하는 기업과 희망 직무를 철저히 분석하고, 원하는 인재상에 맞는 내용으로 작성하여야 한다. 자기소개서를 기업에 맞게 특화시키지 않고 공통적으로 작성하여, 지원하고자 하는 모든 기업에 동일한 내용으로 복사하여 보내는 것은 마치 저가의 제품을 생산하여 할인마트에 판매하는 경우와 같다.

이러한 경우는 취업에 목표가 있는 것이 아니라 서류제출에 목표가 있는 것이라 할 수 있다.

## 1. 기업은 자기소개서를 통해 무엇을 알고 싶어 하는가?

**기업이 자기소개서를 통해 알고 싶어 하는 역량을 시대별로 살펴보면**

| 구분 | 기업의 관심분야 |
|---|---|
| ~1990년까지 | • 학교성적과 필기시험성적(영어, 상식, 논술 등 필기시험)<br>→ 학교성적, 필기시험으로 결정(면접시험은 형식에 불과함)<br>→ 대규모 공채 |
| 2000~2010년 | • 조직적응력, 직업관, 원만한 성격, 전공분야 직무수행능력 중시→ 자기소개서, 소규모 수시채용 |
| 2011~2015년 | • 개인역량과 특성 중심의 자기소개서 평가<br>→ 성장과정, 성격의 장·단점, 지원동기, 장래희망, 기타 개인특기 등의 개인역량 평가<br>→ 출신학교, 학업성적, 외국어(토익)성적, 해외연수경험, 사회봉사활동 경험, 직업체험 경험 등이 당락결정 요소로 작용 |
| 2015년 이후~ | • NCS 기반의 채용제도의 본격적 시행<br>→ 공기업 및 공공기관을 중심으로 직무중심, 경험중심의 입사지원서 작성<br>• 공공기관 블라인드 채용 의무화(학벌, 스펙초월 역량중심 채용)<br>→ 입사지원서의 개인신상 관련 정보 최소화, 직업기초능력+직무수행능력 평가 강조<br>→ 면접시험 비중 증대 |

**2016년 하반기 주요 기업 자기소개서 지문 내용(예시)**

| 기업 | 자기소개서 항목 |
|---|---|
| 삼성그룹 | • 삼성 취업을 선택한 이유와 입사 후 회사에서 이루고 싶은 꿈을 기술하시오. (700자)<br>• 본인의 성장과정을 간단히 기술하되 현재의 자신에게 가장 큰 영향을 끼친 사건, 인물 등을 포함하여 기술하시기 바랍니다(작품 속 가상인물도 가능). (1,500자)<br>• 최근 사회이슈 중 중요하다고 생각되는 한 가지를 선택하고 이에 관한 자신의 견해를 기술해주시기 바랍니다. (1,000자) |
| SK텔레콤 | • 입사 후 본인이 해당 직무분야에서 Market Top 수준의 인재로 성장하기 위해 어떤 노력을 할 것인지 구체적으로 기술하십시오. (500자)<br>• 최근 5년 이내에 했던 경험 중 가장 많은 정보나 의견을 수집 종합하고 이를 바탕으로 문제를 해결했던 경험에 대해 구체적으로 서술하십시오. (700자)<br>• 최근 5년 이내에 했던 경험 중 장애요인이 있었지만 이를 극복하기 위해 도전하고 노력했던 경험에 대해 구체적으로 서술하십시오. (700자)<br>• 기존에 사용되었던 방법을 개선하여 성공적으로 도출할 수 있었던 경험에 대해 구체적으로 서술하십시오. (700자) |
| 신한은행 | • 지원동기 및 포부, 성장과정, 수학내용, 본인의 가치관 및 인생관에 영향을 끼쳤던 경험, 단체 속의 일원으로 거둔 성과에 대하여 주제별로 구분하여 자유롭게 기술해주세요. (2,500자)<br>• 신한은행 입행을 위해 노력했던 내용과 그 결과 등에 대해 기술해주세요. (1,000자)<br>• 최근 대형 은행의 합병, 인터넷은행의 등장 등 국내 은행권 경쟁이 심화되고 금융시장 환경이 급변하고 있는 상황입니다. 이런 환경에서 현재 신한은행의 장점과 단점을 기재하고 신한은행이 향후 취해야 할 전략에 대해 기술해주세요. (1,000자)<br>• 신한은행의 핵심가치와 관련 있는 인문학 서적을 선택하고 그 책을 선택한 이유와 책에 대한 본인의 생각을 기술해주세요. (1,000자) |

## 2. 자기소개서는 취업의 시작과 끝

자기소개서(자소서)는 취업 첫 관문인 서류전형의 일부지만 서류전형 이상의 의미를 가진다. 서류 합격 후에도 최종면접까지 남아있는 유일한 자료이기 때문이다. 면접관들의 질문 시 참고자료로 사용돼 당락을 결정할 수 있는 만큼 구직자가 실제 느끼는 자소서에 대한 부담감은 클 수밖에 없다.

'일단 서류전형에서 떨어지면 이후가 없고, 면접에도 쓰이는 만큼 전체 전형과정에서 받는 부담의 절반 이상은 자기소개서에서 온다.'

자소서에 대한 압박이 커진 것은 기업들의 '탈(脫)스펙' 분위기와도 무관치 않다. 필기시험 전형을 축소하고, 외국어 점수나 자격증 등에 대한 비중을 줄이는 대신 자소서 항목을 구체적으로 물어보는 기업이 늘어나고 있다.

현대차의 경우 지난 상반기에는 '지원동기와 본인이 적합하다고 판단할 수 있는 이유·근거 제시(1,000자)'한 항목이었지만 하반기에는 '회사 선택 기준과 현대차가 기준에 적합한지', '기억에 남는 최고의 순간 및 그 의미'를 설명하는 항목(각 1,000자)이 추가됐다.

금융권의 경우 글자수도 많고 항목도 더욱 까다롭다. 2017년 하반기에는 '가치관 형성에 전환점이 된 인문·예술작품을 들고 이유를 설명하라', '은행 영업점을 방문해 다른 은행과 비교하라', '현장 중심적인 생각을 통해 성취·실패했던 경험'등이 요구됐다.

하반기 20여 개 정도의 자소서를 제출한 K 씨는 '쓰다가 포기한 유일한 자소서가 금융권 자소서'라며 '회사전략 수립이나 대안을 묻는데 실무경험이 없는 입장에서 쓰는 것이 힘들었다'고 설명했다.

자기소개서에 대한 부담이 커지면서 구직자들끼리 스터디를 하거나 개인 컨설팅을 받는 경우도 늘고 있다. 취업 시즌이 되면 대학 내 취업센터에서는 자소서 첨삭 지도를 받으려는 인원이 몰리기도 한다. 인터넷 게시판 등에 대필 광고가 걸려 있는 경우도 있다. 입사지원서에 기재하는 스펙은 재품의 사양서이며, 자기소개서는 제품의 사용설명서에 해당된다. 제품의 사용설명서는 얼마든지 바꿀 수 있다. 지원하는 기업의 인재상이나 기업문화에 자신의 경험을 더하여 차별화된 스토리라이팅(writing)을 할 수 있다. 자기소개서는 지원자가 정성을 쏟는 정도에 따라 바뀔 수 있는 영역이기도 한 것이다.

## 3. 자기소개서 체크포인트

인사담당자는 짧은 시간에 수많은 입사서류를 검토한다. 좋은 입사지원서를 찾는 것이 아니라 잘못된 입사지원서부터 찾아 제외시키는 과정을 반복한다. 3~4배수에 해당하는 입사지원서를 대상으로 나름대로 정한 체크포인트(check point)를 기준으로 가장 적합한 입사지원서를 선택하여 다음 단계 전형으로 초대하게 된다.

인사담당자들이 입시지원서에서 관심 있게 보는 체크포인트는 다음과 같다.

**입사지원서 체크포인트**

| | |
|---|---|
| 인사담당자의 관심사항 | ① 어떠한 성격의 소유자인가? |
| | ② 전공은 무엇이며 얼마만큼의 전문역량을 배양했는가? |
| | ③ 전공 이외의 관심사항은 무엇인가? |
| | ④ 업무에 쉽게 적용하며, 이해력은 빠른가? |
| | ⑤ 꿈과 비전을 가지고 있는가? |
| | ⑥ 조직에 융화될 수 있는 인재인가? |
| | ⑦ 사물을 긍정적으로 바라보는 시각을 가지고 있는가? |
| | ⑧ 소신과 주관이 뚜렷하며 창의력이 있는가? |
| | ⑨ 개성이 뚜렷하며 진취적인가? |
| | ⑩ 표현력이 있고, 우리말에 대한 이해력이 빠른가? |

## 4. 자기소개서 작성 시 유의사항

| | |
|---|---|
| 간결하게 작성 | • 한 문장의 길이는 2줄을 넘지 않게 간결하게 작성<br>→ 접속어나 수식어를 생략하고, 간결하고 명료한 문장으로 표현 |
| 솔직한 표현 | • 솔직하게 자신의 스토리를 독창적으로 쓴 자기다운 글로 작성<br>→ 기업의 인재상과 공감할 수 있는 스토리로 작성 |
| 명확한 의미전달 | • '나'라는 제품의 특징을 명확하게 전달<br>→ 핵심이나 주제가 선명해서 다른 지원자와 차별화 도모 |
| 일관성 유지 | • 시점, 난이도, 어조사나 문체, 내용 등의 일관성을 유지<br>→ 경어나 평의어의 사용도 일관성을 유지 |
| 타당한 근거제시 | • 주장하는 내용에 대한 통계자료, 시간, 공간, 주인공 등의 타당한 근거제시<br>→ 읽는 사람을 설득하고, 공감대 형성 |
| 논리적 기술 | • 자신의 주장에 논리성을 분명히함<br>→ 문장의 연결, 단락의 연결에 있어서도 논리적이어야<br>→ 논리성과 타당성이 부족한 글은 신뢰성 확보 곤란 |
| 스토리텔링으로 차별화 | • 나만의 경험을 중심으로 차별화된 스토리 확보<br>→ 경험만 나열하는 것이 아니라 경험을 통하여 자신의 역할과 역량 등으로 어떤 결과를 이끌어냈는지 강조<br>→ 직무역량이 돋보이도록 스토리 구성 |

## 5. 자기소개서 작성 실전전략

### 1) 자기소개서 '5초의 승부'

수북이 쌓여있는 자기소개서를 꼼꼼하게 다 읽는 기업은 없다. 서류전형 당락은 자기소개서에서 결정된다. 지원자들의 학점이나 영어 점수는 대부분 기준점수를 넘어서기 때문에 차이는 대부분 자기소개서에서 결정된다.

인사담당자들이 자기소개서를 모두 꼼꼼히 읽지 않는다. 신문을 넘기듯 자기소개서를 넘기다 눈에 띄는 자기소개서 중심으로 검토한다. 따라서 단 몇 초 안에, 몇 개 문장으로 인사담당자의 눈길을 사로잡아야 한다. 그것이 자기소개서 작성의 제1원칙이다. '자기소개서' 비중이 커지면서 질문도 다양해지고 난이도가 높아지고 있다. 단순히 '지원동기'와 '입사 후 포부' 정도를 묻는 수준이 아니다.

2016년 기업들의 자기소개서 질문을 보면 알 수 있다.

**자기소개서에 많이 나오는 질문**

- 지원분야를 선택한 사유와 입사 후 10년 뒤 모습을 기재하시오.
- 본인의 장・단점은 무엇이고, 입사 후에 장・단점이 어떻게 활용될지 설명하시오.
- 자신에게 주어졌던 일 중 가장 어려웠던 경험은 무엇이었는가?
- 가장 열정적으로 임했던 일과 이를 통해서 이룬 것에 대해 기재하시오.
- 본인의 가치관을 형성하는 데 가장 큰 영향을 끼친 경험은 무엇인지 기술하시오.
- 지원한 직무분야에서 노력해온 것과 지원분야에 어떤 도움을 줄 수 있는가?
- 대학생활 중 가장 뛰어난 성과를 이뤄냈던 경험을 기재하시오.
- 시키는 일의 범위를 넘어서 자발적으로 도전한 경험에 대해 기술하시오.

취업포털 인크루트가 2016년 하반기 신입사원 공채를 실시한 국내 30대 그룹의 자기소개서 질문 5,031건을 분석해 자기소개서가 요구하는 키워드 24가지를 뽑았다.

자기소개서에서 가장 많이 요구하는 키워드는 '경험'으로 22%나 차지했다. 이어 '구체적'이라는 키워드가 17%의 높은 응답률을 기록했고 '직무'는 14%를 차지했다. 다음으로 '목표'(9%)와 '생각'(7%) 등의 키워드가 자주 출제되는 것으로 나타났다. 이를 간단하게 정리하면 대기업들은 자기소개서를 통해 지원자의 '직무와 관련된 구체적인 경험과 생각,

목표'를 알고 싶어 한다는 것이다.

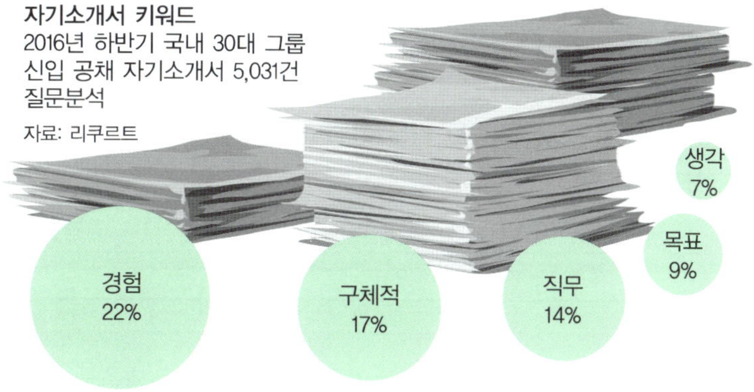


자료: 매일경제, 2017. 3. 13.

### 2) 자기소개서는 기본적으로 문장이 좋아야 한다

좋은 문장은 화려한 문장을 의미하는 것은 아니다. 짧고 간결하고 정확한 문장을 의미한다. 우선 만연체 문장을 피한다. 인사담당자가 읽다가 지치면 바로 다른 사람의 자기소개서로 넘어간다. 지나친 미사여구도 피해야 한다.

아무리 내용이 좋아도 자기소개서에 오탈자가 발견되면 살아남기 어렵다. 자기소개서를 작성한 뒤 세심하게 퇴고하는 과정을 거쳐야 하고 소리 내어 읽어본 뒤 친구들에게 읽어보고 수정해달라고 부탁해야 한다.

이 밖에 같은 내용을 반복하는 '중언부언형 표현'이나 질문의 요지와 다르게 대답하는 '동문서답형 답변' 등도 반드시 피해야 한다.

### 3) 직접 경험한 스토리를 소재로 작성하라

자기소개서의 가장 중요한 부분이 자신이 직접 '경험'한 내용을 소재로 작성해야 한다. 어떤 경험을 했는지 만큼 중요한 것이 그 안에서 자신의 역할과 노력으로 어떤 결과를 이끌어냈는지 등 업무역량이 돋보이도록 작성하는 기술이 필요하다. '스토리라이팅'은 한 가지 주제에 어울리는 여러 경험 소재를 바탕으로 관심과 흥미를 불러일으키기에 적절한 방법이다.

하나의 주제에 1~3가지 정도의 경험 소재를 근거로 제시하고, 글쓴이의 의도를 일관성 있게 전달해야 한다. 자신의 주장을 뒷받침하는 경험을 근거로 제시하여 설득력을 높인다.

☞ 소제목 > 본문(주장 + 주장을 뒷받침하는 경험 근거) > 느낀 점과 각오

| 핵심영역 | 본문(주장 + 주장을 뒷받침하는 경험 근거)<br>근거는 STAR(상황, 과제, 노력, 결과), 활용(시간 + 공간 + 주인공) |
|---|---|
| 부가영역 | 소제목, 느낀 점과 각오 |

**사례** 수능 직후 19세 어린 나이에 아르바이트를 시작하면서 세운 목표는 '최연소 전자제품 완판녀되기'였습니다. 하지만 전자제품 지식이 투박해서 밥솥 고무패킹 여부의 잘못된 정보로 고객에게 혼란을 주었습니다. 그래서 다른 판매사원들을 찾아가 제품의 상세정보를 얻고, 경쟁업체를 방문하여 설명방식을 비교했습니다. 고객에게는 'Happy Call'을 걸어 불편했던 점을 묻고, 할인정보를 알려줘 방문판매를 유도하였습니다. 또한 재고물량을 파악하여 타 매장의 수량도 확보했습니다. 그 결과 선풍기・세탁기・인덕션・전자레인지까지 판매범위를 넓혀 하루 평균 고객 200명 중 약 40개의 판매량을 기록했습니다.

**평가** 실무경험을 통해 지원자의 역량이 입사 후 어떤 식으로 발휘될 것인지 또렷이 상상해볼 수 있었다.

### 4) 직무에 대한 관심을 보여라

**사례** 사물인터넷(IoT)은 '플랜트・건축・토목사업'에서의 수주물량 확보에도 긍정적인 영향을 끼칠 것으로 생각합니다. 'IoT 스마트홈'에서 시작하여 기존 사업들에 IoT 플랫폼을 추가로 시공하거나, 새롭게 설계되는 사업들이 늘어남에 따라 ○○건설의 수요는 늘어나게 됩니다.

나아가 막대한 이익도 가져올 것입니다. ○○건설만의 신기술 사업과 품질・환경의 차별화된 강점을 부각해 시공하게 된다면 국내를 넘어서 해외에서도 우수한 시공능력을 인정받게 됩니다.

**평가** 자칫 그냥 흘려보낼 수도 있었던 사회적 트렌드를 포착해 앞으로의 기업환경에 적용해보겠다는 포부로 연결지은 케이스. 인사담당자로 하여금 해당 지원자가 평소 해당 기업과 직무에 깊은 관심이 있었을 것이라 판단하게 해준다.

### 5) 개조식으로 강점을 정리하라

**사례** 입사 후, 기술직 담당자로 성장하여 플랜트 부문에서 뛰어난 '명장'이 되고 싶습니다. 누구에게도 뒤지지 않을 4가지 강점이 있습니다.

① 건설업에 대한 이해: 300시간의 '해외플랜트 건설기술교육'과 매일 신문기사 스크랩을 통해 글로벌 수주 환경 및 플랜트에 대한 전반적인 흐름을 알고 있습니다.

② 직무에 대한 높은 이해도와 경험: 기계보진팀 인턴 시절, LNG 현장에서 불안전 요소들을 발견하여 사고를 미리 예방했습니다. 더불어 '대기환경·소음진동기사' 자격증도 취득하여 부족한 지식을 보충했습니다. (중략)

**평가** 복수의 소제목을 활용해 가독성을 크게 높였다. 입사를 희망하는 기업과 직무를 위해 어떤 노력을 해왔는지 명료하게 분류한 것도 플러스 요인이다.

### 6) STAR-LC기법을 활용한 자기소개서 작성 프로세스

① Situation(상황설명): 자신이 경험했던 활동에 대한 상황(시간, 공간, 주인공)을 제시한다. 오래된 과거의 경험보다는 최근 2~3년 이내의 경험을 주제로 제시하는 것이 좋다.

② Task(과제제시): 위의 상황 속에서 자신에게 주어진 책무, 역할, 해결해야 할 과제를 구체적으로 제시한다. 에피소드를 제시하는 문제제기도 바람직하다.

③ Action(행동결과): 발생한 문제를 자신이 주도적으로 어떻게 해결했는가를 기술한다. 즉, 문제해결에 자신이 기여한 역할을 중심으로 차별화된 역량을 파악할 수 있도록 기술한다.

④ Result(결과제시): 통계자료나 수치를 제시하여 구체적인 결과를 제시한다. 자신의 역량으로 문제를 해결한 결과를 기술하여 신뢰성을 높인다.

⑤ Learning(학습결과): 본인이 했던 일을 통하여 무엇을 배울 수 있었는가를 기술한다. 이러한 경험을 통하여 입사 후 직무수행 시 활용 가능성을 제시한다.

⑥ Contribution(기대역할): 본인이 경험했던 일들이 입사 후 직무를 수행할 때 어떤 기여를 할 수 있을 것인가를 기술한다.

☞ Title(소제목): 모든 글에는 내용을 함축적으로 전달하는 소제목을 붙인다(필수).

## 6. 자기소개서 작성 마지막 점검

### 1) 합격하는 자기소개서 '사건 중심의 자기소개서'

자신만의 독특한 사건을 기술하면 합격이 보인다. 자기소개서에 등장하는 사건은 지금까지의 삶에서 특별했던 사실(fact)로서 지원하는 기업의 인재상, 기업문화, 직무분야 등과 관련된 내용으로 사건의 구성요소를 갖추고 있어야 한다.

사건의 구성요소는 주인공으로서의 나와 또는 내가 속했던 조직(단체), 사건이 발생된 시간과 장소가 포함된 3가지 요소가 구체적으로 명시되어야 한다.

아울러 이러한 사건으로 인하여 발생된 문제가 어떤 내용이었으며, 그 문제(내용)가 지원하는 기업의 직무분야와 관련성이 있어야 한다. 자신이 주인공으로서 당면과제를 해결하는 데 어떻게 핵심역할을 했으며, 역할을 통해 자신이 깨닫거나 학습한 결과는 어떠한 내용이었는가를 정리할 수 있어야 한다.

이러한 내용은 best one이 아니라 only one으로서 가치를 인정받을 수 있어야 차별화된 스토리로 평가받을 수 있다.

### 2) 고정관념에서 벗어나라

자기소개서는 나를 파는 개인광고글이다. 기업이 상품을 광고하듯 자신의 마케팅 포인트를 찾아야 한다. 인사담당자들이 갖고 있는 고정관념을 깨야 한다면 먼저 자기소개에 충실해야 한다. 진부하고 틀에 박힌 자신의 광고에서 벗어나야 한다.

자기소개서는 글쓰기 능력이다. 지원자를 개인적으로 모르는 인사담당자는 지원자의 숨은 능력이 아무리 뛰어나다 해도 그 사실이 글로 잘 표현되어 있지 않으면 합격이라는 소식을 들려줄 확률이 거의 없다. 반대로 지원자의 역량이 좀 부족하다 해도 자신의 강점과 특징이 기업에서 요구하는 조건에 맞게 잘 표현되어 있다면 다음 단계의 채용과정에서 자세히 확인해보고 싶어 할 것이다.

### 3) 맞춤형 자기소개서를 작성하라

자기소개서는 입사서류 전형의 당락에 큰 영향을 마치는 것은 문론 면접시험에서 기본자료가 된다. 자기소개서에는 보통 성장과정, 학창생활, 지원동기, 성격의 장·단점, 장래희망 및 포부 등이 포함된다. 인사담당자는 이를 통해 지원자의 글쓰기 능력이나 논리성, 표현력, 인생관, 직업관 등을 알고 싶어 한다. 따라서 일반적인 사례를 옮겨 놓은 자기소개서는 인사담당자의 눈길을 끌기가 어렵다.

자기소개서에서 가장 신경 써야 할 내용으로는 '지원동기와 입사 후 포부'를 들 수 있다. 경력직에 비해 상대적으로 불리한 신입직이라면 적극적으로 공략해야 할 부분이기도 하다. 입사희망 기업에 지원하게 된 이유나 동기는 확고한 주관을 바탕으로 기술해야 한다. 평소 해당 기업에 대한 자료를 모아 분석해둔다면 큰 도움을 받을 수 있다. 장래 희망이나 포부를 밝힐 때에도 막연한 표현보다는 자신이 입사했다는 확신을 갖고 어떻게 직장생활을 할 것인지 구체적으로 표현해 강한 인상을 심어주도록 해야 한다.

### 4) 제목짓기는 총성 없는 전쟁이다

자기소개서의 모든 항목에는 반드시 소제목을 붙여야 한다. 전체 내용을 함축적으로 표현한 소제목을 붙여 읽는 사람의 눈길을 붙들어야 한다. 인사담당자는 하루에도 수백 통의 자기소개서를 읽고 평가해야 한다. 처음부터 인내를 갖고 자기소개서 내용을 다 읽어볼 수 없다는 인사담당자의 입장을 고려해야 한다. 따라서 소제목만 보고 글의 요지를 알 수 있도록 작성해야 한다.

**NCS 기반 자기소개서(예시)**

| 자기소개서* 예시 |
|---|
| 최근 5년 동안에 귀하가 성취한 일 중에서 가장 자랑할 만한 것은 무엇입니까? 그것을 성취하기 위해 귀하는 어떤 일을 했습니까?(A사 예) |
|  |
| 예상치 못했던 문제로 인해 계획대로 일이 진행되지 않았을 때 책임감을 가지고 적극적으로 끝까지 업무를 수행해내어 성공적으로 마무리했던 경험이 있으면 서술해주십시오.(B사 예) |
|  |
| 현재 자신의 위치에 오기 위해 수행해온 노력과 지원한 직무분야에서 성공을 위한 노력 및 계획을 기술해주십시오.(C사 예) |
|  |
| 약속과 원칙을 지켜 신뢰를 형성/유지했던 경험에 대해 기술해주세요.(D사 예) |
|  |

**[회사 선택 양식]**
입사지원서나 직무능력소개서 이외에 별도로 자신을 소개할 수 있는 내용이나 회사의 핵심가치나 인재상과 관련된 항목을 자기소개서를 통해 확인하고 싶을 때 선택적으로 사용

## NCS 기반 자기소개서 예시(한국산업인력공단)

- **자기소개서** NCS 기반 자기소개서는 자기 일대기를 기술하는 방법이 아닌 해당 지원자의 지원동기(조직/직무) 및 조직적합성(핵심가치/인재상), 직업기초능력을 평가하기 위한 질문 문항으로 구성됩니다. 지원자가 작성한 자기소개서는 해당 기업·기관의 기준에 따라 평가되며, 면접에서 지원자에 대한 이해자료로 활용됩니다.
- **자기소개서 작성**

• 조직이해능력

우리 공단에 입사 지원한 동기 및 입사 후 실천하고자 하는 목표를 다른 사람과 차별화된 본인의 역량과 결부시켜 작성해주십시오. (200~300자 이내)

지금까지 학교생활 및 여러 조직에서 생활해오면서 조직의 중요성 및 경험을 설명하여 주시고, 또한 우리 공단 조직의 역할이 무엇인지 설명하십시오. (300~400자 이내)

• 문제해결능력

예상치 못했던 문제로 인해 계획대로 일이 진행되지 않았을 때 책임감을 가지고 적극적으로 끝까지 업무를 수행해내어 성공적으로 마무리했던 경험이 있으면 서술해주십시오. (300~ 400자 이내)

• 직업윤리

직장인으로서의 직업윤리가 왜 중요한지 본인의 가치관을 중심으로 설명하십시오. (300~400자 이내)

• 자기개발능력

최근 5년 동안에 귀하가 성취한 일 중에서 가장 자랑할 만한 것은 무엇입니까? 그것을 성취하기 위해 귀하는 어떤 일을 했습니까? (300~400자 이내)

• 대인관계능력

약속과 원칙을 지켜 신뢰를 형성/유지했던 경험에 대해 기술해주세요. (300~400자 이내)

신문을 볼 때도 제목을 먼저 읽고 내용을 읽을 것인가 읽지 않을 것인가를 판단한다. 자기소개서도 마찬가지다. 제목을 보고 읽을 가치가 있다고 판단되는 글만 별도로 골라서 내용을 다시 확인하게 된다. 글을 읽어보는 인사담당자의 시선을 멈추게 하는 것은 글의 내용이 아니라 소제목이다. 글을 읽는 사람의 눈을 5초 동안만이라도 멈추게 할 수 있다면 일단 성공이다.

제목을 구성할 때는 상황과 여건에 맞게 작성해야 한다. 제목이 빛나면 내용도 충실해진다. 200명을 모집하는 항공사 승무원직에 2만 명이 지원한다고 한다. 5명의 직원이 입사지원서를 확인하는 기간만 꼬박 1주일 이상 걸린다. 50통 정도의 자기소개서를 읽다보면 읽을 것인가 버릴 것인가를 판단하는 기준이 자기소개서의 소제목에서 결정된다고 한다.

## 제3절 NCS 기반 면접전형

서류전형과 필기시험으로 판단할 수 없는 적합성을 파악하기 위하여 면접시험을 실시한다. 많은 지원자 중 우리 기업 및 해당 직무에 적합한 인재를 단시간 안에 파악하기 위하여 다양한 면접방식을 도입(PT, 토론, 상황 등)하고 다양한 평가요소를 최대한 구조화시키고 평가기준을 수립하여 지원자의 적합성을 파악하게 된다.

면접시험을 통하여 파악하고자 하는 적합성 요소는 크게 세 가지로 구성된다.

① 직무 적합성: 직무를 원활히 수행할 수 있는 능력을 검정하는 것이다. 전공의 일치성(관련지식 습득 여부), 자격증 취득 및 교육수료 등을 판단하여 직무수행에 대한 준비성을 질문을 통하여 평가한다.

② 인성 적합성: 업종 및 부서마다 가지는 분위기와 환경은 다를 수밖에 없다. 사무종사자와 영업종사자는 팀 분위기 및 업무 스타일이 다를 수 있으므로 업무 특성에 어울릴 만한 성향을 가지고 있는지를 종합적으로 평가한다.

③ 장기근속 적합성: NCS 기반의 면접전형은 '직업기초능력과 직무수행능력'을 객관적으로 평가하는 것이다. '직업기초능력'은 직업인에게 공통적으로 요구되는 기초 소양(직업기초능력)을 평가하는 것이며, '직무수행능력'은 NCS의 세분류(직무)별 능

력단위와 기업(기관)의 환경 및 실제 직무수행에 필요한 지식·기술·태도와 전문성을 객관적으로 평가하는 것을 목표로 하고 있다.

'직업기초능력'의 평가영역과 세부평가기준은 직업인이 공통적으로 갖추어야 할 기초소양능력으로 '의사소통, 자원관리, 문제해결, 정보화, 조직 이해, 수리, 자기개발, 대인관계, 기술능력, 직업윤리의 10개 평가영역'을 제시하고 있다.

'직무수행능력'평가는 NCS를 기반으로 기업의 특수성이 충분히 반영될 수 있도록 평가항목과 내용을 구체적으로 제시한다. 평가항목은 직무와 관련된 내용의 물리적·심리적 충실도에 따라 지원자의 반응차이가 결정된다는 점을 감안하여 'STAR: S(Situation: 상황), T(Task: 임무), A(Action: 역할 및 노력), R(Result: 결과)' 등으로 구분하여 면접문항을 구성하게 된다.

## 1. NCS 기반 면접전형 방향

NCS 기반의 구조화 면접 전형에서 평가문항을 구성하는 요소는 직무와 관련하여 반영된 내용의 물리적·심리적 충실도에 따라 지원자의 반응차이가 결정된다는 점에서 다음과 같은 내용에 착안하여 문항을 구성하고 있다.

| 전통적 면접 | | 구조화 면접 |
|---|---|---|
| 일상적이고 단편적인 대화<br>인상, 외모 등 다른 외부요소의 영향<br>주관적인 판단에 의존한 총점 부여<br>▼<br>면접내용의 일관성 결여<br>직무 관련 타당성 부족<br>주관적인 채점으로 신뢰도 저하<br><br>'인재를 선별해야 하는 면접관으로서 면접을 진행하는 과정이 어려울 때가 있다'<br>– 94.1%<br><br>(JOB KOREA, 2011: 면접관 경험 직장인 253명 대상) | **VS** | **일관성**<br>• 직무 관련 역량에 초점을 둔 구체적인 질문 목록<br>• 지원자별 동일 질문 적용<br><br>**구조화**<br>• 면접진행 및 평가절차를 일정한 체계에 의해 구성<br><br>**표준화**<br>• 평가타당도 제고를 위한 평가 Matrix 구성<br>• 척도에 따라 항목별 채점, 개인 간 비교<br><br>**신뢰성**<br>• 면접진행 매뉴얼에 따라 면접위원 교육 및 실습<br>• 면접위원 간 신뢰도 확보 |

**▌STAR 기법의 구조화된 면접시험 내용 ▌**

| 항목 | 내용 |
|---|---|
| S<br>(situation, 상황) | 직무와 관련하여 직업기초능력, 직무수행능력이 발휘되어야 하는 중요하고 난이도가 있으며 자주 발생하는 구체적인 상황<br>예 당신은 우리 기관의 교육을 운영하는 담당자입니다. 내일부터 서울에서 진행하는 과장급 교육과정참여 대상자 중 ○○지역 근무자가 개인사정을 이유로 참석이 불가능하다는 내용을 전화로 통보해 왔습니다. |
| T<br>(task, 과제) | 그 상황에서 수행되어야 하는, 수행할 것이라 기대되는 과제 혹은 과업<br>예 위 상황에서 당신이 제일 먼저 처리해야 할 업무는 무엇인가요? |
| A<br>(action, 행동) | 그 과제를 수행하기 위한 절차와 방식, 그 절차와 방식을 선택해야 하는 이유나 근거<br>예 그 업무를 처리하는 절차/방식은?<br>그 업무를 우선적으로 처리하는 이유/근거는? |
| R<br>(result, 결과) | 그 행동으로 얻으려는 결과와 그런 상황이 다시 발생할 때의 대처방안<br>예 그 업무를 통해 얻으려는 결과는?<br>이런 상황이 다시 발생할 가능성이 있다면 어떤 대비를 해야 하나요? |

## 2. NCS 기반의 면접 문항의 종류

기존의 인재상 중심의 평가요소 대신 맵핑(mapping)을 통해 도출한 평가요소를 반영하여 해당 직무능력을 평가할 수 있는 면접도구를 개발하여 적용하고 있다. 조직의 인재상을 평가에 반영하고자 하는 경우는 인재상의 요소를 일정부분 적용할 수 있다.

**▌NCS 기반 직무능력을 평가하기 위한 면접도구의 종류와 특징 ▌**

| 면접도구 종류 | 주요 특징 |
|---|---|
| 경험 면접 | • 목적: 선발하고자 하는 직무능력이 필요한 과거의 경험을 질문<br>• 평가요소: 직업기초능력과 인성 및 태도적 요소를 평가 |
| 상황 면접 | • 목적: 특정 상황을 제시하고 지원자의 행동을 관찰하고 평가함으로써 실제 상황의 행동을 예상함<br>• 평가요소: 직업기초능력과 인성 및 태도적 요소를 평가 |
| 발표 면접 | • 목적: 특정 주제와 관련된 지원자의 발표와 질의/응답을 통해 지원자의 역량을 평가함<br>• 평가요소: 직업기초능력과 인지적 능력을 평가 |
| 토론 면접 | • 목적: 제시한 토의과제에 대한 의견수렴 과정에서 지원자의 역량은 물론 상호작용능력을 평가함<br>• 평가요소: 직업기초능력과 인지적 능력을 평가 |

## 3. NCS 기반 직업기초능력 면접 예시

직업기초능력요소는 현업의 직무수행을 위해 기본적으로 요구되는 자질이며, 상대적으로 일반적인 관점에서 면접문항 구성이 가능하다.

### 1) 경험면접 예시: 질문문항

#### (1) 능력요소, 정의, 심사기준

평가하고자 하는 능력요소, 정의, 주요 심사기준을 확인하여 면접위원이 해당 능력요소에 집중할 수 있도록 함.

| | |
|---|---|
| 윤리의식 | • 정의: 일에 대한 존중을 바탕으로 근면성실하고 정직하게 업무에 임하는 자세인 근로윤리, 인간존중을 바탕으로 봉사하며, 책임 있고, 규칙을 준수하고, 예의바른 태도로 업무에 임하는 자세인 공동체 윤리가 있는지 점검해야 한다.<br>• 심사기준: 자기관리/규범준수/근면 |

#### (2) Opening Question

- 능력요소에 관련된 과거 경험을 유도하기 위한 시작 질문
- 지원자의 경험영역이 다양할 수 있으므로 시작질문 또한 다면적으로 구성

A1) 남들이 신경쓰지 않는 부분까지 고려하여 절차대로 업무(연구)를 수행하여 성과를 내신 경험에 대해 구체적으로 말씀해주십시오.
A2) 조직의 원칙과 절차를 철저히 준수하여 업무(연구)를 수행하여 성과를 향상시킨 경험에 대해 구체적으로 말씀해주십시오.
A3) 세부적인 절차와 규칙에 주의를 기울여 실수 없이 업무(연구)를 마무리한 경험에 대해 구체적으로 말씀해주십시오.
A4) 조직의 규칙이나 원칙을 신경쓰면서 성실하게 일하셨던 경험에 대해 구체적으로 말씀해주십시오.
A5) 다른 사람의 실수를 바로잡고 원칙과 절차대로 집행하여 성공적으로 업무를 마무리하신 경험에 대해 구체적으로 말씀해주십시오.

#### (3) Follow-up-Questions

- 지원자의 경험수준을 구체적으로 검증하기 위한 질문

- 경험수준 검증을 위한 일반 프레임워크인 STAR* 프레임워크 적용

*STAR: 경험수준을 체계적으로 검증하기 위하여 S(상황: Situation), T(임무: Task), A(역할 및 노력: Action), R(결과: Result) 등으로 질문을 구분

**Follow-up-Questions**

Follow-up Questions C   C=핵심질문, S=구체질문, P=압박질문

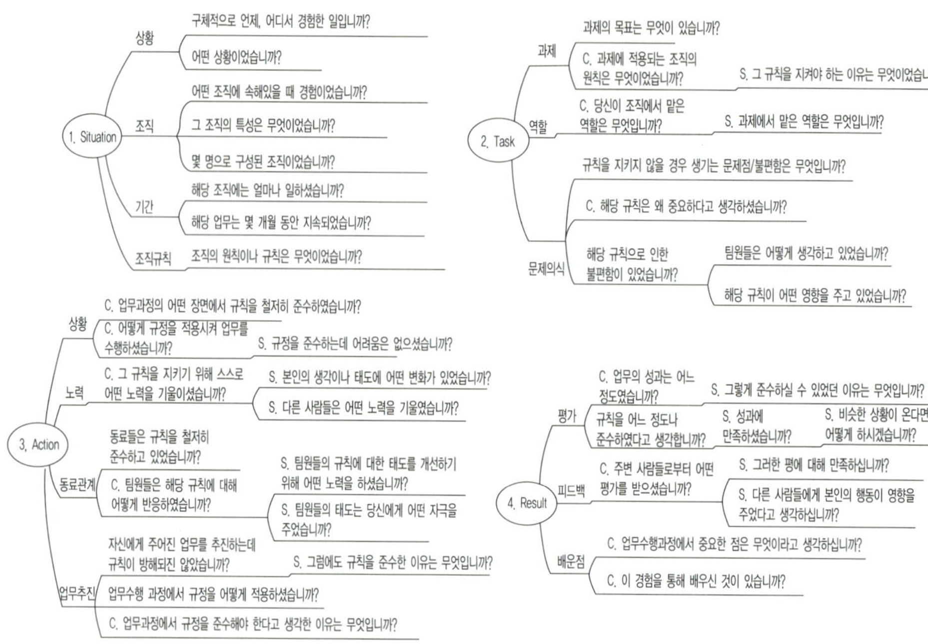


## 2) 평가문항(문제해결능력-발표면접)

- 운영시간 안내
  ① 자료검토 및 준비: 20분
  ② 토론: 40분(지원자 5인 기준)
- 토론 참가자는 정해진 주제를 주어진 자료와 자신의 생각을 정리해 가족친화경영을 통한 행복한 일터를 만들기 위한 방안에 대하여 토론하여야 함.
- 토론 참가자는 자신의 의견을 반영하기 위한 것은 물론 토론조의 결론 도출을 위한 효과적 토론이 될 수 있도록 해야 함.
- 제공된 자료는 원활한 토론을 위해 수치나 내용을 수정할 수 있음.

**A기관의 가족친화제도 관련 설문조사 결과**

우리 회사는 정부의 '가족친화제도' 도입을 위해 임직원을 대상으로 설문을 실시하였다. 조사대상을 입사 10년차 이하, 20년차 이하, 20년 이상으로 구분하여 설문을 실시하였다. 가족친화제도 도입 여부를 묻는 질문에 도입하자는 의견이 72.7%로, 반대의견 28.3%에 비해 약 3배 정도 많게 나타났고, 직원들이 선호하는 가족친화제도 관련 질문에 대한 응답은 아래의 그래프와 같이 나타났다. 가장 높은 응답은 탄력근무제도로 16.6%로 나타났고, 주로 행정직에서 가장 높은 응답을 차지했다. 다음은 자녀학비제공으로 13.3%로 직종과 무관하게 입사 20년차 이상이 대부분이었다. 다음은 육아휴직이 13.5%로 나타났는데, 여기에 응답한 경우는 입사 10년차 미만에서 행정, 채권, 해외지사 등 전 직종에 고루 분포하고 있었다. 네 번째로 많은 비율을 차지한 응답은 '사내보육시설'로 역시 10년차 미만이 응답자의 70%를 차지하였다.

**임직원들이 선호하는 가족친화경영제도** (단위: %)

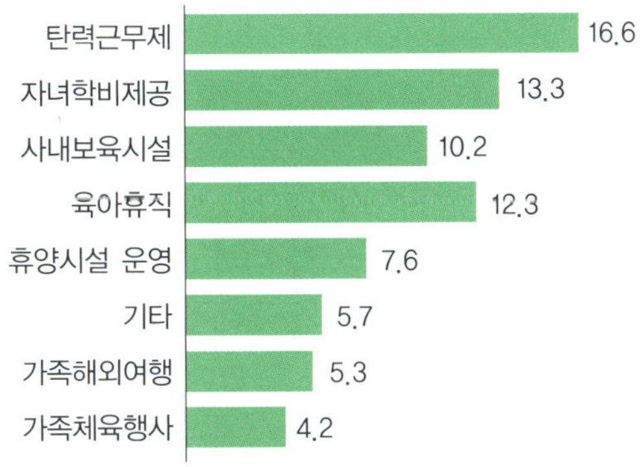


조사대상: A기관 직원 1,000명, 조사기관: 사람인

## 가족친화경영 사례

**LS그룹, 일터와 가정 조화 '가족친화경영' 화제**

LS그룹은 맞벌이부부, 워킹맘 등 임직원들이 마음 놓고 일할 수 있는 근무여건을 만들고자 안양 LS타워 인근에 LS 어린이집을 개원했다.

LS 어린이집은 LS전선 · LS산전 · LS엠트론 등 LS타워 입주사 임직원들의 자녀 중 만 1세에서 5세까지 최대 75명까지 수용할 수 있는 규모이다.

자료: 전기신문(2015. 4. 2)

매일유업은 2009년 업계 처음으로 보건복지부에서 인증한 가족친화경영 기업으로 선정돼 현재까지 자격을 유지하고 있다. 매일유업은 매월 둘째, 넷째주 수요일이 되면 유독 빨리 불이 꺼진다. 모든 임직원들이 오후 5시 30분이면 퇴근해야 하는 패밀리 데이다. 일찍 귀가해 가족과 함께 시간을 보내기 위한 제도다. 퇴근시간이 잘 지켜지는지 확안히기 위해 최고경영자가 사무실을 직접 방문하기도 한다고 회사 측은 설명했다.

자료: 메트로신문(2015. 4. 1)

| 가족친화경영 제도 도입 시 장애요인 |
|---|
| • 중소기업 등 대부분 영세기업에서는 제도 도입이 미비한 상태이고, 대기업이나 공공기관의 경우 경영방침 및 경영전략과 맞지 않는 경우가 있음.<br>• 팀장 등 관리자의 입장에서 성과평가와 성과급에 따른 부정적 영향에 대한 우려를 갖고 있음.<br>• 팀원들은 향후 승진에서 불이익을 우려해 제대로 활용하는 데 주저함. |

### 3) 직무수행능력 면접평가

기업의 특수성을 충분히 반영하면서 동시에 국가차원의 표준인 NCS를 기반으로 하기 때문에 평가의 객관성 및 신뢰성을 확보하고자 한다.

| NCS | | 기업특성 |
|---|---|---|
| 세분화된 각 직무의 능력단위별 수준체계를 활용하여 객관적인 평가요소 산출 | + | 기업에서 채용하고자 하는 직무의 특성과 현장환경 등을 고려하여 기업상황에 맞는 평가요소 및 면접도구 적용 |

### 4) 직무수행능력 면접 예시

**상황면접의 구성**

- 상황면접 과제의 구성은 크게 2가지로 구분할 수 있음
  - 상황제시(description)
  - 문제제시(question or problem)
- 현장의 실제 업무 상황을 반영하여 과제를 제시하므로, 직무분석이나 SME Workshop* 등을 반드시 거쳐 현장성을 높여야 함
- 문제는 상황에 대한 기본적인 이해능력(이론적 지식)과 함께 실질적 대응이나 변수 고려 능력(실천적 능력) 등을 고르게 물어봐야 함

**상황면접 과제의 실제사례**

| 구분 | 내용 | |
|---|---|---|
| 상황제시 | 인천공항 여객터미널 내에는 다양한 용도의 시설(사무실, 통신실, 식당, 전산실, 창고, 면세점 등)이 설치되어 있습니다. 금년도에는 소방배관의 누수가 잦아 메인 배관을 교체하는 공사를 추진하고 있으며 당신은 이번 공사의 담당자입니다. | 실제업무 상황에 기반한 배경정보 |
| | 주간에는 공항운영이 이루어지는 관계로 주로 야간에만 배관 교체공사를 수행하던 중 시공하는 기능공의 실수로 배관 연결부를 잘못 건드려 고압배관의 소화수가 누출되는 사고가 발생했으며, 이로 인해 인근 시설물에는 누수에 의한 피해가 발생하였습니다. | 구체적인 문제상황 |
| 문제제시 | 문제<br>1. 일반적인 소방배관의 배관연결(이음)방식과 이 발생하는 원인에 대해 설명하시오.<br>2. 담당자로서 본 사고를 현장에서 긴급히 처리하는 프로세스를 제시하고, 보수완료 후 사후적 조치가 필요한 부분 및 재발방지 방안에 대하여 설명하시오. | 문제상황 해결을 위한 기본지식(1)+추가대응(2) 문항 |

* SME Workshop(Subject Matter Expert Workshop): 과제에 대한 내용 전문가로서 협업 상황에 대하여 잘 알고 있는 그룹

직무수행능력요소는 구체적인 직무단위별로 요구되는 지식, 기술, 태도를 규명하고 이를 세부적인 수준까지 검증하기 위한 면접문항 구성이 요구된다.

### 직무수행능력 평가 예시

■ Case 1.

| 대분류 | 중분류 | 소분류 | 세분류 |
|---|---|---|---|
| 02. 경영회계・사무 | 01. 기획사무 | 1. 경영기획 | 01. 경영기획 |

| 평가영역 | | 면접문항(수행준거) |
|---|---|---|
| 능력단위 | 능력단위요소 | |
| 사업별 투자관리하기 | 사업별 투자 계획 수립하기 | 사업의 방향에 따라 사업별 투자전략을 설명하시오 |
| | | 사업별 투자환경을 분석하여 투자에 대한 강점과 약점을 파악할 수 있습니까? |
| | | 사업별 투자목적에 맞는 투자계획서를 작성하고, 제반여건에 따른 효율적인 투자일정을 계획할 수 있습니까? |
| | | 투자사업규모에 따라 최소의 비용으로 투자할 수 있습니까? |

■ Case 2. 상황면접 평가

| | | |
|---|---|---|
| 상황 제시 | 배경 정보 | 인천공항 여객터미널 내에는 다양한 용도의 시설(사무실, 통신실, 식당, 전산실, 창고, 면세점 등)이 설치되어 있습니다. 금년도에는 소방배관의 누수가 잦아 메인 배관을 교체하는 공사를 추진하고 있으며 당신은 이번 공사의 담당자입니다. |
| | 구체적 문제상황 | 주간에는 공항운영이 이루어지는 관계로 주로 야간에만 배관교체 공사를 수행하던 중 시공하는 기능공의 실수로 배관 연결부위를 잘못 건드려 고압배관의 소화수가 누출되는 사고가 발생했으며, 이로 인해 인근 시설물에는 누수에 의한 피해가 발생하였습니다. |
| 문제 제시 | 기본지식 문항 | 1. 일반적인 소방배관의 배관연결(이음) 방식과 배관의 이탈(누수)이 발생하는 원인에 대해 설명하시오. |
| | 추가대응 문항 | 2. 담당자로서 본 사고를 현장에서 긴급히 처리하는 프로세스를 제시하고, 보수완료 후 사후적 조치가 필요한 부분 및 재발방지 방안에 대하여 설명하시오. |

## 4. 면접진행절차와 주의점

### 1) 면접진행절차와 주의점

면접은 면접장 안에서만 진행되는 것이 아니다. 회사 정문을 들어서면서부터 가는 순간까지 모든 과정이 면접과정임을 명심하고 긴장을 늦추지 않도록 한다.

| 구분 | 행동요령 |
|---|---|
| 회사도착 | • 도착과 동시에 면접이 진행되는 것이다.<br>• 정해진 시간보다 15분 정도 일찍 도착하여 기다리는 것이 좋다. |
| 대기 | • 면접장에 있는 것과 마찬가지로 행동해야 한다.<br>• 다리를 꼬거나 잡담하거나 전화통화를 하는 것 등의 행동은 금물이다.<br>• 여성면접자의 경우 화장을 고치고 싶다면 화장실을 이용한다.<br>• OT를 할 때 진지한 자세로 관심을 표현하여 좋은 인상을 남긴다. |
| 호명입실 | • 진행자가 호명하면 "예" 하고 답변 후 지시에 따라 조용히 들어간다.<br>• 특별한 지시가 없을 경우 1~2초 여유를 두고 입실한다.<br>• 자리로 가서 정식으로 인사하고 수험번호와 이름을 또박또박 말한다.<br>• 앉으라는 지시가 있은 후 자리에 앉는다. |
| 면접<br>질의응답 | • 시선을 아래로 향하는 것은 자신감 결여, 정서불안의 인상을 주므로 질문을 들을 때도 면접관을 응시해야 한다.<br>• 차분하고 자신 있는 어조로 너무 빨리 말하거나 말끝을 흐리지 말아야 한다.<br>• 너무 장황하게 답하거나 그 분야의 전문가인양 답변해서도 안 된다.<br>• 너무 빈약한 답변도 금물이다. 질문내용을 잘 모르더라도 머뭇거리지 말고 "죄송합니다만, 질문 내용을 제대로 이해하지 못했습니다"라고 정중하게 되묻는다.<br>• 발음이 꼬이지 않도록 하며 "~습니다"로 끝나도록 한다.<br>• 잘 모르는 질문에 꾸미거나 얼버무리지 말고 "모르겠습니다." "생각해보겠습니다"라고 대답한다. |
| 면접<br>질의응답 | • 다른 면접자가 대답할 때에도 경청하는 모습을 보인다.<br>• 면접 중에 직위가 높아 보이는 사람이 입실해도 마음대로 일어서지 않는다.<br>• 대답을 잘 못했더라도 포기하는 인상을 주지 않고 끝까지 최선을 다해 소신껏 대답하면 점수를 만회할 수도 있다.<br>• 마지막 하고 싶은 말이나 질문의 기회가 주어지면 적극적으로 말한다. |
| 퇴실 | • 문을 닫을 때 부주의하여 '꽝' 소리가 나지 않도록 조심한다.<br>• 면접 후 들뜬 표정이나 자신감 없는 표정을 짓지 않도록 주의한다.<br>• 면접관은 지원자가 나가는 모습까지 유심히 지켜보고 있음을 명심한다.<br>• 퇴실 후에도 흐트러진 태도를 보이지 않도록 하며, 면접질문 등에 대해 다른 지원자와 의견을 나누는 행동은 삼간다.<br>• 담당자에게 언제 결과를 알 수 있는지, 면접 이후의 일정을 확인한다.<br>• 면접을 볼 기회를 준 것에 대해 감사의 멘트를 하고 돌아선다.<br>• 퇴실했다고 긴장을 늦추지 말고 회사 정문을 나설 때까지 주의한다. |

| | |
|---|---|
| 면접<br>노하우 | • 자기 자신을 겸허히 판단하라.<br>• 지원한 회사에 대해 이해를 100% 하라.<br>• 실전과 같은 연습으로 감각을 익혀라.<br>• 단답형 답변보다는 구체적으로 이야기를 풀어나가라.<br>• 거짓말을 하지 마라.<br>• 면접하는 동안 대화의 흐름을 유지하라.<br>• 상대방의 말을 성실하게 듣고, 질문의도를 명확히 파악하라.<br>• 산만한 시선은 절대 금물<br>• 올바른 말을 사용한다.<br>• 의견차이, 논쟁보다는 합리적인 토론으로 해결하라. |

## 제4절 면접유형별 맞춤전략

### 1. 면접유형

면접유형에 따라 분위기, 진행방식이 다르다. 면접관이 다수이거나 면접자가 다수인 경우에 따라 면접전략을 달리해야 하고 예상할 수 있는 변수에 대해서는 숙지하고 대처하기 위한 방법도 생각해봐야 한다. 이런 다양한 면접유형에 대한 이해를 통해 어떤 유형의 면접도 잘 볼 수 있도록 준비가 필요하다.

#### 1) 면접자가 1명일 때

① 면접자가 1명으로 진행되는 면접은 면접관 입장에서는 많은(다양한) 질문을 통해 지원자를 심도 있게 파악할 수 있는 면접방식이다.

② 지원자는 다방면의 질문을 계속하여 답변을 해야 하기 때문에 지원자 입장에서는 긴장과 압박을 감수해야 하는 면접방식이다.

| 장점 | 단점 |
|---|---|
| • 편안한 분위기에서 면접 진행 - 타인을 의식하거나 답변시간 압박이 적음<br>• 심도 있는 대화도 가능하여 역량을 어필하기에 용이 | • 불필요한 이야기를 하는 경우가 생김<br>• 수시 면접에 적합한 방식 |

### 2) 면접자가 다수일 때

① 면접자가 다수로 진행되는 면접은 면접관 입장에서는 짧은 시간(적은 질문)에 지원자의 역량을 파악해야 하므로 자연스럽게 비교를 통한 평가도 반영된다.

② 지원자수가 많은 만큼 간결하고 핵심 위주의 답변 방법을 선호하게 되고 다른 지원자들의 답변에도 주의를 기울여야 하는 면접유형이다.

| 장점 | 단점 |
|---|---|
| • 지원자 간의 비교 가능<br>• 여러 명의 면접관이 다방면 질문으로 폭넓게 자신의 모습을 이야기할 수 있음<br>• 참신한 답변으로 어필하기 좋음 | • 주어진 대답시간이 짧음<br>• 다른 면접자를 의식하게 됨<br>• 자신의 강점을 모두 어필하기에 개개인에게 할애된 시간이 적음 |

## 2. 유형별 전략

### 1) 면접자가 1명일 때

① 이어지는 질문에 계속적인 답변을 해야 하므로 생각을 빠르게 정리하고 논리적으로 표현하는 연습을 많이 해야 한다.

② 타 지원자의 답변을 듣는 시간이 없는 만큼 구체적으로 답변하는 것에 초점을 둔다(불필요하게 길게 이야기하는 것은 금물이다).

③ 혼자 이야기하는 것이 편하게 느껴질 수 있어 굳이 안 해도 되는 이야기를 하게 되는 경우에 유의해야 한다(편안한 분위기 속의 실수 조심).

④ 다양한 질문을 받는다는 것은 자신의 강점을 어필할 기회도 많다는 의미가 된다. 입사서류에 작성된 내용을 꼼꼼히 다시 살펴보고 관련 경험과 역량을 체계적으로 답변할 수 있도록 준비해야 한다.

### 2) 면접자가 다수일 때

① 질문수나 답변시간이 길지 않으므로 역량을 보여주기 위해 간결하게 답변하는 전략이 필요하다.

② 다른 지원자보다 나은 평가를 위해 과도하게 튀는 행동은 삼가야 한다.

③ 다른 지원자의 답변에도 귀 기울여야 한다(단, 타인의 이야기를 경청하는 태도를 보여야 하지만 시선은 면접관을 향해 있어야 한다).

④ 개인의 생각이나 의견을 묻는 질문에 대해 다른 의견이나 생각도 존중하는 태도를 보여야 한다(생각이 다르다고 비난이나 공격적인 태도는 금물).

## 3. 좋은 이미지를 보여라

### 1) 이미지란?

이미지는 어떤 사람이나 사물로부터 받는 느낌, 감정, 신념, 생각 등으로 정의할 수 있다. 면접관은 지원자와의 대면을 통해 과거에 특정 대상에게 느꼈던 이미지를 다시 나타낼 수 있다. 그 기억에 따라 지원자를 긍정적 또는 부정적인 이미지로 기억하게 된다. 그러므로 지원자는 자신만의 이미지를 구축하여 면접의 시작을 자신에게 유리하게 이끌 수 있도록 만들어야 한다.

**구직자의 첫인상이 합격 여부에 영향을 미치는가?**

| | |
|---|---|
| 1. 신입사원 선발 시 지원자의 인상을 채용기준의 하나로 고려한다. | 80.6% |
| 2. 인상 때문에 지원자에게 감점을 준 적 있다. | 73.3% |

자료: 잡코리아(2015, 1,030명 대상 조사 결과)

**첫인상을 결정짓는 요인**

| 체크포인트 | 평가요인 |
|---|---|
| • 남성: 눈매와 눈빛, 표정, 피부<br>• 여성: 표정, 화장기법, 눈매 | 눈매와 표정은 사람의 인상을 결정짓는 데 중요한 요소'라며 '대다수 인사담당자들은 날카로운 눈매나 무표정한 인상에 대해 좋지 않은 점수를 주게 된다. |

## 2) 이미지 메이킹이란?

이미지 메이킹은 자신이 나타내려는 모습과 태도를 만드는 것을 의미한다. 면접관이 지원자의 본질을 바로 꿰뚫어 볼 수 있다면 좋겠지만 첫 대면 시에는 외형적인 요소들에 많은 영향을 받게 된다. 같은 물건이라도 어떻게 포장하느냐에 따라 그 상품을 대하는 소비자의 태도가 달라진다.

면접에 임하는 지원자는 자신의 내면적 가치를 돋보이게 하기 위해서 외형적인 이미지도 잘 구축해야 한다. 자신의 장점과 역량들을 더욱 부각시킬 수 있는 요소들을 확인하고 자신만의 이미지를 구축하여 면접관으로 하여금 긍정적인 관심을 갖도록 해야 한다.

## 3) 메리비안의 법칙

UCLA의 심리학과 명예교수 알버트 메리비안 박사의 연구결과에 따르면, 말(내용)에 의한 의미전달 기능은 목소리나 표정 및 태도 같은 비언어적인 요소들보다 결코 효율적이지 못하다고 한다. '메리비안의 법칙(7%-30%-55%)'은 인간의 속성은 비언어적 요소들(93%)이 사람의 첫인상을 결정짓는 데 중요하다고 한다.

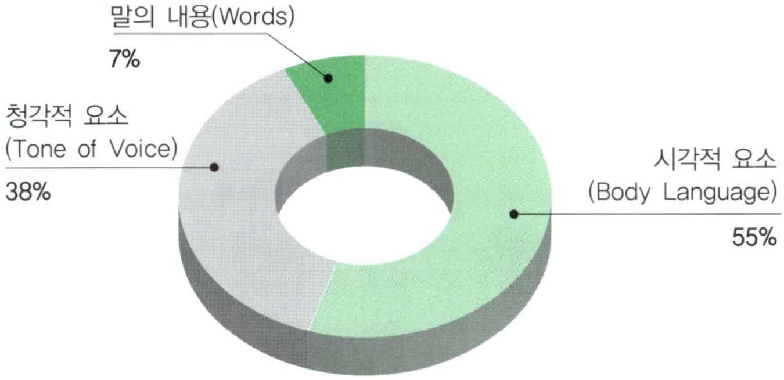


자료: Albert Mehrabian, Professor at UCLA

첫인상은 짧은 시간에 상대방의 기억 속에 오래도록 남기 때문에 처음 형성된 인상이 바뀌기에는 많은 시간이 소요된다. 첫인상을 통해 면접관은 지원자를 평가할 수 있으며, 지원자가 자신의 역량을 제대로 보여주지 못한다면 면접관은 추가적인 관심을 기울이지 않게 된다. 첫인상을 바꿀 기회는 많지 않으므로 호감을 주는 첫 이미지를 구축하는 것이 현명한 방법이라고 할 수 있다.

## 4. 긍정적인 이미지를 전달하기 위한 요소들

### 1) 시각

#### (1) 단정한 복장과 헤어스타일

첫 대면 시 면접관의 눈에 가장 먼저 들어오는 것이 바로 지원자의 '복장'과 '헤어스타일'이다.

① 머리: 이마나 귀가 드러나 보이게 하는 것이 단정하고 시원한 인상을 줄 수 있다. 정리되지 않은 머리는 깔끔하게 정돈해주어 단정하고 시원한 인상을 주도록 한다.

② 얼굴: 자신의 피부톤에 맞는 자연스러운 색상을 선택하고 피부의 결점을 보완하여 깔끔하고 밝은 인상을 주는 것이 좋다.

③ 복장: 너무 헐렁하거나 딱 붙는 복장은 피하고 자신의 몸에 맞는 정장을 착용해야 한다. 일반적으로 흰색 블라우스나 셔츠에 단색의 정장이 무난하며, 광택이나 무늬가 많은 복장이나 화려한 액세서리는 지양하는 것이 좋다. 면접관이 보기에 단정하고 예의 바른 이미지를 줄 수 있는 깔끔한 복장을 착용해야 한다.

## 2) 미소를 짓는 밝은 표정

면접의 시작은 미소를 머금고 밝고 차분한 첫인사와 함께 시작되어야 한다. 미소는 면접관의 경계를 풀게 하는 효과가 있다. 옷차림과 헤어스타일이 첫인상을 만든다면 미소진 표정은 면접관에게 호감이 가는 이미지를 상승시킬 수 있다. 면접이 진행되면 면접관은 서류에 더 집중하여 질문을 이어가기 때문에 자연스럽게 밝은 미소를 보이는 것은 바람직한 면접 진행을 위해 반드시 선행되어야 하는 필수요소이다.

## 3) 당당한 자세와 예절바른 태도

지원자는 가슴과 허리를 곧게 펴고 당당한 자세로 면접에 임해야 한다. 면접관은 지원자의 무의식적인 자세나 태도만으로도 많은 메시지를 받는다. 제스처가 너무 많거나 몸을 계속 움직이는 등의 행동은 산만해 보이고 하는 말에 전달력이 떨어질 수 있다. 어떤 경우도 면접관 앞에서 무의식적으로 나타나는 좋지 않은 습관이 있다면 인터뷰 전에 반드시 개선해야 한다.

### 4) 자연스럽게 응시하는 시선 처리

시선 처리는 대화에 매우 필요하고 중요한 행위이다. 면접관은 지원자가 시선을 맞추지 못하거나 눈동자를 굴리는 등의 모습을 통해 자신감, 준비성, 대인관계능력이 부족해 보인다고 느낄 수 있으며, 지원자가 하는 말에 신뢰를 느끼지 못할 수 있다. 따라서 면접관이 시선을 줄 때 그 시선을 자연스럽게 응시할 수 있도록 하는 훈련이 필요하다. 거울을 보며 눈빛과 입모양을 만드는 습관을 가지는 것이 좋으며, 평소에 친구, 가족 및 지인들과 눈을 보고 대화하는 연습을 하는 것도 도움이 될 수 있다.

### 2) 청각

청각적 요소는 목소리의 음색(목소리의 톤), 발음, 빠르기, 크기, 말투 등 언어의 질을 의미한다. 듣기 좋은 목소리와 정확한 발음은 면접관에게 전달하고자 하는 내용을 더욱 집중시키는 효과가 있다. 면접관은 지원자의 정확하지 않은 전달력이 원활한 의사소통에 방해가 된다고 느낄 수 있고, 입사 후 함께 업무를 진행할 때에도 문제가 될 수 있는 요소라고 생각할 수 있다. 그러므로 아래의 4가지 요소를 기준으로 자연스럽고 자신감 있는 답변을 통해 면접관이 내용에 몰입할 수 있도록 하는 것이 바람직하다.

#### (1) 면접관에게 호감을 주는 청각적 요소

① 음색: 타고난 음색을 다르게 바꾸는 것보다는 평소 바른 발성과 호흡법, 목을 피로하게 하는 습관에 주의하여 편안하고 안정적인 목소리를 낼 수 있도록 관리하는 것이 좋다. 이런 습관을 통해 면접관이 듣기에 불편하지 않은 자연스러운 음색을 낼 수 있도록 준비해야 한다.

② 발음: 부정확한 발음은 내용을 정확히 알아듣기 어렵고 어눌해보이는 이미지로 보일 수 있다. 발음은 유전적 요인도 있지만 주로 잘못된 생활습관으로 인해 발생하는 경우가 많기 때문에 문장을 끊어서 말하기, 짧은 문장부터 긴 문장까지 정확한 발음하기 등 연습을 통해 새는 발음을 교정하여 말의 전달력을 높일 수 있도록 해야 한다.

③ 빠르기와 크기: 말의 속도가 너무 빠르거나 느린 경우, 말의 크기가 너무 크거나 작

은 경우 내용의 전달력이 떨어질 수 있다. 정확한 의사전달을 위해 적당한 속도와 크기로 말하는 연습이 필요한다. 자신의 목소리를 녹음하고 들어보며 빠르기와 크기를 객관적으로 평가해보는 것이 좋은 방법이 될 수 있다.

④ 말투: 급하거나 느린 말투, 더듬거나 센 말투 등의 버릇으로 지원자의 습관이나 성격을 대략 예측할 수 있다. 면접은 정중하고 예의 있는 자리인 만큼 그에 맞는 말투를 사용할 수 있도록 해야 한다. 알아듣기 힘든 사투리, 유행어나 줄임말, 아~ 음~과 같은 사족 사용 등 좋지 않은 습관은 충분한 연습과 훈련을 통해 교정이 필요하며 평소 올바른 말을 사용할 수 있도록 해야 한다.

### 3) 언어

자신의 역량을 언어로 표현하는 언어적 요소는 '말의 내용' 그 자체를 의미한다. 복장이나 태도, 목소리 등 비언어적 요소와 더불어 전달하는 내용의 질이 높아야 신뢰를 높일 수 있다. 질문의 의도를 파악하고 그에 적합한 답변이 이루어져야 하며, 전달하려는 내용을 구체적이고 생생하게 스토리텔링할 수 있다면 면접관에게 자신의 역량을 효과적으로 보여줄 수 있다. 충분한 연습을 통해 자신의 생각을 자신만의 언어로 당당하게 표현하여 면접관이 듣고 싶어 하는 내용이 될 수 있도록 한다.

### 4) 스토리텔링

지원자가 원활한 스토리텔링을 한다면 면접관은 지원자가 하고자 하는 말의 의도와 뜻을 분명하게 이해하고 내용에 집중할 수 있을 것이며, 지원자의 역량을 파악하기 용이할 것이다. 면접관의 관심을 살 수 있는 스토리텔링을 위해서는 아래와 같은 방법을 참고하는 것이 좋다.

스토리(Story=Fact+@)는 사건이나 사실에 자신의 경험이나 체험으로 구성된 사연을 추가하여 자신의 이야기 소재가 구성된다. 스토리텔링은 '기승전결'의 방법으로 진행되어야 한다.

주제는 기승전결의 흐름을 가지고 지원하는 회사나 직무와 관련된 자신의 경험으로 작성되어야 한다. 다양한 경험을 나열하는 것보다는 어필하려고 하는 가장 중요한 요소 하나를 주제로 삼아 그 부분을 강조하는 것이 효율적이다.

| 기 | 승 | 전 | 결 |
|---|---|---|---|
| 이야기의 시작 | 이야기의 발전 | 이야기의 전환 및 역전 | 갈등구조의 해소 & 결론도달 |

### (1) '인물의 묘사', 즉 이야기 속 자신의 모습을 인상적이게 묘사해야 한다

주인공인 자신이 회사에 적합한 인재로 보이는 것이 중요한데, 인물의 모습을 표현할 때엔 면접관으로 하여금 그 이미지가 상상되도록 구체적으로 표현하는 것이 좋다. 다른 지원자와 같은 주제라 할지라도 자신이 경험했던 상황을 상상할 수 있고 납득할 만한 행동과 결과를 묘사할 수 있다면 면접관의 뇌리에 남을 수 있는 내용이 될 것이다.

| 상황 묘사 | 주인공 묘사 | 사건사고 | 정점 | 마무리 |
|---|---|---|---|---|
| 어떤 배경과 상황이었나 | 주인공이 어땠는가 | 어떤 일이 있었나 | 그 상황에서 나는 무엇을 했나 | 그것을 통해 나는 어떤 것을 배웠는가 |

### (2) '이야기 구조의 논리성'이 있어야 한다

스토리텔링은 논리적 흐름에 기반을 두어 풀어나가야 하는데 자신의 경험이나 사례를 면접관이 지루하지 않고 쉽게 이해할 수 있도록 말할 수 있어야 한다. 같은 말이 반복되지 않는지, 이야기가 흐름에 맞게 진행되고 있는지, 결론을 확실히 알 수 있는지 등을 확인하여 흐름을 방해하는 요소를 정리하고 탄탄하게 구성하여 말할 수 있어야 한다. 이처럼 내용을 논리적이고 짜임새 있게 말할 수 있다면 면접관에게 자신의 역량을 최대한으로 어필할 수 있을 것이다.

**면접 시 비호감을 주지 않기 위한 TIP**

인사담당자들이 뽑은 최악의 꼴불견 면접 지원자 유형 BEST 8

① 면접에 늦는 게으름형 지원자(59.9%, 복수응답)
② 회사에 대한 정보도 없이 면접에 임하는 성의 부족형 지원자(32.9%)
③ 자신감 없는 태도로 일관하는 무기력형 지원자(30.5%)
④ 면접에 어울리지 않는 복장과 액세서리를 한 센스 없는 지원자(29.2%)

⑤ 제대로 이해할 수 없는 줄임말과 신조어를 쓰는 외계언어형 지원자(22.6%)
⑥ 이력서에 쓴 것과 다른 모습을 보이는 지킬앤하이드형 지원자(18.2%)
⑦ 면접 도중 핸드폰이 울리는 무매너형 지원자(17.6%)
⑧ 높임말 제대로 사용할 줄 모르는 무식형 지원자(16.5%)

자료: 브레이크뉴스(국내외 기업에 재직 중인 인사담당자 1,264명을 대상)

위 내용 중 ①, ③, ④, ⑦은 '비언어적 요소', ②, ⑤, ⑥, ⑧은 '언어적 요소'로 볼 수 있다.

인사담당자는 지원자가 보여주는 언어적·비언어적인 요소를 통해 지원자를 호감과 비 호감으로 판단할 수 있고, 이러한 판단이 지원자의 취업 성사 여부에 영향력을 줄 수 있다는 것을 알 수 있다. 따라서 면접관에게 호감을 줄 수 있는 요소들을 파악하고 미리 준비한다면 긍정적인 이미지로 기억될 확률을 높일 수 있을 것이다.

### 5) 자신의 역량을 돋보이게 해주는 이미지 메이킹

군가가 화난 표정을 하고서 '난 정말 행복해'라고 한다면 그 말은 아무도 믿지 않을 것이다. 면접관에게 표정, 태도, 목소리 등의 비언어적 요소만 사용한다고 해서 지원자가 말하는 내용에 설득력이 높아지는 것이 아니라 내용과 일치되는 비언어적 요소를 적절하게 사용해야 그 효과를 배가시킬 수 있을 것이다. 자신이 가지고 있는 역량에 언어적·비언어적 요소들을 추가적으로 보완하는 이미지 메이킹을 통해 자신의 단점을 최소화하고 장점을 더욱 돋보일 수 있게 해야 한다.

## 5. 면접관의 질문의도 파악

### 1) 면접 형태 및 질문의 다양화

최종 합격을 위해 모두가 거쳐야 하는 가장 마지막 단계가 면접과정이다. 기업 입장에서는 인력이 경쟁력으로 직결되기 때문에 다양한 방식의 면접과 질문을 통해 지원자의 역량을 다방면으로 검증하기 위해 노력하고 있다. 기존의 질의응답 면접을 통한 능력 및 인성을 검증하는 것 외 다양한 면접(PT 면접, 토론 면접, 오디션 면접, 이색 면접 등)을 도입하여 맞춤 인재채용을 위해 노력하고 있다.

지원자는 정해진 시간 내에 자신의 역량을 표현하는 방법을 고안하고 전략을 수립해야 한다. 이런 관점에서 면접관의 질문을 듣고 빠르게 의도를 파악해야 적절한 답변이 가능해질 뿐만 아니라 자신의 의견이나 생각을 묻는 질문들이 많아 순간적으로 자신의 생각을 논리적으로 정리하는 능력도 중요해지고 있다.

## 2) 면접 질문의 의도를 파악

면접관의 모든 질문에는 의도가 숨겨져 있고 그 의도는 기업 입장에서 '훌륭한 인재'를 뽑기 위한 틀 안에서 존재하는 것이다. 의미 없는 질문은 없다는 자세로 예상질문을 생각해보고 어떤 의도를 담고 있는지 전략적인 접근이 필요하다.

면접 시 보여주어야 하는 역량을 구조화하고 이에 맞는 준비를 해야 한다.

### (1) 주요 기업의 공통적 인재상

| 창의성 Creativity | 전문성 Professionalism | 도전정신 Pioneer | 도덕성 Ethically | 팀워크 Team Work |
|---|---|---|---|---|
| 창의적인 사고(생각), 발상의 전환, 남들과의 차별성 | 전문적인 지식 및 능력, 자기개발(관리), 업무수행계획 | 새로운 일에 대한 적은 거부감, 어려움의 극복 | 인간미, 신뢰, 규칙준수, 회사 규율 숙지, 보안 | 협력, 동료애, 팀워크, 배려, 의사소통 |

기업들이 공통적으로 선호하는 인재상을 보면 업무전문성뿐 아니라 조직생활에 적합한 성향과 다양한 시각을 가지고 어려움을 잘 극복할 줄 아는 직원을 선호함을 알 수 있다.

### (2) 질문 의도 파악을 위한 구조화

면접 질문을 통해 파악해야 하는 점은 '업무능력'과 '적합한 성향' 크게 두 가지로 구분할 수 있다. 업무능력과 적합한 성향 여부를 판단하여 종합적으로 개인의 '업무역량'이 뛰어난지 판단하게 된다.

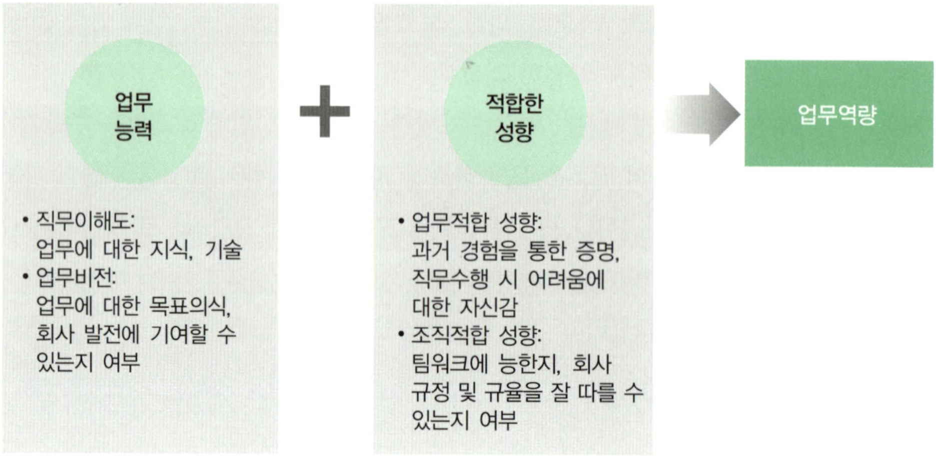


면접 시 받게 되는 질문이 어떤 의도를 가진 질문인지 미리 예상해보고 적합한 답변을 하는 면접자가 되어야 한다.

## 6. 프레젠테이션(PT) 면접전략

지원자가 제시된 주제 중 하나를 선택하여 면접관을 대상으로 프레젠테이션 자료를 준비하여 발표하는 형태의 면접을 말한다. 주제를 사전 공지하여 제작해오는 경우와 현장에서 주제를 듣고 발표자료를 제작하는 두 가지 경우로 구분되며 정해진 시간 내 발표를 완료하도록 구조화되어 있다.

### 1) 단계별 프레젠테이션 면접전략

#### (1) 사전준비 단계

① 다양한 분야의 폭넓은 관심

- PT 면접 시 주제가 당일 공개되는 경우에는 주제에 대한 사전 지식 및 정보가 없으면 진행하는 데 어려움을 겪게 된다.
- 지원기업을 사전에 분석하여 체계적으로 준비해야 한다. 지원직무가 어떻게 이루어지는지, 직무와 관련된 이슈를 사전에 분석하고, 기업의 주력제품(상품), 기술

력 등의 정보를 다양하게 습득해야 한다.

- 새로운 생각이나 방식 등의 아이디어가 필요한 주제도 있는 만큼 다양하고 폭넓은 관심이 필수요소이다.

② 구조화 트레이닝

- 많은 정보를 축적하는 것으로 끝나는 것이 아닌 필요한 정보를 정해진 시간 내 정리하고 자료를 준비하는 것이 중요하다.
- 동일한 주제를 하나의 카테고리로 정리, 대・중・소로 구분하여 정리하는 등 많은 양의 정보를 빠르게 구조화하면 단시간 내에 자료를 구성할 수 있을 것이다.

### (2) 발표자료 제작 단계

① 면접관 입장에서 생각하기

- 발표자료는 자료를 면접관 입장에서 제작하는 것이 중요하다.
- PT 면접 시 주제와 내용은 면접관의 눈에 잘 들어오며 짧은 시간에 핵심을 파악할 수 있도록 작성해야 한다.
- PPT 제작 시 발표시간을 고려하여 페이지를 구성해야 한다. 5페이지 이내가 적당하며 가독성에 지장을 주지 않도록 주의해야 한다.
- 자신이 잘알고 있는 내용, 면접관과 공감할 수 있는 내용으로 구성해야 한다.

② 핵심내용을 도식화하기

- 도식화란 구조, 관계, 변화상태 등을 그림이나 양식으로 만드는 것을 의미한다.

**표와 차트를 활용한 도식화**

〈표〉

| 선호하는 제품 | 응답수 |
|---|---|
| 스킨, 로션 | 23 |
| 클렌저 | 14 |
| 에센스 | 24 |
| 립스틱 | 22 |

〈차트〉

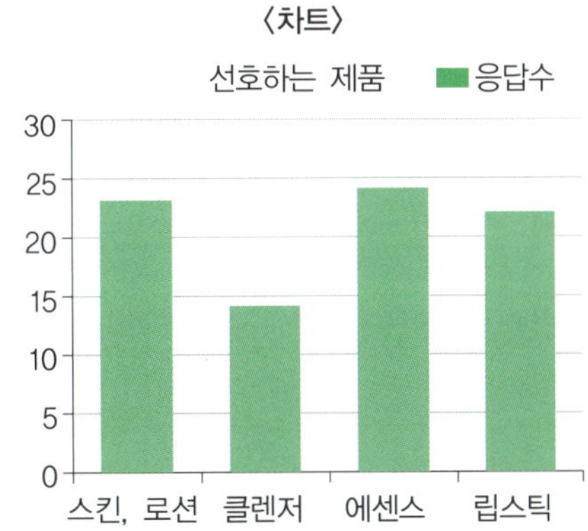

• 가독성을 높이기 위해서는 핵심내용을 도식화하는 것이 효율적이다.
• 면접관이 제시된 자료를 통해 핵심내용을 파악하고 발표에 집중할 수 있도록 하는 것이 중요하다.

#### (3) 발표자료 전달(스피치) 단계

① 내용은 말로 전달하는 것
• 발표는 자료를 보고 읽는 것이 아니라, 말로 내용을 전달하는 것이다.
• 면접은 정해진 시간 안에 기승전결을 모두 담아야 한다.
• 불필요한 부분은 과감히 삭제하고, 핵심 부분을 강조하기 위한 시간을 충분히 확보하여야 한다.

② 비언어적인 메시지도 중요함
• 내용을 전달할 때는 비언어적 메시지 전달기법을 충분히 활용해야 한다.
• 면접관과 눈맞춤, 표정, 중요한 부분을 짚어주는 제스처, 면접관의 질문이나 피드백을 듣는 태도 등이 평가에 중요한 부분을 차지하게 된다.

③ 반복적 연습
• 스피치는 연습을 많이 해보는 것이 가장 좋다.
• 평소에 친구나 가족 앞에서 직접 프레젠테이션을 해보고 피드백을 받는 연습이 중요하다.
• 이를 녹화하여 부족한 부분을 스스로 보완하는 활동도 좋은 연습방법이다.
• 스터디그룹을 구성하여 발성, 호흡, 불필요한 습관, 상황에 맞는 스피치 구사(설득 상황, 설명상황, 제안상황에 따른 차이)를 연습할 수 있고 시간 내 발표까지 종합적인 연습이 가능하다.

### 2) 프레젠테이션 면접 TIP

#### (1) 프레젠테이션도 커뮤니케이션이다

① 프레젠테이션도 일방적인 전달이 아닌 쌍방향 커뮤니케이션의 한 형식이다.
② 자신의 이야기를 면접관과 함께 나누는 과정으로 시선처리(면접관이 다수일 경우

자연스럽게 시선 분산) 및 표정에도 신경써야 한다.

③ 혼자서 발표하는 것이 아니라 면접관과 쌍방향 소통의 자리라는 것을 잊지말아야 한다.

### (2) 픽토그램을 활용하면 좋다

① 픽토그램이란 '사물, 시설, 행태, 개념 등'을 일반 대중들이 쉽게 알아볼 수 있도록 상징적인 그림으로 나타낸 일종의 그림문자를 의미한다.

② 일반 텍스트나 설명보다 상징성 있는 픽토그램을 활용하면 간결하며 효율적인 전달이 가능하다.

**국제표준 채택 픽토그램**

비상대비소

비상시 깨고 여시오

의사

맹견주의

### (3) 숨 고르기

① 프레젠테이션은 눈으로 보는 감각과 귀로 듣는 감각이 어우러지는 면접이다.

② 새로운 슬라이드를 보여줄 때는 면접관이 화면을 보고 이해할 수 있는 시간을 주기 위해 잠시 쉬어가는 것이 좋다.

③ 하고 싶은 이야기를 잘 준비하는 것도 중요하지만 시각적으로 이해할 수 있는 시간을 주어야 귀가 열리고 전달하는 정보도 이해가 쉬워 질 수 있다.

## 7. 토론 면접전략

### 1) 토론 면접이란?

1:1 혹은 다(多) : 다(多)로 지원자들끼리 토론을 하게 함으로써 커뮤니케이션능력을 평가하는 면접방식이다. 업무시간에 회의가 많고 상대방과의 효과적인 커뮤니케이션이

중요한 기업에서 지원자의 논리력과 전달력을 평가하기 위한 것으로 지원자의 평소 사회적 이슈에 대한 관심과 상식, 윤리의식 등을 들여다볼 수 있는 면접방법이다. 지원자들이 지정된 공간에서 정해진 주제로 각자 의견을 말로 표현한다. 주제는 전공, 시사 이슈, 상황 등이 주로 다루어진다.

**일반적인 토론 면접의 순서**

### (1) 대기

집단토론을 실시하기 전 대기하면서 자신의 그룹에서 토론할 주제를 부여받는다.

### (2) 주제 & 사회자 정하기

토론주제는 회사 측 진행자로부터 받게 되는데 하나의 지정된 주제를 부여받는 경우도 있고, 다수의 주제 중 해당 조의 토론자들이 원하는 주제를 선택하기도 한다. 사회자는 회사 측에서 나오는 경우도 있고, 면접장에서 사회를 지원하는 사람이 사회자가 되기도 하고, 회사 측에서 지정하기도 한다.

### (3) 논거정리(찬반 구분)

지원자들의 의향에 따라 찬반이 자연스럽게 구분되는 경우도 있지만 회사 측에서 찬성과 반대 토론자를 지정하는 경우도 있다.

### (4) 토론

본격적으로 토론이 진행된다. 의견을 말할 때는 자신이 보유한 정보와 지식을 총동원하여 근거 있는 예를 들어 신빙성 있는 의견을 피력해야 한다. 상대의 답변을 잘 듣고 메모를 해놓고, 토론 시 예의사항을 지켜야 한다.

### (5) 결론

자신이 발표한 내용 중 가장 핵심적인 부분에 대해 다시 한 번 언급하고, 상대방의 의견에 반론을 할 경우 논리정연하게 해야 한다. 사회자의 경우 언급된 내용들을 일목요연하게 정리하면서 토론의 끝을 자연스럽게 마무리해야 한다.

## 2) 토론 면접의 유형

### (1) 특정 주제에 대한 찬성 vs 반대의 대립 유형

① 찬반토론 면접은 5~8명 정도의 지원자를 두 개 조로 나눠 정해진 주제에 대한 찬반 의견을 교환한다.

② 논제에 대한 긍정과 부정, 찬성과 반대를 분명하게 구분하고 양측이 일정한 형식과 절차에 따라 진행하는 방식으로 자신의 논리적 정당성 및 상대방의 논리적 부당성을 동시에 입증하는 토론 유형이다.

③ 어느 한쪽의 논리적 승리에 대하여 다른 한쪽이 패배를 인정하고 수긍하는 결과로 의견의 일치가 이루어지는 유형이다.

### (2) 특정 문제에 대한 해결점을 찾기 위해 지원자들 간에 서로 의견을 나누고 수렴하여 대안을 만들어가는 브레인스토밍 유형

① 토의 면접으로 토론에 비해 형식에 구애받지 않고 비교적 자유롭게 의견을 교환하며 합의를 도출해나가는 유형이다.

② 패배를 인정함으로써 설득당하는 과정이 아니라 여러 원인 중 어떤 것이 더 핵심적인 원인인지, 어떤 문제를 좀 더 시급히 다루어야 하는지, 해결책 중에서 어떤 것이 더 논리적 타당성이 높은지 등을 우선성의 측면에서 협력하여 판단하고 결론을 이끌어냄으로써 의견의 일치에 도달하는 유형이다.

### (3) 토론과 토의를 섞은 유형

① 최근에는 토론 면접에 대한 변별력이 과거보다 다소 떨어진다는 이유로 토론과 토의가 혼합된 형태로 진화하고 있다.

② 토론에 임하는 지원자의 수준이 향상된 점도 있지만 내용에 대한 차별적 지식보다는 다른 관점에서 접근할 수 있는 시각 또한 함께 어울릴 수 있는가를 중점적으로 판단하는 것이 적용된 이유도 있다.

**토의와 토론의 차이**

| 토의 | 토론 |
|---|---|
| 각 개인별로 참여 | 팀 대 팀으로 참여 |
| 협력적 말하기 | 경쟁적 말하기 |
| 의견의 일치에 따라 최종 결론 | 승자의 결론이 최종 결론 |
| 자유로운 형식으로 의견 교환 | 양측이 일정한 형식과 절차에 따라 진행 |
| 사회자의 역할이 아주 중요 | 사회자의 역할이 거의 없음 |

## 3) 토론 면접 진행을 위한 전략

| | |
|---|---|
| 결론부터 말하라 | • 핵심을 정확하게 말하는 것이 중요하다.<br>• 장황한 설명은 상대방을 지치게 할 수 있다.<br>• 결론을 먼저 언급을 하고, 이유나 근거를 순차적으로 제시한다. |
| 실현가능한 대안제시 | • 문제만 제기하고 대안을 제시하지 않으면 바람직하지 않다.<br>• 문제를 제기할 경우에는 실현가능한 대안을 함께 제시해야 한다. |
| 자기주장 고집 자제 | • 자신의 발언이 정답이라고 고집하는 것은 바람직하지 않다.<br>• 토론에는 정답이 없으며, 자신의 주장을 독단적으로 내세워 그룹 안에서 튀기보다는 그룹원들과 조화를 이루는 것이 좋다.<br>• 토론 주제에 대한 명확한 결과를 함께 이끌어갈 수 있는 조직력과 리더십을 보여주는 것이 가장 효과적이다.<br>• 서로의 의견을 이성적으로 주장하고 교환하는 것이 토론 면접의 핵심이다. |
| 상대방 의견수렴 | • 상대방의 의견을 경청하며, 칭찬의 말을 할 수 있어야 한다.<br>• 다른 사람을 배려하고 자신의 주장을 조리 있게 설명해야 한다.<br>• 상대방의 의견과 질문에 대한 명확한 이해를 바탕으로 합리적 결론을 도출유도한다. |
| 합리적 근거제시 | • 상대방의 의견에 반론을 제시할 경우에는 반드시 합리적 근거를 제시해야 한다.<br>• 합리적 근거를 제시하지 않고, 말꼬리만 잡고 토론을 이어 가는 것은 바람직하지 않다. |
| 부정적・감정적 표현 자제 | • 상대방이 자신의 의견에 반론을 제기할 경우에도 절대로 흥분하지 말아야 하며, 감정적인 표현을 하는 것은 바람직하지 않다.<br>• 찬반이 대립된 상황에서 자신의 의견을 어필하다 보면 상대의 의견을 비하하거나 감정적으로 공격하는 경우가 있지만, 이 경우에도 의견이 다를 수 있다는 것을 인정하고 대화예절을 지키며 토론을 이어가야 한다. |
| 토론의 중요 부분은 기록한다 | • 상대방의 말을 기록하면서 토론을 하게 되면 상대의 의견을 자세히 경청한다는 느낌을 받게 할 수 있다.<br>• 토론이 길어질수록 기억력에만 의존하면 놓치는 부분이 생길 수 있다.<br>• 중요한 부분은 기록하며 진행하는 것이 완성도 높은 토론을 이어가는 방법이다. |

# 8. 최근 면접전형의 주제 및 전망

## 1) 프레젠테이션 면접

**2016년도 하반기 프레젠테이션 면접 주제 사례**

| 기업명 | 프레젠테이션 주제 |
|---|---|
| LG화학 | 주어진 자료를 토대로 LG화학이 신시장에 진출하는데 EU, 미국, 중국 중 어느 곳이 적합한지 자료를 토대로 작성하라. |
| SAMSUNG | 혼수 시장 점유율을 높일 마케팅 방안과 교통사고를 줄이는 방안을 창의적이고 논리적으로 답해보라. (창의성 면접) |
| 우리은행 | 20대 고객을 위한 마케팅 전략은? (기획안 만들기 면접) |
| 효성 | 구체적인 업무 상황을 가정하고 이를 해결할 전공지식과 실력을 갖췄는지 평가 |
| DOOSAN | 60세 정년 연장에 대해 PT하여라. |
| LOTTE | 한식의 세계화에 관하여, SNS를 활용한 마케팅 |
| LS전선 | 연구주제를 바탕으로 준비한 PPT를 발표하는 형식 |

## 2) 프레젠테이션 면접 전망

| 구분 | 내용 |
|---|---|
| 기업의 향후 전략에 대한 주제 | • 기업의 발전방향, 브랜딩 방법, 해외진출 방안 등 기업의 발전전략 수립과 관련된 주제가 많이 나올 것으로 전망된다.<br>• 기업의 전략 수립을 위한 PT 면접 준비 전략으로 기업분석, SWOT분석, 경쟁사 현황 등 객관적인 데이터를 수집할 필요가 있고 현재 기업만의 경쟁력 등을 정리하여 면접에 대비하는 것이 중요하다. |
| 직무이해 및 수행계획 관련 주제 | • 영업 직무 지원자에게 '특정 제품에 대한 영업전략을 세운다면'이라는 질문을 던진다면 직무에 대한 이해도가 바탕이 되어야 수월하게 답할 수 있을 것이다.<br>• 변수가 생길 수 있는 직무의 경우 특정 상황을 주고 단계별 접근을 통해 이 문제를 어떤 방향으로 접근하여 어떻게 해결할 것인가에 대한 효율성을 보고자 하는 내용도 대두될 것 같다.<br>• 자료를 토대로 진행하는 경우 자료분석을 통해 자료 안에서 내용을 도출해야 한다.<br>• 따라서 전공지식 및 과거 자신의 경험을 활용하여 자신만의 생각을 구조화 해보는 준비가 바람직하다. |

| | |
|---|---|
| 시대상황 반영 주제 | • 현재 혹은 앞으로 중요해질 수 있는 사회, 경제적 이슈에 대한 견해를 듣고자하는 주제도 제시될 수 있다.<br>• 예를 들어 최근 논란이 된 특정 기업의 노동력 착취 등에 관한 문제처럼 기업들이 연루되는 크고 작은 사건들에 대한 견해를 묻는 주제도 가능하다.<br>• 4차 산업혁명과 관련된 이슈, 저출산 고령화 사회에 대한 대비 등 시대를 반영하는 개인의 견해를 묻는 질문도 예상된다.<br>• 사회 및 경제 관련 뉴스를 보며 지원하고자 하는 기업과 연관성 있는 이슈가 있는지 확인해보고 사회적 역할에 대해 생각해보는 것도 중요하다. |

## 3) 토론 면접

### (1) 주요 기업 토론 면접 주제 사례

| 기업명 | 프레젠테이션 주제 |
|---|---|
| 우리은행 | 우리은행을 위한 나만의 스마트폰 앱(응용프로그램)을 만든다면? |
| KB국민은행 | 인공지능(AI) 발달이 금융산업에 미칠 영향은 뭘까? |
| SK 케미칼 | 성과급을 팀원 자기계발에 함께 쓰기 위한 결론 |
| 신한은행 | • 짧고 굵게 살 것인가 vs 길고 가늘게 살 것인가?<br>• 결혼은 사랑인가 현실인가?<br>• 콩쥐와 신데렐라 누가 더 셀까?<br>• 삼겹살과 소주, 치킨과 맥주 중 한국인이 좋아하는 것은? |
| SAMSUNG | 창의성 면접 주제에 대해 10~15분간 발표 후 담당자와 토론 |
| LG전자 | 냉장고 DRAWER 설계안 3가지 중 면접관이 정해준 1가지 안으로 나머지 안을 선택받은 사람과 토론하기 (전자제품 관련 주제) |
| KIA 기아자동차 | 공장 운영을 하는데 적자가 났다는 상황을 설정해놓고 해결방안에 대한 자료를 검토하여 토론 진행 |

### (2) 토론 면접 전망

| | |
|---|---|
| 최근 시사문제 파악 주제에 대한 찬반의견을 다루는 찬반토론 | • 특정 사안에 대하여 하나의 의견을 도출하는 과정을 보는 일반토론 등 유형과 상관없이 가장 많은 주제의 비중은 최근 시사문제일 것이다.<br>• 이야기를 주고받고 의견을 제시해야 하는 특성상 특정 주제에 대해 알지 못한다면 불리한 입장일 수밖에 없다.<br>• 최근 시사문제에 대한 자신의 견해, 지원하고자 하는 기업과의 연관성 등을 미리 알아두는 것이 필요하다. |

| | |
|---|---|
| 자료분석능력 | • NCS 직업기초능력 → 정보능력 → 정보처리능력의 세부요소로 정보수집, 분석, 관리, 활용의 능력이 있다.<br>• 토론하는 모습을 입사 후의 회의 모습과 동일시하여 평가하기 때문에 특정 문제에 대해 몇 가지 대안을 나눠주고 그 중의 하나를 선정하여 논리적으로 접근하여 설득하는지를 보고자 할 것이다.<br>• 따라서 주어진 자료를 빠르고 정확하게 분석하는 연습이 필요하고,<br>• 자신과 다른 의견을 잘 들어주고 타인의 의견을 존중하며 자신의 의견을 차분히 설득해나가는 모습을 보여주는 것이 중요하다. |
| 비정형 주제의 증가토론 면접을 통해 지원자의 가치관, 신념을 알아보는 것이 중요 | • 논리적인 설득, 적절한 근거 제시 등 의사소통 방식이나 습관을 보는 것이 중요하다.<br>• 지원자 간의 소통이 아닌 면접관과 토론하는 형태도 있다.<br>• 지원자의 논리적인 모습을 보기 위해 가벼운 주제를 선정하되 논리적인 근거를 제시하는 것을 보고자 한다.<br>• 전문지식이 바탕이 되는 것보다 창의성과 새로운 시각, 문제해결능력 등을 보여주는 것이 효과적이다. |

## Review Point

### [학습목표 확인]

1 NCS 기반의 입사지원서 작성전략을 이해할 수 있다.

2 NCS 기반의 자기소개서 작성전략을 이해할 수 있다.

3 NCS 기반의 자기소개서에 많이 나오는 질문의 특징을 이해할 수 있다.

4 NCS 기반의 자기소개서 작성 STAR-LC 기법의 특징을 설명할 수 있다.

5 NCS 기반의 자기소개서 작성 최종 점검 요소를 이해할 수 있다.

6 NCS 기반의 면접전형 방향을 이해할 수 있다.

7 NCS 기반의 직업기초능력 면접 예시를 통하여 자신의 특성을 이해할 수 있다.

8 NCS 기반의 면접진행 절차와 주의할 점을 이해할 수 있다.

9 NCS 기반의 면접 유형별 맞춤전략을 이해할 수 있다.

10 최근 면접전형의 주제 및 전망을 이해할 수 있다.

### [다음 단계 소개: Part 2]

다음 단계는 Part 2로 NCS 기반의 창업전략에 대하여 기술할 것이다.

Part

# 02

NCS 기반의 **창업전략**

*NCS-Based Startup Strategy*

# NCS 기반의 **창업전략**

**학습** 목표

1. 창업의 개념과 정의를 설명할 수 있다.
2. 창업이 필요한 이유를 설명할 수 있다.
3. 일반적인 창업프로세스에 대해 순서별로 설명할 수 있다.
4. 기업가와 기업가정신에 대해 설명할 수 있다.
5. 성공적인 창업을 위해 갖추어야 할 기업가정신은 어떠한 것이 있는지 설명할 수 있다.
6. 사업아이템 발굴 방법을 설명할 수 있다.
7. 사업타당성분석을 할 수 있으며, 프로세스를 설명할 수 있다.
8. 사업계획서를 작성할 수 있으며, 핵심요소가 무엇인지 설명할 수 있다.
9. 제조업의 창업절차를 설명할 수 있다.
10. 법인기업의 설립조건을 설명할 수 있다.

주요 **용어**

- 창업
- 기업가정신
- 사업타당성분석
- 사회적 책임
- 사업계획서
- 상권
- 입지
- 재무제표
- 프랜차이즈
- 개인기업
- 법인기업

Chapter

# 09 창업의 기초



## 제1절 창업 및 창직(創職)의 개념 이해

### 1. 창업 및 창직

요즘은 창업의 전성시대라 할 만큼 다양한 분야에서 창업이 이루어지고 있고, 창업을 진행하기 위한 절차 또한 간소화되어 쉽게 창업이 이루어지고 있는 시대에 살고 있다.

이러한 창업의 개념을 살펴보면 '사업을 개시하는 것'을 의미하는데, 사업능력을 갖춘 자가 돈을 버는 것을 목적으로 기업을 새로 만드는 일 정도로 정리할 수 있다. 이와 더불어, 요즘 많이 사용되고 있는 창직(創職)이란 창의적인 아이디어로 기존에 없는 직업을 새롭게 만들어내거나 기존 직업을 재설계하는 창업활동을 의미한다.

### 2. 창업의 필요성

#### 1) 경제의 발전 및 성장

① 대부분의 선진국에서 창업을 적극 장려하고 있는데, 그 이유 중 하나가 바로 경제 성장 때문이다.

② 창업은 그 자체만으로 돈을 버는 기업을 만드는 형태로 구조화되어 있기 때문에 일

반적으로 경제발전에 매우 중요한 역할을 담당하고 있다.

③ 또한 창업은 일자리 창출, 실업률 해소, 수출 등으로 국가경제의 발전에 기여할 수 있으며, 나아가 기술 기반의 창업 기업들이 개발하는 혁신적인 신기술과 신제품은 국가 과학발전에 기여할 수 있고, 이를 통해 국가 위상 제고에 도움이 될 수 있다.

### 2) 일자리 창출

① 2008년 글로벌 경제위기와 함께 일자리 감소 및 실업률 증가가 지속적으로 나타나고 있고, 이와 더불어 취업난이 가중됨에 따라서 창업이 청년실업의 중요한 대안으로 떠오르고 있다.

② 창업이 활성화되면 기업의 수가 늘어나게 되고, 자연스럽게 일자리를 늘려 고용을 확대할 수 있기 때문이다.

### 3) 자기개발 및 소득창출

① 직장에서는 다양한 사람이 각기 다른 분야에 소속되어 업무를 수행하기 때문에 기본적으로 자기 성장에 한계를 갖고 있다.

② 또한 직장생활은 원하는 소득창출에 한계가 있으며, 나이가 많아질수록 조직에서의 입지는 좁아질 수밖에 없을 것이다.

## 제2절 창업의 의미와 중요성

### 1. 창업의 정의

① 일반적인 창업은 개인이나 법인이 영리를 목적으로 기업을 새로 설립하여 사업을 개시하는 것을 의미한다. 다만, 국내에서는 창업관련 법규에 의해 별도로 정의되어

사용되고 있다.

② 이와 같은 창업의 정의는 「중소기업창업지원법」 제2조에 제시되고 있으며, 중소기업을 새로 설립하여 사업을 개시하는 것을 말한다.

③ 이 법에서는 사업의 승계나 기업의 형태를 변경하는 것, 폐업 후 동종사업을 계속하는 경우는 창업에 해당되지 않는다.

## 2. 창업의 의미

창업은 개인과 사회, 국가적으로 다음과 같은 의미를 가지고 있다.

**▌창업의 의미▐**

| 구분 | 주요 의미 |
|---|---|
| 개인 | • 생계유지의 근원<br>• 성공 시 경제적인 부를 축적<br>• 실패 시 경제적 손실<br>• 자기개발과 기업경영에 관한 경험축적 |
| 사회 | • 제품과 서비스 생산으로 경제가 풍족해지고 사회적 안정<br>• 기업의 기술개발은 과학, 의학, 기술발전으로 사회 전반적인 성장견인<br>• 창업자들의 창업실패 시 사회적 문제발생 |
| 국가 | • 일자리 창출<br>• 세수증가로 국가 성장과 안정에 기여<br>• 세금의 분배를 통해 빈부격차 완화<br>• 국가 중요문제 중 하나인 실업률 감소 |

## 3. 창업의 중요성

① 창업의 중요성 3가지를 제시하면 경제성장, 실업률 감소, 세수확보이다.

② 창업은 경제성장, 실업률 감소, 세수확보에 긍정적 영향을 미쳐 강한 개인, 강한 조직, 강한 국가를 만들 수 있는 강력한 방법이다.

# 제3절 창업의 기본요소

창업자는 창업에 목적을 두지 않고 창업을 통해 실제 얻고자 하는 목표달성에 목적을 두기 때문에 창업에 있어서 무엇보다 중요한 것은 실패하지 않고 목표를 달성하는 것이다. 이러한 창업의 성공을 위해서는 기본적으로 5가지 핵심요소가 있으며, 그 요소들이 적절하게 균형을 이루면서 사업의 성공은 가까워 질 수 있다. 아래는 창업의 핵심 5요소이다.

## 1. 사람

① 창업자나 창업팀의 맴버를 말하며 창업의 핵심 5요소 가운데 가장 중요하다고 할 수 있다.

② 특히 창업자가 지닌 역량이나 기업가정신, 준비성 등이 창업초기에 성공과 실패를 좌우할 성공요인이자 리스크라고 할 수 있다.

## 2. 아이템

창업아이디어나 제품, 서비스 등을 말하며 고객이 기대하는 것 이상의 가치를 지녀야 사업의 지속가능 여부가 결정될 것이다.

## 3. 시장

① 창업자가 제공할 아이템을 구매할 고객의 집단이나 고객과 만나게 될 장소를 말한다.

② 기술이나 아이템이 좋아도 시장이 명확하지 않고 형성되지 않은 단계에서는 원하는 수익을 얻기 어렵고 시간이 많이 걸리게 된다. 반면 시장은 명확하지만 경쟁자가

많은 시장에서는 고객에게 창업자의 아이템을 알리기 어려워지기도 한다.

## 4. 자본

창업 시 필요한 자금을 말하며 자기자본과 타인자본으로 구분할 수 있다.

## 5. 전략

상품 및 서비스의 개발, 생산, 판매, 자금조달, 직원관리 등에 대한 최상의 시나리오를 갖춘 계획을 의미하며, 창업초기 전략은 사업의 지침서 역할과 창업의 소개서 역할을 주로 한다.

**창업의 핵심 5요소**

# 제4절 창업 프로세스와 유형

## 1. 창업 프로세스

① 아이템과 업종에 따라 창업 프로세스는 다소 차이가 있으나, 일반적으로 창업 프로세스는 크게 창업구상, 계획수립, 회사설립, 개업준비 4가지 단계로 이루어져 있다.

② 세부적으로는 창업자분석, 예비아이템 탐색, 시장조사, 예비아이템 평가, 후보아이

템선정, 창업핵심요소 결정, 사업타당성분석, 아이템선정, 환경분석, 상권분석, 목표설정, 창업계획수립, 입지선정, 기업형태선정, 사업인·허가, 사업자등록, 사업장 디자인, 설비·집기·비품구비·경영관리시스템 구축, 사업개시 등 20개의 절차로 이루어져 있다.

**| 창업프로세스 |**

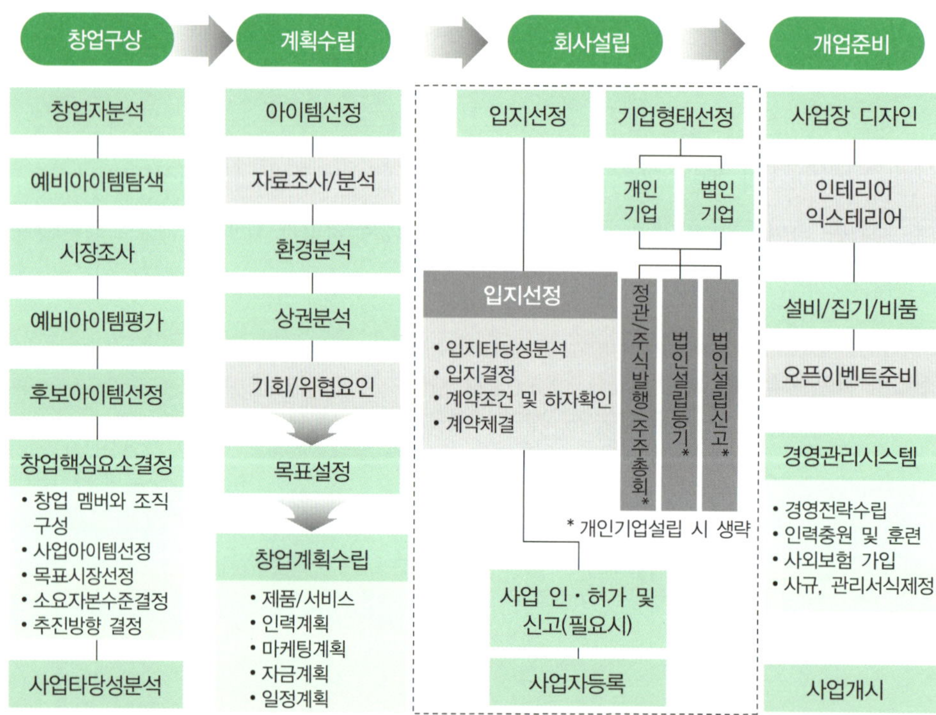


## 2. 창업 프로세스별 검토내용

### 1) 창업의 구상단계

#### (1) 창업자분석

① 창업자분석 개요

• 창업 초기에 성공과 실패 여부는 창업자가 갖춘 능력이 전부라 할 만큼 창업자의

역량은 매우 중요성이 높다고 할 수 있다.

- 아무리 유망한 아이템이라 할지라도 창업자의 성향이나 능력과 일치하지 않는다면 실패할 확률이 그만큼 높다.
- 따라서 창업 전 창업자가 본인의 강점과 약점이 무엇이고, 본인이 가지고 있는 지식이나 경험, 기술 등이 창업에 있어서 어떠한 역할이나 도움이 될지 명확히 파악하는 것이 필요하다.

② 창업자분석 주요 내용

- 창업자의 경험을 통해 얻은 지식, 기술, 노하우
- 창업자의 적성 및 성향
- 강점 및 약점
- 자금조달수준, 주변 인적네트워크 현황
- 창업팀의 역량

### (2) 예비아이템 탐색

① 창업자는 경험이나 아이디어를 통해 사업아이템을 탐색하게 되며, 본인의 보유역량과 시장 등을 고려해 다양한 아이템을 검토하여 예비아이템군으로 리스트를 확보한다.

② 초기 예비아이템 탐색 단계에서는 주변 지인의 의견, 인터넷, 언론매체, 창업박람회 등을 통해 정보를 수집하고, 다양한 분야의 정보를 검토해보도록 한다.

### (3) 시장조사

① 시장조사 개요

- 확보된 아이템별로 시장의 규모, 시장 내 고객의 성향, 시장의 추이 등의 정보를 수집하고 분석하도록 한다.
- 시장 내 고객들의 주요 욕구나 필요사항 등이 무엇인지 파악해보도록 하며, 창업자의 아이템이 해당 시장의 고객군에게 가치를 제공할 수 있을지에 대해 검토하도록 한다.

② 시장조사 방법: 통계청, 해당산업 협·단체 관련 사이트, 중소기업청 기술로드맵 사이트(http://smroadmap.smtech.go.kr), 상권정보시스템(http://sg.sbiz.or.kr), 산업

연구원 등 신뢰성이 높은 기관의 사이트 등을 통해 조사하도록 한다.

### (4) 예비아이템 평가

① 예비아이템 평가 개요

- 확보된 예비아이템은 창업아이템으로 적합한지, 창업자가 사업을 하는데 문제는 없는지, 시장수준은 어떤지, 예상판매가격 대비 수익성은 어느 정도일지 등을 조사하고 검토하도록 한다.
- 각 예비아이템별로 조사한 내용을 비교·분석하여 후보아이템을 선정한다.

② 예비아이템 평가 주요 항목

- 창업적합아이템(용이성, 필요자금수준, 창업소요시간 및 절차 등 고려)
- 창업자 성향과 아이템의 적합성
- 시장성/수익성

### (5) 후보아이템 선정

① 후보아이템 선정 개요

- 예비아이템을 평가하여 2~3개 정도의 후보아이템을 선정한다.
- 선정된 후보아이템별로 추가적인 정보를 수집하며, 기존 조사자료를 기준으로 좀 더 정밀한 정보파악을 하도록 한다.

② 후보아이템 주요 정보조사 내용

- 아이템별 창업절차, 인·허가사항, 창업비용
- 아이템별 시장의 규모, 경쟁수준, 시장의 미래
- 아이템별 주요 콘텐츠 및 메뉴, 목표고객, 목표고객 성향, 원재료 및 판매가격, 원재료 구입처, 공정의 복잡성, 표준화가능성, 인력채용 및 인건비, 임차료, 관리비 수준, 기계 및 기술, 자격도입 여부, 수익수준, 마케팅방법
- 기술 및 고객욕구 변화의 민감성, 자금투입의 적정성, 재고, 계절적 매출변화

### (6) 창업핵심요소 결정

① 창업멤버와 조직구성: 창업팀을 어떻게 구성할지와 누구와 함께할지, 급여수준은 어느 정도로 하며, 기능과 조직구성은 어떻게 할지 등을 결정하여 최적의 인력수준

을 확보한다.

② 사업아이템 선정: 후보아이템을 선정하고 그에 따른 상품 및 서비스 수준, 가격 등을 검토한다.

③ 목표시장 선정: 후보아이템별로 목표시장을 선정하고 주고객과 마케팅 방법 등을 검토한다.

④ 소요자본수준 결정: 후보아이템별로 소요자금과 조달방법 등을 검토한다.

⑤ 추진방향 결정: 후보아이템별로 사업전개를 어떻게 진행할지에 대해 검토한다.

### (7) 사업타당성분석

① 사업타당성분석 개요: 후보아이템별로 사업의 성공가능성을 체계적으로 점검하도록 하며, 계획 중인 사업과 관련된 제반 요소들을 분석하여 사업의 리스크와 중요요인을 검토하여 최종 사업아이템을 확정하도록 한다.

② 사업타당성분석 주요 내용

- 창업자의 사업수행능력분석
- 시장성분석
- 기술성분석
- 수익성 및 경제성분석
- 자금수지 및 성장성분석

## 2) 계획수립단계

### (1) 아이템 선정

사업타당성분석을 통해 최종 선정된 후보아이템을 최종 아이템으로 선정하도록 한다.

### (2) 환경분석

① 선정된 최종 아이템을 기준으로 사전 준비하고 검토한 정보를 통해 기회요인과 위협요인을 확인하고, 그에 따른 대안이나 전략을 설정한다.

② 일반적으로 환경분석은 SWOT 기법을 사용하며, 주어진 사업아이템의 외부환경요인에서 창업팀의 강점을 활용한 전략을 확보할 수 있다.

### (3) 상권분석

① 사업장이나 점포의 상권분석을 시행하도록 하며, 상권의 중요성이 높지 않은 아이템일 경우 생략하도록 한다.

② 상권분석은 기존 조사한 상권분석 자료나 상권정보시스템의 분석자료를 기준으로 해당지역에 직접 방문하여 정밀조사를 하도록 한다.

③ 제조업의 경우 공장입지수준에 대한 입지분석을 하도록 한다.

### (4) 목표설정

① 창업자는 해당 창업을 통해 얻고자 하는 것을 목표화하고, 정량적 수준과 정성적 수준의 목표값을 설정하도록 한다.

② 또한 사업의 최종 목표와 단계별 목표, 사업을 운영하면서 지켜야 할 철학, 신념, 미션 등을 설정하도록 한다.

### (5) 창업계획수립

① 창업계획수립 개요: 창업의 성공률을 높이고 효율적인 창업을 하기 위해서 창업하고자 하는 사업의 목적과 전략, 계획 등을 종합적으로 정리한 종합 실행계획서를 작성하여야 한다.

② 창업계획수립 주요 내용

- 회사 및 사업개요
- 제품 및 서비스
- 시장현황
- 개발계획
- 생산 및 서비스
- 마케팅계획
- 인적자원계획
- 재무계획
- 일정계획

## 3) 회사설립단계

### (1) 입지선정

① 상권분석 및 입지타당성분석을 통해 최종 입지를 선정하도록 한다.

② 입지선정단계에서는 해당입지의 계약서 작성이 핵심사항이 되며, 계약체결 전 사전 검토사항 및 준비사항을 정밀히 체킹하여 최종 계약체결이 이루어질 수 있도록 한다.

③ 특정 아이템의 경우 입지에 따라 인·허가 제한사항이 있을 수 있으니 창업하고자 하는 아이템의 인·허가사항을 사전 확인 후 입지를 선정하도록 한다.

### (2) 기업형태 선정

창업아이템 특성이나 영업방법, 수익성 등을 감안하여 법적 구조의 형태인 개인기업으로 설립할지 법인기업으로 설립할지를 확정하도록 한다.

### (3) 사업 인·허가 및 신고

① 창업준비절차

- 회사설립단계 중 가장 중요한 부분으로 창업하고자 하는 업종이나 아이템에 따라 해당 법령에서 정하는 인·허가 등을 받아야 한다.
- 인·허가 절차는 다양하고 복잡하기 때문에 많은 창업자들이 어려움을 겪는 부분이기도 하다.
- 인·허가에 대한 사항은 관할 구청민원실 등 구체적인 기관을 통해 직접 방문하여 알아보는 방법과 온라인(생활공감지도, http://www.gmap.go.kr)을 통해 직접 검색하는 방법으로 확인할 수 있다.

### (4) 사업자등록

① 사업장이 결정되고, 인·허가 사항이 모두 완료되었다면 본격적인 사업을 할 수 있도록 관할세무서에 사업자등록을 하여야 한다.

② 최근에는 홈택스에 가입되어 있고 공인인증서가 있으면 세무서에 방문하지 않고도 인터넷을 통하여 사업자등록 신청이 가능하다.

## 4) 개업준비단계

### (1) 사업장 디자인

① 일반적으로 입지가 확정되면 동시에 진행하는 단계로서 사업장을 사업하기 가장 좋은 조건으로 개선하여야 한다.

② 외부 간판이나 디자인 등을 창업아이템에 맞게 디자인하고, 내부 인테리어를 제품 및 서비스 공정이나 목표고객 특성에 맞춰 바꾸는 작업이 매우 중요하다고 할 수 있다.

### (2) 설비/집기/비품

① 창업아이템의 효과적인 제조 및 판매활동을 위해 필요설비와 각종 재료, 집기류 등을 구입하여 사업장에 설치하는 단계가 필요하다.

② 창업초기에는 꼭 필요한 품목만 구입하여 자금을 효율적으로 사용하는 것이 바람직하다.

### (3) 경영관리시스템 구축

① 경영활동을 위한 최선의 경영전략을 수립하고, 그에 따른 인력충원 및 교육을 통해 사업운영에 최상의 준비가 되어 있어야 한다.

② 또한 직원이 채용되었다면 사회보험을 가입하고 급여대장이나 사규, 근로계약서, 복무와 관련된 각종 양식을 확보하여야 한다.

### (4) 사업개시

① 경영전략에 따라 영업활동을 하여 목표고객을 확보하도록 한다.

② 확보된 목표고객은 지속적인 재구매가 이루어질 수 있도록 관리하며, 제품이나 서비스의 개선과 표준화를 통해 지속적인 수익창출이 가능하도록 경영활동을 개시한다.

## 3. 창업의 유형

창업에는 다양한 유형이 존재한다. 창업자의 창업목적에 따라 기회형 창업과 생계형 창업으로 구분할 수 있고, 창업형태에 따라 일반창업, 벤처창업, 1인창조기업창업, 사내창업, 프랜차이즈창업 등으로 구분할 수 있다.

### 1) 목적에 따른 유형분류

**창업목적에 따른 유형분류**

| 구분 | 기회형 창업 | 생계형 창업 |
|---|---|---|
| 배경 및 동기 | 자발적 창업 | 비자발적 창업 |
| 목적 | 자신의 노하우, 역량, 아이디어로 기회발견 | 생계유지 |
| 목표 | 큰 수익창출이나 높은 수익성<br>경제적 성공 | 안정적 수익창출 |
| 형태 | 벤처기업, 1인창조기업, 기술기반기업 | 소상공인, 프랜차이즈 |
| 특징 | 고위험군<br>기술, 아이디어<br>아이템중심형 | 경쟁심화<br>노동집약적<br>상권중심형 |

### 2) 창업형태에 따른 유형분류

① 일반창업: 전통적인 창업으로 제조업, 서비스업, 유통업 등 일반적이면서도 전통적인 비즈니스 영역에서의 창업을 말한다.

② 벤처창업: 위험은 높지만 고성장이 기대되는 신산업분야에서의 창업으로, 고객의 욕구에 의해 개발된 기술기반 신규아이템 등의 창업유형을 말한다.

③ 1인창조기업창업: 창의성과 전문적인 지식을 통한 아이디어나 노하우, 기술 등을 기반으로 하는 1인기업 및 소기업 형태의 창업유형을 말한다.

④ 사내창업: 기존 회사에서 새로운 기회창출을 위해 사내자원을 활용하여 창업하거나 회사의 한 사업부를 독립회사로 만들어 창업하는 창업유형을 말한다.

⑤ 프랜차이즈창업: 브랜드와 운영시스템을 가지고 있는 본사와 가맹점 계약을 체결하

고 상표, 서비스 등을 제공받아서 동일한 이미지를 갖고 사업을 하는 형태의 창업 유형을 말한다.

## 제5절 창업 시 유의사항

### 1. 일반 창업 시 유의사항

① 창업자의 적성에 맞지 않는 사업은 실패에 주요한 원인이 될 수 있기 때문에 반드시 창업자의 적성에 맞는 아이템인지 충분한 분석과 검토가 있어야 한다.

② 소자본 창업이나 자영업은 혼자가 아닌 가족들이 함께하는 것이라는 점을 인지하고, 가족의 적극적인 지지를 받도록 노력한다.

③ 창업아이템에 대해 명확히 알고 있다고 하더라도 창업절차나 사업계획, 전략 등에 대해서는 충분한 준비가 필요하다.

④ 계획단계에서 창업소요자금을 최소화하고, 매출계획은 충분히 보수적으로 여유있게 수립하며, 각 단계별 자금계획을 반드시 수립하여야 한다.

⑤ 사업아이템 및 업종에 따라 인·허가가 필요한 경우가 있으니 점포의 임차계약 전 반드시 인·허가 사항을 사전 검토해보는 것이 중요하다.

⑥ 점포의 계약 전에 등기부등본을 반드시 확인하여 명의자와 계약자가 일치하는지 근저당권의 설정 여부 등에 대해 확인이 필요하다.

⑦ 잘 아는 분야가 아니라면 실제 사업하고 있는 사업자를 충분히 만나보고 더 현실적으로 목표를 설정하는 것이 중요하다.

⑧ 입지의 선정과 상권분석

- 도·소매업과 서비스업 등의 창업은 장소의 중요성이 성패에 매우 큰 영향을 미치기 때문에 창업 전 충분한 검토와 분석이 필요하며, 발품을 충분히 팔아야 할 것이다.
- 제조업의 경우 입지선정 시 계획입지인지 개별입지인지 명확히 확인하고, 개별입

지의 경우 설립허가절차와 기간 등을 사전에 충분히 검토해 놓는 것이 필요하다. 또한 해당 입지에서의 아이템에 대한 인·허가나 제한받는 사항이 있는지도 파악해보아야 한다.

- 제조업의 경우 해당 입지의 교통사항, 인력채용의 용이성 등을 충분히 고려한 후 입지를 선정하여야 한다.

## 2. 프랜차이즈 창업 시 유의사항

① 프랜차이즈 브랜드가 시장에서의 영향력 수준이 어느 정도 수준인지 정확히 판단해야 한다. 브랜드의 성장성과 고객의 반응, 차별성 등을 냉정하게 판단하여야 한다.

② 정보공개서의 공개수준으로 투명하고 신뢰할 수 있는 회사인지 여부를 확인할 수 있을 것이다.

③ 가끔 직영점이 없는 가맹점이 있으며, 이는 해당 사업을 운영해보지도 않은 채 가맹점을 운영하려는 형태로 매우 위험한 실험이 아닐 수 없다. 직영점의 운영수준과 노하우, 시스템 등을 직접 확인한 후 선택하여야 한다.

④ 가맹점주의 미팅을 통해 물류유통구조의 수준을 파악해보아야 하며, 안정적인 물류공급이 가능한지를 가늠해보아야 한다.

⑤ 가맹점을 유치하는 데만 집중하는 가맹본부일 경우 운영시스템, 개발, 재료조달 등 다른 영역에서 소홀하기 쉽고, 모집광고비용 또한 고스란히 가맹점주가 부담하게 된다.

⑥ 가맹본부가 제공하고 있는 매뉴얼 수준을 확인하고 매뉴얼의 완성도를 통해 교육훈련이 충분히 가능한지와 최상의 서비스 구현이 가능할 수 있을지를 판단하여야 한다.

⑦ 계약 전 주변 가맹점주의 미팅을 통해 본부의 교육 및 마케팅, 관리수준 등을 파악해보아야 하며, 지속적인 사후관리와 변화하는 시장흐름에 맞춘 발빠른 대처를 하고 있는지 확인해보아야 한다.

⑧ 브랜드의 성장수준

- 가맹본사도 기업이므로 지속적인 수익발생이 없다면 지속가능경영을 하기 어렵

다. 가맹본사가 수익성과 수익구조가 긍정적이어야 가맹점에 충분한 지원을 할 수 있다.

- 최근의 가맹본사 성장수준을 분석하고 시장의 전반적인 추이를 확인하도록 한다.
- 가맹본사의 주 수익구조가 어떠한지 파악해보아야 하며 대부분의 수익이 인테리어 및 설비, 재료 등에서 발생하고 있다면 지속가능한 기업이 되기 어렵다고 판단해야 한다.

## Review Point

### [학습목표 확인]

1 창업의 개념과 정의를 설명할 수 있다.

2 창업이 필요한 이유를 설명할 수 있다.

3 창업의 의미를 설명할 수 있다.

4 성공적인 창업을 위해 필요한 핵심 5요소에 대해 설명할 수 있다.

5 일반적인 창업프로세스에 대해 순서별로 설명할 수 있다.

6 창업 프로세스별 검토내용을 설명할 수 있다.

7 창업의 유형에 대해 설명할 수 있다.

8 창업형태에 따라 유형을 구분하여 설명할 수 있다.

9 일반 창업 시 유의사항을 설명할 수 있다.

10 프랜차이즈 창업 시 유의사항을 설명할 수 있다.

### [다음 단계 소개: Chapter 10]

Chapter 10에서는 기업가정신을 이해하기 위하여

1 기업가와 기업가정신에 대해 이해하고,

2 기업가정신에 대한 연구에 대하여 학습할 것이며,

3 성공한 기업가와 실패한 기업가의 특성을 살펴보고,

4 기업가정신 사례에 대하여 학습할 것이다.

Chapter

# 10 기업가정신



## 제1절 기업가와 기업가정신

### 1. 기업가의 개념과 특성

#### 1) 기업가의 개념

바라보는 관점에 따라서 기업가에 대한 정의는 다양하지만 현대적인 개념에서 기업가는 상품, 생산방식, 시장, 기술 등에서 혁신을 촉진시키는 사람으로서 아래와 같이 정리해볼 수 있다.

① 기업을 일으키고 경영하며, 결과에 대해 책임을 지는 사람

② 사업활동에서 발생할 수 있는 모든 사안을 예측·관리하며, 실행하는 능력을 갖춘 사람

③ 선구자적 정신과 모험심으로 무장하여 기업의 혁신활동을 지속적으로 수행함에 따라 변화하는 환경과 고객의 욕구에 부응할 수 있는 아이디어를 창출할 수 있는 사람

④ 창업을 통해 자본을 출자하고 경영활동을 수행하며, 경영활동에 대한 결과에 총체적으로 책임지는 사람

⑤ 창업 후 경영활동에 필요한 자금을 조달하고 생산요소들을 결합하여 기업의 성장을 주도하는 사람

⑥ 사업활동에서 발생할 수 있는 문제점에 대한 신속한 판단으로 수립된 목표에 따라 조직을 구성하며, 조직구성원들을 지원함으로써 기업의 목표를 달성하는 리더십을 갖춘 사람

⑦ 종업원, 고객, 지역사회, 환경 등에 대하여 사회구성원으로써 담당해야 할 책임을 수행하는 사람

⑧ 사회적 가치기준 범위 내에서 이윤추구활동을 함으로써 사회와 더불어 살아가는 사람

## 2) 기업가와 경영자의 차이

| 기업가 | 경영자 |
|---|---|
| 창의적 노선정신을 바탕으로 기업 진반에 리더십을 발휘하여 기업의 모든 위험에 직접적으로 관련된 사람을 의미한다.<br>• 기업에 직접 투자하여 창업이나 혁신을 주도하고 이에 대한 경제적 위험도 직접 감수한다.<br>• 기업의 소유권을 일부 또는 전부 가지고 있다.<br>• 경영자의 역할을 직접 수행하기도 하고 전문경영인에게 맡기기도 한다.<br>• 기업의 궁극적인 목표와 가치를 창조하고, 리더십 발휘를 통해 기업의 체계를 구축하며, 그에 따른 모든 위험을 감수하는 사람이다. | 기업의 소유 여부에 관계없이 직업적으로 임금을 받고 기업경영을 대리하는 사람을 의미한다.<br>• 경영자는 전문경영인일 수도 있고 기업가가 직접 경영자가 될 수도 있다.<br>• 기업의 궁극적인 목표를 달성하기 위해 장기적인 비전을 가지고 기업을 운영·관리하는 사람이라는 점은 기업가와 동일하다. |

## 3) 기업가의 특성과 자질

### (1) 기업가의 특성

기업가는 다른 사람들이 보지 못하는 사업의 기회를 포착해서 돈을 버는 사람으로서 모험적·창의적·경쟁적이면서 위험한 선택과 불확실한 사업의 미래에 대하여 낙관적 전망을 해낼 줄 아는 특성을 가지고 있다.

### (2) 기업가의 자질

기업가의 자질은 선천적 자질과 후천적 자질로 나누어 볼 수 있다.

첫째, 선천적 자질은 모험심, 집념, 통제력, 의지력 등을 말하며, 둘째, 후천적 자질은 경험, 학문, 지식, 성격, 체력, 자격, 신용, 인적 네트워크 등을 말한다.

### 4) 기업가의 사회적 책임과 기업가 윤리

#### (1) 기업가의 사회적 책임

사회적 책임이란 기업(가)이 자사의 이익에 따라 행동할 때 사회구성원인 타인들의 정당한 권익이 침해되지 않도록 하는 의무를 말한다. 이는 기업가가 기업을 경영함에 있어서 기업과 관련을 맺고 있는 이해관계자인 소비자, 종업원, 공급업자, 주주, 정부기관, 금융기관, 지역사회 등이 기업의 행동으로 인해 피해를 입지 않아야 한다.

나아가 그러한 이해관계자들을 전체적인 하나의 사회적 시스템으로 보고 기업과 사회 시스템이 하나가 되어 서로에게 이익이 될 수 있는 방향으로 경영해야 함을 의미한다. 사회적 책임의 내용은 아래와 같다.

① 기업을 유지하고 지속적으로 발전시키는 책임
② 이해관계자 간의 이해 조정에 대한 책임
③ 지역사회에 대한 책임
④ 종업원의 복지 향상에 대한 책임
⑤ 정부 및 지방자치단체에 대한 책임
⑥ 환경에 대한 책임

#### (2) 기업가 윤리

기업이 이윤추구활동을 하는 데도 기준이 있으며, 그 기준은 사회의 가치기준과 연결되어 있어야 하고 사회와 더불어 살아가는 형태가 되어야 한다는 것이다. 기업가 윤리의 영역은 다음과 같다.

① 사회에서 통용되는 윤리적 규범을 기업에 적용한 것
② 기업활동에서 발생하는 각종 의사결정 시 옳고 그름, 선하고 악함을 판별해주는 기준 및 이상적인 행동강령
③ 사회가 일반적으로 기대하고 받아들일 만한 기업행동에 관한 불문율

④ 기업이 부담해야 하는 도덕적 책임에 대한 최소한의 기준 또는 도덕적 역할을 수행하기 위한 책임의 범위
⑤ 기업이 정당하고 공정하며 정의롭게 경영활동을 수행하도록 인도해주는 지침 혹은 준칙

#### (3) 기업가 윤리의 효과

기업을 윤리적으로 경영하면 다음과 같은 효과를 얻을 수 있다.

① 무절제한 이윤추구 행위 규제
② 이해관계자의 압력 방지
③ 인적자원관리에 유리하게 작용
④ 기업의 신뢰성 및 성장성 제고
⑤ 기업발전의 조건으로 작용
⑥ 잠재적 위기관리 효과

## 2. 기업가정신

### 1) 기업가정신의 개념

기업가정신(entrepreneurship, 企業家精神)이란 '기업의 본질인 이윤추구와 사회적 책임의 수행을 위해 기업가로서 마땅히 갖추어야 할 태도와 정신'을 의미하며, 공통적인 요소는 다섯 가지로 나누어 볼 수 있다.

① 비전과 개척자정신으로 창업(start-up)에 나선다는 것
② 창의성과 혁신(innovation)을 들 수 있으며
③ 위험부담과 아울러 '할 수 있다(can do spirit)'는 성취동기가 강하다는 것
④ 우수한 기업으로 성장시키려는 창조와 훌륭한 인재양성(건전한 지도자)에 대한 책임감이 강하다는 것
⑤ 기업활동에 있어서 변혁적 리더십을 보인다는 것이다.

### 2) 기업가정신의 중요성

기업가정신은 환경의 변화에 대한 신속하고도 유연한 적응력과 함께 혁신적 행위를 가능하게 한다는 것이며 또한 새로운 과학적 지식을 제품과 서비스로 시장화・가치화・생산(실물)화를 해냄으로써 과학기술 발달과 산업의 혁명을 시장에 일으키고 사회로 연결하는 효과적인 수단이 되고 있다.

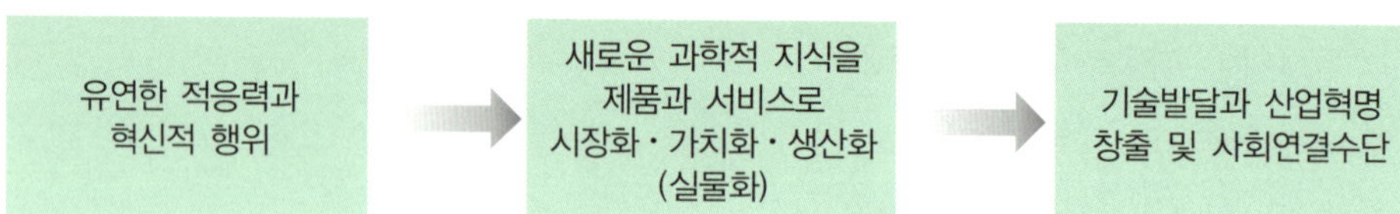


기업가정신이 중요한 이유에는 일자리 창출, 세계 일류상품 창조, 기업과 국가경제 성장 등에 큰 기여를 하기 때문이다. 우리나라의 경우에도 6・25전쟁 이후 피폐한 상황을 딛고 일어서려는 국민적 열망 가운데 삼성의 이병철, 현대의 정주영 같은 기업가정신이 강한 사람들이 나타나 기업을 만들고 산업을 성장시켰다. 이는 혁신에 혁신을 거듭한 결과였다. 그리하여 세계가 인정하는 일류상품, 글로벌 기업으로 가치평가를 받았다. 또 벤처창업 붐이 일면서 한국경제의 체질은 이제 반도체, 자동차, 조선, 정유 등 고부가가치 첨단기술 산업을 보유한 선진국가로 엄청난 변화와 성장을 해냈다.

삼성, 현대와 같은 세계적인 글로벌 기업들도 처음엔 쌀가게로 출발한 이병철, 기름집을 창업한 정주영과 같은 소상공인이었다. 그럼에도 불구하고 소상공인 수준에 머물지 않고 이병철과 정주영은 자신의 기업을 세계적인 규모로 키웠다. 그 원동력이 무엇인가? 그것은 바로 기업가정신에 있었다. 이 점에 착안하여 우리 소상공인이 창업을 함에 있어서 기업가정신을 가져야 할 것이다. 다시 말해 창업을 통해 소상공인도 기업가정신을 발휘한다면 성공한 기업가로 얼마든지 성장할 가능성이 있기 때문이다.

# 제2절 기업가정신에 대한 연구

## 1. 슘페터 이론

### 1) 창조적 파괴

슘페터(Joseph Alois Schumpeter)는 '창조적 파괴'라는 용어를 바탕으로 기업가정신을 정의하였다. 새로운 생산방법과 새로운 상품개발을 기술혁신으로 규정하고 기술혁신을 통해 창조적 파괴에 앞장서는 기업가는 혁신가(innovator)라고 정의하였다.

슘페터는 혁신가가 갖추어야 할 요소를 다음과 같이 6가지로 분류하였다.

① 신제품 개발

② 새로운 생산방법의 도입

③ 신시장 개척

④ 새로운 원료나 부품의 공급

⑤ 새로운 조직의 형성

⑥ 노동생산성 향상

### 2) 정태적 경제와 동태적 경제

슘페터는 경제를 정태적 경제와 동태적 경제로 구분하였다.

정태적 경제는 자본가와 노동자라는 두 계급이 주어진 시장 안에서 서로의 이익을 위해 끊임없이 투쟁하여 서로의 이익을 갉아먹는 '제로섬'의 경제로서 제로섬 게임에서는 발전이 있을 수 없다고 하였다.

반면, 동태적 경제는 경제발전은 경제구성원이 시장을 변화시키는 능동적인 행위로 인한 것이며, 능동적인 행위를 '창조적 파괴'라고 하였으며, 기술혁신에 따른 제품의 변화를 예로 들었다.

## 2. 그리피스 이론

그리피스(David W. Griffith)는 269개사의 중소기업을 대상으로 연구한 결과 경영자의 기업가지향성이 강할수록 고객, 경쟁자, 공급자 등에 관한 지식에 대한 흡수가 진행되며, 흡수된 지식에 따라 시장에 신속하게 대응하게 되어 양호한 기업 실적으로 이어진다고 하였다.

그리피스가 주장한 기업가지향성의 특징은 다음과 같다.

① 혁신적인 전략 권장

② 창조적인 솔루션 중시

③ 문제점보다 기회를 논의

④ 종업원을 평등하게 대우

⑤ 적극적 · 경쟁적 업무 진행

## 3. 그 외 학자들의 이론

### 1) 갈브레이드(J.K. Galbraith)

기업가는 '홀로 서고 홀로 행동하는 투사이며 개인주의적 정신이 강하고 심한 경쟁심에 불타면서 긴장감 있는 생활을 선호하는 사람'이다.

### 2) 프라하티(J.E. Flaherty)

기업가는 '불확실성에 대한 관용, 위험부담, 타인보다 강한 자신, 변화에의 대응능력, 경영상의 주체적인 의사결정을 하는 사람'이다.

### 3) 레이번슈타인(H. Leibenstein)

기업가는 '시장이 필요로 하는 부족한 자원을 충족할 목적으로 상품을 생산하여 시장에 공급할 수 있는 사람'이다.

### 4) 론스테드(L. Ronstadt)

기업가정신이란 '기업가 스스로 사업을 일으키고 이를 자기 인생에서 가장 즐거운 일로 여기는 것'이다.

### 5) 베스퍼(K. Vesper)

기업가는 '다른 사람들이 발견하지 못한 기회를 찾아내는 인간 혹은 사회의 상식이나 권위에 사로잡히지 않고 새로운 사업을 추진할 수 있는 사람'이다.

### 6) 티몬스(J. Timmons)

기업가정신은 '실질적으로 아무 것도 아닌 것으로부터 가치 있는 어떤 것을 이루어내는 인간적이고 창조적인 행동'이다.

# 제3절 기업가정신과 성공적인 창업

## 1. 성공한 기업가의 특성

### 1) 강한 성취욕구와 성장욕구

다른 사람들과 같이 비교되고 평가를 받는 것보다는 스스로가 정한 도전적 목표달성에 주력하고자 한다. 또한 지속적으로 새로운 목표와 기준점을 혁신하고자 한다. 그래서 도전적이고 진취적이며 무엇보다도 열정적으로 노력한다.

### 2) 계산된 위험의 감수와 공유

신사업에 대한 도전을 망설이지 않는다. 경영에 적극적이다. 위험을 알고 사전에 계산을 한다. 신중하되 결정은 빨리 내린다. 중요한 것은 위험을 공유할 줄 알고 나아가 분산으로 최소화시킨다는 것이다.

### 3) 높은 사업몰입도

신사업의 성공을 위하여 자신의 역량(시간적·물질적 자원 등)을 투입하고 최선을 다한다.

### 4) 주도적이고 강한 책임감

주도적으로 문제를 탐색한다. 그러면서 적극적으로 해결방안을 찾아낸다. 또 비즈니스 결과에 따라 책임을 질 줄 안다.

### 5) 신속한 결단과 인내

기회를 포착하는 것에도 빠르고 능동적이다. 일이 앞으로 불투명·불가능하다고 여겨지면 단념하고 포기하는 속도가 빠르다. 요컨대 신속한 의사결정 능력과 사업의 실행력이 독보적이다. 사업의 장애요인을 극복하고 걸림돌이 되는 문제에 대한 해결에 포기함이 없이 인내할 줄 안다. 신속한 결단의 뒤에는 사업의 결과가 장기적으로 흐를 경우에 대처할 수 있는 인내심이 자리하고 있는 셈이다.

### 6) 정직과 신용

사업을 단기적으로 보지 않고 중·장기적인 관점에서 대한다. 정직과 신용을 바탕으로 인간관계와 비즈니스를 균형적으로 유지하고 적극적으로 활동한다.

### 7) 낙관적인 자세와 유머감각

자신의 장·단점 등에 대한 냉철한 판단을 중시하는 등 매우 현실적이나 매사를 긍정적으로 보며, 어려운 여건에서도 유머를 잃지 않는 정신적인 여유를 가지고자 항상 노력한다.

### 8) 창의성과 혁신, 자유실천의지

항상 새로운 일을 추구한다. 또한 지속적으로 변화를 이루고자 몰입한다. 자기 사업을 함부로 행운에만 기대려고 방관하지 않는다. 일상적이고 사소한 일에 대해서도 엄격하게 자기통제를 할 줄 안다.

### 9) 게임메이커

사업에 독불장군이 성공하는 법은 없다. 그래서 혼자서 일하는 것을 즐기기보다는 열정적인 드림팀을 구축하여 함께 일을 추진하는 것을 즐긴다. 자신이 게임메이커(Game maker) 역할을 하되, 절대로 혼자 영웅으로 남지 않으려고 한다. 사업의 길을 함께 걷는 사람들(조직원)을 기꺼이 영웅으로 만들어내기 때문이다(총각네 야채가게). 성과의 분배가 아니라 성과 그 자체를 키우고자 주력하고 집중할 줄 안다.

### 10) 피드백의 활용과 실패에 대한 적절한 관리

피드백을 효과적으로 활용함으로써 오류를 신속히 파악하고 재빨리 수정하며, 실패에 대하여 실망하지도 두려워하지도 않는다. 실패를 통하여 배우려는 자세가 강하다. 어떠한 비관적인 상황에서도 희망을 발견하려고 한다. 이뿐만이 아니다. '위기'를 '기회'로 바꾸는 지혜를 가지고 있다.

## 2. 글로벌 기업의 리더가 보여주는 특성

### 1) 알 리에스(Al Ries)

브랜드 전문가인 알 리에스(Al Ries)는 '소기업이 스타기업을 추구해야 하는 이유'라는 글에서 세계적인 기업의 CEO의 매우 독특한 특징을 소개한 바 있다. 기업가정신이 필요한 소상공인에게 좋은 참고가 될 것이다.

### 2) 무사태평한 빌 게이츠

빌 게이츠는 1975년 PC 관련 프로그램을 할 때 확실한 건 없었으나 PC가 곧 세상을 바꿀 거라고 믿고 소프트웨어 개발에 매진한 바 있다.

### 3) 거창한 포부만으로 기숙사에 회사를 차린 '델(Dell)'

델은 대학을 졸업한 1984년에 기숙사에서 회사를 차리면서 경쟁상대로 IBM을 지목했다. 이후 Dell(회사명)은 세계 최대 컴퓨터 회사로 성장했다. 반면에 IBM은 PC사업을 중국에 매각했다.

### 4) 잘할 수 있는 분야에 집중한 파파존스의 '존 스내터'

대학 문턱도 안 밟은 존 스내터는 술집 한 모퉁이에서 샌드위치, 감자튀김, 피자를 파는 패스트푸드 사업을 시작했으나 곧 피자 하나로 메뉴를 줄였다. 선택과 집중을 했다. 이것이 2005년 9.7억 달러의 피자체인점으로 성장한 배경이 되었다(파파존스피자). 존 스내터처럼 실속이 없는 여러 메뉴를 선택하는 것보다 창업자가 가장 잘할 수 있는 메뉴, 즉 피자 하나에만 집중하는 것이 성공한 기업가로 걷는 길이 된다.

## 3. 실패한 기업가의 특성

### 1) 완벽주의

완벽한 일처리를 지나치게 강조하다 보니 그만큼 소요되는 비용, 시장의 여건, 타이밍을 고려하지 못한 어리석은 의사결정을 내리기가 쉽다.

### 2) 독불장군

타인으로부터의 조언과 간섭을 기피하는 성향으로 잘못된 의사결정이나 행동을 쉽게 한다. 상품개발을 하더라도 혼자서만 처리한다. 이래서는 성공할 수 없다. 상품개발이 성공하려면, 예컨대 주변 사람들(대학·연구소·소비자)의 도움이 있어야 한다. 상품개발은 독불장군이 아니라 공동참여가 빨라지고 완벽해지기 때문이다.

### 3) 과거집착

과거에 있었던 작은 성공에만 집착을 한다. 그뿐만 아니라 집착으로 인해 자신에게는 실패가 일어나지 않는다는 망상을 한다. 따라서 경영이 독단과 편견에 빠지며, 방만한 경영이 된다. 또 경솔하게 투자, 사업아이템을 결정하는 실수를 범한다. 이렇게 된 공통의 이유에는 '과거집착'을 빼놓을 수 없다.

사업은 미래를 보는 냉정한 시선을 가져야 한다. 그럼에도 불구하고 하나만 갖고 있는 멋진 선글라스(과거 성공경험)에 기대어서 시장을 보니 제대로 시장을 볼 수 있겠는가?

### 4) 천하무적

언제나 우월주의에 빠져서 소모적인 경쟁이나 자만에 빠져 이윤폭, 기술성, 우수성에 대하여 절대적으로 맹신하다가 자신의 문제점을 놓친다. 제대로 파악하지 못한다.

### 5) 즉흥주의

매사를 의사결정 당시의 상황과 기분으로 결정하며, 어떤 행위나 결정에 대하여 궁극적인 의미를 찾아 깊이 파고들지 못한다. 순발력은 있지만 꼭 사업에 필요한 지구력이 없다. 따라서 결과는 끝을 보기 어렵다. 즉흥으로 흘러 합리적이고 우수한 사업의 대안을 찾아내지 못하게 되는 것이다.

### 6) 관계무시, 관계의존

주위로부터 도움이나 협조를 받지 않고 모든 것을 혼자 결정하고 처리하거나 모든 일을 혈연·지연·학연·인맥 등의 관계 중심에서 맴돌아 일을 해결하려고 든다.

### 7) 책임회피

잘되면 운이 좋은 것이고 되지 않으면 운이 나쁜 것으로 생각한다. 열정이 없다. 핑계에 능하고 책임회피를 잘한다.

### 8) 자만주의

타인의 조언을 듣지 않는다. 그리고 문제에 대한 해답을 자신이 모두 안다고 착각하고 있다. 이러한 자세로 일관하니 사람을 대할 때 무시하게 되는 것이다. 만일 사람과 사이에서 상대방에게 겸손하고 상대방의 이야기에 경청을 한다면 주변에서 많은 조언과 도움을 얻게 될 것이다. 이러한 좋은 기회가 있음에도 불구하고 자만에 빠진다면 모든 기회를 놓치게 되는 것이다.

### 9) 비용주의

고객을 생각하지 않고 비용 중심으로 가격을 책정하는 자세를 가진다. 그러나 현실의 가격결정권자는 고객이라는 점을 명심해야 한다.

### 10) 지원의존주의

지원에만 의존하려는 자세를 가져 주도적이지 못해 새로운 길을 찾지 못한다.

# 제4절 기업가정신 사례

## 1. 우리나라 창업 1세대의 기업가정신

### 1) 유일힌(유한양행)

① GE 동양인 최초의 회계사, 퇴직 후 동양인을 위한 숙주나물 사업 성공

② 애국심으로 무장한 기업가정신(제약사업)

### 2) 정주영(현대)

① 명확한 비전제시와 개척정신, 변혁적 리더십

② 번뜩이는 아이디를 가진 기업가

### 3) 이병철(삼성)

① 변화에 능동적으로 대처하는 혁신

② 비전과 개척정신이 뛰어난 기업가

### 4) 구인회(LG)

① 인화와 화합정신

② 개척정신 중심의 기업가정신

### 5) 김재철(동원)

① 열정과 도전정신
② 예견의 기업가정신

## 2. 1990년대 벤처 붐 시대의 기업가정신

### 1) 성공한 벤처기업의 특징

지식정보화 산업 부상과 함께 벤처기업이 등장하고 성공한 벤처기업이 등장하게 되었다. 성공한 벤처기업은 다음과 같은 특징을 보여주고 있다.

| 창업자 특성 | 산업 | 전략 | 조직 특성 |
|---|---|---|---|
| • 고학력자<br>• 전문기술 보유<br>• 명확한 성취욕구 및 위험 감수<br>• 전직 또는 대학원에서 프로젝트 경험 보유 | • 성장산업<br>• 기술경쟁이 심하고 변화가 빠름<br>• 국내 미성숙 단계의 시장 | • 초기 틈새시장 집중<br>• 지원제도 활용<br>• 차별화 정책<br>• 높은 R&D 투자<br>• 거점 확보 후 사업영역 확장<br>• A/S 등 고객밀착 | • 경영이념 강조, 공동체 기업문화<br>• 정보공유, 원활한 의사소통<br>• 높은 업무재량권<br>• 이익공유, 스톡옵션, 좋은 보상 |

### 2) 벤처기업 창업자의 특성

| 특성 | 태도나 행위 |
|---|---|
| 몰입과 신념 | 단호함, 민첩한 행동, 문제해결에 대한 집요함, 개인적 희생을 기꺼이 감수하려는 의욕, 총체적 몰입, 극기 |
| 리더십 | 능동적 업무추진, 타인에 대한 조언과 격려, 함께 일을 수행한 사람들과 공평한 부의 분배, 신뢰감을 주고 공평한 일 처리 |
| 기회 추구 | 고객의 필요에 부응하려는 시장 중심적 가치창조와 향상에 전력 투구 |
| 위험과 불확실성에 대한 수용도 | 계산된 위험추구자, 스트레스와 갈등 그리고 불확실성에 대한 적응력이 강함 |

## 3. 미국의 기업가정신

### 1) 미국 기업가정신의 환경

① 창업에 필요한 기간: 세계 평균 43일, 미국 평균 6일

② 사업권(business license) 획득 기간: 세계 평균에 비해 매우 짧음.

③ 파산 절차: 간단

④ 기술창업 활성화: 철저한 지식재산권 보호

⑤ 노동시장: 유연(생산성 향상과 고용기회 증가). 종업원의 고용에 급여 외의 소요비용이 적으며 잉여인력을 해고하는 것도 용이함.

⑥ 외국인 투자: 국내 자본과 동일함.

⑦ 금융시장: 외국에 개방

⑧ 국민의 창업활동: 일관되게 높음.

⑨ 창업활동 약화 요인: 중소기업은 대기업에 비해 더 많은 규제비용 지출, 새로운 파산보호법으로 인해 파산절차가 까다로워지고 보호조항도 줄었으며 파산신청자의 의무와 책임조항이 늘어나 새로운 출발을 어렵게 함.

### 2) 미국의 기업가정신 육성정책

① 연방정부, 주정부, 지방정부 등에서 광범위하게 추진

② 규제정책부터 경제개발정책까지 다양, 기업가정신 육성은 중소기업 정책과 구분

③ 연방정부 차원에서는 직접적인 개입과 지원을 최소화하고 주로 규제부문의 정책수단 등을 통해서 장기적으로 기업가정신을 육성

④ 1890년의 반독점법은 대기업의 행위를 제한, 원활한 창업 기회 제공

⑤ 범정부 차원의 중소기업 혁신 연구개발 프로그램과 상무부의 선진기술 프로그램을 통하여 중소기업에 연구개발비 지원

⑥ 중소기업청은 중소기업 투자회사를 통해 중소기업의 자금조달 지원

⑦ 주정부와 시정부 차원에서는 1980년대부터 기회형 창업 등의 활성화를 위한 다양한 지원 프로그램 운영

⑧ 일부 주에서는 저소득층의 빈곤탈출을 돕기 위한 생계형 창업 촉진

## 4. 사회적 기업가정신

### 1) 사회적 기업가정신의 중요성

사회적 기업가정신은 시장의 실패를 정부가 개입함으로써 해결하는 것이 일반적인 모습이라면, 사회적 기업은 민간이 시장실패 치유 역할의 일부를 담당하는 방식을 말한다.

사회적 기업가들이 활동하게 되는 배경은 전 세계적으로 빈곤·교육·질병·환경문제 등이 증가하고 있지만 사회의 양극화가 확대되면서 소외되는 계층이 늘어남에도 불구하고 사회복지 지출의 증가가 이를 해결하기에는 역부족이며, 그나마 복지정책도 재정적자의 누적으로 인해 불가능한 상황에 처하게 되어 사회적 기업가정신이 더욱 필요하게 되었다.

### 2) 사회적 기업가정신의 정의

사회적 기업가정신은 다양하게 전개되고 있는 국내·외 이슈들을 비즈니스 원리를 이용해 지속가능하게 해결해가는 태도와 접근과정을 말한다. 그 대상이 고객의 니즈 등 사회의 경제적 수요를 넘어 인간이 느끼는 결핍과 사회의 문제까지를 포함한다는 점이 기업가정신과의 차이이다.

**사회적 기업가에 대한 아더 부룩스(Arthur C. Brooks)의 견해**

- 개인적 가치를 넘어 사회적 가치를 창조·유지하는 임무를 수행하는 사람
- 사회적 가치를 위한 기회를 인식하고 끈질기게 이를 추구하는 사람
- 지속적인 혁신과 학습에 참여하는 사람
- 현재의 제한된 자원 또는 여건을 넘어서 행동하는 사람
- 높은 책임감을 가진 사람

### 3) 사회적 기업가정신의 사례

① 인권문제 해결을 위한 사회적 기업(Labor Voices): 다국적기업의 각 공급업체에서 발생하는 성추행, 아동노동 등과 같은 세부적인 이슈들을 파악하여 해결할 수 있도록 한 비즈니스 모델

② 버려진 폐기물에 의미를 부여하는 업사이클링(upcycling) 기업: 폐기물에 새로운 가치부여/이윤창출을 동시에 실현하는 비즈니스 모델

③ 동일본 대지진 지역재건 의미의 팔찌: 일본 대지진으로 황폐화된 어촌에 버려진 그물을 팔찌로 변신시켜 지역 재건을 유도하는 비즈니스 모델

④ 안경 기부 사업 모델(Warby Parker): 안경을 구매하면 그에 따른 또 다른 안경이 기부되는 비즈니스 모델

## 제5절 기업가정신 제고를 위한 토의

사례자료를 읽고 나를 백만장자로 만들어 줄 아이템을 찾아보자.

### 1. 스티브 잡스의 사례 토의

애플사의 스티브 잡스의 사례이다.

"만약 오늘이 내 삶의 마지막 날이라면 나는 내가 하려던 일을 계속하고 싶어 할까?"

윗글은 잡스가 매일 아침마다 자신에게 물었던 말이다. 잡스는 항상 '그렇다'라고 대답했고, 수많은 혁신을 가져왔다. 기업가는 새로운 기술, 경영조직, 원료, 상품의 개발, 경영기법 도입, 시장개척 등 항상 새로운 경영활동을 성장시키기 위해 노력한다.

기업가는 항상 위험을 감수하고 불확실한 미래에서 도전하기 때문애 성공하면 많은 이득을 보지만 실패할 경우 큰 손실을 입기도 한다. 또한 사회의 흐름과 소비자의 욕구를 읽어 상품에 반영해야 한다.

(토의할 사항) 우리가 실천할 수 있는 '창조적 파괴'에는 어떤 것이 있을까?

## 2. 기업가정신 관련한 주제 토의

다음은 기사는 "대기업 정도의 역량을 갖추려면 기업가정신에 기반을 둔 중소·벤처기업이 많아져야"라는 주제의 기사이다(양동우 호서대학교벤처전문대학원 교수). 다음을 읽고 같이 토의해보자.

우리의 중소·벤처기업군의 현황은 어떠한가? 종합적으로 보면 대기업과 중소·벤처기업을 비교했을 때 종사자수 단위당 산출물(매출액, 부가가치, 수출액 등)이 대기업에 비해 상당히 떨어지고 있을 뿐만 아니라 창업 대비 폐업률이 매우 높다.

이렇게 된 이유는 중소·벤처기업군 재직자의 낮은 인적역량, 낮은 수준의 기술, 상당수의 대기업 납품형 하청기업, 준비되지 않은 창업(막장-생계형 창업, 은퇴 창업 등)에 의한 중소·벤처기업들이 많기 때문인 것으로 알려져 있다. 따라서 중소·벤처기업군이 대기업과의 비슷한 수준의 역량을 지니기 위해서는 기업가정신에 기반을 둔 중소·벤처기업이 많아져야 한다.

우리나라에서는 이제 더 이상 대기업만으로는 경제성장을 지속하기 어렵다. 기업규모가 작을 뿐 자기만의 고유한 기술역량으로 창업한 중소·벤처기업들이 많아져야 차세대 경제성장을 이룰 수 있을 것으로 보인다.

또한 과거에 비해 대기업의 일자리 창출 규모가 작을 수밖에 없고 그 규모도 갈수록 감소할 것으로 보인다. 높은 기술혁신(사람을 적게 씀), 생산기지의 해외이전, 높은 정보화 수준으로 인해 과거에 비해 많은 인원이 필요 없기 때문이다.

반면 고졸자는 매년 약 100만 명, 대졸자는 약 55만 명이 배출되고 있다. 특히 대졸자들은 대학 재학기간 4년의 기회비용과 시간을 고려해 창업보다는 대기업 직원, 공무원, 교사 등 안정적 취업만을 목표로 하고 있다. 이 때문에 현재 중소·벤처기업군에서는 인력공급과 수요 간 미스매치가 발생하여 구인난과 구직난이 동시에 존재하는 아이러니에 빠져 있는 상황이다.

이러한 아이러니를 극복하기 위해서는 청년 기업가정신의 발현을 통한 창업 및 중소·벤처기업군 활성화가 절실하다. 즉, 청년 기업가정신이 활성화되어 많은 중소·벤처창업이 이루어져 부가가치 및 일자리 창출이 일어나야 한다.

우리나라 청년들이 실리콘밸리에서처럼 취업과 창업에 대해 균등하게 생각하고 각자 개인적 성향에 의해 선택할 수 있는 기업가정신 마인드를 가질 수 있도록 고등학교, 대학교의 교육 커리큘럼의 변화가 있어야 할 것이다(연구년 동안 실리콘밸리를 만든 스탠퍼드대(大)에서 느낀 것은 미국의 창업기업 내지 중소·벤처기업은 대기업에 비해 규모만 작을 뿐 기업가정신이나 기술역량은 대기업보다 오히려 우위에 있는 경우가 많다는 점이다. 또한 구글·애플·페이스북처럼 창업·중소·벤처기업·대기업 순으로 성장하는 성장사다리가 활성화되어 있는데 이는 기업가정신의 활성화에서 비롯되었다는 점이다).

이와 같이 함으로써 직면한 문제들을 극복하고 선진국으로 나아갈 수 있을 것이다.

(토의할 사항) 위의 기사를 읽고 기업가정신 제고방안에 대해 토론해보자.

## Review Point

### [학습목표 확인]

1 기업가와 기업가정신에 대해 설명할 수 있다.

2 기업가의 사회적 책임과 기업가 윤리에 대해 설명할 수 있다.

3 사회적 기업가의 정의와 중요성을 설명할 수 있다.

4 성공적인 창업을 위해 갖춰야 할 기업가정신은 어떠한 것이 있는지 설명할 수 있다.

5 기업가정신의 사례를 설명하고 사례를 통해 얻은 시사점은 무엇인지 설명할 수 있다.

6 기업가정신 사례토의를 통해 기업가정신을 제고할 수 있는 방안은 무엇인지 설명할 수 있다.

### [다음 단계 소개: Chapter 11]

Chapter 11에서는 사업아이템 선정과 사업타당성분석을 하기 위하여

1 창업을 위한 최종 선정된 아이템을 발굴하는 방법과 사업타당성분석 방법을 학습하고,

2 선정된 후보 아이템에 대하여 사업타당성을 분석실습을 수행하며,

3 창업자의 사업수행능력을 진단방법과 사업타당성 평가요소를 학습하고,

4 사업타당성분석에 대해 실습을 통해 구체적인 분석방법을 학습할 것이다.

Chapter 11

# 사업아이템 선정과 사업타당성분석



## 제1절 사업아이템 발굴

### 1. 창업을 위한 업종 선택 원칙

#### 1) 경쟁업체보다 유리한 업종 선택

창업 시작부터 경쟁업체보다 무엇이든지 우위에 있어야 시장경쟁에서 주도권을 잡을 수 있다. 동종산업 내에서도 고객들의 니즈에 부응하고, 고객에게 좀 더 다가갈 수 있는 업종이 있는지를 우선 생각해볼 필요가 있다.

#### 2) 자신의 적성에 맞는 업종 선택

수익성이 높다고 해서 창업을 시도하는 것은 금물이며 가급적 일정기간 이상을 직접 체험하면서 자신의 적성 여부를 점검하고 이를 통해 업종을 선택하는 것이 바람직하다. 적성이 맞는지 안 맞는지 알아보는 가장 좋은 방법은 관심 있는 업종의 구체적인 정보와 사업 애로사항을 파악한 후 자신의 적성과 부합되는가를 스스로 사전 체크하는 것이다.

### 3) 성장성이 있는 업종 선택

1~2년 반짝 히트를 치고 사라지는 유행업종보다는 최소 5년 이상 지속적으로 성장할 수 있는 유망업종을 선택해야 한다. 성장성 있는 업종을 선택하기 위해서는 관심 업종 관련 경험자 또는 전문가들로부터 정보를 수집하여 판단하는 것이 바람직하다.

### 4) 자신의 사업조건에 맞는 업종 선택

자신의 자본규모에 맞춰 업종을 선택할 때는 창업 준비자금뿐만 아니라 창업초기 운영자금을 고려해야 한다. 또한 건강상 문제가 있는 사람이나 육아 등 부담을 안고 있는 사람은 업종 선택 시 신중히 생각해 판단해야 한다.

## 2. 아이디어의 유형

### 1) 새로운 시장에서의 아이디어 발굴

기존시장에서는 존재하지 않는 제품과 서비스를 제공하는 데서 아이디어를 창출할 수 있다.

### 2) 새로운 기술을 활용한 아이디어 발굴

새로운 기술로 새로운 제품과 서비스를 제공하는 사업아이디어를 발굴할 수 있다.

### 3) 새로운 혜택을 제공하는 아이디어 발굴

기존제품과 개선된 방식과 차별화된 서비스와 기능을 제공하는 사업아이디어를 발굴할 수 있다.

## 3. 창업업종과 창업아이템 탐색

### 1) 창업업종의 탐색

창업업종을 선택하기 위해서는 다음과 같이 세 가지로 접근할 수 있다.

첫째, 창업정보를 탐색하여야 한다. 현존하는 업종의 출생지를 보면 70% 정도가 도입 업종이고, 우리나라 전통 업종의 비중은 약 30% 정도로 분석되며, 앞으로도 이러한 추세는 크게 다르지 않을 것으로 보인다.

둘째, 비즈니스 모델의 가치판단 비즈니스 모델(business model)은 사업경영을 위해 필수적인 구성요소들로 상호 관계를 모델화시켜 놓은 것이다. 창업정보 탐색을 통해 얻어진 비즈니스 모델의 가치를 판단해서 선정 여부를 결정해야 한다.

셋째, 창업업종의 종류를 선정하여야 한다. 일반적으로 소상공인들이 창업가능한 업종은 크게 6가지로 구분한다.

**▌창업가능업종▐**

| | |
|---|---|
| 제조업 | 제1차 산업에서 생산된 원료를 가공하는 제2차적 생산을 수행하는 산업(영국의 경제학자 C.G. Clark) |
| 무역업 | 무역업은 수출업과 수입업으로 나눌 수 있으며, 외국 거주자를 상대로 상품 매매를 통하여 이익을 얻는 상거래 방식 |
| 유통·소매업 | 생산자와 최종 소비자의 중간에서 상품의 이동이 원활하도록 중간 역할을 해주는 업종이며, 소매업은 유통업체에서 사입한 상품을 변형 없이 최종소비자에게 재판매하는 산업활동인데, 상호 연결모형이므로 업종을 동일시하고 있음. |
| 서비스업 | 무형재의 생산과 판매를 영위하여 수익을 얻는 비즈니스 모델로 근육노동을 통한 모델부터 지식 기반 모델까지 다양하고 광범위함. |
| 음식업 | 접객시설을 갖추고 구내에서 직접 소비하도록 음식·음료 등을 조제하여 손님에게 판매하거나, 구입한 조제 음식료품을 판매하는 식품접객 업소로서의 영업활동(한국민족문화대백과, 한국학중앙연구원)으로 요식업과 동일하게 정의하고 있음. |
| IT·지식 기반 업종 | 하드웨어산업, 소프트웨어산업, 통신서비스산업, IT 융합산업을 말하며, IT 하드웨어산업, 소프트웨어산업(소프트웨어 패키지, 정보서비스, IT 서비스), IT 융합 산업(문화 IT, 로봇, 금융 IT, 자동차 IT, 항공우주 IT, 의료 IT, 국방 IT 등) |

## 2) 창업아이템의 탐색

창업아이템을 탐색하는 방법은 제품탐색법과 욕구탐색법이 있다.

첫째, 제품탐색법은 기존제품 탐색방법과 신제품 탐색방법 두 가지로 구분해볼 수 있다. 기존제품 탐색방법은 기존제품을 탐색하여 기존에 시장에 출시된 기존제품과 동일한 제품을 출시하거나 변경된 제품을 신규시장에 적용하기 위한 제품을 탐색하는 것이다. 신제품 탐색방법은 기존에 없는 신제품을 개발하여 기존시장이나 신시장에 적용하는 방법이다.

둘째, 욕구탐색법은 외부의 환경요소와 창업자 개인의 아이템에 대한 욕구가 결합되어 아이템을 선정하는 방법이다.

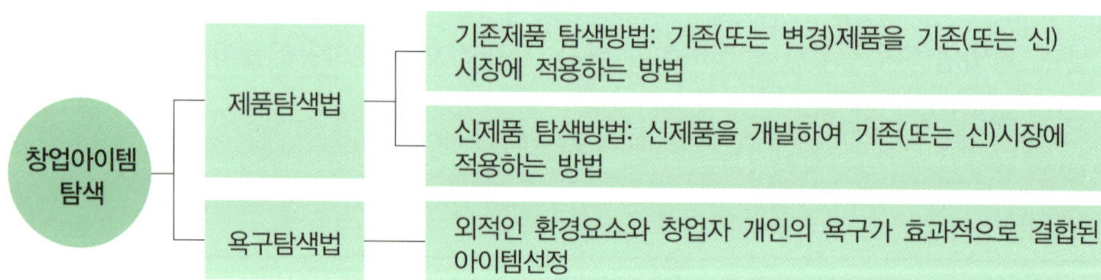


## 3) 창업아이템 입수경로

창업아이템 입수경로는 인적 네트워크 및 면담, 인터넷 및 미디어, 창업박람회 및 세미나의 세 가지로 나누어 볼 수 있다.

| 입수경로 | 입수방법 |
|---|---|
| 인적 네트워크 및 면담 | • 동창, 친구, 선후배, 전 근무지 인맥을 통한 정보습득<br>• 산업연구원, 창업컨설턴트 등 전문가를 통한 정보습득<br>• 창업 경험자 및 실제 소비자 면담을 통한 정보습득 |
| 인터넷 및 미디어 | • 인터넷 카페, 블로그 등 소셜미디어를 통한 정보습득<br>• 창업정보사이트, 정책정보사이트 등을 통한 정보습득<br>• 신문, TV, 잡지 등 미디어를 통한 정보습득 |
| 창업박람회 및 세미나 | • 창업박람회, 전시회, 관련 이벤트 행사 등을 통한 정보습득<br>• 창업 관련 세미나를 통한 정보습득<br>• 창업 전문기관 및 지원기관을 통한 정보습득 |

### 4) 유망아이템의 기본조건

① 시대의 흐름에 적합해야 한다.
② 성장성과 장래성이 있어야 한다.
③ 대기업이 참여하기 곤란한 새로운 분야의 사업이어야 한다.
④ 유동성이 크고 경쟁이 심하지 않아야 한다.
⑤ 안정적인 매출과 이익이 가능해야 한다.
⑥ 자금회전율이 높아야 한다.

## 4. 업종 선정 시 고려할 사항

이 과정은 탐색 과정에서 수집된 수많은 아이템 가운데 더 자세하게 검토할 만한 아이템을 선정하는 과정이다. 이 같은 과정에서 점검할 내용은 자신이 처해 있는 상황, 사업의 특징, 재정적 부담, 경쟁관계, 기타 환경요인 등이다. 업종 선정을 위한 기준은 다음의 사항을 고려하여야 한다.

### 1) 헤드 스타트 요소(head start factors)

헤드 스타트 요소란 사업아이템이 창업기회와 연결된 상황이 어떠한 특징을 나타내고 있는지를 말한다. 많은 창업자들이 선택한 아이템의 유망 여부를 주관적 판단에 의해 결정하는 경우가 많아서 10년 생존율이 13.1%에 불과할 정도로 실패확률이 높다(KDI 보고서, 2006). 따라서 선택한 아이템으로 창업하려는 동기가 어떠한 과정과 상황에서 발생하였는가를 검토하는 것은 매우 중요하다.

### 2) 외견 사업성(apparent feasibility)

외견 사업성은 현재 가지고 있는 아이템이 사업성을 가지고 있는가를 외관적으로 가늠해보는 과정을 말한다.

**세 가지 근본적인 질문**

1. 사람들이 이 아이템으로 만든 상품 혹은 서비스를 원하는가?
2. 이 상품을 만들었을 때 과연 사람들이 이것을 구매해 줄 것인가?
3. 이 상품을 사람들이 사려고 하는 가격으로 팔았을 때 과연 이익을 낼 수 있을 것인가?

중요한 세 가지 근본적인 질문에 긍정적인 대답을 할 수 없다면 이 아이템에 대해 신중한 재검토가 필요하다.

### 3) 창업에 따르는 희생(price of the venture)

'이 사업을 하게 되면 어떠한 고생을 앞으로 하게 될 것이며, 어떠한 위험을 맞을 각오를 해야 하는', 즉 나타날 수 있는 위험을 점검하고 이에 대한 대응책을 마련한다.

### 4) 창업에서 얻는 대가(venture payoffs)

'이 사업을 하면 나에게 무엇이 유익하며, 얼마나 좋은 일이 생기는', 즉 창업이 가져다줄 것으로 기대되는 최대의 성취감을 가늠해보는 것이 중요하다. 그 대가는 금전적 욕구충족 보상 기준을 정할 수도 있고, 적정기술을 활용한 사회공헌적 가치충족에 둘 수도 있다.

### 5) 성장가능성의 분석

이 아이템으로 창업했을 때 향후 전개될 시장은 어떤 변화를 겪게 될 것이며, 그 길이 인류가치에 순방향으로 가는 길인지에 대한 분석이 필요하다. 또 동 업종에서 경쟁우위를 확보할 수 있는 핵심역량이 있는지도 점검할 필요가 있다.

## 5. 업종별 창업 트렌드 및 고려사항

### 1) 외식업 창업 트렌드 및 고려사항

웰빙 트렌드가 여전히 지속되고 있으며, 웰빙은 음식점에 있어서 조금 비싸더라도 몸에 좋은 음식을 선호하는 추세다. 그래서 움츠러든 불경기에도 조금 비싸더라도 몸에 좋은 웰빙 음식점이 강세다. 과거에는 아플 때나 먹던 죽이 현재는 건강을 생각해서 먹는 건강 죽으로 인기가 있고, 보리밥, 두부요리, 녹차숙성고기 등 웰빙식이 장사가 잘된다. 또한 푹 삭혀 유산균이 풍부한 묵은 김치를 활용한 요리도 장사가 잘된다. '라이브'의 바람이 불고 있다.

웰빙을 넘어 자연을 추구하는 경향이 있다. 이런 경향으로 인해 신선함을 간직하고 본래의 재료의 맛을 잘 살려주는 즉석조리 음식이 강세다. 수제 제과점, 수제 스파게티, 즉석볶음면, 즉석철판볶음밥, 샤브샤브 등이다. 어쩌면 기존 패스트푸드의 반작용까지 겹친 것이다. 백화점의 푸드 코트에 가면 즉석에서 야채와 면과 고기를 선택하여 대형 그릴 불판에다 즉석조리하는 코너의 요리가 장사진을 치고 있는 사례에서도 드러난다.

외식업은 특히 경쟁력이 중요하다. 과거 호경기 시절에는 어떤 음식점이 장사가 잘된다는 예측이나 트렌드가 중요했다. 최근에는 이런 트렌드에 덜 민감한 추세이다. 이는 그만큼 음식점 전체가 침체기에 있다 보니 성업 중이고 똘똘한 업종이 많지 않다는 반증이다. 아울러 이 불경기에는 아이템, 업종의 문제라기보다는 그 점포의 경쟁력이 더 중요하다. 즉, 얼마나 고객이 좋아하는 맛인지, 가격은 적절한지, 변화하는 고객에 맞춘 마케팅이나 홍보활동을 하는지 등 점포 개개인 역량이 더 중요하다는 것이다. 즉, 많은 메뉴를 하는 것도 중요하지만 더 중요한 것은 이 많은 메뉴를 어떻게 더 경쟁력 있게 하느냐에 따라서 되고 안 되고의 판가름이 나게 된다.

그래서 이제는 성업 중인 메뉴를 적용하더라도 맛도 전문기관으로부터 배우고, 컨설팅을 통해 내 음식점의 경쟁력도 높이는 노력을 해야 한다. 아니면 노하우 있는 체인점을 통해서라도 경쟁력을 확보하는 것이 중요하다.

### 2) 판매업 창업 트렌드 및 고려사항

판매업의 성공의 열쇠는 입지 선정, 아이템 선정, 디스플레이, 적절한 자금운용에 있다. 창업을 준비하다보면 입지 선정과 아이템 선정이 가장 큰 비중을 차지하는데, 주변을 둘러보아도 내가 하려는 아이템은 주변에 많이 있다는 데에 주눅이 드는 경향이 있다.

주변에 업종이 많다는 이야기는 그만큼 그 지역의 소비 특성과 어느 정도 고객이 있다고 해석하면 된다. 따라서 경쟁점포를 잘 분석·이해하고 경쟁점포를 이길 수 있는 전략을 세워 사업을 시작하면 되는 것이다.

판매업의 종류는 대부분 의류 관련업, 식품 관련업, 신변잡화, 실내용품, 가정잡화, 문화용품, 귀금속잡화, 레저용품 등의 업종이다. 그러나 최근 이러한 업종도 전문화되어 가고 있으며 명칭 또한 바뀌고 있다.

창업을 위해서는 자신의 성격이나 적성에 알맞는 업종선정과 창업 예정지역의 시장조사를 통해 수요와 경쟁점포의 수를 파악하고 수요가 우수한 업종을 선정해 창업을 시도하는 것이 좋다.

점포의 성공은 상품의 가격, 품질, 다양성과 적절한 조화는 물론 점포의 위치와 최상의 서비스, 진열 그리고 쾌적한 점포디자인에 달려있다. 따라서 소비자의 동향을 파악하는 것이 무엇보다 중요하다. 그리고 이렇게 구조적으로 경쟁력 있는 점포를 구성하고 판매능력을 발휘해 많은 고객이 방문하게 된다면 성공적인 창업이 되겠지만, 여기서 그칠 것이 아니라 판매에 따른 경영분석을 통해 새로운 서비스와 상품을 구성하도록 끊임없는 노력을 해야 하는 것이 성공의 지름길이다.

판매업 아이템 선정 시 고려할 사항과 관련하여 업종선정에 관한 문제는 도·소매업을 창업할 때만 적용되는 문제가 아닌 모든 산업에 공통적인 것으로 성패가 달려있다고 해도 과언이 아닐 정도로 창업에 있어서 커다란 비중을 차지한다. 따라서 신중한 자세로 여러 가지 정보와 자료를 분석하여 실제 상황, 즉 국내외 시장조사 과정을 거쳐서 결정하여야 한다. 특히 업종선정이 잘못될 경우 상품의 재고로 직결되어 많은 손해가 예상되는 만큼 업종선정에는 필수적으로 고려해야할 사항들이 많다.

**판매업종 아이템 선정 시 고려사항**

- 지역 내 잠재고객이 있는가?
- 동업 경쟁점포가 있다면 위치와 강·약점은 무엇인가?
- 개점하려는 상점은 지역의 욕구를 만족시킬 수 있는가?
- 교통, 주차장의 접근이 용이한가?
- 공급자로부터 상품구입이 용이한가?
- 창업자의 개인적인 생활에 어려움을 줄 요인은 없는가(자녀양육,배우자 등)?

### 3) 서비스업 창업 트렌드 및 고려사항

업종 특성상 장점으로 대두되는 것이 위험부담이 적고 소자본 창업이 가능하며 공간과 시간의 제약이 상내적으로 적다는 점이다. 시비스업 업종 선정의 성공전략은 외식업이나 일반소매업의 경우 당장 수익(3개월 이내)을 창출할 수 있다는 점이며 수익창출에 최소 손익분기점 1년의 시간이 소요되는 특징이 있다.

나에게 맞는 서비스 업종의 아이템을 찾으려면 요즘 잘되는 아이템에 초점을 두기보다는 시대에 따라 소비흐름이 변한다는 점을 인식하고 자신의 상황에 가장 알맞은 아이템을 선정하면 그것이 바로 유망업종이 되고 경쟁력을 갖추는 데 무리가 없다.

그러기 위해서는 우선 자신의 창업자금에 무리가 없고 적성이나 성격 그리고 경험 등의 전문성이 고려된 업종을 선정한 뒤 21세기에 걸맞은 전략으로 사업을 펼쳐 나가야 될 것이다.

서비스 업종 아이템 선정 시 고려사항은 초기사업을 시작하기 위해서는 기존의 시장에 도전해야 하는 만큼 기존시장의 틈새를 발견해야 한다. 틈새시장의 유형은 사업 전 분야에 걸쳐 다양한 방법으로 있을 것이나 비교적 창업비용이 적게 들고 장소에 구애받지 않는 아이템이 많이 포진되어 있으므로 그만큼 홍보나 판촉활동에 의존하는 경우가 많은 것이 서비스 업종이다.

이러한 서비스업의 틈새시장을 효과적으로 공략하기 위해서는 서비스상품의 경쟁력과 함께 이에 따른 영업능력이 요구되는 만큼 사업준비 단계에서부터 기획과 전략을 충분히 수립한 뒤 사업에 참여하는 것이 중요하다.

상품개발의 유형은 세 가지로 지역의 수요와 공급을 분석하여 취약한 시장에 침투하는 시장분석형, 새로운 서비스개발로 침투하는 신서비스형, 신기술개발로 시장에 진입하는 신기술형 서비스 업종으로 기존시장의 틈새를 노려볼 수 있을 것이다. 사업의 방법적인 접근은 자신의 지식과 경험 또는 영업력을 팔아야 하는 만큼 발로 뛰는 노력이 필요하며, 가상공간을 영업장으로 활용하고 서비스를 이용하게 될 목표고객을 설정한 뒤 소비수준에 알맞는 가격전략을 구사하는 것이 서비스 업종의 틈새개발과 성공전략이 될 것이다.

### 서비스 업종의 아이템 선정

- 풍부한 지식과 전문지식을 활용할 수 있는 분야
- 실패를 할 경우 자본금 회수에 부담이 없는 분야
- 형태나 겸업으로 시작할 수 있는 분야
- 자기자본비율이 높은 사업 분야
- 가족의 동의와 협조를 얻어낼 수 있는 분야
- 소비시장을 파악하고 업종의 성장가능성을 고려
- 경험을 필요로 하는 업종의 경우 직·간접적으로 충분한 경험 축적
- 사전준비 필요(손익분기점까지 1년 정도 기일이 필요)
- 유행의 흐름을 파악하고 생활 속에서 발견

**자영업종의 세분류**

| 구분 | | 내용 |
|---|---|---|
| 음식업 | 카페 | 카페, 커피전문점 |
| | 별식/퓨전요리 | 닭요리전문점, 오리고기전문점, 치킨/호프전문점, 베트남음식전문점, 샤브샤브전문점, 인도음식전문점, 닭발전문점, 순대전문점, 덮밥전문점 |
| | 뷔페 | 고기뷔페, 종합뷔페 |
| | 분식 | 라면전문점, 국수전문점, 분식전문점, 떡볶이전문점, 막국수전문점, 우동전문점, 칼국수전문점 |
| | 양식 | 돈가스전문점, 스테이크전문점, 기타 세계요리전문점, 패밀리레스토랑 |
| | 유흥주점 | 꼬치구이전문점, 바/스탠드바, 민속주점, 소주방/포장마 차, 호프/맥주, 닭꼬치전문점, 양꼬치전문점 |
| | 수산물 | 갈치전문점, 알요리전문점, 회전문점, 조개구이전문점, 장어요리전문점, 참치전문점, 고등어전문점, 조개찜전문점, 굴요리전문점, 쭈꾸미전문점, 바닷가재/게요리전문점, 수산물 프랜차이즈, 전복전문점, 오징어전문점, 해물찜전문점 |

| | | |
|---|---|---|
| | 일식 | 일식전문점, 초밥전문점 |
| | 제과/제빵/떡 | 제과/제빵전문점, 떡/한과판매, 찐빵전문점 |
| | 중식 | 중화요리/중국집, 짬뽕전문점 |
| | 한식 | 돼지고기전문점, 소고기전문점, 삼겹살전문점, 돼지갈비전문점, 냉면전문점, 돌솥/비빔밥전문점, 소갈비전문점, 갈매기살전문점, 면/수제비전문점, 만두전문점, 보리밥전문점, 보쌈/족발전문점, 국/찌개/닭요리/기타, 설렁탕전문점, 순두부/두부요리전문점, 쌈/쌈밥전문점, 족발/보쌈전문점, 추어탕전문점, 한정식전문점, 한식/백반전문점, 곱창/양구이전문점, 해장국/감자탕전문점, 죽요리전문점, 국밥전문점, 닭요리/탕/백숙전문점, 정육식당, 콩나물국밥전문점 |
| | 패스트푸드 | 샌드위치/토스트전문점, 아이스크림판매, 도너츠전문점 |
| 도매유통무역 | 청과물/축산물 | 청과물소매, 축산물소매 |
| 소매 | 건강식품 | 건강식품판매, 인삼제품판매 |
| | 잡화 | 가방/신발/액세서리 |
| | 사무/문구/컴퓨터 | 컴퓨터/주변기기판매 |
| | 사진/광학 | 안경점 |
| | 선물/팬시/기념품 | 꽃집/꽃배달 |
| | 시계/귀금속 판매 | 귀금속/장신구판매 |
| | 음/식료품 | 반찬판매 |
| | 의복 | 남성전문, 여성전문, 청바지전문판매 |
| | 의약/의료품 | 보청기판매, 의료용품판매 |
| | 종합 소매점 | 슈퍼마켓체인점, 편의점 |
| | 취미/오락 | 문구용품판매 |
| | 화장품 | 화장품판매 |
| 생활서비스 | 물품기기대여 | 도서대여 |
| | 사진 | 사진관 |
| | 세탁/가사 | 서비스 청소/소독대행, 세탁소/빨래방 |
| | 이/미용/건강 | 비만/체형관리/마사지, 여성미용실, 남성미용실, 네일케어, 피부관리 |
| | 자동차/이륜차 | 자동차경정비, 자동차부품/물품판매 |
| | 신발/액세서리 | 신발 판매, 액세서리용품 판매 |
| 여가 | PC/오락/당구 등 | 인터넷 PC방, 멀티방 |
| | 운동시설 | 골프연습장 |
| 제조 | 인테리어 | 인테리어용품 제조 |

자료: 한국직업능력개발원, (사)한국직업상담협회, NCS직업상담 학습모듈, “창업상담”, pp.25~26.

## 제2절 사업타당성분석의 개요

사업타당성분석이란 사업의 성공가능성을 체계적으로 점검하는 것으로 계획 중인 사업과 관련된 제반 요소들을 분석하는 것이다.

### 1. 사업타당성분석의 필요성

① 객관적이고 체계적인 사업성 검토는 성공률을 높일 수 있다.
② 사업성 검토를 통하여 효율적인 창업업무를 수행할 수 있다.
③ 계획제품의 기술성, 시장성, 수익성, 자금수지계획 등을 사전에 인지하여 효율적인 창업경영을 도모할 수 있다.
④ 계획사업의 균형 있는 지식습득과 보완해야 할 사항을 미리 확인하여 조치를 취할 수 있다.

### 2. 사업타당성분석 시 필수 고려사항

① 사업타당성분석 절차와 내용은 표준화된 방법이 없으므로 분석방법과 형식에 지나치게 얽매이지 말아야 한다.
② 사업타당성분석은 분석자료를 활용할 사람이 누구냐에 분석 포인트를 맞춰야 한다.
③ 사업타당성분석을 단순히 사업계획서를 작성하기 위해 할 것인가, 투자를 받기 위해 할 것인가 등 사용목적과 용도를 고려해야 한다.
④ 사업타당성분석 시 정보의 범위와 분석방법은 계획사업의 규모, 복잡성, 위험도 등의 특성에 따라 신축적으로 결정해야 한다.

## 3. 사업타당성분석 절차

사업타당성분석은 아래와 같이 5단계로 구분하여 진행된다.

### 1) 창업자의 사업수행능력분석

창업자의 사업수행능력을 진단하여 위험요소를 사전 점검하고 경영능력을 진단하는 데 목적이 있다.

### 2) 시장성분석

시장성분석이란 제품 및 서비스를 판매할 수 있는 시장을 찾아 판매(수요)를 예측하는 것으로 계획 제품 및 서비스를 어디에 얼마를 팔 수 있을 것인가에 초점을 맞추어야 한다.

### 3) 기술성분석

기술성분석이란 제품생산에 필요한 물적·기술적 요소를 파악하고 관련 비용을 추정하는 것으로 기술적 타당성 평가와 원가 추정을 위해 반드시 시행해야 하는 단계이다.

### 4) 수익성 및 경제성 분석

계획사업의 손익추정, 재무제표 작성 등을 통해 수익을 평가하여 경제적으로 얼마나 매력적인 것인지의 여부를 판단하는 데 필요한 정보를 입수하기 위해서 사업과 관련된 모든 수익과 비용자료를 추정하고 분석·검토하는 단계이다.

▌사업타당성분석 절차도▐

## 5) 자금수지 및 성장성분석

계획사업의 실행하는 데 필요한 소요자금을 추정하여 적정한 자금조달 및 운영계획을 수립하는 자금수지분석과 과거 수년간의 매출액증가율, 순이익증가율 등을 분석하는 성장성을 분석하는 단계이다. 성장성분석에서는 분석대상기업의 성장성뿐만 아니라 전반적 경기의 추세, 해당업종의 추세 등과 비교하여 분석하는 것이 필요하다.

# 제3절 창업자의 사업수행능력 진단

## 1. 사업수행능력 진단의 범위

사업수행능력 진단은 창업자 개인의 역량을 진단하는 것으로서 창업역량 진단이라고도 하며, 아래와 같이 4가지로 분류할 수 있다.

**창업자의 사업수행능력 진단요소**

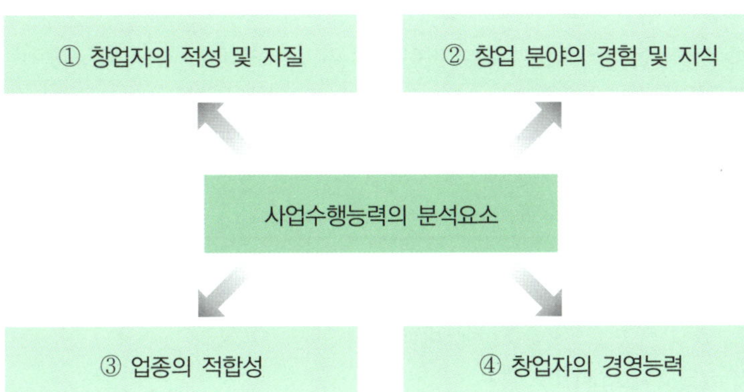


## 2. 사업수행능력 요소별 진단방법

### 1) 창업자의 적성 및 자질

창업자가 사업아이템을 사업화할 수 있는 적성과 자질이 있는지를 진단해야 한다. 창업자의 적성과 자질은

① 창업자의 선천적 능력과 매우 관련이 있으며,

② 새로운 사업에 대한 모험심, 성공에 대한 집념, 리더십, 의지력, 성격, 체력 등이 어느 정도인지를 진단한다.

### 2) 창업분야의 경험 및 지식

창업하고자 하는 사업분야에 대한 경험이나 지식을 얼마나 갖고 있는지를 진단하여 창업문야에 대한 전문성을 확보하고 있는지를 진단해야 한다.

① 성공 창업을 위해서는 본인의 경험과 선행지식이 풍부한 분야가 유리

② 창업 관련 분야의 경험이나 학문적 지식, 사회적 지위 및 신용

③ 교제인물의 폭과 깊이, 창업환경을 둘러싼 인간관계 등

### 3) 업종의 적합성

창업하고자 하는 업종이 어느 정도 적합한지를 진단하여 '창업자가 정확한 시장예측도를 가지고 유망한 업종을 선택하였는가?'를 분석하는 것이다.

**▌창업자 사업수행능력 평가요소▐**

| 평가요소 | 세부평가항목 |
|---|---|
| 적성 및 자질(선천적 자질) | • 모험심<br>• 가능성에 대한 집념<br>• 스케일<br>• 리더십<br>• 의지력<br>• 기타 창업자의 성격 · 체질 · 체력적인 소질 |
| 경험 및 지식 | • 학문과 지식<br>• 창업자의 자격<br>• 교제인물의 폭과 깊이<br>• 창업환경을 둘러싸고 있는 인간관계 |
| 업종적합성 | • 적성과의 적합 정도 |
| 업무수행능력(경영능력) | • 가정유지능력<br>• 창업멤버의 구성 및 통제능력<br>• 서비스 및 기술혁신능력<br>• 경영 · 경제적 환경적응능력 및 경영분석 판단능력 |

자료: elearning.kocw.net

### 4) 창업자의 경영능력

창업자가 경영관리실무능력 및 기업운영에 대한 능력이 어느 정도인지를 진단해봐야

한다.

① 창업자의 기술혁신능력이나 경제환경 변화에 대처할 수 있는 대응력을 분석

② 창업자의 창업멤버 구성이나 조직구성원에 대한 통제능력 여부 분석

## 3. 창업역량 진단 체크리스트 활용

창업자가 자신의 역량을 진단하기 위해서 다양한 방법으로 진단을 할 수 있으나 중소벤처기업부 산하기관인 창업진흥원에서 제공하는 진단 Tool을 활용하는 것이 진단결과의 신뢰도를 확보하는 데 도움이 된다.

이 진단도구는 창업진흥원에서 운영하는 K-startup사이트(www.k-startup.go.kr)의 창업역량 자가진단키트를 활용하여 진단할 수 있다.

1. 나는 평소 자발적으로 계획을 세워서 수행한다.
2. 나의 의견을 사람들(고객, 투자자 등)에게 설명할 수 있다.
3. 나는 상황을 파악할 수 있는 통찰력이 있다.
4. 나는 위험부담이 있어도 추진한다.
5. 나는 실패하더라도 재도전할 의사가 있다.
6. 나는 창업 관련 입상경험이 있다.
7. 나는 최근 3년 이내에 창업 관련 교육을 받았다.
8. 나는 사업서비스와 관련된 유사업종에 재직경험이 있다.
9. 나는 사업화를 위한 기술/노하우 확보방안이 있다.
10. 나는 사업화를 위한 마케팅 능력(판로, 홍보 등)을 확보하고 있다.
11. 나는 사업화를 위한 자금 확보방안이 있다.
12. 나는 사업화에 필요한 인력(팀)을 확보하고 있다.
13. 나는 창업기업에 대한 세제혜택을 알고 있다.
14. 나는 자금관리(회계, 재무) 지식을 가지고 있다.
15. 나는 사업서비스의 법적·윤리적 문제를 고려하고 있다.

# 제4절 사업타당성 평가요소

## 1. 시장성분석

**▌시장성분석 요소▐**

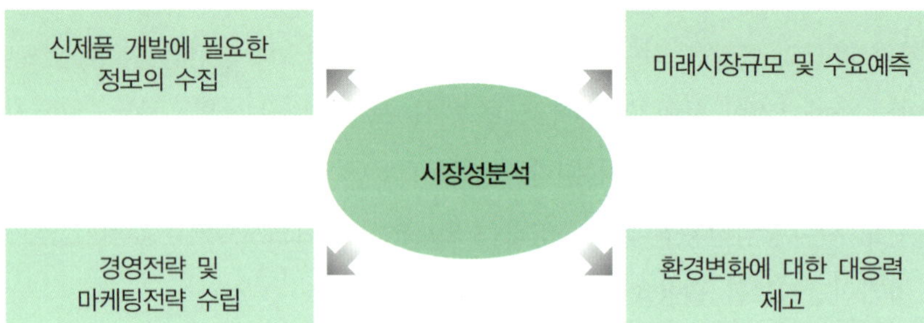


### 1) 신제품 개발정보에 필요한 정보의 수집

제품 및 서비스를 판매할 수 있는 시장을 찾아 판매(수요)를 예측하는 것으로 계획 제품 및 서비스를 어디에 얼마를 팔 수 있을 것인가에 초점을 맞추어야 한다.

### 2) 미래시장 규모 및 수요예측

시장규모와 수요예측은 해당 시장의 과거 국내·외 수급실적을 분석하여 향후 시장규모와 수요가 어떻게 변화할지를 예측하여야 한다. 아울러 국내·외 생산규모 및 투자규모, 기술동향과 향후 전망을 분석하며 대체재의 동향 및 향후 출현가능성 등을 분석하고 예측하여야 한다.

### 3) 경영전략 및 마케팅전략 수립

경영전략과 마케팅전략을 수립하기 위하여 다음의 요인들을 파악하여야 한다,

① 시장의 유통구조 및 경로, 판매 및 유통조직 특성

② 고객의 특성, 소비성향 및 구매패턴

③ 국내·외 경쟁업체의 점유율, 경영상태, 기술수준 등

④ 동종 아이템 또는 경쟁 아이템의 가격동향

⑤ 가격에서 제조원가, 인건비 등이 차지하는 비율

⑥ 향후 국내·외 가격전망 등

### 4) 환경변화에 대한 대응력 제고

급변하는 국내 및 글로벌 시장동향을 분석하여 외부환경변화에 대한 대응력을 가질 수 있도록 준비하여야 한다. 거시분석과 산업특성분석, 경쟁관계분석 등 외부환경분석을 통하여 나타난 시장환경변화 요인들에 어떻게 대응할 것인지를 파악하여 대응방안을 수립하여야 한다.

### 5) 시장성분석의 절차

시장성분석은 그 목적 또는 분석의 수준에 따라서 다양한 수준의 절차가 있을 수 있지만 일반적인 절차를 소개하면 다음과 같다. 시장성분석에 앞서 보다 철저한 계획을 세우고 정해진 순서에 따라서 진행해야만 시간절약과 더불어 효율적인 시장성분석을 할 수 있다.

**| 시장성분석 절차도 |**

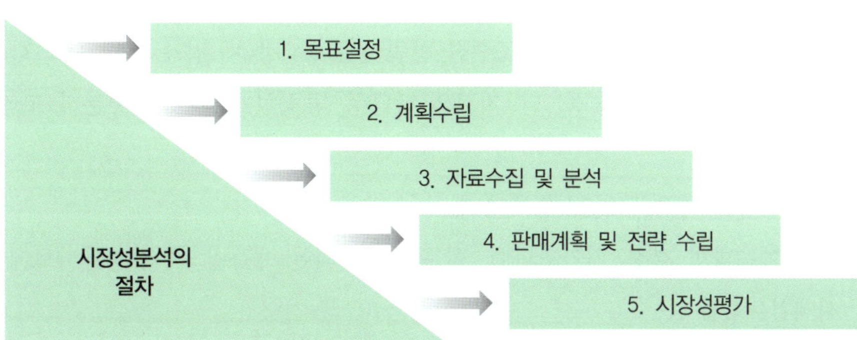

### (1) 분석대상의 명확화(목표설정)

분석대상의 명확화 단계는 분석하려는 목표를 분명하게 규정하는 단계를 말한다. 따라서 이 단계에서는 조사대상, 조사범위, 조사내용이 구체적으로 규정되어야 한다. 예를 들어 창업을 위한 시장성분석을 하는 경우 조사목표로 다음의 사항을 설정하는 것이 보통이다.

① 전반적 시장동향의 분석: 전체 시장규모, 경쟁제품과 유사제품에 대한 시장분석, 소비자 구성분포 및 변화 추세

② 제품성 및 제품의 경쟁적 지위 분석: 품질수준, 경쟁제품과의 비교, 특성 파악, 경쟁회사 재무상태 및 영업실적

③ 수요예측: 경쟁사의 시장점유율 현황, 제품별 판매가능량 추정, 시장(제품)환경 분석, 판매전략 수립

### (2) 분석의 설계(계획수립)

조사를 수행하고 통제하는 구체적인 틀을 만드는 단계이다. 이 단계에서는 조사내용 검토, 조사방법 결정, 조사일정 작성, 예산의 편성 등에 관한 구체적인 골격을 만들어야 한다.

시장조사 및 시장성분석 계획 수립 시 고려해야 할 사항 중 중요한 것 몇 가지만 살펴보면 다음과 같다.

① 분석항목의 범위와 수준 결정: 조사자의 능력과 분석 계획기간에 맞춰 적절한 항목을 선별, 창업자 자신에 의한 약식 분석이냐 전문기관에 의한 정식 분석이냐를 결정

② 자료수집 범위, 수집처 및 자료수집 방법의 결정: 정부·업계 통계자료, 학계 연구자료, 자체 설문조사 등. 단, 자료의 타당성, 공평성, 신뢰성을 충분히 고려하여야 함.

③ 소요인력, 분석기간 및 소요예산 계획 수립

④ 수요 예측방법 결정: 자가판단법, 설문조사에 의한 예측법, 과거 통계자료에 의한 시계열분석법 등

⑤ 시장성분석의 일정계획: 사업개시 시점을 고려하여 수립

### (3) 자료의 수집 및 분석

계획수립 단계에서 설계된 내용에 따라 수집하면 된다.

① 기존자료: 정부기관 및 단체, 업계의 협회(조합), 금융기관, 대학, 연구기관 등의 발간 자료

② 자체생산자료: 경쟁자, 정부기관, 협회, 소비자 대상의 설문조사, 전화면담, 방문면담

③ 자료의 분석·해석·정보도출: 수집된 자료는 편집, 통계적 처리 등의 분석과정을 통해 목적에 맞게 재상산되며, 재생산된 자료는 시장성 유무와 판매전략 수립의 기준으로 활용되어진다.

자료의 분석과 해석 과정에서 유의해야 할 사항은 객관성이 있는 해석이 이루어져야 한다는 점이다. 창업자가 창업과정에서 흔히 실수하기 쉬운 부분이 바로 자신의 사업계획과 제품에 대해 너무 긍정적으로 유리하게 해석하고 판단하는 경향이 있는 점이다.

### (4) 보고서의 작성(시장성 유무 평가 및 판매전략 수립)

① 시장성 유무 평가: 시장성 유무에 대한 객관적 기준이 없기 때문에 평가기준을 정형화하는 데는 한계가 있다. 그러나 일반적으로 시장성이 있다는 것은 경쟁업체수와 대비하여 향후 점진적인 시장점유율 확보 가능하고, 계획한 기간 내에(운영자금 소요기간 내) 손익분기점에 도달할 수 있는 경우를 말한다.

② 판매계획 및 전략 수립: 시장성분석 범주에서 언급하는 데는 다소 무리가 있는 사항이나 판매전략을 생각하지 않은 시장성분석은 무의미하다고 할 수 있다. 즉 시장성분석은 적정한 판매전략과 연계될 때 가치가 있는 것이다.

- 마케팅계획(영업계획): 제품별·지역별 판매계획을 수량 또는 금액으로 표시
- 광고와 판촉계획: 판촉 및 판매방법, 광고매체 및 시기, 광고선전 비용
- 판매비용계획: 고객과의 접촉, 제품의 인도, 수금 등에 소요되는 비용

### (5) 시장성 평가요소 및 항목

**▌시장성 평가요소 및 항목▐**

| 구분 | 분석요소 | 세부 분석항목 |
|---|---|---|
| 전반적인 시장동향 분석 | 시장규모분석 | • 판매영역별·고객별 잠재수요분석<br>• 국내 동일제품, 대체 및 유사제품에 대한 수급실적분석(과거 3년간)<br>• 동일제품, 대체 및 유사제품에 대한 수출입분석(과거 3개년) |
| | 시장의 특성 및 구조 | • 시장의 일반적 성격<br>• 주요 수요처<br>• 고객 수용가능성 분석<br>• 유통구조 및 특성(유통경로, 고객의 특성, 변화추세 등)<br>• 동업계의 일반적 판매조직(대리점, A/S 제공형태 등)<br>• 동제품, 대체 유사제품의 일반적 판촉전략(광고 및 영업전략 등) |
| | 소비자분석 | • 제품의 소비형태, 소비단위<br>• 구매동기 및 소비자 니즈의 형태<br>• 소비자 구성분포 및 변화추세분석 |
| 제품성 분석 | 제품의 이미지 분석 | • 잠재수요자에 의한 제품이미지 조사(앙케이트)<br>• 제품의 특성 품질비교 |
| | 제품의 강·약점 | 제품의 강·약점 분석(기능, 브랜드 보유 여부) |
| | PLC분석 | • 제품의 라이프사이클(PLC)분석<br>• 경쟁품 및 유사제품의 보급률 추정 및 향후 보급전망 |
| 경쟁적 지위분석 | 재무상태비교 | 자사 및 경쟁사의 재무상태 비교(자본금, 매출, 이익 등) |
| | 생산능력 및 실적비교 | • 사업장 규모비교<br>• 생산능력 및 실적 비교 |
| | 주요 경쟁요소 비교 | • 제품라인 구성내용, 주력제품, 주력상권, 설비특성<br>• 제품기획력, 가격정책, 판매방법<br>• 가격경쟁력/기술수준/신제품 개발능력 |
| 서비스 사업의 채산성 분석 | 원가, 마케팅 코스트의 분석 | • 원가분석<br>• 마케팅 코스트분석 |
| | 마진율 등의 분석 | • 마진율<br>• 서비스 원가 및 마진율분석 |
| | 가격분석 | 서비스 내용의 가격정책 및 경쟁력 분석 |
| 수요예측 | 시장점유율 분석 | • 국내외 주요 경쟁업체의 시장점유율분석<br>• 최근 3년간 주요 경쟁업체의 시장점유율 변동추이<br>• 시장점유율 확보 가능성 |
| | 판매량 증감요인분석 | • 소비자 성향변화 추이분석(구매형태/구매동기, 연령층, 기호변화 등)<br>• 대체상품의 동향 및 출현가능성 |

| | | |
|---|---|---|
| | | • 경쟁사와의 광고전략 비교 |
| | 판매전망 | 각 판매영역에서의 판매가능성(향후 3년간) |
| | 불황적응도 및 계절성분석 | • 불황기의 수요변동 예측<br>• 계절성 제품의 수급대책 |
| 시장 및 제품환경 분석 | 자원환경요인 | • 인적자원(경영층, 사무직, 생산직, 기술직 등)<br>• 원재료 및 자원수급 용이성 |
| | 기술적 환경요인 | • 보유제품에 대한 전반적 기술수준<br>• 신기술 및 신제품 개발능력<br>• 신기술, 신제품 개발전망 |
| | 마케팅 환경요인 | • 서비스 판매방법 및 판매전략<br>• 서비스 대금의 회수방법<br>• 외상매출금 및 외상매입금의 효율적 관리방안 |
| 판매전략 | 판촉 및 광고전략 | • 경쟁사와의 판촉 및 광고전략<br>• 광고 등의 판매량증가 효과분석 |
| | 영업전략 | • 효율적인 판매전략 수립<br>• 판매 및 영업조직의 효율성 제고방안 |

### (6) 거시환경 분석방법

거시환경(macro economic)이란 자신을 둘러싼 울타리 밖의 큰 변화에 대한 환경을 의미하는 것이다. 거시환경을 분석하는 이유는 외부의 환경 변화가 자신의 취업과 관련해서 어떠한 방향으로 다가올 것인지 예측해볼 수 있기 때문이다. 즉 그러한 변화가 자신에게 기회를 가져올 것인지 아니면 위협이 될 것인지를 파악할 수 있기 때문이다.

거시환경분석은 주로 경제적 환경, 사회/문화적 환경, 기술적 환경, 정치/법률적 환경 등을 일컫는데 일반적으로 개인이나 조직이 관리를 통해 정확히 예측하거나 통제가 불가능한 환경요인들을 말한다.

경제의 큰 흐름에 따른 국내외 정치, 사회, 문화 부분의 트렌드를 이해하여 기업의 해당사업에 대한 환경분석으로 기회와 위협요인의 측정 또는 예측에 활용된다.

① 정치환경요인(political) 분석: 해당 산업 및 시장의 정책이나 제도적인 환경을 말한다.

② 경제환경요인(economic) 분석: 경제전망, 소비, 물가, 금융 등 경제적인 환경 등의 요인이다.

③ 사회・문화환경요인(social-cultural) 분석: 사회・문화적인 환경분석으로 예를 들어 인구통계, 트렌드가 해당된다.

④ 기술환경요인(technology) 분석: 기술적인 환경분석으로 기술 트렌드 변화, 정보통신, 신기술, R&D분석 등이 해당된다.

### (7) 산업환경 분석방법

산업환경분석은 해당 산업의 시장규모 및 성장성, 산업의 매력도, 유통채널, 향후 트렌드 등을 분석하는 것으로 전략수립에 매우 중요한 요인으로 작용하게 되며, 그 내용은 다음과 같다.

① 산업환경분석의 주요 과업
- 시장규모 및 성장성
- 산업의 매력도(산업구조분석: 5 Force 모델)
- 산업의 원가구조
- 산업의 유통채널 및 향후 변화방향
- 향후 산업의 트렌드
- 해당산업에서의 핵심성공요소(KSF)는?

② 산업환경분석의 목적: 5 Force 분석은 5가지 요인에 대한 세부적인 요인들을 분석하고 해당요인들이 기업에 미치는 영향요인들을 체계적으로 분석하여 기업의 전략과제와 시사점을 도출한다.
- 산업에서의 주요 경쟁요인(5요인)이 상호작용함으로써 발생하는 경쟁원인과 경쟁 정도를 분석

**▌산업환경분석을 위한 5 Force 모델▐**

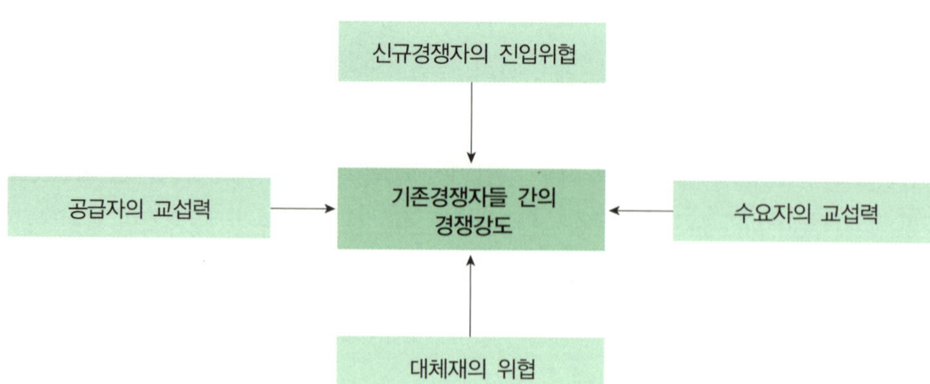

- 각 경쟁요인이 지닌 경쟁강도를 파악
- 기업이 고려해야 할 주요 경쟁요인 도출
- 산업의 수익성, 매력도 파악
- 미래 산업환경 예측

③ 기존산업 내 경쟁: 기존기업 간 경쟁강도를 말하며 산업 내 기업은 상호의존적으로 한 기업의 전략과 행동은 다른 기업의 행동과 성과에 영향을 미치게 된다. 따라서 해당 산업의 매력도는 참여한 기업들 간의 경쟁강도와 밀접한 관계가 있다.

더불어 경쟁 5요인 중에서 기존기업 간의 경쟁은 거의 언제나 산업의 매력도와 잠재수익성을 결정짓는 가장 중요한 요소라고 할 수 있다. 다른 것이 모두 동일할 경우 기존기업들은 경쟁강도가 낮기를 원한다. 그러나 일반적인 직관에 반하는 다양한 이유로 인해 어느 정도의 경쟁과 경쟁자가 있는 것이 독점이라고 하는 경쟁이 전혀 없는 상황보다 낫다.

산업 내 경쟁의 강도는 시장의 성장, 비용구조. 퇴출장벽, 제품교체, 다양성 요소들에 의해 결정된다.

**| 산업구조분석 사례 |**

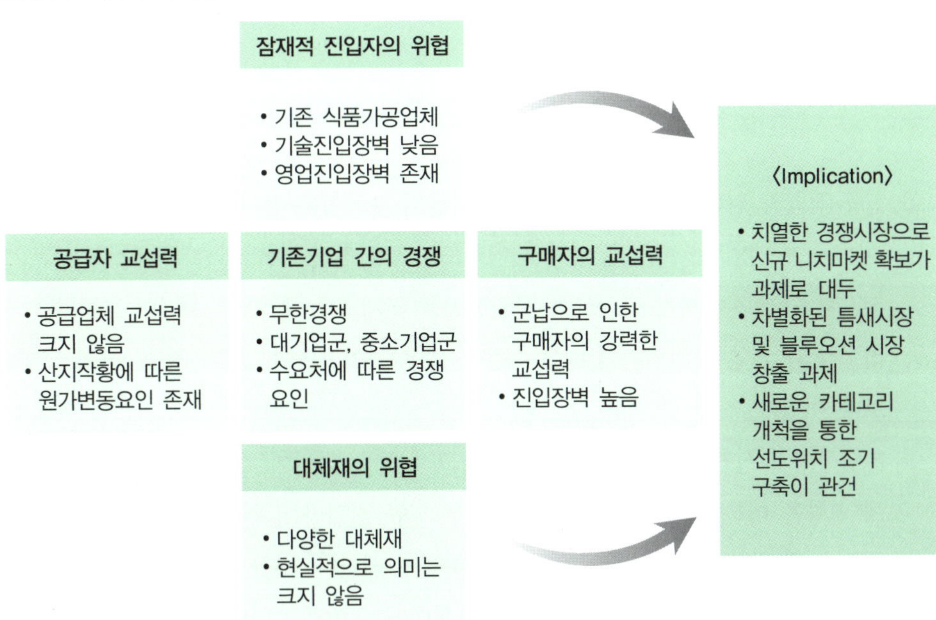

④ 공급자 협상력: 공급자는 기업에게 제공하는 원료의 단가, 공급 여부 및 물량, 품질에 영향을 미칠 수 있는 능력을 지닐 수 있다. 이러한 요인을 고려할 때 공급자를 단지 원재료를 공급하는 곳을 넘어선 보다 넓은 관점에서 바라봐야 한다. 이들 공급자는 또한 인력(노조, 협회 등), 공간(공항의 이·착륙 시점 및 지점), 채널(방송주파수대) 등을 관리하거나 제공하는 집단이 포함될 수 있으며 공급자 협상력은 아래의 요소에 영향을 받는다.

- 집중도
- 다각화
- 교체비용
- 조직
- 정부의 역할

⑤ 구매자 협상력: 구매자는 최종소비자뿐 아니라 유통업자나 제조업자도 포함되며, 일반적으로 협상력이 클수록 해당시장의 매력도는 낮아진다. 구매자는 가격비교를 한다든지 품질에 대한 기대를 높임으로써 업계 구조에 영향을 미치고 가격을 낮출 수 있다. 구매자 협상력은 아래의 요인에 의해 영향을 받을 수 있다.

- 차별화
- 집중
- 수익성
- 품질

⑥ 신규 진입자 위협: 경쟁자가 많을수록 시장의 수익성은 떨어지게 되므로 신규 경쟁자가 쉽게 진입할 수 있는 시장의 매력도는 낮아진다. 따라서 기존기업은 신규 경쟁자가 쉽게 진입하지 못하도록 진입장벽을 쌓게 되는데, 다른 조건이 모두 동일할 경우 신규 기업이 진입하기 매우 쉬운 산업은 진입장벽이 높은 산업에 비해 경쟁이 보다 어렵다.

진입장벽의 성격은 해당 산업에 진출하고자 하는 기업이 마주치는 어려움의 수준에 영향을 미친다. 진입장벽이 낮을 경우 신규 진입자는 원료에 대한 수요와 가격을 높이게 되고, 이는 업계 수익성의 저하를 초래한다. 신규 진입자는 보통 몇 가지 진입장벽과 마주치는데 그러한 장벽 가운데에는 아래 사항들이 포함된다.

- 진입저지 가격
- 기존기업의 보복
- 높은 진입비용
- 경험효과
- 기타 비용우위
- 제품차별화
- 유통망 접근
- 정부의 정책
- 교체비용

⑦ 대체재의 위협 : 대체재란 해당 산업의 제품과 유사한 기능을 보유하고 있거나 소비자들에게 유사하다고 인식될 수 있어 결과적으로 동일한 욕구를 충족시킬 수 있는 제품을 의미한다. 대체재가 많을수록 해당시장의 수익성은 낮아지며 따라서 매력도도 낮아진다. 기업은 자신과 유사한 제품이나 서비스를 공급하고자 하는 업계 경쟁사에 대해서만 신경을 써야 하는 것이 아니라, 해당 업계 기업들이 제공하지 않는 대체재를 제공하고자 하는 기존업계 밖의 기업에 대해서도 경계를 해야 한다. 기업의 입장에서는 언제나 대체상품·서비스의 위협이 작은 것이 좋다. 기존 또는 잠재적 대체재에 의한 시장대체는 아래 요소들에 의해 영향을 받을 수 있다.

- 상대적 가격·성능 선택
- 교체비용
- 수익성

## 2. 기술성분석

### 1) 기술성분석의 개념

기술성분석이란 계획하고 있는 제품이나 용역의 생산과 판매에 관련된 기술적 측면에 대한 전반적인 검토와 분석을 말한다. 즉, 기술성분석은 계획하고 있는 사업을 영위하는 데 필요한 기술, 기계와 장비, 자재와 노동력, 입지 및 시설 등을 대상으로 하여 제반 기술적 측면을 검토하고 평가한다.

### 2) 기술성분석 방법

기술성분석을 위해 창업아이템을 개발하는 데 필요한 기술이 존재하는지, 그 기술을 확보해서 제품과 서비스를 개발할 수 있는지, 제품과 서비스를 저렴하게 생산할 수 있는지 여부를 평가한다.

창업아이템의 기술성은 크게 기술타당성, 개발타당성, 생산타당성의 세 가지 측면에서 평가해야 한다.

#### (1) 기술타당성분석

창업아이템을 개발하는 데 활용하는 기술이 존재하는지, 그 기술이 타당한지를 분석해야 한다.

#### (2) 개발타당성분석

고객이 원하는 제품과 서비스로 개발할 수 있는지, 개발기간 및 비용이 타당한지를 분석한다.

#### (3) 생산타당성분석

창업아이템을 생산하는 데 설비 및 인력이 타당한지, 생산원가가 타당한지를 분석한다.

#### (4) 기술성평가

마지막으로 세 가지 관점에서 분석한 결과를 토대로 기술성 측면에서 종합적으로 평가한다.

**기술성분석의 평가요소**

1. 기술타당성분석 → 2. 개발타당성분석 → 3. 생산타당성분석 → 4. 기술성평가

## 3) 사례분석

### 사례 1 창업아이템의 기술성분석 사례(20대 대학생 창업)

아래의 사례는 동영상 강의와 관련된 아이디어 제품을 개발하고자 하는 이 대표가 기술타당성, 개발타당성, 생산타당성 측면에서 기술성을 분석해서 시사점을 도출한 것이다.

**창업아이템의 기술성분석 사례**

| 창업아이템 | 동영상 강의용 리모컨 | |
|---|---|---|
| 분석항목 | 평가내용 | 평가 |
| 1. 기술타당성 | 펜과 연결하는 방식에 대한 특허를 보유하고 있고 기존의 리모컨 방식과 동일한 IR 방식을 채택함 | 매우 높음 |
| 2. 개발타당성 | IR 통신 방식을 채택하여 기술의 개발비용과 기간을 단축시키고 개발가능성을 높임 | 높음 |
| 3. 생산타당성 | • 시제품 개발완료 후 생산 및 조립은 외주용역을 통하여 실시<br>• 제품의 원가를 절감하기 위해서 대량생산이 필요함 | 보통 |

**시사점**

1. 기존의 리모컨의 IR 기술을 도입하여 개발 및 기간의 단축이 가능함
2. 기존의 리모컨의 IR 방식은 이미 기술이 공개되어 있고 펜과 연결하는 부분의 특허를 보유하고 있어 기술타당성 및 개발타당성이 높음
3. 그러나 제품의 원가절감을 위해 대량생산이 필요함

### 사례 2 창업아이템의 기술성(40대 전문가 창업)

아래의 사례는 체험 중심의 경영시뮬레이션을 개발하고자 하는 예비 창업자가 기술타당성, 개발타당성, 생산타당성 측면에서 기술성을 분석해서 시사점을 도출한 것이다.

**창업아이템의 기술성분석 사례**

| 창업아이템 | 체험 중심의 교육용 경영시뮬레이션 게임 콘텐츠 | |
|---|---|---|
| 분석항목 | 평가내용 | 평가 |
| 1. 기술타당성 | 시뮬레이션 게임 분야의 전문성과 특허로 관련 기술에 대한 전문적 지식을 확보하고 있음 | 매우 높음 |
| 2. 개발타당성 | • 시뮬레이션 기술과 웹 기반 게임 기술로 개발가능성이 매우 높음<br>• 동시에 개발기간도 6개월 정도로 충분함 | 높음 |

| | | |
|---|---|---|
| 3. 생산타당성 | • 생산기간이 6개월 정도 소요되고, 개발인력이 3명이 필요함<br>• 따라서 시장 선도와 개발비 절감을 위해 개발기간 단축 필요 | 보통 |

**시사점**

1. 경영시뮬레이션 게임 개발을 위한 기술이 존재하고 창업자의 전문적 지식 수준이 매우 높음
2. 따라서 교육용 경영시뮬레이션 게임을 개발할 수 있는 가능성이 매우 높음
3. 그러나 개발기간을 단축시켜 조기 출시 및 개발비 절감을 위한 방안이 필요함

## 3. 수익성 및 경제성분석

수익성 및 경제성분석이란 어떤 사업이 경제적으로 얼마나 매력적인 것인지의 여부를 판단하는 데 필요한 정보를 입수하기 위해서 사업과 관련된 모든 수익과 비용자료를 추정하고 분석·검토하는 일체의 과정을 말한다.

이러한 경제성분석은 사업을 할 것인지의 여부를 결정하는 근거로 이용되므로 사업성 검토의 가장 핵심적인 중요한 부분이다.

**사업의 수익성 및 경제성 평가항목**

| 평가항목 | 세부조사항목 |
|---|---|
| 수익 전망 | • 창업 후 3~5년간의 추정손익계산서 및 추정재무상태표, 자금수지예상표<br>• 이를 근거로 수익전망 및 흑자실현가능 시점추정 |
| 손익분기점분석 | • 수익과 비용이 일치되는 매출액(손익분기점매출액)은 어느 정도이며 어느 시점에 실현가능한지 분석<br>• 판매수량, 금액, 고정비, 변동비등이 균형을 이룰 수 있는지 검토 |
| 투자수익 및 계획사업의 경제성분석 | • 계획사업에 대한 투자규모와 어느 정도 수익실현이 가능한지 등 투자에 대한 경제성 검토 |

수익성 및 경제성분석은 수익전망(매출)분석. 손익분기점분석, 투자수익률(경제성)분석, 민감도분석의 4가지로 분석해볼 수 있다.

### 1) 수익 전망

① 향후 5년간 손익을 추정하였는가?(추정재무제표)
② 추정손익계산서에 의한 연도별 당기순이익은 어떠한가?
③ 경쟁사 대비 영업이익 및 당기순이익의 수준은 어떠한가?
④ 흑자실현이 가능한 시점은 최단 얼마인가?
⑤ 업계평균 대비 원가 수준은 어떠한가?
⑥ 판매관리비 수준은 영업규모와 비교하여 어떠한가?
⑦ 업계평균 자기자본수익률은 어떠한가?

### 2) 투자수익률 전망

① NPV(순현재가치: Net Present Value), IRR(내부수익률: Internal Rate of Return)에 의한 투자수익률은 얼마인가?
② 목표수익률은 실현가능성이 있는가?
③ 최소 이자수준 이상의 수익은 가능한가?
④ 계획사업의 경제성은 있는가?(종합)

### 3) 손익분기점(BEP)분석

손익분기점(Break Even Point: BEP)은 총수익과 총비용이 일치하는 판매량이나 판매금액으로서 이익도 손실도 없는 생산량 또는 판매량을 의미하며, 일정기간의 매출액(량)과 그 매출액(량)을 실현하기 위해서 지출된 총비용이 일치하는 시점의 매출액(량)을 말한다.

손익분기점은 사업 성패의 전환점으로서 손익분기점분석은 매우 중요하고 유용한 분석방법이다. 첫째, 손익분기점을 파악함으로써 최소한의 매출목표(판매예산)를 수립할 수 있으며, 둘째, 기업의 이익관리를 위해 손익분기점의 측정이 필요하다는 것이다.

손익분기점의 특징은 매출액이 이 점보다 많으면 이익 적으면 손실이 발생하고, 이 점의 위치가 높을수록 수익성이 낮고 낮을수록 수익성이 높다는 것을 의미하게 되며, 매출액이 전혀 없으면 고정비만큼 손실이 발생하는 것이다.

**손익분기점 비율과 경영안전율의 관계**

- 60% 미만 ································ 안전
- 60~70% 미만 ··························· 건전
- 70~80% 미만 ··························· 다소 건전
- 80~90% 미만 ··························· 요주의
- 90% 이상 ································ 위험

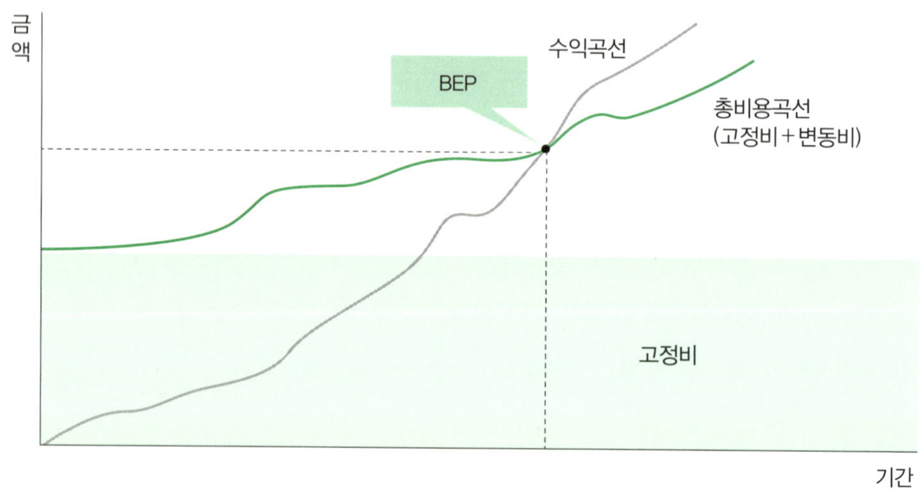


## 4) 민감도분석

### (1) 민감도분석의 개념

민감도분석(Sensitivity Analysis)은 기업의 경영환경에서 악조건으로 발생할 수 있는 제반 상황을 설정하여 본 계획사업 결과의 변화 여부를 분석하는 방법으로서 사업의 불확실성에 대비한 정보를 얻기 위하여 사업의 여러 조건이 변화할 때 사업의 경제성이 어떻게 변화할 것인지와 사업의 경제성이 어떻게 변화할 것인지를 분석한다.

첫째, 가까운 미래에 수익성에 영향을 줄 수 있는 변수가 있는가?

둘째, 경영환경의 주요 변수를 선정하여 그에 따른 이익의 변화를 검토하였는가?와 같

이 계획 중인 사업의 수익성은 미래의 상황이나 여건에 따라 변화하게 된다.

이러한 미래상황의 변동가능성(원자재가격, 제품가격, 영업비용 등의 변동)이 계획하는 사업의 수익성에 미치는 영향을 분석하는 것을 민감도분석이라 한다. 즉, 한 변수를 제외한 모든 변수들이 일정하다고 가정하고, 그 한 변수가 변화할 때 순현재가치(NPV)가 얼마나 민감하게 변화하는지를 분석하는 기법으로서 민감도분석의 최대 목적은 계획사업의 결과에 영향을 주는 변수를 찾아내는 것이다. 만일 변수 중에서 계획된 값이 비교적 적게 변하는 데도 NPV추정치가 민감하게 나타나는 변수가 있다면 그 변수와 관련된 예측위험이 높다고 할 수 있다.

### (2) 사례분석

① 시나리오 1: 시장점유율, 경쟁사의 출현, 노사분규 및 경영의 악화로 매출액이 10% 감소한 경우

② 시나리오 2: 물가상승의 제요인으로 인해 계획보다 제조원가가 10% 더 상승되었으나 이를 판매가격에 반영하지 못한 경우

③ 시나리오 3: 시나리오 1과 시나리오 2가 동시에 발생한 경우

| 구분(단위: 천원) | | 201x년 | 201y년 | 201z년 |
|---|---|---|---|---|
| 원안 | 매출액 | 1,650,000 | 5,400,000 | 6,900,000 |
| | 총원가 | 1,525,857 | 4,951,102 | 5,973,352 |
| | 세전순이익 | 124,143 | 448,898 | 926,648 |
| 시나리오 1 | 매출액 | 1,485,000 | 4,860,000 | 6,210,000 |
| | 총원가 | 1,525,857 | 4,951,102 | 5,973,352 |
| | 세전순이익 | ▽40,857 | ▽91,102 | 236,648 |
| 시나리오 2 | 매출액 | 1,650,000 | 5,400,000 | 6,900,000 |
| | 총원가 | 1,643,875 | 5,335,668 | 6,450,168 |
| | 세전순이익 | 6,125 | 64,332 | 449,832 |
| 시나리오 3 | 매출액 | 1,485,000 | 4,860,000 | 6,210,000 |
| | 총원가 | 1,643,875 | 5,335,668 | 6,450,168 |
| | 세전순이익 | ▽158,875 | ▽475,668 | ▽240,168 |

주) 민감도분석 결과: 순이익 기준으로 민감도가 높은 순서는 시나리오 3 → 1 → 2 순으로 현재보다 악화됨

## 4. 자금수지 및 성장성분석

창업함에 있어서 제일 먼저 고려해야 할 부분이 자금문제이다. 창업을 하기 위해서는 창업자금의 자금수지와 조달가능성, 자금운영계획에 대한 분석이 이루어져야 하는데 이를 자금수지분석이라 한다.

창업소요자금의 규모결정은 창업하려는 사업규모를 고려하여야 한다.

① 판매계획을 통하여 판매할 상품이나 서비스의 종류를 고려하여 계산함.

② 추정매출액, 광고비, 인건비 등을 파악하여 단기운전자금을 계산함.

③ 생산계획 또는 점포계획으로서 창업업종이 제조업일 경우에는 생산계획을 수립하고 판매업 및 서비스업일 경우는 점포계획을 수립함.

④ 일반관리비 및 판매비의 운영자금을 확보하여 계산함.

창업에서 무엇보다도 중요하게 파악하여야 할 사항이 위험요소분석이다.

**자금수지분석 체크리스트**

| 분석 요소 | 세부분석항목(체크리스트) |
|---|---|
| 소요자금 및 조달능력분석 | • 운영자금은 비목별로 구분하여 산정하였는가?<br>• 시설자금은 비유동자산(고정자산) 및 비품 등을 구분하여 산정하였는가?<br>• 소요자금은 미래의 불확실성을 고려하여 산정되었는가?(실필요자금×몇 배수)<br>• 소요자금 규모는 자금조달능력과 연계하여 산정되었는가?<br>• 소요자금의 규모는 적정한가?<br>• 소요자금의 조달가능성은 있는가?<br>• 차입금 상환계획은 적정한가?(상환능력 및 상환가능성) |
| 자금조달 및 운영계획분석 | • 자금조달계획은 계획대로 실현될 가능성은 있는가?<br>• 자금조달계획은 창업자 및 경영자의 상황이 고려되었는가?<br>• 자금조달 및 운용계획은 단기, 중기, 장기로 나누어 계획되었는가?<br>• 자금조달 및 운용계획은 객관적인 자료에 근거하고 누락된 항목은 없는가? |
| 위험요소분석 | • 계획된 사업에 있어서 위험요소가 존재하는가?<br>(경쟁사, 자재파동, 금리/환율변화 등)<br>• 계획한 사업의 위험요소는 무엇인가?<br>• 위험요소 발생 시 대응방안은 있는가? |
| 성장성분석 | • 매출액, 당기순이익, 기업 외적 규모 등 종합적으로 판단할 때 성장가능성을 가지고 있는가?<br>• 성장가능하다면 어느 정도 성장가능한가? |

대부분의 창업이나 신규사업에 대한 투자 여부에 대한 의사결정은 위험과 불확실성하에서 의사결정을 할 수밖에 없기 때문에 필연적으로 위험이 존재하게 된다.

창업 후 예상할 수 있는 위험요소는 업종별, 규모별, 지역별, 시기별로 매우 다양한 원인으로부터 발생하게 된다. 예를 들어, 시장·관련 위험요인으로서 경쟁기업의 참여, 공급업체의 조업중단, 제품수요의 감소와 제품믹스의 부적절, 경제상황의 악화 등이 있으며, 재산 관련 위험요인으로서 화재 및 자연재해, 강도 및 사기 등 다양한 위험요인에 직면할 수 있기 때문이다. 따라서 계획한 사업의 위험요소는 무엇인지, 위험요소 발생 시 대응방안은 있는지를 사전에 충분히 준비하여야 한다.

**환경변화에 따른 위험요소**

| 구분 | 위험요소 |
|---|---|
| 정책변동 | • 조세 및 관세정책이 변화<br>• 금리 및 환율의 변동<br>• 생산기업인 경우 중소기업 고유 업종의 해제와 수입개방<br>• 환경규제 |
| 시장경쟁 변화 | • 경쟁기업의 참여(대기업 포함)<br>• 판매단가의 조정 |
| 생산요소의 변동 | • 주요 원자재의 파동가능성<br>• 생산량 및 판매량, 가동률의 변동가능성<br>• 전략제품의 변경 |
| 기타 | • 노사분규<br>• 시설자금 및 소요운전자금의 적기조달 실패<br>• 법률상의 제약<br>• 기타 창업업종에 대한 위험요소 등 |

# 제5절 사업타당성분석 실습

## 1. 창업타당성평가 프로그램을 활용한 사업타당성평가

창업 사업타당성평가 프로그램 엑셀시트를 활용하여 실습을 진행한다.

## 1) 평가항목별 결과 종합

※ 평점은 예시임

<table>
<tr><th rowspan="3">평가요소</th><th rowspan="3">평가 체크리스트</th><th colspan="6">평점기준</th></tr>
<tr><th>Be</th><th>G</th><th>N</th><th>Ba</th><th>W</th><th rowspan="2">평가<br>여부</th></tr>
<tr><th>5</th><th>4</th><th>3</th><th>2</th><th>1</th></tr>
<tr><td rowspan="3">사업자능력</td><td>목적의식, 유연성, 사회적 책임감, 봉사정신 등 마인드는 어떤가?</td><td>5</td><td></td><td></td><td></td><td></td><td></td></tr>
<tr><td>성격과 스타일은 사업을 하기에 적합한가?</td><td></td><td></td><td>3</td><td></td><td></td><td></td></tr>
<tr><td>주어진 문제에 대한 결단력과 해결방안에 대한 실천력은 어떤가?</td><td></td><td>4</td><td></td><td></td><td></td><td></td></tr>
<tr><td rowspan="2">시장성</td><td>전체 시장규모 및 시장잠재력은 어떤가?</td><td></td><td></td><td>3</td><td></td><td></td><td></td></tr>
<tr><td>시장 성장추세는 어떤가? (국내외 성장추세 종합)</td><td></td><td>4</td><td></td><td></td><td></td><td></td></tr>
<tr><td rowspan="2">기술성</td><td>경쟁(유사)기술에 비해 독창성은 뚜렷한가?</td><td></td><td></td><td></td><td></td><td></td><td>×</td></tr>
<tr><td>연구개발 책임자 및 인력의 수준은 적당한가?</td><td></td><td></td><td></td><td></td><td></td><td>×</td></tr>
<tr><td rowspan="3">수익성</td><td>흑자 실현은 얼마나 빨리 달성 가능한가? (일반적으로 2~3년)</td><td></td><td></td><td>3</td><td></td><td></td><td></td></tr>
<tr><td>추정 손익계산서에 의한 연도별 당기순이익의 수준은 어떤가?</td><td></td><td>4</td><td></td><td></td><td></td><td></td></tr>
<tr><td>경쟁사(또는 동종업종) 대비 당기순이익의 수준은 어떤가?</td><td></td><td>4</td><td></td><td></td><td></td><td></td></tr>
<tr><td>소계</td><td>평가 체크리스트 10개 항목</td><td>5</td><td>16</td><td>9</td><td>0</td><td>0</td><td>2</td></tr>
<tr><td>평가지수</td><td>75.00   |   평가등급</td><td colspan="6">B</td></tr>
</table>

1. 각 평가 체크리스트마다 해당점수 기입
2. 평가대상 사업과 관련이 없는 평가 체크리스트는 평가 여부에 ×표시 → 평가에서 제외됨.
3. 평점기준

| 구분 | 평점 | 평가기준 |
|---|---|---|
| Be(Best) | 5점 | 매우 긍정적일 경우(매우 적절, 매우 적당, 매우 높음 등) |
| G(Good) | 4점 | 긍정적일 경우(대체로 적절, 대체로 적당, 대체로 높음 등) |
| N(Normal) | 3점 | 보통일 경우(보통수준) |
| Ba(Bad) | 2점 | 부정적일 경우(다소 부적절, 다소 부적당, 다소 낮음 등) |
| W(Worst) | 1점 | 매우 부정적일 경우(매우 부적절, 매우 부적당, 매우 낮음 등) |

## 2) 평가지수 및 평가등급

### (1) 가중치 선정

| 평가부문 | 업태별・부문별 평가지수 가중치 | | | |
|---|---|---|---|---|
| | 제조업 | 도소매업 | 서비스업 | 건설업 |
| 사업수행능력 및 적합성 | 25 | 20 | 20 | 20 |
| 시장성 | 15 | 30 | 20 | 20 |
| 기술성 | 25 | 0 | 10 | 20 |
| 수익성 및 경제성 | 20 | 30 | 30 | 20 |
| 자금수지 및 성장성 | 15 | 20 | 20 | 20 |
| 합계 | 100 | 100 | 100 | 100 |

### (2) 평가지수 및 평가등급

| 평가부문 | 평가지수 (a) | 가중치 (b) | 가중평가지수 (a)×(b) | 평가등급 및 필요조치 |
|---|---|---|---|---|
| 사업수행능력 및 적합성 | | 25 | | |
| 시장성 | | 15 | | |
| 기술성 | | 25 | | |
| 수익성 및 경제성 | | 20 | | |
| 자금수지 및 성장성 | | 15 | | |
| 종합평가지수 | | | | |

**▌평점수준에 따른 필요조치 사항▐**

| 평가등급 | | 평가지수 범위 | 평가등급 내용 및 필요조치 | |
|---|---|---|---|---|
| S | 매우 양호 | 95 이상 | 체계적인 실행 | 사업 성공을 위해 체계적인 전략 실행이 필요 |
| A | 양호 上 | 80 이상 ~ 95 미만 | 핵심역량 강화 | 사업 성공을 위해 핵심역량 강화가 필요 |
| B | 양호 下 | 70 이상 ~ 80 미만 | 차별화 전략 | 사업 성공을 위해 차별화 전략이 필요 |
| C | 보통 | 50 이상 ~ 70 미만 | 부분적인 보완 | 사업의 부분적인 보완이 필요 |
| D | 불량 | 30 이상 ~ 50 미만 | 사업 재검토 | 사업의 전면적인 재검토가 필요 |
| F | 매우 불량 | 30 미만 | 사업포기 결단 | 사업의 포기 또는 철수가 권고(창업자의 결단) |

## 3) 부문별 평가의견 및 권고사항

| 평가부문 | 평가등급 | 평가의견 | 개선 및 권고사항 |
|---|---|---|---|
| 사업수행능력 및 적합성 | | | |
| 시장성 | | | |
| 기술성 | | | |
| 수익성 및 경제성 | | | |
| 자금수지 및 성장성 | | | |

## 4) 종합평가의견

### (1) 종합의견

| 종합평가지수 | | 종합평가등급 | |
|---|---|---|---|
| 개선 및 권고사항 | | | |

### (2) 종합차트분석

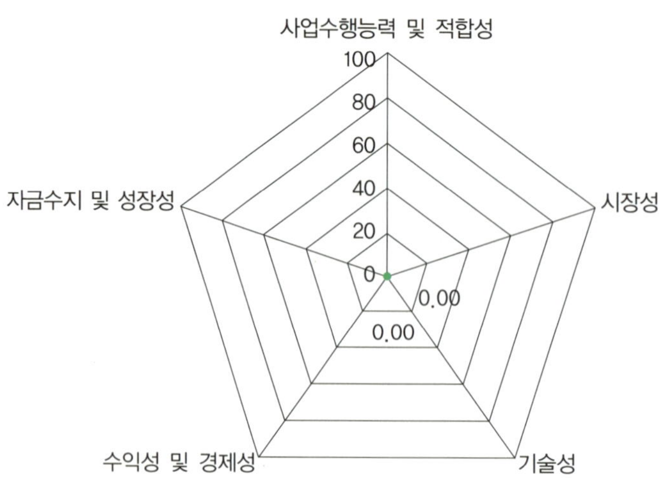

## 2. 창업역량진단 체크리스트(www.k-startup.go.kr)를 활용한 실습

### 1) 자가진단지의 작성목적

중소벤처기업부가 주관하고 창업진흥원이 운영하는 K-startup 진단 프로그램을 활용하여 창업역량을 진단할 수 있다. 자가진단 키트의 결과를 통해 본인의 사업역량과 사업아이템의 부족한 점을 보완할 수 있는 기회를 제공한다.

### 2) 자가진단지의 구성

진단트랙은 창업자역량, 시장조사, 아이템분석, 비즈니스모델, 비즈니스전략 등으로 구성되어 있다.

① 창업자역량은 창업자의 기업가정신 및 창업을 위한 준비 정도를 점검하는 트랙
② 시장조사는 제품과 시장을 정의하고 창업자가 자발적 행위에 의해서 시장을 파악했는지를 점검함과 동시에 시장구조분석, 외부환경분석 등을 점검하는 트랙
③ 아이템은 제품/가격차별성과 기술경쟁력과 혁신성, 고객니즈 등을 점검하는 트랙
④ 비즈니스 모델은 비즈니스 모델 수립, 판매방식, 생산방식과 마진 등을 점검하는 트랙
⑤ 비즈니스전략은 생산, 판매, 인력, 자금전략 등을 점검하는 트랙

### 3) 자가진단지의 결과

진단결과는 트랙별 진단항목에 대한 점수와 도식화된 그래프로 결과를 볼 수 있고, 진단결과에 따른 분석 및 해결방향을 확인할 수 있는 멘토링 의견이 제공된다.

### 4) 자가진단지의 유형 구분

자가진단지는 성장단계, 업태의 종류, 고객의 유형 등에 따라 진단지의 유형을 구분하여 작성할 수 있으며, 자가진단지의 유형은 총 16종으로 이루어져 있다. (예비)창업자는 한 유형을 선택하여 작성하면 다음 3개월 동안 다른 유형의 진단지는 선택할 수 없다.

### 5) 성장단계 구분

성장단계의 구분은 기간, 매출액, 목표시장/고객의 정도, 조직원의 수 등으로 구분할 수 있지만 본 진단지에서는 사업자등록의 기간을 기준으로 구분한다.

① 예비창업단계: 아직 사업자등록을 하지 않은 상태인 창업자
② 창업단계: 창업한지(사업자등록일 기준) 1년 미만인 경우
③ 성장단계: 창업한지(사업자등록일 기준) 1년 이상 3년 미만인 경우
④ 성숙단계: 창업한지(사업자등록일 기준) 3년 이상 5년까지인 경우

### 6) 제조/서비스(업태의 유형)

제조와 서비스의 구분은 업태에 따라 구분한다.

① 제조는 업태가 제조, 건설 등의 (예비)창업자
② 서비스는 업태가 서비스, 도소매, 기타 등의 (예비)창업자

### 7) B2B/B2C(고객의 유형)

B2B와 B2C는 거래 유형에 따라 구분한다.

① B2B(Business to Business): 창업자가 창업아이템을 가지고 거래하고자 하는 고객인 기업, 정부 등
② B2C(Business to Customer): 창업자가 창업아이템을 가지고 거래하고자 하는 고객인 일반인들을 대상으로 하는 경우

※ (예비)창업자들이 고객의 유형이 B2B, B2C 모두 해당되는 경우에는 좀 더 비율이 높은 고객의 유형을 고려하여 진단지를 선택하면 된다.

**창업진흥원 K-startup 사이트 초기화면**

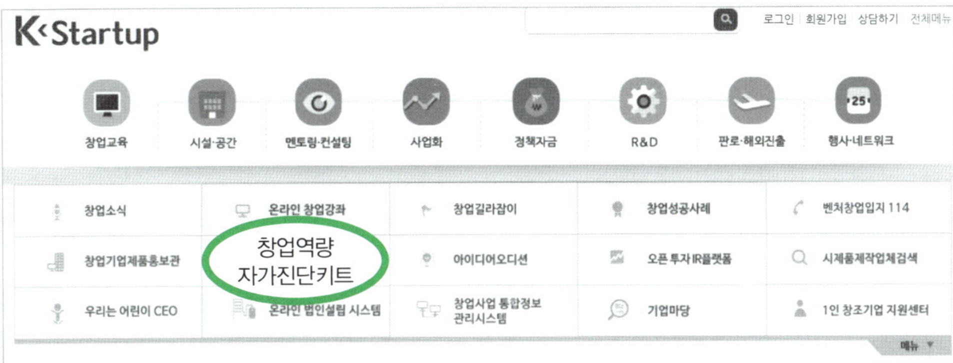


**창업역량진단 기초자료 입력화면**

### 진단결과 분석도표

| 트랙항목 | 점수 | 진단결과 |
|---|---|---|
| 창업자역량 | 5.57 | 창업3단계 |
| 시장기회 | 4.6 | 창업2단계 |
| 아이템분석 | 5.47 | 창업3단계 |
| 비즈니스 모델 | 4.86 | 창업2단계 |
| 전략 | 3.74 | 창업1단계 |

◉ 방사형 ○ Bar(가로) ○ Bar(세로)

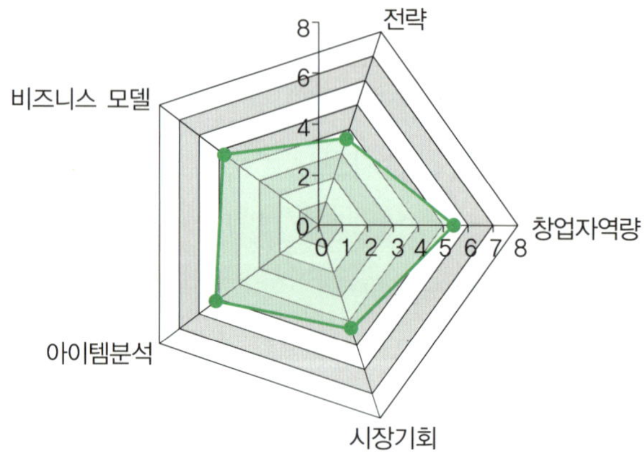

## Review Point

### [학습목표 확인]

1. 사업아이템 발굴 방법을 설명할 수 있다.
2. 후보아이템 선정절차를 설명할 수 있다.
3. 사업타당성분석의 필요성에 대하여 설명할 수 있다.
4. 사업타당성분석 프로세스를 설명할 수 있다.
5. 사업타당성 평가요소의 종류를 설명할 수 있다.
6. 사업타당성분석을 위하여 5가지 요소를 분석도구를 활용하여 분석할 수 있다.
7. 5가지 요소를 분석도구를 활용하여 본인이 분석한 결과에 대하여 설명할 수 있다.

### [다음 단계 소개: Chapter 12]

Chapter 12에서는 창업사업계획을 수립하기 위하여

1. 다음 단계에서는 최종 선정된 아이템에 대한 시장, 고객, 경쟁사 등을 분석하고 사업계획수립의 방법에 대하여 학습하고,
2. 선정된 아이템에 대한 실제 사업계획서를 작성실습을 수행하며,
3. 작성된 사업계획에 대한 검토를 할 것이다.

Chapter 12

# 창업사업계획



## 제1절 사업계획서의 정의

### 1. 사업계획서의 의미

사업계획서(business plan)는 개인이나 기업이 새로운 프로젝트나 계획하고자 하는 사업의 미래청사진을 보여주는 문서를 말한다. 주로 사업의 목적과 전략, 계획 등을 종합적으로 정리한 종합 실행계획서라고 할 수 있다.

구체적으로 설명하면 사업의 목표가 무엇인지 제시하고 어떻게 목표에 도달할 것인지에 대해 객관적으로 정리한 실행지침이며, 나아가 효과적으로 사업을 수행하고 사업 성공률을 높이기 위한 필수 문서라 할 수 있다.

이러한 사업계획서에는 주로 조직의 현황과 구조, 아이템, 시장현황, 마케팅, 재무현황과 계획, 실행전략 등을 기입한다. 또한 사업계획서는 목적에 따라 내용이 달라지며, 주로 사업의 효과적인 수행, 사업의 인가/허가, 사업자금의 조달을 목표로 작성된다.

## 2. 사업계획서의 필요성

### 1) 체계적인 사업준비를 하는 데 유리

사업의 목표와 사업추진에 필요한 내용을 포함한 문서로서 계획사업의 지침서이며 체계적인 사업준비를 하는 데 유리하다.

### 2) 내비게이션 역할을 통해 창업기간을 단축

사업의 목표달성을 위해 최적의 방법을 제시한 내비게이션으로 창업기간을 단축한다.

### 3) 사업 성공가능성 증진

사업추진 중에 발생할 수 있는 실수와 불필요한 자원사용을 감소시켜 사업 성공가능성을 높여준다.

### 4) 자금조달의 수단

외부기관이나 투자자에게 사업의 이해도를 높일 수 있으며 사업의 성과로 하여금 어떠한 기대수익을 얻을 수 있을지 객관적으로 설득할 수 있는 자금조달의 수단이다.

### 5) 사업추진 이해도 증진

창업팀이나 구성원, 이해관계자들로 하여금 사업추진 이해도를 높여주며 구성원의 사업추진을 수월하게 한다.

### 6) 경영활동을 위한 경험의 기록물

사업의 성공이든 실패든 그에 대한 수행기록물로 활용가능하며 향후 현명한 경영활동을 위해 필요한 기록물로서 가치가 있다.

## 3. 사업계획서의 용도

일반적으로 사업계획서는 창업자나 회사의 내부구성원으로 하여금 내비게이션 역할과 외부기관이나 투자자, 은행 등으로부터 자금을 조달하는 역할, 어떤 경우에는 사업을 수행할 수 있도록 정부기관으로부터의 인가/허가, 인증 등을 취득하기 위한 용도로 작성된다.

**▌사업계획서의 용도▐**

<table>
<tr><th colspan="2">용도</th><th>주요 내용</th><th>형태</th></tr>
<tr><td colspan="2">내부지침용</td><td>• 사업의 운영<br>• 전략의 수립</td><td>자유양식</td></tr>
<tr><td rowspan="6">외부제출용</td><td>외부홍보용</td><td>• 영업활동, 사업제안<br>• 전략적 제휴<br>• 입찰, 등록</td><td>별도양식</td></tr>
<tr><td>인가/허가용</td><td>• 창업사업계획 승인<br>• 중앙정부기관 및 지자체 인·허가</td><td>별도양식</td></tr>
<tr><td>기술평가용</td><td>• 기술가치 평가<br>• 벤처기업인증평가<br>• 이노비즈인증평가</td><td>별도양식</td></tr>
<tr><td rowspan="2">자금조달용</td><td>• 투자유치<br>• 금융기관 대출신청</td><td>자유양식</td></tr>
<tr><td>• 정책자금신청<br>• 보증신청</td><td>별도양식</td></tr>
<tr><td>사업신청용</td><td>• 창업지원기관 입주신청<br>• 기관의 인증신청<br>• 기타 사업신청</td><td>별도양식</td></tr>
</table>

## 제2절 사업계획서 작성절차

사업계획서는 목적과 용도에 따라서 내용 기술을 달리해야 하고, 작성 전에 미리 기본 계획과 작성순서를 설정해야 시간과 노력을 절약할 수 있으며, 내용도 충실해질 수 있다. 또한 본인이 직접 작성할 것인가 전문가에게 의뢰할 것인가도 결정해야 한다.

일반적으로 사업계획서는 아래 그림과 같은 절차를 통해서 작성해야 한다.

**사업계획서 작성 순서도**

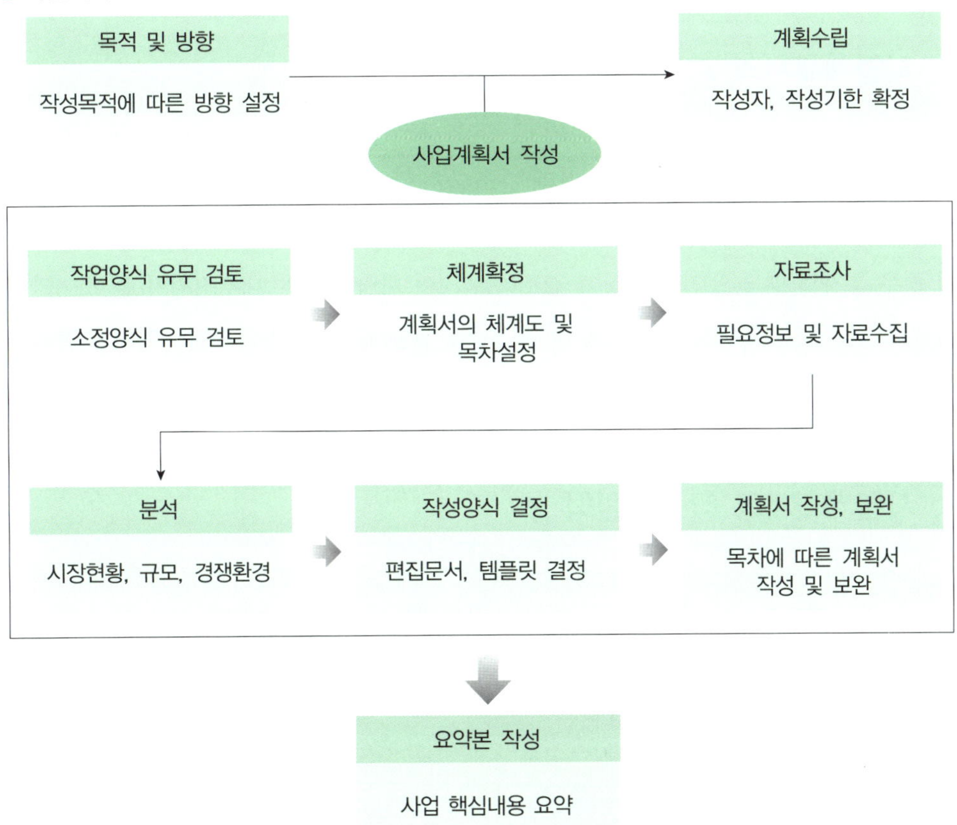

# 제3절 사업계획서 작성원칙

## 1. 사업계획서의 작성시기

사업계획서는 아이디어 구상 단계에서부터 작성하는 것이 바람직하며, 5W2H기법[1)]이나, 예비아이템 선정평가 과정을 통해 사업타당성을 어느 정도 확보해가면서 자료를 수집해가야 한다.

## 2. 사업계획서의 강조사항

사업계획서는 누가 볼 것인가에 따라 강조해야 할 내용들이 달라진다. 금융기관 같은 경우는 대출의 목적이 있으므로 추정재무제표, 상환계획, 담보 등이 중요하며 투자자들일 경우 투자의 매력 포인트를 찾아 강조하는 것이 바람직하다. 내부직원이 볼 것이라면 미션, 비전, 경영철학, 경영목표, 실행계획 등이 우선시되어야 할 것이다. 이처럼 사업계획서는 누가 볼 것인지에 따라 강조해야 할 부분이 다르다.

## 3. 사업계획서의 작성 5원칙

우수한 사업계획서를 작성하기 위해서는 사업계획서 작성에 충분한 시간과 철저한 자료조사가 필요하며 목적의 적합성, 일관성, 객관성, 명료성, 핵심전략 등의 5가지 원칙을 가지고 작성하는 것이 바람직하다.

---

1) 5W2H란 일반적으로 알고 있는 육하원칙에 How much가 추가된 기법이다. 기업의 문제해결이나 개선방안을 찾고자 할 때 목표설정, 보고서, 기획서를 작성할 때도 많이 사용되는 기법으로 What, Why, Who, Where, When, How, How Much에 맞춰 의견을 작성한다.

### 1) 목적의 적합성(suitability)

사용용도와 목적에 적합하도록 작성하여야 한다.

### 2) 일관성(consistency)을 유지

계획사업의 앞부분부터 마지막까지 목적이나 계획상의 일관성이 있어야 하며, 문체의 일관성을 유지하여야 한다.

### 3) 객관성(objectivity)을 확보

개인적인 생각과 추정을 피하고 객관적 데이터를 근거로 사실에 접근하여야 한다. 사업계획서는 제3자의 설득을 목적으로 하는 경우가 대부분이므로 객관적인 사실과 전문적인 분석 및 기술을 통해 신뢰성을 확보하여야 한다.

### 4) 명료성(clarity)

계획하고자 하는 사업내용을 명확히 제시하여야 한다. 아이템, 자금, 인력, 산업현황 등 사업에 관련된 주요 핵심요소를 골고루 포함하여야 하며 내용의 중복성을 피하고 누구나 이해하기 쉽도록 표현해야 한다.

### 5) 핵심전략(core strategy)

기존사업이나 경쟁업체와 차별화될 특징 및 핵심전략을 부각한다. 보유한 강점이 무엇이며 어떠한 방법으로 계획사업의 목표달성을 할 것인지 확실하게 제시한다.

## 4. 사업계획서의 구성요소

사업계획서는 용도와 사용목적에 따라 구성요소가 다소 다를 수 있으나 공통적으로 회사개요, 사업개요, 제품 및 서비스, 시장분석, 개발계획, 생산 및 운영계획, 마케팅 계획,

자금조달 및 재무계획, 인력 및 조직계획, 추진계획 등 10가지 핵심요소들이 포함되어야 한다.

**▌사업계획서 작성 10요소▐**

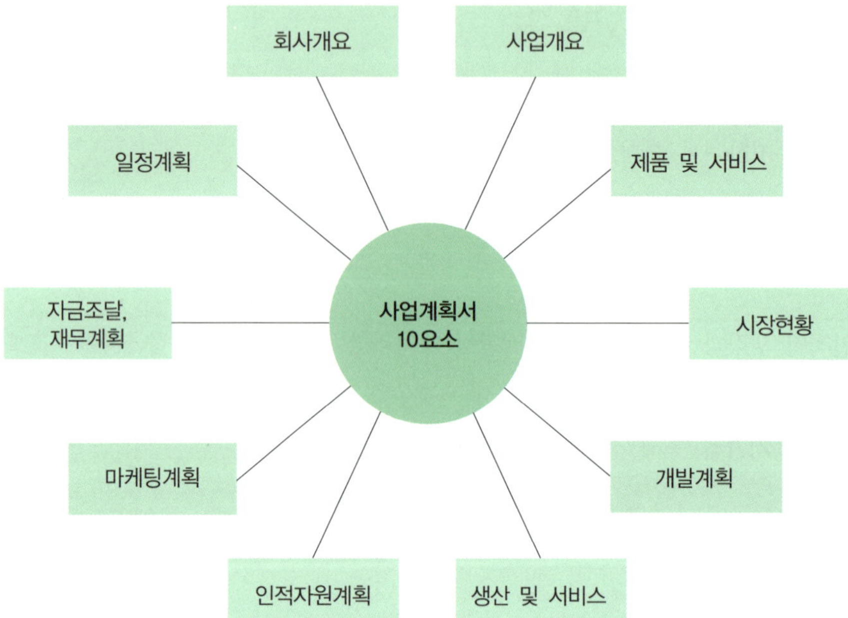


특히 창업 성공의 핵심 5요소인 사람, 아이템, 시장, 자본, 전략에 대해서는 반드시 상세히 작성해야 한다.

## 제4절 부문별 사업계획서 작성방법

### 1. 사업계획서 작성체계

사업계획서는 아이템과 용도에 따라 다양한 내용으로 전개되지만 '무엇으로 얼마를 투자해서 어떠한 방법을 통해 어떤 결과를 얻을 것이다'란 답변을 객관적으로 제시할 수 있어야 한다.

이와 같은 체계를 그림으로 나타내면 다음과 같다.

**▌사업계획서 체계도▐**

사업계획서는 위 그림과 같은 체계도와 더불어 보는 이로 하여금 이해를 쉽게 하기 위한 일정한 형태의 흐름을 갖고 있다. 이 또한 사업계획서의 아이템과 용도에 따라 다르지만 대부분의 사업계획서에서는 먼저 소개하고, 분석하고, 계획하고, 결과를 확인하는 과정의 흐름을 나타낸다.

첫 번째, '무엇을'이라는 질문에 대해 회사, 창업자, 아이템, 기술, 제품(서비스), 역량, 비전 등을 소개하는 단계로 시작한다.

두 번째, '어디에서'라는 질문에 대해 제품(서비스)이 속해 있는 산업의 환경, 기술환경, 경쟁현황, 시장추이, 상권 및 입지, 창업기업의 내부역량, 기술역량 등을 분석하는 단계로 이어진다.

세 번째, '얼마로'라는 질문에 대해 소요될 자금의 수준과 조달방안을 계획한다.

네 번째, '어떻게'라는 질문에 대해 목표달성을 위한 추진전략과 생산/운영방안, 마케팅방안, 조직/인력운영방안 등을 설정하게 된다.

다섯 번째, '어떤 결과'라는 질문에 대해 매출, 이익, 전략의 실행결과 등을 확인하는 단계로 마무리된다.

## 2. 사업계획서의 목차사례

사업계획서 작성 중 내용기술에 앞서 가장 중요하게 진행해야 할 부분이 바로 목차를 설계하는 단계인데, 사업계획서 작성의 설계도와 같은 역할을 한다.

사업계획서가 담고 있는 전반적인 내용을 설명할 수 있어야 하며, 외부기관의 제출용이 아닌 이상 정형화된 형식은 없고 사용용도나 아이템에 따라 가장 적합한 형식으로 작성하면 된다. 다음은 자금조달을 목적으로 하는 경우의 일반적인 사업계획서 목차 예시이다.

### 1) 제조 및 서비스업

**제조 및 서비스업 사업계획서 목차사례**

| 목차 | | |
|---|---|---|
| Ⅰ. 회사개요<br>1. 회사현황 및 연혁<br>2. 자본금 및 주주현황<br>3. 비전·경영이념<br>4. 사업개요<br>5. 조직 및 인적자원<br>6. 주요 경영목표<br>7. 전략적 제휴<br><br>Ⅱ. 제품/서비스<br>1. 사업추진 배경<br>2. 제품(서비스)개요<br>3. 사업전략방향<br>4. 사업영역/사업포트폴리오<br>5. 핵심역량과 핵심제품 | Ⅲ. 시장환경분석<br>1. 산업 및 시장분석<br>2. 시장전입 및 성장전략<br>3. 경쟁분석 및 경쟁우위전략<br><br>Ⅳ. 사업운영계획<br>1. 제품/서비스 및 개발계획<br>2. 생산 및 설비투자계획<br>3. 자재조달계획<br>4. 판매 및 마케팅계획<br>5. 세부실행계획<br>6. 세부일정계획 | Ⅴ. 재무전략<br>1. 매출계획<br>2. 추정재무제표<br>3. 투자소요자금<br>4. 자금조달계획<br>5. 투자조건 |

### 2) 요식업

**요식업 사업계획서 목차사례**

| 목차 | | |
|---|---|---|
| Ⅰ. 회사일반현황 | Ⅲ. 점포입지 및 상권분석 | Ⅴ. 자금조달 및 차입금상환계획 |
| 1. 창업회사개요 | 1. 상권현황 및 특성 | 1. 추정소요자금 및 조달계획 |
| 2. 회사연혁 | 2. 경쟁점포 상권분석 | 2. 담보제공계획 |
| 3. 대표자 이력사항 | 3. 상권분석 | 3. 차입금상환계획 |
| 4. 경영진현황 | 4. SWOT분석 | |
| 5. 주주현황 | | Ⅵ. 재무전략 |
| 6. 조직 및 인원현황 | Ⅳ. 부문별 사업추진계획 | 1. 추정재무제표 |
| 7. 회사재무현황 | 1. 사업전개방안 | 2. 투자제안사항 |
| | 2. 입지 및 설비 | |
| Ⅱ. 아이템의 개요 | 3. 조직 및 인원계획 | |
| 1. 메뉴의 개요 | 4. 행사 및 마케팅계획 | |
| 2. 메뉴특성 및 장점 | 5. 재료구입계획 | |
| 3. 메뉴가격 | 6. 매출계획 | |
| 4. 메뉴사진 | 7. 경비지출계획 | |
| 5. 아이템 개발계획 | 8. 사업추진 일정계획 | |
| 6. 핵심고객 | | |

## 3. 부문별 사업계획서 작성

사업계획서의 분량은 일반적으로 30~40페이지 정도가 적합하지만 상황과 검토자의 특성에 따라 그에 적합한 수준으로 준비하여야 한다. 다만 사업계획서의 양이 많아질 것으로 판단된다면 반드시 사업계획서의 요약본을 만드는 것이 바람직하다.

이러한 사업계획서의 각 부문별 작성방법을 살펴보면 다음과 같다.

### 1) 회사개요

회사의 일반적인 소개를 기록하며 주요 제품과 서비스, 창업자 및 경영진 소개, 핵심역량, 재무현황 등을 간략히 표현한다.

**▌회사개요 작성사례▐**

| 회사(점포)명 | | 가나다시스템 | | 설립년월일 | 2018년 4월 10일 |
|---|---|---|---|---|---|
| 대표자명 | | 가나다 | | 사업자등록번호 | 000-00-00000 |
| 소재지 | 본사 | (12345)서울시 영등포구 가나다로 12, 2F | | | |
| | 공장(매장) | (12345)서울시 영등포구 가나다로 12, 1F | | | |
| 전화번호 | | 02-123-4567 | | 팩스번호 | 02-123-4567 |
| 홈페이지 | | www.ganada.com | | 전자우편 | ganada@ganada.com |
| 업태(업종) | | 서비스업(인터넷 서비스) | | | |
| 아이템 | | 웹 프로그램 설계, 3D 홈페이지 구축 | | | |
| 사업규모(최근년도) | | 자본금 | 50 백만원 | 매출액 | 200 백만원 |
| | | 총자산 | 300 백만원 | 종업원수 | 5명 |

**▌경영진 소개 작성사례▐**

| 주요 경영진 | |
|---|---|
| 대표이사<br>가나다 | • ○○대 공학사<br>• ○○은행 중국 금융 서비스부/부장<br>• 한국○○은행 중국파견<br>• 대만○○은행 응용시스템개발팀/매니저<br>• 개발경력 22년 |
| CMO<br>다라마 | • ○○대학 전자계산학 박사<br>• (주)○○○ 전략기획/부장<br>• (사)국제○○○/사무국장<br>• ○○○○파워컨설팅사업부/차장<br>• 미래○○○ 컨설팅사업부/대리<br>• ○○컴퓨터 서비스기획/주임 |
| CTO<br>아자카 | • ○○대학교 컴퓨터공학 학사<br>• ○○○유한공사 개발본부/과장<br>• (주)서○○○○ 개발팀장<br>• 개발경력 7년<br>• 4개 국어 능력(중국어, 일본어, 영어, 한국어) |

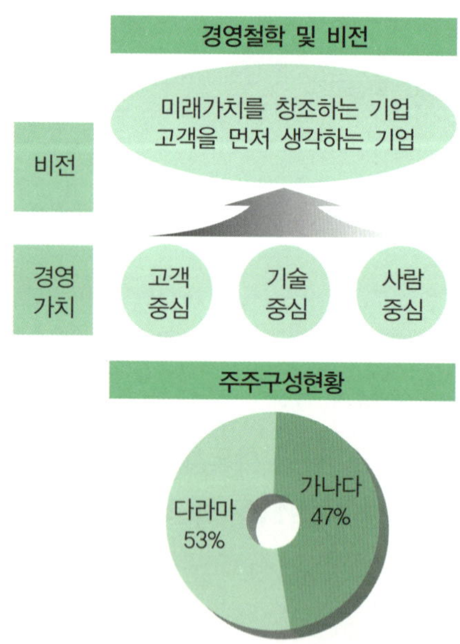


## 2) 사업개요

사업에 관한 전반적인 내용을 기술하는 것으로 고객에게 제공할 제품이나 서비스에 대한 설명, 창업배경 및 동기, 창업목표, 창업아이템의 중요성 등도 기술한다.

## 창업아이템 소개 작성사례

| 3D콘텐츠 | |
|---|---|
| 제품의 특징 | • 일반인도 쉽게 실감형 미디어 콘텐츠를 만들고 이를 다른 이들과 공유할 수 있는 오픈코스 플랫폼<br>• 누구나 소비자와 공급자가 될 수 있으며, 일반인도 콘텐츠 공급자가 되어 이윤창출 도모 가능<br>• 방송사, 학교, 대기업이 제공하는 고품질의 콘텐츠 제공가능 |

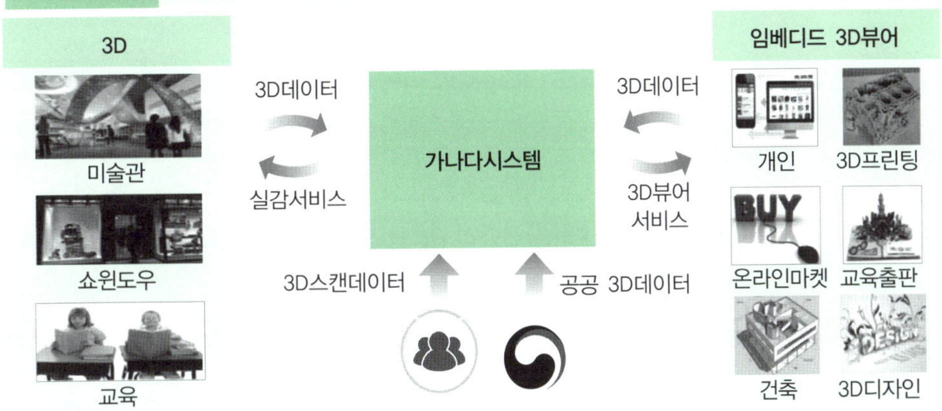


## 비전 및 경영가치 작성사례

|  | | | | |
|---|---|---|---|---|
| 비전 | 미래가치를 창조하는 기업<br>고객을 먼저 생각하는 기업 | | | |
| 경영가치 | 고객중심 | 기술중심 | 사람중심 | |
| 중장기 경영목표 | 매출 10억원 달성 | | 3D 기술특허 | |
| 전략목표 | 재무성과 향상 | 비즈니스 안정화 | 관리시스템 혁신 | 기술혁신 |
| | • 매출액 10억원<br>• 순이익 2억원<br>• 자본금 2억원 | • 3D(20%)<br>• 홈페이지(20%)<br>• 디바이스(20%)<br>• 플랫폼(40%) | • 회계관리시스템<br>• 내부등제시스템<br>• 인사관리시스템 개선<br>• BSC(경영성과관리)시스템 | • 기술등급평가결과 BBB<br>• 3D 핵심 특허출원 |

**사업개요 세부항목별 내용**

| 항목 | 주요 내용 |
|---|---|
| 창업아이템 소개 | 창업아이템은 무엇이며, 특징은 어떠한가? |
| 창업배경 및 동기 | 창업을 하게 된 이유는 무엇인가? |
| 창업목표 | 창업을 통해 달성하고자 하는 목표는 무엇인가? |
| 창업아이템 기여도 | 창업아이템이 주는 기술적·경제적·사회적 가치는 무엇인가? |

### 3) 제품 및 서비스

창업하고자 하는 제품과 서비스에 대한 내용을 기술하는 것으로서 제품 및 서비스의 개요, 구성, 용도 및 특성, 장·단점, 지적재산권, 관련 산업의 기술동향 등을 기술한다.

**제품/서비스/요식업 메뉴 소개 작성사례**

제조/서비스

| 구분 | ○○제품(서비스) | ○○제품(서비스) |
|---|---|---|
| 제품/서비스의 개요 | | |
| 사용용도 (제공방법) | | |
| 적용분야 | | |
| 제품특성 | | |
| 우수성 (특허) | | |
| 가격(원가) | | |
| 예상 판매가 | | |
| 사진 | | |

요식업

| 구분 | 메뉴설명 |
|---|---|
| 간장게장 | 100% 국내산(서산)<br>나트륨 함유량○○<br>○○○인증<br>충청남도 ○○○우수상품<br>가격: 원가(○○○○원)<br>예상판매가(○○○○원)<br>주요 대상고객: 40대 주부 |
| 간장전복 | 100% 국내산(완도)<br>나트륨 함유량○○<br>○○○인증<br>충청남도 ○○○우수상품<br>가격: 원가(○○○○원)<br>예상판매가(○○○○원)<br>주요 대상고객: 40대 주부 |

기본적인 설명이 끝나면 다음의 체크리스트를 통해 기술된 내용을 점검해보고, 그 내용을 포함하도록 작성해본다.

| 체크리스트 | Yes | No |
|---|---|---|
| 고객에게 제공하려는 제품/서비스가 명확히 기술되었는가? | | |
| 비전문가가 보더라도 이해하기 쉽게 기술되었는가? | | |
| 누가 고객인지 명확히 기술되었는가? | | |
| 고객이 제품/서비스를 왜 구매하는지 기술되었는가? | | |
| 기존 제품/서비스와 비교할 때 해당 제품/서비스의 차별화 요인이 설명되고 있는가? | | |

## 4) 시장현황

창업아이템을 판매하고자 하는 시장에 관한 내용을 기술하는 것으로서 시장특성, 동향, 규모, 고객특성, 경쟁사 및 경쟁제품, 기회 및 위협요인 등을 기술한다.

### (1) 시장환경 작성방법

① 주요 분석대상: 해당 산업의 정의/특성, 동향, 산업/시장의 경쟁강도, 크기/성장성

② 주요 분석도구: 거시환경분석, 산업구조분석, 경쟁환경분석, 고객분석, SWOT분석

### (2) 시장환경분석 방법

① 거시환경분석

- 거시환경분석은 사업계획서 작성 시 외부환경분석을 위한 기본분석방법으로 사회적 환경분석이라고도 하며 정치, 사회, 경제, 기술, 인구통계학적 분석 등을 포함하고 있다.
- 거시환경분석은 산업을 명확히 이해하고, 주요 이슈나 시사점을 발견할 수 있으며, 산업 내 위협요인과 기회요인을 찾아 그에 적합한 전략을 찾기 위한 목적을 가지고 있다.

② 산업구조분석

- 산업구조분석은 산업의 경쟁강도와 수익성 및 산업의 구조적 매력도를 결정하는 5가지 경쟁요인을 분석하여 특정 기업의 경쟁환경을 이해하고자 하는 목적을 가지고 있다.
- 산업구조분석은 주로 5 Force Model을 적용하여 분석하며, 마이클 포터(Michael

Porter) 교수가 산업조직론에서 산업의 독과점 정도를 측정하고 수익성이 높은 산업을 찾아 점유하는 전략을 제시·발전시킨 모델이다.

- 대표적으로 PEST분석방법과 PESTEL분석방법이 주로 사용되는데, PEST분석은 정치/법규적, 경제적, 문화적, 기술적인 측면으로 나누어 환경분석을 하는 방법이며, PESTEL분석은 6가지 요소인 정치, 경제적, 사회문화, 기술, 환경, 법규적 요소를 통해 전체적 환경분석을 진행한다.

③ 경쟁환경분석

- 경쟁환경분석은 시장 내에서 경쟁관계에 있는 기업들을 조사하여 자사의 상대적 경쟁지위를 파악하기 위해 수행한다.
- 또한 경쟁사의 전략을 파악하고 시장 내에서 경쟁우위요소를 명확히하여 지속적 경쟁우위를 확보하기 위한 목적을 가지고 있다.

**❙ 제조업 경쟁업체 현황조사 양식 ❙**

**제조/서비스**

| 업체명 | 주아이템 | 소재지 | 종업원수 | 매출액 | 주요 고객사 |
|---|---|---|---|---|---|
| | | | | | |
| | | | | | |
| | | | | | |
| | | | | | |
| | | | | | |
| | | | | | |
| | | | | | |

**❙ 요식업 경쟁업체 현황조사 양식 ❙**

**요식업**

| 구분 | | 1차상권(300m 내) | | 2차상권(1000m 내) | |
|---|---|---|---|---|---|
| 상호명 | | A기업 | B기업 | C기업 | D기업 |
| 위치/규모 | 소재지 | | | | |
| | 연락처 | | | | |
| | 소유형태 | 자가( ) 임차( ) | 자가( ) 임차( ) | 자가( ) 임차( ) | 자가( ) 임차( ) |
| | 평수/층수 | | | | |

| | | | | | |
|---|---|---|---|---|---|
| | 좌석수 | | | | |
| 메뉴/가격 | 주메뉴 | | | | |
| | 보조메뉴 | | | | |
| | 가격선 | | | | |
| 집객 요인 | 주차시설 등 | | | | |
| 고객 특성 | 연령/성별 | | | | |
| | 구매성향 | | | | |
| | 마케팅 | | | | |
| 영업 규모 | 종업원수 | | | | |
| | 매출액 | | | | |
| 영업시간 | | | | | |
| 기타 점포특성 | | | | | |

④ 고객분석

- 먼저 우리의 고객이 누구인지 명확히 규명해야 하며, 고객이 무엇을 요구하고 왜 구매하는지를 파악하는 것이 무엇보다 중요하다.
- 또한 고객이 가지고 있는 다양한 욕구와 니즈에 따라 고객을 분류하고 세분화 하는 것이 고객분석의 핵심이 된다.

**고객특성 작성양식**

| 구분 | A그룹군(고객) | B그룹군(고객) | C그룹군(고객) |
|---|---|---|---|
| 제품/서비스 1 | | | |
| 제품/서비스 2 | | | |
| 제품/서비스 3 | | | |
| 제품/서비스 4 | | | |

서비스 1에 대한 A그룹군이 핵심고객이며 이들을 위해 ○○○를 선정

→ 프리미엄 전략

### (3) 시장동향작성 방법

① 시장규모와 성장

- 사업계획서에서 시장규모는 기업의 성장환경을 통해 미래를 예측해볼 수 있는 중요한 영역이므로 많은 시간과 노력을 기울여야 하며, 충분히 신뢰할 수 있는 자료를 확보하고 또 철저히 분석해보아야 한다.
- 시장규모는 매출액, 생산량, 판매량, 고객의 수 등 정량적으로 표시되어야 한다.

**시장전망 작성사례** (단위: 백만 달러, 억 원)

| 구분 | 품목 | 2013 | 2014 | 2015 | 2016 | 2017 | 성장률(%) (2013~2017) |
|---|---|---|---|---|---|---|---|
| 세계 시장 | 2D콘텐츠 | 1,109 | 1,231 | 1,391 | 1,641 | 1,819 | 10.85 |
| | 3D콘텐츠 | 7,014 | 7,505 | 7,730 | 8,580 | 9,113 | 6.20 |
| | CG콘텐츠 | 10,067 | 10,570 | 12,262 | 14,959 | 17,104 | 14.33 |
| | 상호작용 인터랙션콘텐츠 | 9,032 | 10,748 | 12,575 | 15,341 | 18,254 | 18.99 |
| | 가상현실콘텐츠 | 9,519 | 11,518 | 12,555 | 13,434 | 14,995 | 11.62 |
| | 증강현실콘텐츠 | 9,112 | 10,570 | 12,521 | 13,249 | 15,099 | 13.96 |
| | 현실정보측정 콘텐츠 | 15,179 | 16,618 | 18,118 | 19,793 | 21,623 | 9.25 |
| | 합계 (상기 7개 품목) | 45,853 | 52,142 | 58,034 | 67,204 | 76,384 | 13.61 |
| 국내 시장 | 2D콘텐츠 | 373 | 414 | 467 | 551 | 611 | 10.85 |
| | 3D콘텐츠 | 3,830 | 4,098 | 4,221 | 4,685 | 4,975 | 6.20 |
| | CG콘텐츠 | 5,708 | 5,993 | 6,952 | 8,482 | 9,698 | 14.33 |
| | 상호작용 인터랙션콘텐츠 | 2,655 | 3,160 | 3,697 | 4,510 | 5,367 | 18.99 |
| | 가상현실콘텐츠 | 3,199 | 3,870 | 4,219 | 4,514 | 5,038 | 11.62 |
| | 증강현실콘텐츠 | 2,679 | 3,107 | 3,387 | 3,895 | 4,439 | 13.96 |
| | 현실정보 측정 콘텐츠 | 3,801 | 4,200 | 4,641 | 5,139 | 5,690 | 10.61 |
| | 합계 (상기 7개 품목) | 22,245 | 24,842 | 27,584 | 31,776 | 35,818 | 12.65 |

자료: Data obtained through primary and secondary research with our partner firms and the following URLs: strategyanalytics.com, bncnetwork.net, ibisworld.com, strategicmarketingassociates.com, marketsandmarkets.com, infonetics.com

**시장현황 작성사례**

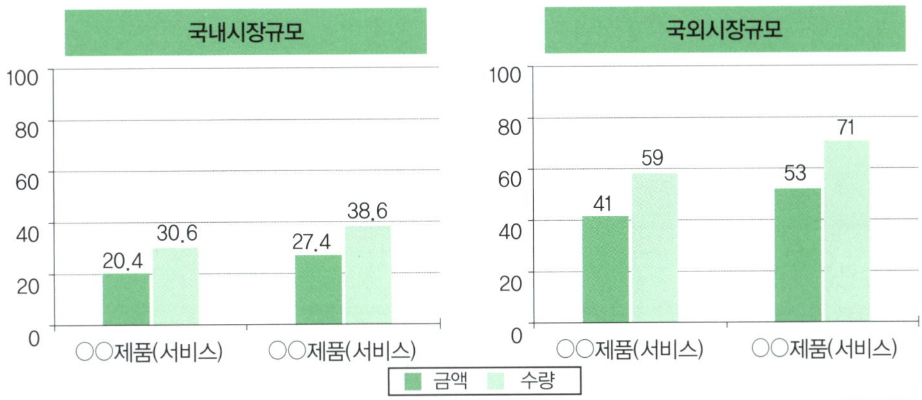


- ○○서비스 국내시장규모는 ○○○원이며, 평균성장률은 ○○%
- ○○서비스는 국내시장에서 ○○○ 영향으로 지속적인 성장이 있을 것으로 추정함
- ○○서비스 해외시장규모는 ○○○원이며, 평균성장률은 ○○%
- ○○서비스는 해외시장에서 ○○○ 영향으로 당분간 현재수준을 유지할 것으로 추정함

## (4) 시장의 기회요인과 위험요인(SWOT분석)

**SWOT분석 작성사례**

| 내부환경 / 외부환경 | Strength<br>• 산업 내 핵심기술 확보<br>• 소수정예 및 조직유연화<br>• 대표자의 리더십/전략 추진력<br>• 글로벌 진출역량 우수<br>• 전략기획력 및 활용성 우수 | Weakness<br>• 재무구조<br>• 비즈니스 불확실성<br>• 통제 및 관리시스템 부재<br>• 수직적 의사결정구조<br>• 전략이행에 수동적 조직구조<br>• 자본력 취약한 구조 |
|---|---|---|
| Opportunity<br>• 콘텐츠 관련분야 SW 인력 확대<br>• 정부는 4대 증점 전략과제를 통해 디지털 콘텐츠 분야에 대한 지원<br>• 새로운 정부의 출범으로 문화콘텐츠 활성화 기대<br>• 인터넷 인프라와 높은 교육열, 스마트 디바이스 보급률 증가 | SO전략<br>• 공격적 마케팅을 통한 시장선점<br>• 정부의 개발지원자금 활용을 통한 성장기반 확보<br>• 정부지원을 통한 글로벌 진출 | WO전략<br>• 정부지원금을 활용한 인력채용<br>• 투자유치<br>• 마케팅채널 확보 |
| Threat<br>• 세계적으로 콘텐츠 산업 분야의 창업과 투자급증<br>• 시장의 불확실성<br>• 제품의 불법복제 및 무단제작 등의 법적 문제점 발생 우려<br>• 대기업과 기술경쟁 불가피 | ST전략<br>• 융·복합을 통한 해외진출전략<br>• 고객관계구축 서비스 개발<br>• 핵심기술 확보전략<br>• M&A전략 | WT전략<br>• 정부지원 컨설팅을 활용한 역량강화(내부시스템 정비)<br>• 정부용역사업 집중<br>• 외부자금조달 |

**전략과제 도출**

- 정부의 개발지원자금 활용을 통한 성장기반 확보
- 융복합을 통한 해외진출전략
- 정부지원금을 활용한 인력 채용
- 투자유치
- 마케팅채널 확보
- 외부자금조달

① 강점(Strength), 약점(Weakness), 기회(Opportunity), 위협(Threat)의 머리글자를 모아 만든 단어로 SWOT분석이라고 하며, 경영 전략을 수립하기 위한 분석도구이다.
② 기업 외부의 기회요인과 위협요인을 파악하고, 내부 강점과 약점을 파악하여 기업의 전략을 수립하기 위한 목적을 가지고 있다.

### (5) 상권분석

① 상권분석의 이해

- 점포를 통해 창업을 하는 아이템 중 점포의 지역적 특성의 중요도가 높은 경우 반드시 상권분석을 시행하여야 하며, 점포가 어느 곳에 위치하고 있느냐가 사업 성공의 많은 비중을 차지한다.
- 상권과 입지분석은 타당성분석 전 단계에서 주로 진행하며 창업자가 사업성이 높은 지역에 점포 입점을 결정하는 데 결정적인 역할을 한다.

② 상권과 입지

- 상권이란 점포를 기준으로 일정한 지역을 중심으로 고객들이 거주 또는 활동하는 공간적 범위를 말한다.
- 입지는 점포를 뜻하며, 사업을 영위하게 될 장소 정도의 지리적 위치를 나타낸다.

③ 상권분석 방법: 온라인 상권분석시스템을 활용한다.

- 포털사이트 검색창에 '상권정보시스템'이나 웹브라우저 주소창에 'sg.sbiz.or.kr'을 입력하여 해당사이트로 이동하여 상권분석시스템을 활용한다.
- 온라인 상권분석보고서를 기초로 하여 현장조사를 시행한다.

sg.sbiz.or.kr의 메인페이지 화면은 다음과 같다.
우측 상단의 로그인버튼을 클릭하여 회원가입을 한 후 이용하도록 한다.

**상권정보시스템 메인화면 예시**

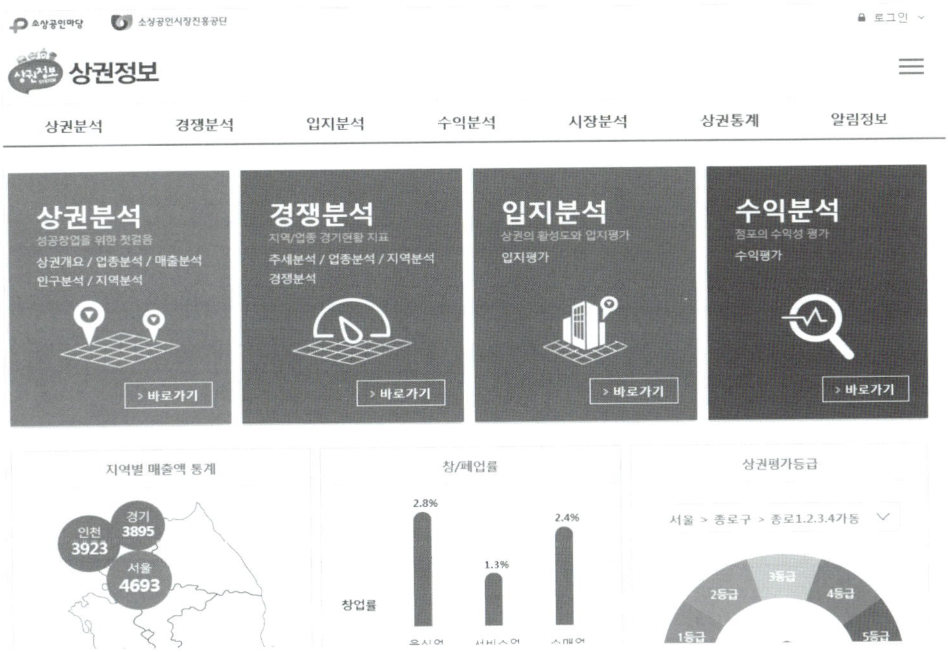


상권분석 자료를 바탕으로 상권 내 거주 인구수와 특성을 기록하고 주변 교통량과 유동인구의 이동방법, 소비자성향 등을 기록하여 사업계획서에 제시한다.

**상권현황표 작성양식**

| 구분 | | | 내용 |
|---|---|---|---|
| 상권인구 거주자 특성 | 상권인구 | 상권인구 | |
| | | 세대수 | |
| | 거주자 특성 | 연령층 (기타) | |
| 교통 및 통행량 | 역세권/교통 | | |
| | 이동 및 교통동선 | | |
| | 통행량 | 유동인구 | |
| | | 유동차량 | |
| 소비자 성향 | 구매습관 | | |

## 5) 개발계획

① 제품과 서비스를 개발하기 위한 계획을 기술하는 단계로 고객의 요구사항, 보유기술, 보유개발인력, 개발목표, 기술의 차별성 등을 제시한다.

② 제조업이 아닌 경우에는 아이템에 대한 단계별 개선방향을 제시하며, 고객으로 하여금 제공할 가치의 변화를 작성하도록 한다.

아래 샘플은 연구인력에 대한 프로필을 제시한 양식으로 기술개발 인력과 제공하고자 하는 아이템과의 연관성을 고려해서 보는 이로 하여금 기술개발의 기대효과를 예측할 수 있도록 상세히 작성하여 제시한다.

**연구인력 리스트 작성사례**

<table>
<tr><th rowspan="2">성명<br>(구분)</th><th colspan="3">경력사항</th><th rowspan="2">전공<br>(학위)</th><th rowspan="2">최종<br>학력</th><th rowspan="2">주요 업무</th></tr>
<tr><th>연도</th><th>기관명</th><th>근무부서/직위</th></tr>
<tr><td rowspan="5">***<br>(연구<br>소장)</td><td>1994~1995</td><td>현대전자(現<br>하이닉스)</td><td>기술지원/사원</td><td rowspan="5">전자<br>공학<br>(학사)</td><td rowspan="5">석사</td><td rowspan="5">기술연구소 총괄<br>○○○시스템<br>개발<br>○○○테스트<br>○○○관리</td></tr>
<tr><td>2002~2003</td><td>***시스템</td><td>기술지원<br>관리/주임</td></tr>
<tr><td>2004~2011</td><td>현****</td><td>설계 관리/과장</td></tr>
<tr><td>2011~2013</td><td>우주***</td><td>설계 관리/차장</td></tr>
<tr><td>2013~현재</td><td>(주)아***</td><td>개발 설계/차장</td></tr>
<tr><td rowspan="4">AAA<br>(핵심<br>개발자)</td><td>2010~2012</td><td>드림***</td><td>연구,<br>개발/사원</td><td rowspan="4">전자<br>공학<br>(학사)</td><td rowspan="4">대졸</td><td rowspan="4">○○○연구개발<br>○○○ 지원활동<br>특허 및 인증관리</td></tr>
<tr><td>2012~2015</td><td>부국**(주)</td><td>연구, 개발,<br>품질관리/대리</td></tr>
<tr><td>2015~2016</td><td>삼성 중***</td><td>계장공정/과장</td></tr>
<tr><td>2016~현재</td><td>(주)아***</td><td>개발/과장</td></tr>
<tr><td rowspan="2">외부<br>자문</td><td>2000~2016</td><td>한국산업기술<br>대학교</td><td>○○○과/교수</td><td rowspan="2">산업<br>공학<br>(박사)</td><td rowspan="2">박사</td><td rowspan="2">신뢰성 검증<br>샘플 테스트<br>기타 연구개발<br>자문</td></tr>
<tr><td>1989~1992</td><td>삼성○○○</td><td>기술연구소/<br>주임연구원</td></tr>
</table>

아래 샘플은 보유하고 있는 기술력과 기술인증에 대해 제시하는 샘플자료로 어떠한 기술을 보유하고 있는지와, 어떠한 기술을 개발할 것이며 개발가능한지에 대해 예측이 가능할 수 있도록 작성하도록 한다.

**▌기술인증현황 작성사례▐**

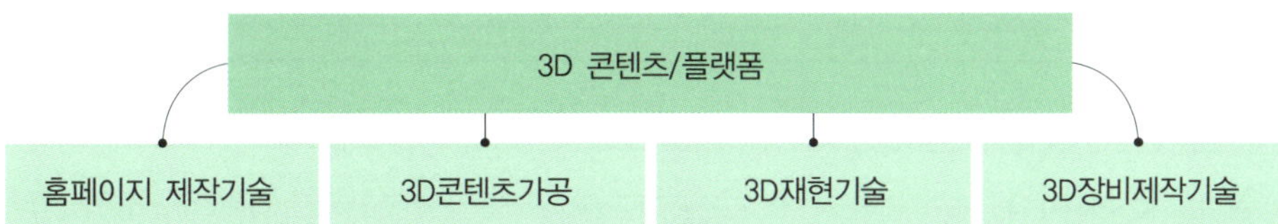


| | 출원(등록)번호 | 발명의 명칭 |
|---|---|---|
| 특허등록 | 제10-1123456호 | 삼차원 조립식 ○○○ |
| | 제10-1123455호 | 삼차원 ○○○ 조형물 및 그 제작방법 |
| | 제10-1123454호 | 삼차원 ○○○ 출력 ○○○ |
| 특허출원 | 10-2018-9999999 | 3D데이터를 활용한 실물 ○○○○ 구현장치 및 방법 |
| | 10-2018-8888888 | 3D○○○시스템 및 방법 |

아래 샘플은 기술개발계획을 수립한 샘플자료로서 각 개발하고자 하는 아이템별로 세부적인 추진업무를 기재하고, 언제 수행할 것인지를 계획하여 작성하도록 한다.

**▌개발계획 작성사례▐**

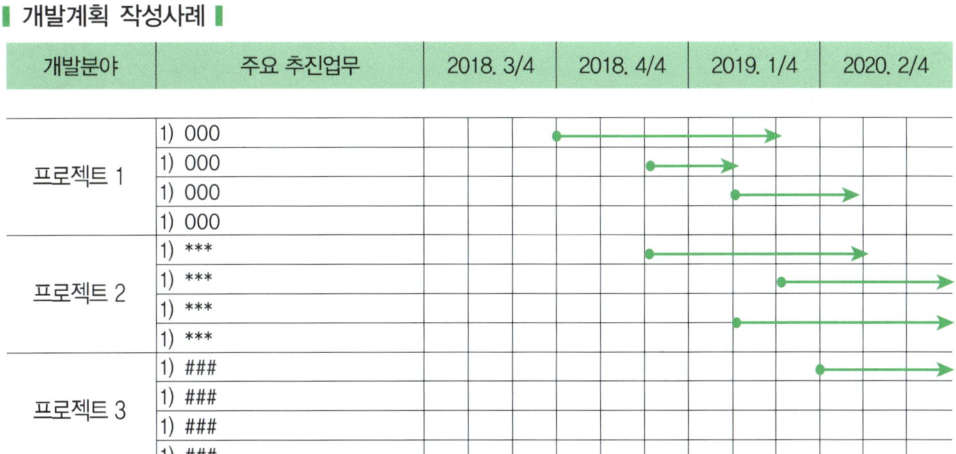

**2018년 핵심과제(비즈니스 확산)**
- 임베디드 3D뷰어 시범서비스
- 3D뷰어 1차 기능 고도화
- 3D뷰어 2차 기능 고도화
- 임베디드 3D뷰어 서비스 확산
- 홀로그램용 뷰어 1차 고도화
- 3차원 홀로그램 케이스 제작(시제품 제작)
- 3차원 홀로그램 케이스 제작(다품종)
- 홀로그램 서비스 개시

**2019년 핵심과제(시장확대 전략)**
- 홀로그램용 뷰어/디바이스 2차 고도화
- 온라인 마켓 2차 시장 진출
- 해외시장 진출
- 교구시장 진출
- 3D디자인 판매
- 광고시장
- 디지털교재 연계

## 6) 생산 및 서비스

① 제품이나 서비스의 생산 또는 운영계획을 기술하는 단계로서 얼마의 제품과 서비스를 어떻게 생산하고 효율적으로 운영할 것인가에 대한 전반적인 개요를 설명하는데 목적이 있으며, 주로 인원, 설비, 생산량, 원자재 구매, 품질, 공정 및 서비스 운영방안 등을 기술한다.

② 제조업이 아닌 비제조기업인 경우 아래 작성요소에 따라 중요한 항목을 선택하여 사업계획서에 제시하면 된다.

**▌제조 및 비제조업 생산계획의 작성요소▐**

| 제조 | 비제조 |
|---|---|
| 1. 생산능력 및 생산계획<br>2. 원자재 수급계획<br>3. 공장 및 설비투자계획<br>4. 공장입지 및 설립계획<br>5. 생산 및 품질관리계획<br>6. 운영계획 | 1. 사업 전개방안<br>2. 점포 입지현황<br>3. 점포 설비현황 및 투자계획<br>4. 재료구입계획<br>5. 인테리어/익스테리어계획 |

보유하고 있는 시설목록을 작성하고, 향후 구입예정인 설비목록을 작성하도록 한다. 해당내용은 생산계획과 일치해야 하고, 소요자금과도 일치해야 한다.

다음은 보유시설 및 구입시설을 작성하는 양식으로 창업 초 보유시설이 없는 경우는 구입예정 시설이나 기계, 업무용 차량 등을 기술하도록 한다.

**보유시설 및 구입시설 작성양식**

| 보유시설명 | 규격 | 수량 | 단가 | | 금액 | |
|---|---|---|---|---|---|---|
| | | | | | | |
| 합계 | | | | | | |
| 구입시설명 | 규격 | 수량 | 단가 | 금액 | 구입처 | 구입일자 |
| | | | | | | |
| 합계 | | | | | | |

아이템별로 생산능력을 제시하고 사업계획에 따른 연차별 생산계획을 제시하도록 한다. 작성된 내용은 매출계획과 일치하여야 하며, 원재료구매계획, 설비구매계획과 연계되어야 한다.

**생산능력 및 생산계획 작성양식**

| 구분 | 단위 | 생산능력 | 1차년도 | 2차년도 | 3차년도 |
|---|---|---|---|---|---|
| ○○제품(아이템) | | | | | |
| ○○제품(아이템) | | | | | |
| 합계 | | | | | |

생산계획에 맞춰서 자재구매계획을 수립하고 필요자금을 산정한다.

**재료구입계획 작성양식**

| 원·부자재명 | 단위 | 수량 | 단가 | 금액 | 구입처 | 구입시기 |
|---|---|---|---|---|---|---|
| | | | | | | |
| 합계 | | | | | | |

아래는 공장입지현황과 설립을 위한 세부계획을 수립하는 작성양식으로 제조업 창업 시 준비현황과 진행수준, 전반적인 일정 등을 예측하기 위해 필요한 내용이다.

**▌공장입지 및 설립계획 작성양식▐**

<table>
<tr><th>소재지</th><th>지번</th><th>면적($m^2$)</th><th>금액</th><th>용도</th><th>비고</th></tr>
<tr><td></td><td></td><td></td><td></td><td></td><td></td></tr>
<tr><th>공장위치도</th><th colspan="2">외부사진</th><th colspan="2">내부사진</th><th>설비배치도</th></tr>
<tr><td></td><td colspan="2"></td><td colspan="2"></td><td></td></tr>
</table>

**단계별 핵심추진 내용**

| 1단계 | 2단계 | 3단계 | 4단계 |
|---|---|---|---|
| • ○○○ | • ○○○ | • ○○○ | • ○○○ |
| • ○○○ | • ○○○ | • ○○○ | • ○○○ |
| • ○○○ | • ○○○ | • ○○○ | • ○○○ |
| • ○○○ | • ○○○ | • ○○○ | • ○○○ |
| • ○○○ | • ○○○ | • ○○○ | • ○○○ |

사업운영방향을 제시하고, 당장 시행해야 할 운영목표와 과제를 단계별로 작성해서 사업운영계획을 어떻게 준비하고 있는지를 보여줘야 할 때 필요한 내용이다.

아래 양식은 사업운영계획을 제시할 때 사용할 수 있는 양식으로 아이템 특성과 업종에 따라 다르게 작성할 수 있다.

**▌운영계획서 작성양식▐**

| 소재지 | 1단계(기반구축준비단계) | 2단계(성장발전단계) |
|---|---|---|
| 기간 | 20 년 ~ 20 년 | 20 년 ~ 20 년 |
| 경영목표 | | |
| 운영목표 | | |
| 운영과제 | | |

점포를 통해 창업을 시행할 경우 점포의 현황표를 제시하여 준비현황과 점포수준을 보여줘야 할 때 필요한 내용이다.

아래 양식은 점포현황을 제시할 때 사용할 수 있는 양식이다.

**| 점포현황표 작성양식 |**

요식업

<table>
<tr><td>소재지</td><td colspan="4"></td></tr>
<tr><td>대지면적</td><td colspan="2">평</td><td>건축면적</td><td>평</td></tr>
<tr><td>건물층수</td><td colspan="2">층</td><td>사업장층수</td><td>층</td></tr>
<tr><td>매장면적</td><td colspan="2">평</td><td>좌석수량</td><td>석</td></tr>
<tr><td>주차시설</td><td colspan="2">대</td><td>기타시설</td><td></td></tr>
<tr><td rowspan="3">소유형태</td><td>자가</td><td colspan="3">토지, 건물가격: 백만 원</td></tr>
<tr><td rowspan="2">임차</td><td>보증금: 백만 원</td><td colspan="2">임차료: 원/월</td></tr>
<tr><td>권리금: 백만 원</td><td colspan="2">관리비: 원/월</td></tr>
<tr><td>약도</td><td colspan="2"></td><td>외부사진</td><td></td></tr>
</table>

아래 양식은 사업계획서상에 제시한 점포 확보현황 내용과 점포 설계방향이며, 이를 참조하여 점포확보 시 현황내용을 기술하면 된다.

**| 점포확보현황 작성사례 |**

| 점포명 | 소재지 | 규모 | 취급품목 | 가격대 | 비고 |
|---|---|---|---|---|---|
| ○○○ | ○○○○○○○ | 약 28평형 | 일식류 | 2만 5천~6만원대<br>○○○기준<br>중: 4.5만원<br>대: 5.5만원 | 영업시간: 9시부터 새벽 2시까지, 상가 내 주차시설 완비 |

- ○○○은 경기도 화성시 병점동 111-100프라자 113호 내에 입점 계획임. 2주 후 기존 점포 주 이전예정임.
- 병점역과 876m 거리에 위치하여 비교적 가까운 입지 형성
- 주요 아파트단지를 포함하는 다각형 상권으로 규정하여 설정함
- 주변 다정마을(신창, 우남아파트), 느치미마을(뜨란채) 등 대단지 아파트 내 위치하고 있으며 주요 시설물로는 아파트 인근 초등학교(병점초등학교, 구봉초등학교) 있음

**점포설계방향 작성양식**

| 구분 | 환경현황 | 설계방향 | 비고 |
|---|---|---|---|
| 점포외부 | 건물입구간판 | | |
| | 건물현관 | | |
| | 건물전면 | | |
| | 수족관 | | |
| 점포내부 | 주방위치 | | |
| | 1층 입구 | | |
| | 1층 내부 | | |
| | 2층 입구 | | |
| | 2층 내부 | | |
| | 내부 집기류 | | |
| | 손잡이 및 신발장 | | |

## 7) 마케팅계획

회사의 아이템을 고객에게 어떻게 판매할 것인지를 계획하는 단계로서 아이템 판매를 위한 목표시장과 구체적인 마케팅전략에 관한 정보를 기술하는 데 목적이 있으며, 주로 목표시장 세분화, 목표고객, 포지셔닝, 제품, 가격, 유통채널, 촉진계획 등을 기술한다.

### (1) 마케팅전략 수립 체계

① 과거에는 마케팅을 단순히 판매와 광고를 하는 행위 정도로 여겼으나 최근 관점은 고객욕구를 충족시키는 과정으로 새롭게 정의되고 있다. 이처럼 마케팅의 정의는 시장의 변화와 더불어 지속적으로 바뀌어가고 있다.

② 최근의 마케팅전략 수립에는 기업의 환경을 분석하고, 마케팅 전략방향을 수립한 후, STP전략과 마케팅믹스 전략을 수립하고 있으며, 창업의 성공에 있어서 가장 중요한 과정이라 할 수 있다.

③ 사업계획서에도 마케팅전략 수립의 기본사항인 STP(Segmentation, Targeting, Positioning)전략과 4Ps(Product, Price, Place, Promotion)에 대한 명확한 제시가 있어야 하며, 이와 같은 마케팅전략 수립 체계도는 아래의 그림과 같다.

**| 창업기업의 마케팅전략 수립 체계도 |**

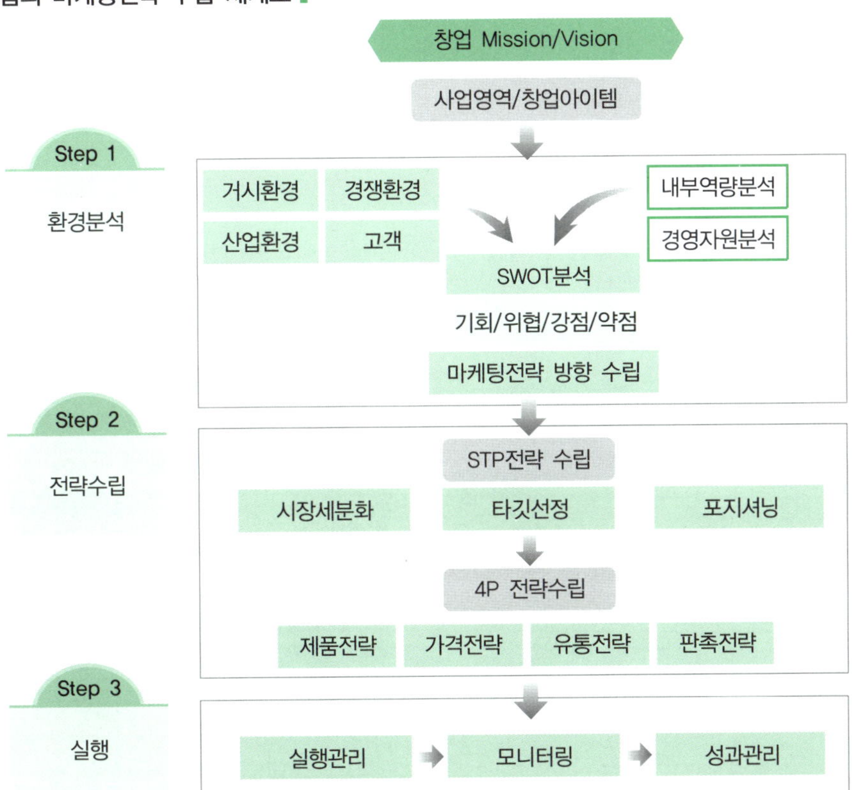

### (2) STP전략

① STP전략의 기본개념

- STP전략은 미국의 켈로그경영대학원 석좌교수 필립 코틀러(Philip Kotler) 박사가 제시한 마케팅 기법 중 하나로서, 기업이 시장을 세분화하여 새로운 고객을 유치하고 지속적인 수익을 낼 수 있도록 타사와의 차별성과 경쟁력을 확보하는 마케팅 기법이다.
- STP전략은 먼저 시장을 세분화하고 목표시장을 선정한 뒤 목표시장의 고객에게 타사와 다른 자사 제품의 이미지를 각인시키는 과정으로 전략을 전개한다.

② 시장세분화(Segmentation)

- 특정 시장을 공략하기 위한 선행작업으로 각기 상이한 니즈를 지닌 다양한 고객들의 집합인 하나의 시장을 특정 제품군에 대한 태도, 의견, 구매행동 등에서 비슷한 성향을 가진 집단으로 묶는 것을 말한다.
- 또한 고객의 성별, 소득수준, 연령, 지역, 소비성향, 가치관 등 다양한 기준에 의해 시장을 세분화한다.

아래 그림은 안경시장을 세분화한 뒤 특징과 시장의 주요 욕구 등을 기술한 샘플이며, 사업계획서 작성 시 제시된 양식을 참고하여 작성하도록 한다.

**시장세분화 작성사례**

**안경시장 세분화 요소**

| 선택이유 | 구매제품 | 고객유형 |
|---|---|---|
| • 전문성/신뢰도 | • 일반안경 | • 신규/기존고객 |
| • 규모 | • 기능성 제품 | • 10대/20대/30대 |
| • 저렴한 가격 | • 선글라스 | • 학생/직장인/주부 |
| • 접근성 | • 콘택트렌즈 | • 남성/여성 |
| • 브랜드 | • 소모품 | • 소득수준 |
| • 디자인 | | • 거주/유동 |
| • 소재 | | |

| 구분 | 규모 | 특징 | 주요욕구 | 공통욕구 |
|---|---|---|---|---|
| 청소년층 (중·고등학생) | 30% | 창의적이고 속박이 없는 스타일을 즐김 | 저가격대 감각디자인 패션감각 좋은 품질 | 중저가 가격대 좋은 품질 합리적인 서비스 |
| 20~30대 젊은 여성 직장인 | 40% | 멋과 스타일, 디자인 추구 | 중/저가격대 좋은 품질 서비스 | |
| 주부 및 50대 이상의 중년층 | 20% | 젊음을 추구하여 자신에 투자하는 성향이 증가 | 중/저가격대 좋은 품질 서비스 합리적 | |
| 기타고객 | 10% | | 좋은 품질 합리적인 서비스 | |

③ 표적시장 선정(Targeting)

- 각 세분시장(segment)의 매력도를 평가하여 하나 혹은 복수의 표적시장(target segments)을 선정하는 것이다.
- 가능한 세분시장 중 기업이 표적으로 하여 마케팅활동을 수행함으로써 고객은 물론 기업에게 가장 유리한 성과를 제공해주는 매력적인 시장을 선정하는 과정이다.
- 표적시장 선정요소로서 세분시장의 크기와 성장성, 구조적 매력도(진입장벽, 경쟁자의 수, 대체재, 고객의 협상력, 공급자 협상력), 기업의 목표와 가용자원, 세분시장의 접근용이성 등을 들 수 있다.

**표적시장 선정표 양식**

**목표시장 선정표**

| 시장평가기준 | 중요도 | 세분시장 A | 세분시장 B | 세분시장 C | 세분시장 D |
|---|---|---|---|---|---|
| 시장의 매력도:<br>(시장규모/성장속도/수익률) | | | | | |
| 자사와의 적합성:<br>(성공요건/추구방향과 일치성) | | | | | |
| 경쟁의 정도:<br>(경쟁사의 마케팅력/상품의 위협 정도) | | | | | |
| 고객의 편익 및 가치 | | | | | |
| 총합 | | | | | |
| 순위 | | | | | |

**시장선정결과**

- 제1표적시장:
- 제2표적시장:

④ 포지셔닝(Positioning)

- 표적시장 고객의 마음(mind)속에 경쟁상품과 구별되는 분명한 위치를 차지하는 것, 그리고 그것을 효과적으로 전달하는 것을 말한다.

**▌포지셔닝의 위치▐**

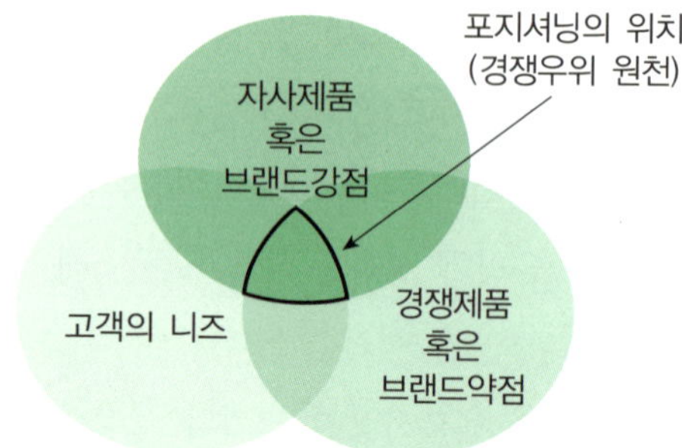


② 포지셔닝 기준요소 및 포지셔닝 맵

- 대표적으로 사용하고 있는 포지셔닝 기준요소를 보면 아래와 같다.
- 상품편익에 의한 기준으로는 세밀함과 광범위함, 다기능과 단순기능, 고가격과 저가격, 일반직과 전문직 등이 있다.
- 상품 이미지에 의한 기준으로는 부드럽다와 딱딱하다, 순하다와 강하다, 단순과 복잡, 전통과 유행, 혁신과 보수 등이 있다.

**▌대표적인 포지셔닝 기준요소 및 포지셔닝 맵▐**

|  | | |
|---|---|---|
| 상품 편익에 의한 기준 | • 세밀함↔광범위<br>• 기능적↔감각적<br>• 고가격↔저가격 | • 다기능↔단순기능<br>• 일반적↔전문적<br>• 기능우위↔지위상징 |
| 상품 이미지에 의한 기준 | • 부드럽다↔딱딱하다<br>• 순하다↔강하다<br>• 하드↔소프트<br>• 순함↔자극적 | • 단순↔복잡<br>• 전통↔유행<br>• 혁신↔보수<br>• 정적↔동적 |
| 기타 | • 남↔여<br>• 고소득↔저소득<br>• 어린이↔어른 | • 오피니언 리더↔추종자<br>• 초기도입↔지연도입 |

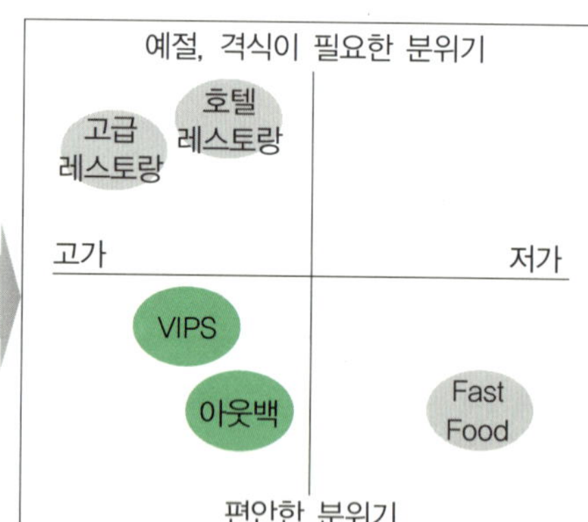


아래 샘플은 안경전문점에 대한 포지셔닝 맵 샘플이며, 포지셔닝 전략을 제시하고 있다. 사업계획서 작성 시 참고하여 작성 및 제시하도록 한다.

① Concept과 Positioning은 함께 생각하고 조화를 이루어야 한다.

② Concept: 소비자의 Benefit을 명확화 – 고객선호도

③ Positioning: 유사 상품(경쟁제품)과의 차이를 명확화 – 고객인식

**포지셔닝 맵 샘플**

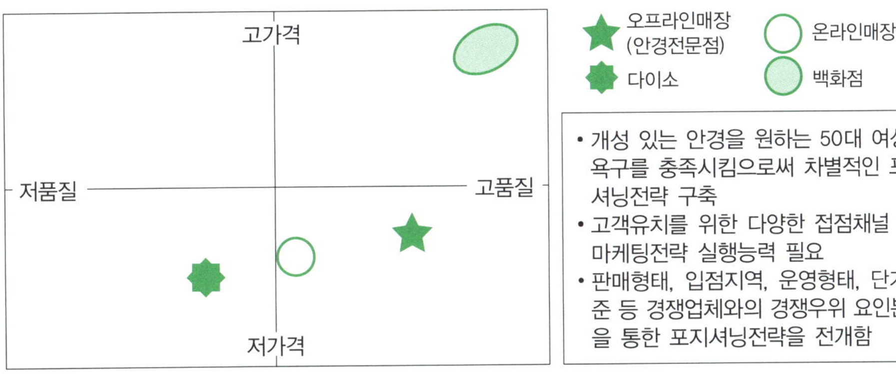


- 개성 있는 안경을 원하는 50대 여성의 욕구를 충족시킴으로써 차별적인 포지셔닝전략 구축
- 고객유치를 위한 다양한 접점채널 및 마케팅전략 실행능력 필요
- 판매형태, 입점지역, 운영형태, 단가수준 등 경쟁업체와의 경쟁우위 요인분석을 통한 포지셔닝전략을 전개함

50대 중년여성을 위한 럭셔리한 디자인과 고품격 A/S를 구현

### (3) 마케팅믹스(Marketing Mix)전략

① 마케팅믹스전략의 개념

- 마케팅믹스(4P)전략이란 기업이 타깃시장에서 마케팅 목표를 추구하는 데 사용하는 도구의 집합을 의미하는 것으로 어떤 상품(Product)을, 어떤 가격(Price)에, 어떠한 유통(Place)채널을 통해 목표 세분시장 소비자들의 구매를 최대한 효과적으로 촉진(Promotion)시킬 것인가에 대한 기업의 의사결정을 의미한다.

② 마케팅믹스전략의 핵심 4요소

- 마케팅믹스의 핵심은 4요소를 어떻게 잘 혼합하느냐에 따라 마케팅 효과차이가 발생하기 때문에 성공적인 마케팅 결과를 얻기 위해서는 마케팅 핵심요소들을 종합적으로 감안해서 전략을 수립하여야 한다.
- 마케팅 믹스의 핵심 4요소는 아래와 같다.
  - Product(제품): 고객의 욕구와 니즈를 해결할 수 있는 가치반영제품, 품질, 가짓수 등의 결정과 제품수명주기에 따른 전략적 접근
  - Price(가격): 시장과 수요, 경쟁요인, 고객의 니즈, 상품특성, 생산원가 등을 고려

– Place(유통): 상품이 최종고객에게 빠르고 편안하게 전달될 수 있도록 경로 설계
– Promotion(촉진): 고객에게 기업이 가지고 있는 다양한 가치요소를 전달하고 구매를 활성화할 수 있는 가치 제안. 예를 들어 특별 이벤트, 쿠폰, 할인행사, 덤 마케팅, 인적판매, 광고, 홍보 등

• 이러한 4Ps전략의 세부 구성도를 보면 아래의 그림과 같다.

**4Ps 전략 구성도**

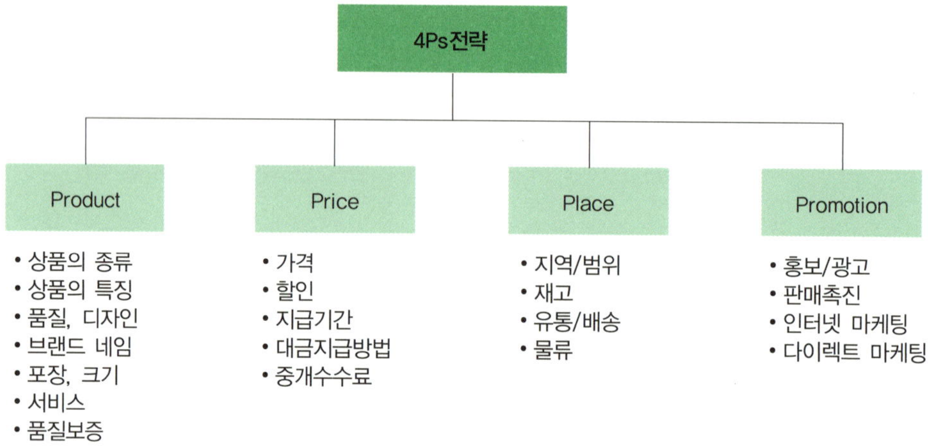


위에서 설명한 개념과 방법을 이해하고, 사업계획서상에 4Ps전략을 효과적으로 제시하도록 한다.

아래는 사업계획서에 제시하고 있는 4Ps전략의 작성샘플이다.

**4Ps전략 샘플**

| 항목 | 전략내용 |
|---|---|
| 상품전략 | • 개성과 자신감을 중시하는 패션 트렌드에 맞추어 기능적이면서도 뛰어난 디자인으로 주력상품 형성<br>• 핵심주력상품, 확장상품, 육성상품, 미래주력상품군으로 상품세분화<br>• 다양한 고객층 확보를 위한 차별적 상품군 형성 |
| 가격차별화 전략 | • 고객층에 따른 부가서비스(쿠폰, 할인, 포인트 적립카드 이용) 제공<br>• 경쟁사 대비 중/저 가격대 공략을 활용한 심리적 가격전략 실행(단수가격, 유인가격)<br>• 내점고객 일괄 구매력을 높임으로써 가격경쟁력 확보 |

| | |
|---|---|
| 점포운영 전략 | • 경쟁업체의 다양한 접점채널 비교를 통한 다양한 접점채널의 활용이 요구되어짐<br>• 향후 주요 접점채널을 자체 인터넷쇼핑몰 구축과 홈쇼핑 등 온라인 판매로 확대<br>• 신규점포에 대한 강력한 이미지 구축과 고객서비스 차별화 요구됨 |
| 판매촉진 전략 | • 포인트 적립카드 외에 할인쿠폰을 통해 반복구매 유도<br>• 점포 주변 핵심밀집지역 적극적 마케팅활동 추진<br>• SNS, 전단지 배포, 입간판 등 다양한 마케팅 촉진활동을 통한 차별적 판촉 진행 |

### (4) 판매계획 수립

마케팅계획의 마지막은 어떠한 아이템별로 얼마를 판매할 것인가에 대한 제시로 마무리되어야 하며, 그에 대한 양식은 아래표를 참고하여 작성하도록 한다.

**판매계획서 양식**

| 구분 | | 단위 | 1차년도 | 2차년도 | 3차년도 |
|---|---|---|---|---|---|
| 제품(기술) | 수량 | | | | |
| | 금액 | | | | |
| 제품(기술) | 수량 | | | | |
| | 금액 | | | | |
| 합계 | 수량 | | | | |
| | 금액 | | | | |

## 8) 인적자원계획

사업을 실행할 조직과 인력 등에 대한 소개 및 계획수립단계로 창업팀 소개, 조직구성계획, 부서별 소요인력 추정, 연도별 채용계획 등을 제시한다.

### (1) 창업팀 소개

① 창업에 참여하는 멤버를 소개하며, 창업자 혼자인 경우는 대표자 소개형태로 프로필을 작성한다.

② 창업아이템과 관련 있는 경력·경험은 모두 포함시키도록 하며, 수상이력이나 자격, 관련 산업과 연계된 내용도 포함시키도록 한다.

③ 창업팀 멤버는 가급적이면 사진을 넣어 신뢰성을 높이도록 한다.

### (2) 조직도 및 부서별 인력

① 사업추진에 필요한 조직형태를 기능별로 제시한다.

② 각 부서별 인원을 제시하며, 필요시 해당부서의 미션을 넣는 것도 바람직하다.

### (3) 연도별 채용계획

① 연도별 사업추진계획과 매출계획 등을 감안하여 기능별 필요인력을 산정한다.

② 부서별 채용인력을 기재하고, 3~5개년 정도를 추정한다.

**조직구성계획 작성사례**

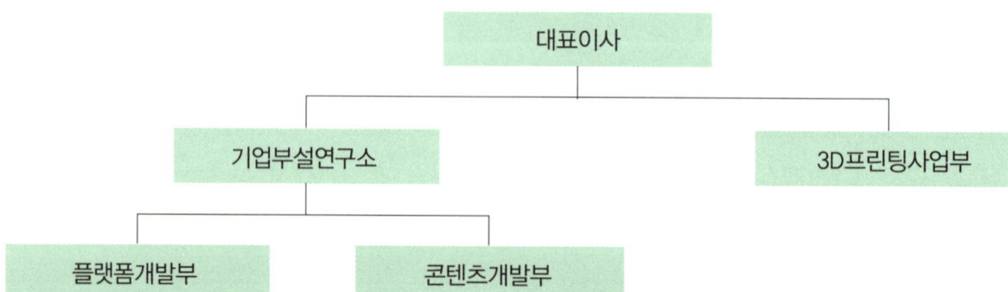


| 총원 | 경영 | 마케팅 · 관리 | 기술 |
|---|---|---|---|
| 5명 | 1명 | 1명 | 3명 |

**연도별 인원계획 작성사례**

| 구분 | 주요 미션 | 현재 | (2019)년<br>(2년차) | (2020)년<br>(3년차) | (2021)년<br>(4년차) |
|---|---|---|---|---|---|
| 사무직 | • 사무관리<br>• 행정처리<br>• 사업기획서 작성<br>• 총무 및 인사관리<br>• 재무관리 | 1명 | 2명 | 4명 | 5명 |
| 기술직 | • 홈페이지 개발<br>• 3D기술 개발<br>• 신기술 개발 | 3명 | 5명 | 6명 | 7명 |
| 영업직 | • 고객발굴<br>• 고객관리<br>• 브랜드전략 수행 | 1명 | 1명 | 1명 | 2명 |
| 합계 | | 5명 | 8명 | 11명 | 14명 |

## 9) 재무계획

사업의 실행을 위해 필요한 자금을 계획하는 단계로서 필요한 자금이 얼마인지, 어떻게 조달할 것인지, 언제 얼마만큼의 금액을 상환해야 할지에 대한 정보를 제공하는 데 목적이 있으며, 주로 소요자금 및 조달계획, 상환계획, 수익성, 추정재무제표 등을 기술한다.

### (1) 재무계획의 이해

① 재무상태표(Balance Sheet: B/S)

- 일정시점의 재무상태를 표시
- 자금을 어떤 방법으로 조달하여 어떻게 사용했는가를 알 수 있음

② 손익계산서(Income Statement: I/S)

- 일정기간 동안의 경영성과를 표시
- 얼마의 매출을 올렸으며 비용은 얼마가 지출되었는가를 알 수 있음

③ 현금흐름표(Cash Flow)

- 일정기간 동안의 현금 입출금 내역을 표시
- 이익과 현금잔액의 관계를 알 수 있음

### (2) 재무계획의 작성목적

① 재무성과의 추정결과를 이용자에게 제공하는 데 있음

② 사업계획서에 제시된 사업의 매력을 판단하는 가장 핵심적인 정보임

### (3) 구성항목

① 소요자금: 회사에 필요한 시설을 구매하기 위해서 필요한 자금규모

② 조달계획: 필요자금을 조달할 수 있는 총금액수준과 조달방법

③ 상환계획: 조달할 자금의 상환기간, 조달할 자금의 상환방법

④ 예상손익: 예상되는 매출액과 순이익

### (4) 구성항목별 작성방법

① 소요자금 및 상환계획

- 먼저 계획사업을 통해 월 지출경비수준을 추정하여 6개월, 12개월 필요한 운전자

금 수준을 파악하여야 한다.

- 필요경비로는 재료비, 급여, 임차료, 금융비용, 소모품비 등이 있으며, 설비 및 기계류의 렌트 또는 할부구매의 경우 발생할 수 있는 월 고정경비도 포함하여야 한다.
- 또한 소요자금은 예상치 못한 지출항목이 발생할 수 있으니 여유자금 항목에 충분한 예산을 설정해놓아야 한다.

**월 지출경비 작성양식** (단위: 천원)

| 구분 | 금액 | 산출근거 |
|---|---|---|
| 재료비 | | 자재(원재료, 부재료 등) 구입관련 |
| 종업원급여 | | 급여, 상여금, 각종 수당 등 |
| 복리후생비 | | 4대보험, 식대 등 |
| 점포임차료 | | 건물임차료 |
| 세금과공과 | | 관리비, 수도광열비, 폐기물처리비용 등 |
| 광고선전비 | | 전단지, 사은품, 행사비용 등 |
| 소모품비 | | 점포운영에 필요한 소모품 등 |
| 지급이자 | | 금융비용 등 |
| 기타경비 | | 교통비, 운반비, 접대비, 잡비 등 |
| 합계 | | |

위에서 설명한 개념과 방법을 이해하고 사업계획서상에 아래 양식을 참고하여 소요자금추정 및 조달방안을 효과적으로 제시하도록 한다.

**자금조달계획 수립양식** (단위: 천원)

<table>
<tr><th colspan="2" rowspan="3">구분</th><th rowspan="3">세부항목</th><th rowspan="3">시기</th><th rowspan="3">추정<br>소요자금</th><th colspan="4">자금조달계획</th></tr>
<tr><th colspan="2">자기자금</th><th colspan="2">타인자금</th></tr>
<tr><th>조달방법</th><th>자금</th><th>조달방법</th><th>자금</th></tr>
<tr><td rowspan="5">시설자금</td><td>1. 사업장구입</td><td></td><td></td><td></td><td></td><td></td><td></td><td></td></tr>
<tr><td>2. 인테리어공사</td><td></td><td></td><td></td><td></td><td></td><td></td><td></td></tr>
<tr><td>3. 집기비품구입</td><td></td><td></td><td></td><td></td><td></td><td></td><td></td></tr>
<tr><td>4. 임차보증금</td><td></td><td></td><td></td><td></td><td></td><td></td><td></td></tr>
<tr><td>소계</td><td></td><td></td><td></td><td></td><td></td><td></td><td></td></tr>
</table>

| | | | | | | | | |
|---|---|---|---|---|---|---|---|---|
| 운영자금 | 1. 재료비 | | | | | | | |
| | 2. 인건비 | | | | | | | |
| | 3. 운영경비 | | | | | | | |
| | 4. 판촉비 | | | | | | | |
| | 5. 기타 | | | | | | | |
| | 소계 | | | | | | | |
| 합계 | | | | | | | | |

자금상환계획을 매출계획을 참고하여 작성하도록 한다.

**▌차입금 상환계획 수립양식▐**

(단위: 천원)

| 상환년도 | 차입금액 | 상환금액 | | 상환잔액 |
|---|---|---|---|---|
| | | 이자 | 원금 | |
| 당해년도 | | | | |
| 1차년도 | | | | |
| 2차년도 | | | | |
| 3차년도 | | | | |
| 합계 | | | | |

주) 해당년도말 기준의 차입금상환내역을 기입함.

② 예상매출 추정

- 매출액 추정은 판매계획과 연계하여 작성하도록 하며 투자자를 합리적으로 이해시킬 수 있는 매출계획이 중요하다.
- 아래는 사업계획서에 제시하고 있는 추정매출액 작성샘플이다. 샘플을 참조하여 사업계획서에 추정매출액을 작성하도록 한다.

**연도별 매출추정 작성샘플**

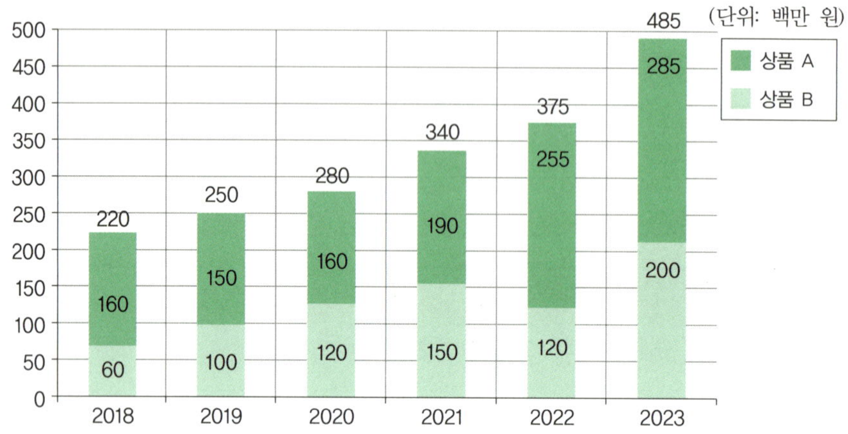


③ 추정재무제표

- 추정재무제표의 개념
  - 기업의 미래 재무제표에 대한 예측으로서 재무계획수립의 핵심적인 결과이다. 또한 추정재무제표는 추정손익계산서, 추정재무상태표, 추정현금흐름표를 포함한다.
  - 기업의 목표이익 달성을 검토하기 위한 자료이며, 기업의 성공가능성을 검토하는 자료로 활용한다.
- 추정재무제표의 유의사항
  - 미래의 경영환경에 대한 전제가 틀리거나 당해 기업과 업종의 동향에 대한 이해가 부족할 경우에는 작성된 추정재무제표가 아무 유용성도 없게 된다는 점이다.
  - 작성된 추정재무제표가 내적 일관성을 갖추고 있는가를 확인하여야 한다.

위에서 설명한 재무계획에 대한 개념과 방법을 이해하고, 사업계획서상에 재무전략을 효과적으로 제시하도록 한다.

다음은 사업계획서에 제시하고 있는 추정재무상태표와 추정손익계산서의 작성샘플이다.

**추정재무상태표 작성사례**

(단위: 천원)

| 구분 | 2018 | 2019 | 2020 | 2021 | 2022 |
|---|---|---|---|---|---|
| 유동자산 | 1,142,669 | 1,382,746 | 1,219,728 | 1,493,842 | 2,391,398 |
| 비유동자산 | 300,000 | 300,000 | 800,000 | 1,300,000 | 1,700,000 |
| 자산총계 | 1,442,669 | 1,682,746 | 2,019,728 | 2,793,842 | 4,191,398 |
| 유동부채 | 450,000 | 500,000 | 400,000 | 400,000 | 600,000 |
| 비유동부채 | 600,000 | 500,000 | 500,000 | 500,000 | 400,000 |
| 부채총계 | 1,050,000 | 1,000,000 | 900,000 | 900,000 | 1,000,000 |
| 자본총계 | 392,669 | 682,746 | 1,119,728 | 1,893,842 | 3,091,398 |
| 부채와 자본총계 | 1,442,669 | 1,682,746 | 2,019,728 | 2,793,842 | 4,091,398 |
| 부채비율 | 267.40% | 146.47% | 80.38% | 47.52% | 35.35% |
| 유동비율 | 254% | 277% | 305% | 373% | 399% |

**추정손익계산서 작성사례**

(단위: 천원)

| 구분 | 2018 | 2019 | 2020 | 2021 | 2022 |
|---|---|---|---|---|---|
| 매출액 | 5,016,000 | 7,022,400 | 9,831,360 | 13,992,048 | 19,588,867 |
| 매출원가 | 2,312,400 | 3,222,240 | 4,495,224 | 6,341,747 | 8,854,475 |
| 매출총이익 | 2,703,600 | 3,800,160 | 5,336,136 | 7,650,301 | 10,734,392 |
| 판관비 | 1,908,872 | 2,566,507 | 3,490,379 | 4,399,825 | 5,729,578 |
| 영업이익 | 794,728 | 1,233,653 | 1,845,757 | 3,250,476 | 5,004,815 |
| 영업외비용 | 18,000 | 20,000 | 20,000 | 20,000 | 12,000 |
| 법인세차감 전이익 | 776,728 | 1,213,653 | 1,825,757 | 3,230,476 | 4,992,815 |
| 법인세 | 158,946 | 246,731 | 369,151 | 650,095 | 1,000,963 |
| 당기순이익 | 617,782 | 966,923 | 1,456,606 | 2,580,381 | 3,991,852 |
| 매출 총이익률 | 53.9% | 54.1% | 54.3% | 54.7% | 54.8% |
| 매출 경상이익률 | 12.32% | 13.77% | 14.82% | 18.44% | 20.38% |

## 10) 일정계획

① 사업의 추진 일정과 추진 주체에 관해 기술하는 단계로서, 창업의 목표와 일정 및 목표달성을 위해 필요한 주요 활동에 관한 정보를 기술한다.

② 일정계획은 현실성 있는 계획을 수립하여야 프로젝트 추진상의 상호 연관된 문제들을 동시에 고려할 수 있으며, 특히 지나치게 낙관적인 계획을 수립함으로써 발생할 수 있는 위험을 회피할 수 있다.

③ 뿐만 아니라 일정의 차질을 예방할 수 있으며, 비용을 절감할 수 있다.

사업계획서상에 제시하고 있는 일련의 활동내용들을 작성하고, 그에 따른 담당자와 일정을 표기하여 일정관리를 할 수 있도록 작성한다. 자금조달계획에 별도의 일정계획이 없다면 아래 일정계획표에 자금조달계획까지 상세히 추가하여야 한다. 일정계획상의 주요 추진 내용은 사업계획상에 제시하고 있는 내용들과 일관성이 유지되어야 한다.

아래는 사업계획서에 제시하고 있는 일정계획서의 작성양식이다.

**▮ 일정계획서 작성양식 ▮**

| 사업일정 내용 | 담당자 | 20××년 | | 20××년 | | | |
|---|---|---|---|---|---|---|---|
| | | 3/4 | 4/4 | 1/4 | 2/4 | 3/4 | 4/4 |
| 사업타당성 검토 | | | | | | | |
| 영업 인·허가 | | | | | | | |
| 사업자금 조달 | | | | | | | |
| 점포입지 선정 | | | | | | | |
| 사업장 확보 | | | | | | | |
| 점포 인테리어 | | | | | | | |
| 식자재거래처 확보 | | | | | | | |
| 비품·소모품 조달 | | | | | | | |
| 종업원 채용/교육 | | | | | | | |
| 영업준비 완료 | | | | | | | |
| 오픈행사 | | | | | | | |
| 광고 및 마케팅 | | | | | | | |
| 식자재·원자료 조달 | | | | | | | |
| 영업개시 | | | | | | | |
| 영업 및 고객관리 | | | | | | | |

# 제5절 사업계획서 작성 후 검토사항

## 1. 사업계획서의 요약

체계적이며 세부적으로 잘 작성된 사업계획서는 기본적으로 그 내용이 많아서 내용을 이해하는 데에 상당한 시간이 소모될 수 있다. 따라서 계획사업의 핵심내용과 그 가치를 집약해서 설명하는 사업계획서의 요약본이 필요하다.

### 1) 사업계획서 요약 작성방법

① 요약부분은 의사결정자(decision maker)에게 계획사업의 핵심적인 내용을 잘 전달하도록 작성해야 한다.

② 제시하고 있는 사업분야에 대해 전혀 사전지식이 없거나 기술적 관련사업의 배경지식을 갖고 있지 않은 사람이 5~10분 내 요약부분을 읽고 이해하고 공감할 수 있도록 작성되어야 한다.

③ 특히, 투자자들에게 요약문은 사업계획서의 얼굴로 통하기 때문에 어떠한 방법으로 사업을 성공시킬 것인지에 대해 간결하고 설득력 있게 기술해야 한다.

### 2) 사업계획서 요약 핵심내용

① 비즈니스 아이디어의 명확화

② 제품/서비스가 고객에게 주는 가치

③ 시장의 규모 및 성장속도

④ 투자에 따른 수익률

## 2. 사업계획서의 검토

### 1) 사업계획서의 주요 오류

① 최단시간에 최고의 사업계획서를 만들려는 생각
② 충분한 정보와 자료, 검토 없이 인터넷 자료 또는 타 사업계획서 모방으로 작성
③ 기술에 대한 객관적인 검증 없이 추상적이며 개인적인 주장
④ 논리적인 근거 없이 희망적인 수치를 기재하여 목표설정
⑤ 서두에 기술하는 내용과 재무계획 등이 일관성이 떨어짐
⑥ 시장규모에 대한 논리성이 낮음

### 2) 사업계획서의 검토방법

① 작성된 사업계획서는 주변 지인들이나 전문가를 통해 검토의견을 요청한다.
② 상식에 비추어 내용을 검토해본다.
③ 사실이나 숫자에 나타난 내용을 중심으로 사업타당성을 검증해본다.
④ 상황이 좋을 경우와 나쁠 경우의 민감도(sensitivity)분석을 해본다.
⑤ 추정재무제표를 바탕으로 중요한 재무비율들을 분석해본다.

### 3) 사업계획서의 검토단계의 체크리스트

① 귀하의 제품은 무엇인가?
② 귀하의 사업목표는 무엇인가?
③ 누가 고객인가?
④ 왜 고객은 당신의 제품을 사는가?
⑤ 당신의 사업 아이디어에서 가장 특별한 것은 무엇인가?
⑥ 누가 어디서, 이것을 팔 것인가?
⑦ 전체 시장의 규모는 어느 정도인가?
⑧ 이 시장은 성장하고 있는가?

⑨ 당신이 목표로 하는 시장 및 점유율은?
⑩ 누가 당신의 경쟁자인가?
⑪ 경쟁자에 비해 당신의 강·약점은 무엇인가?
⑫ 얼마나 많은 사람들이 이 제품을 살 것인가?
⑬ 이 제품을 설계·생산하는 데 얼마의 자본이 필요한가?
⑭ 제품의 가격은 어떠해야 하나?
⑮ 언제 손익분기점에 도달할 수 있을 것인가?
⑯ 당신이 계획하고 있는 사업의 그로스 마진(Gross Margin)율은 어느 정도인가?
⑰ 당신이 계획하고 있는 투자비는 어느 정도인가?
⑱ 개략적인 캐시 플로우(Cash Flow)는?
⑲ 당신이 갖고 있는 아이디어를 사업화하는 데 어떤 제약이 있는가?
⑳ 왜 다른 사람들은 이런 아이디어를 실행하지 않고 있나?

### 4) 사업계획서의 검토 이후 활동

① 작성된 사업계획서를 기초로 활용용도에 따라 몇 가지 버전으로 작성해본다.
② 사업계획서 발표자료를 준비하고 발표연습을 하도록 한다.
③ 사업계획서는 필요에 따라 계속 수정·보완되어야 한다.
④ 사업계획서에 따라 사업을 추진한다.

- 필요한 인력을 충원하여 인력들을 올바로 배치한다.
- 필요한 자금을 확보하고 자금을 계획에 맞춰 제대로 사용한다.
- 제반 업무들의 우선순위를 파악하여 우선순위에 맞게 업무를 처리한다.

## Review Point

### [학습목표 확인]

1 창업 사업계획서가 무엇인지 설명할 수 있다.

2 창업 사업계획서 작성목적이 무엇인지 설명할 수 있다.

3 창업 사업계획서 작성의 5가지 원칙은 무엇인지 설명할 수 있다.

4 창업 사업계획서상에 들어가야 할 10가지 핵심요소는 무엇인지 설명할 수 있다.

5 창업 사업계획서 작성체계를 설명할 수 있다.

6 상권분석 방법을 설명할 수 있다.

7 창업 사업계획서상의 재무계획을 기술하는 방법을 설명할 수 있다.

8 창업 사업계획서 요약문에 들어갈 핵심내용은 무엇인지 설명할 수 있다.

9 창업 사업계획서 작성 후 검토사항을 설명할 수 있다.

10 창업 사업계획서 작성방법을 설명할 수 있다.

### [다음 단계 소개: Chapter 13]

Chapter 13에서는 창업실행전략을 이해하기 위하여

1 업종별 창업절차에 대해 이해하고,

2 회사의 설립방법에 대하여 학습할 것이며,

3 창업기업 지원정책 및 자금조달방법을 살펴보고,

4 창업관련 법률과 청년창업사례에 대하여 학습할 것이다.

# Chapter 13 창업실행전략

## 제1절 업종별 창업절차

### 1. 제조업 창업

#### 1) 제조업 창업의 특징 및 고려사항

제조업은 다른 업종에 비해서 풍부한 경험과 자금을 필요로 하는 분야이다. 따라서 제조업을 경영하고자 하는 예비창업자는 최소한 제조업체에 직접 근무한 경험이 있거나 간접적으로 깊은 연관이 있는 경우에 선택하여야 한다. 보다 사업성공률을 높이기 위해서는 제조업체에 근무하는 동안 생산·관리·판매의 3대 분야 중 적어도 2개 이상의 분야에서 직접 근무한 경험을 쌓을 필요가 있다.

**(1) 공장의 확보**

① 자가 공장을 직접 건설하여 입주하고자 할 때에는 입지 선정과 공장설립 시 필요한 법적 절차를 거쳐야 하며, 구체적인 절차 수행과정에 대해서 알아두어야 한다.

② 또한 용수, 전력, 도로망, 교통시설 등을 비롯한 산업 하부구조가 완비되었는지 고려하여야 한다.

③ 기존공장의 용도를 확인하여 창업업종을 생산하는 데 있어서 제한 및 규제사항은 없는지 검토한다.

#### (2) 창업사업계획 승인제도

① 창업사업계획 승인제도는 창업자가 공장설립과 관련하여 받아야 하는 35개 법률, 71개 인·허가 사항을 '사업계획승인'으로 일괄 의제 처리하는 공장 설립절차 간소화 제도이다.

② 공장을 개별입지에 설립하고자 하는 예비창업자는 해당 제도에 대한 내용을 명확히 숙지하여 대상이 되는지를 먼저 검토하도록 한다.

#### (3) 자금계획수립의 중요성 인식

① 제조업 창업은 공장설립 단계를 포함하기 때문에 많은 창업자금과 타 창업보다 복잡한 프로세스를 가지고 있다.

② 특히 자금에 있어서는 원하는 시기나 원하는 금액이 적절히 조달되지 않는 경우 창업 초 중대한 문제로 발생될 확률이 높기 때문에 계획을 보다 여유 있고 세밀하게 설정하여야 한다.

#### (4) 인력확보

해당 아이템에 대한 인력확보가 용이한 지역에 공장설립을 하도록 한다.

### 2) 제조업 창업절차

제조업 창업은 창업준비절차, 회사설립절차, 공장설립 및 자금조달절차, 경영준비절차 등으로 구분할 수 있으며, 제조업 창업절차는 다음 그림과 같다.

**제조업 창업절차**

## 2. 서비스업 창업

서비스란 상대방에게 무형의 것을 제공하는 활동 혹은 그것을 통해 얻게 되는 혜택을 말한다. 이러한 서비스업 창업은 제조업 창업에 비해 간소한 반면 고려해야 할 점이 많다.

서비스업 창업은 창업자의 지식, 경험, 노하우 등이 직접 사업에 적용되고, 이들 요소가 사업수익력의 원천이 된다.

서비스업 창업자는 해당 분야에 대한 전문적 지식 없이는 창업이 불가능한 경우가 많다.

## 1) 서비스업 창업의 분류

### (1) 개인서비스업

일반 개인을 고객으로 하여 각종 서비스를 제공하는 경우로 부동산 관련 서비스업, 여행알선업, 수리업, 요식업 등이다.

### (2) 사업서비스업

주로 기업을 대상으로 하여 각종 서비스를 제공하는 경우로 전기통신업, 경영상담업, 광고업, 시장조사, 교육 서비스업 등이 있고, 규모나 업무 자체도 더 전문적이고 복잡하며, 법인형태로 설립되는 경우가 많다.

## 2) 서비스업 창업의 특징 및 고려사항

① 서비스업 범위가 광범위하고 다양하여 한 가지 모델을 정하여 창업절차를 설명하기는 곤란하다.

② 동일한 서비스라 하더라도 제공하는 사람과 시간에 따라 서비스의 질이 다르다.

③ 소멸성(저장 불능성)을 가지고 있다.

④ 서비스는 유형의 제품처럼 표준화되어 있지 않다.

⑤ 무형의 재화를 생산하므로 사업으로 성립하기 위해서는 소비자의 동의가 필수조건이다.

⑥ 창업소요자금은 타 산업에 비해 적은 편이다.

⑦ 경제여건 및 경영환경 등에 민감하다.

⑧ 창업초기 영업기반 확보까지 다소 긴 시간이 소요된다.

## 3) 서비스업 창업절차

서비스업 창업은 창업준비절차, 회사설립절차, 사무실입지 선정절차, 개업준비절차 등으로 구분할 수 있으며, 서비스업 창업절차는 다음 그림과 같다.

▌서비스업 창업절차▐

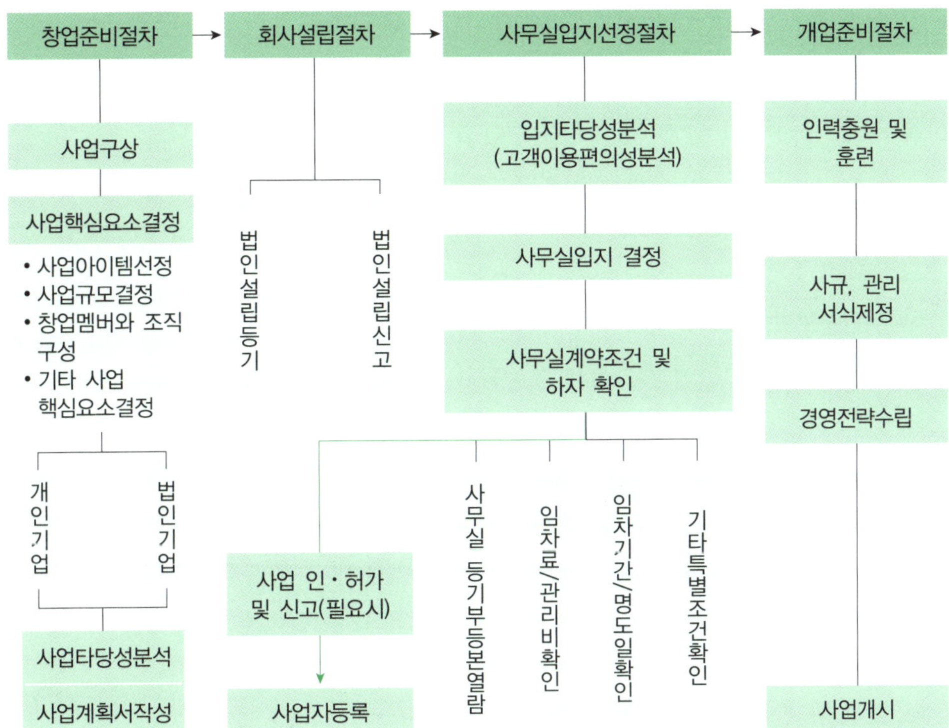


## 3. 도소매업 창업

도소매업은 1차 산업의 생산물(농림수산물), 2차 산업의 광·공업 제품을 수요자에게 직접 공급하는 과정의 산업을 말한다. 도소매업은 일반적으로 다른 업종에 비해 비전문가가 창업하기 쉬운 분야로 알려져 있으나, 대체적으로 중간 내지 최종소비자와 직접 만나는 분야이므로 어느 업종 못지않게 고도의 서비스정신과 시장감각이 필요한 분야이다.

### 1) 도소매업의 구분

#### (1) 편의품

① 제품을 구매할 때 시간이나 노력을 많이 들이지 않는 제품으로서 쉽고 편리하게 구

입할 수 있다.

② 가격이 저렴하며 빈번하게 구매할 수 있는 제품이다.

③ 폭넓은 유통망 체계를 구축하고 있다.

④ 음료, 껌, 사탕, 샴푸 등 편의점에서 쉽게 살 수 있는 제품들이다.

#### (2) 선매품

① 구매하기 전 가격, 품질, 형태 등 제품을 비교하여 선별적으로 구매하는 제품이다.

② 편의품보다 가격이 높으며 구매빈도가 낮다.

③ 지역별 소수의 판매점을 통해 유통되고 있다.

④ TV, 냉장고, 세탁기, 가구 등을 들 수 있다.

#### (3) 전문품

① 독특한 특징과 함께 상표의 식별이 가능한 제품이다.

② 소비자는 이 제품을 구매할 때 특별히 노력을 더 기울이게 되는 제품이다.

③ 소수의 대리점이 넓은 상권을 포괄하여 운영한다.

④ 고가의 스포츠카, 명품시계, 명품가방 등을 들 수 있다.

### 2) 도소매업 창업의 특징 및 고려사항

① 상권과 입지 중요도가 매우 높은 업종

도소매업 창업은 상권과 입지가 매우 중요하여 소비자가 점포에 직접 찾아오지 않으면 상품을 팔 수 없으므로 입지선정이 사업성공의 70~80%를 점유한다.

② 제조업이나 서비스업에 비해 창업절차가 대체로 간단하다.

- 공장설립에 따른 복잡한 사항이 없다.
- 소규모로 시작하기에 법인설립절차가 필요 없는 경우가 대부분이다.

③ 인테리어, 익스테리어, 매장 및 창고, 판촉활동, 상품관리, 재고관리, 유통망관리, 고객관리, 시장트렌드 점검 등 다양한 영역에 지속적인 관심과 노력이 필요하다.

### 3) 도소매업 창업절차

도소매업 창업은 창업준비절차, 점포입지선정절차, 개업준비절차 등으로 구분할 수 있으며, 도소매업 창업절차는 아래 그림과 같다.

**도소매업 창업절차**

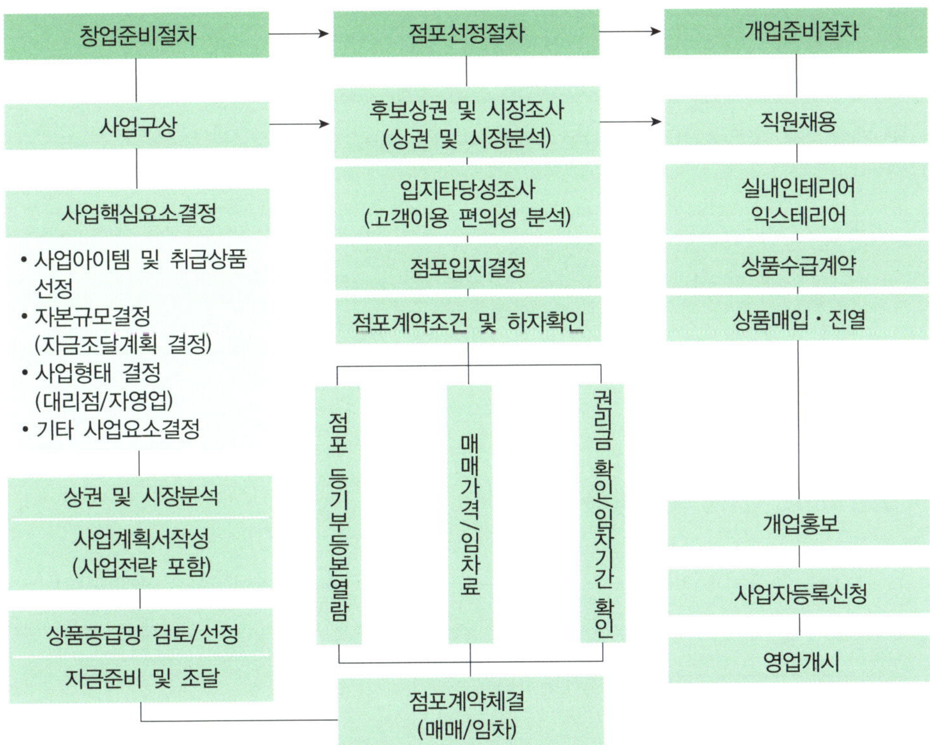


## 4. 프랜차이즈(franchise) 창업

체인본사(franchisor)가 가맹점(franchisee)에게 비즈니스 구조 및 조직형태, 교육훈련을 통한 인력개발, 영업관리, 점포개설, 브랜드의 사용권한 등의 경영노하우를 제공하며 사업을 영위해나가는 형태로 되어 있다.

## 1) 프랜차이즈 개념

프랜차이즈 사업이란 가맹주의 우월적인 지위를 계약가맹자에게 제공하고, 가맹계약자는 이러한 지원의 대가로 일정한 경제적 이익을 지급하는 거래관계이다.

### (1) 체인본사의 의무

① 가맹점에게 해당지역 내에서의 독점적 영업권 부여

② 본사 취급상품의 종류, 광고, 점포 인테리어, 서비스 등 직접 구성·관리

③ 가맹점에 교육지원, 경영지도, 판촉지원 등 각종 경영노하우 제공

### (2) 가맹점의 의무

① 체인본사에 가맹비, 로열티 등의 일정한 대가 지불

② 가맹점 사업에 필요자금을 직접 투자하여 체인본사의 지도와 협조하에 독립된 사업 영위

## 2) 프랜차이즈 선택 핵심항목

① 사업의 장래성과 타당성을 고려해야 하며 체인본사의 재정·운영상태 확인

② 제조 및 물류시스템의 운영상태를 점검하고 가맹점 지원항목 및 가맹비 확인, 독점 영업권(상권보호) 보장 등을 체킹하여야 함.

## 3) 프랜차이즈 가입 시 주의사항

**프랜차이즈 가입 시 주의사항**

| 계약 전 가맹본부에 요구자료 | 가맹본부에 대한 조사사항 |
|---|---|
| ① 재무구조<br>② 자본규모<br>③ 연간 매출액<br>④ 영업개시일<br>⑤ 직영점 보유 여부<br>⑥ 임원경력 및 직원수(전문인력)<br>⑦ 가맹점수 | ① 자본금, 부채규모 등(신용도)<br>② 마진율<br>③ 인테리어비, 설비조건(본부강제성 포함)<br>④ 계약 및 보증금 환불, 가맹비, 로열티<br>⑤ 지역 내 독점영업권 보장<br>⑥ 반품, 환불, 애프터서비스<br>⑦ 신상품 개발능력<br>⑧ 본부의 지속적인 교육, 판촉 등 |

### 4) 프랜차이즈 창업절차

프랜차이즈 창업은 아이템 특성에 따라 다소 차이가 있으나 일반적인 프랜차이즈 창업 절차는 아래 그림과 같다.

**프랜차이즈 창업절차**

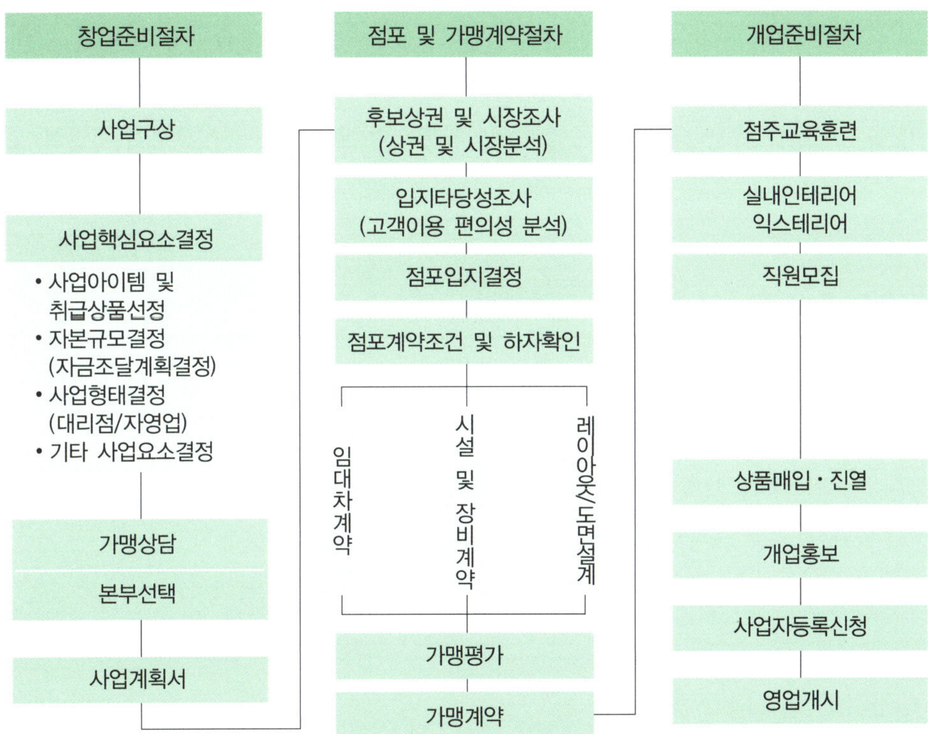


## 5. 인터넷 비즈니스 창업

인터넷을 기반으로 전개되는 다양한 사업을 의미한다. 독립된 거래주체들이 인터넷을 이용하여 수행하는 여러 가지의 사업활동이며, 인터넷상에서 이루어지는 포괄적인 거래인 전자상거래보다는 하위개념으로서 인터넷을 통해서 소비자와 기업 간에 일어나는 거래에 준한다.

인터넷 비즈니스의 특징으로는 인터넷을 통해 거래가 이루어지는 만큼 시간·공간적 제한이 없다는 것이다. 또한 업체와 고객 간 직거래로 이루어지기 때문에 중간 유통과정이 생략되면서 보다 저렴하게 제품·서비스를 제공할 수도 있고, 무점포로 창업이 가능하다는 장점도 있다.

### 1) 인터넷 비즈니스 개념

① 전자상거래(electronic commerce): 인터넷을 이용하여 상품과 서비스를 거래하는 것
② e-비즈니스(e-business): 기업의 경영활동 전반에 인터넷을 이용하여 기업의 가치를 창출하고 효율성을 증대시키며, 고객과 기업 간의 관계를 향상시키는 것

### 2) 인터넷 비즈니스 창업 시 고려사항

① 고객위주의 웹사이트 구축
② 프로세스 중심의 웹사이트 구축
③ 콘셉트(concept)의 재확인: 취급 상품과 서비스의 콘셉트를 명확히 설정
④ 명확한 시장 포지셔닝(market positioning)과 수익모델 설정
⑤ 시장경제의 원리 파악: 장기적 이익창출의 구체적인 대안 마련

### 3) 인터넷 비즈니스 창업절차

인터넷 비즈니스는 타 분야의 창업보다 단순하고 비교적 접근이 용이하다는 장점이 있다. 이와 같은 인터넷 비즈니스 창업은 아이템 특성에 따라 다소 차이가 있으나 일반적인 인터넷 비즈니스 창업절차는 다음 그림과 같다.

**인터넷 비즈니스 창업절차**

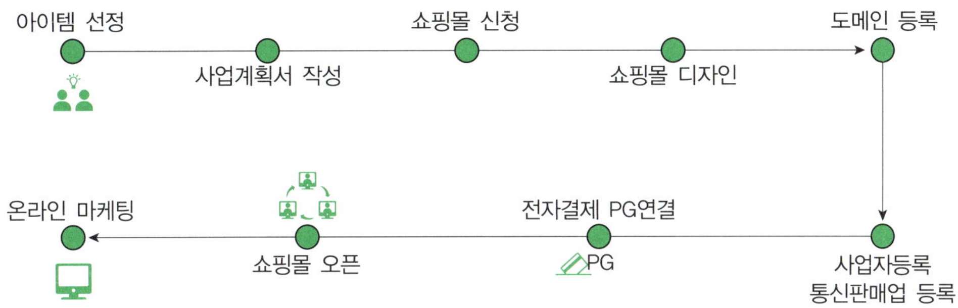


# 제2절 회사의 설립 방법

## 1. 기업형태의 결정

### 1) 기업형태 결정의 개념

창업하고자 하는 기업의 형태를 개인기업으로 설립할 것인지 법인기업으로 할 것인지에 대한 선택으로, 창업자는 자기가 경영하려고 하는 사업의 소득규모가 어느 정도 될지, 얼마 후에 누적 결손을 보전하고 이익실현이 가능할지를 판단하여 기업형태 결정기준으로 삼아야 할 것이며, 회사 설립 시부터 이런 점을 종합적으로 검토하여 기업형태를 결정하는 것이 현명할 것이다.

### 2) 기업형태 결정의 검토요소

① 회사의 규모 및 성격과 관련한 본인의 비전

② 회사 공동 소유 여부 및 소유주의 수

③ 계획하고 있는 경영구조 및 방법

④ 회사를 설립하고 유지하는 데 드는 시간적·금전적 비용

⑤ 조세 관련 문제

⑥ 회사의 기대 수익(또는 손실)

### 3) 기업형태별 특징

기업의 형태를 결정할 때 검토해야 하는 핵심요인들을 기준으로 기업형태별 특징요인으로 비교하여 보았다. 다음 비교표를 참조하여 기업형태를 결정하도록 한다.

**개인기업과 법인기업의 비교표**

| 비교항목 | 개인기업 | 법인기업 |
|---|---|---|
| 설립 | 개인의 의사결정에 의해 창설 | • 법인설립절차 선행(다소 복잡)<br>• 공동의 의사결정에 의해 등기 |
| 자본조달능력 | 개인의 전액출자로 자본조달 한계 | 다수의 출자자로부터 거액의 자본금 생성 가능 |
| 이윤분배 | 이윤의 전부를 개인이 독점 | 출자자의 지분에 의해 분배 |
| 지속성 | • 기업의 영속성 결여<br>• 대표 바뀌면 신규 사업자 | 기업의 영속성 유지 |
| 대외신인도 | 다소 낮음 | 다소 높음 |
| 관리비용 | 다소 낮음 | 다소 높음 |
| 세제상의 차이 | • 소득세 과세<br>• 일정규모 이하인 경우에 세금부담에 유리<br>• 대표자 본인의 급여 불인정<br>• 장부기장 등이 상대적으로 덜 엄격 | • 법인세 과세<br>• 일정규모 이상인 경우에 세금부담에 유리<br>• 대표자의 급여인정<br>• 장부기장 증빙의 엄격성 요구 |

## 2. 개인기업 설립

### 1) 개인기업의 개념 및 설립절차

개인기업은 개인이 독자적으로 운영자금을 마련하여 출자를 하는 동시에 경영자로 참여하는 것이며 개인기업의 자산, 이익 및 손실은 모두 개인사업자에게 귀속한다. 그리고 개인사업자는 사업자등록만 하면 사업을 시작할 수 있으며 별도의 상법상 회사설립절차를 거칠 필요가 없다.

**| 개인기업 설립 프로세스 |**

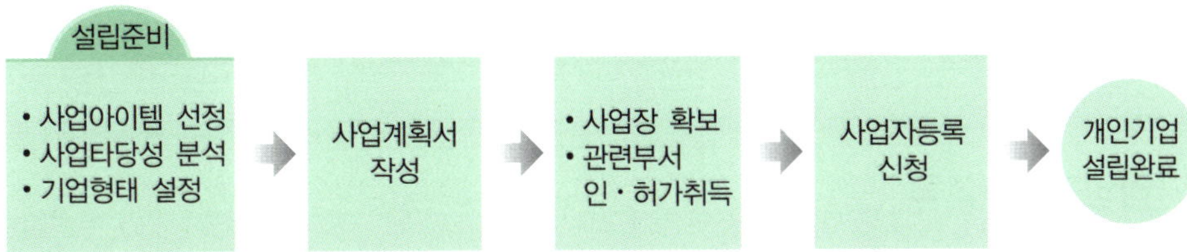


## 2) 사업자등록 시 필요서류

① 신분증

② 사업자등록 신청서(세무서 민원봉사실에 비치)

③ 임대차계약서 사본(사업장을 임차한 경우)

④ 사업허가증 사본(등록, 신고 해당 사업자)

## 3) 사업자등록 신청방법

우선 사업자등록을 신청하는 방법으로 온라인과 오프라인 2가지 방법이 있다. 온라인은 홈텍스(www.hometax.go.kr)를 통해 신청하는 방법이고, 오프라인은 직접 세무서에 방문해서 무인민원발급기나 직접신청서를 작성하여 신청하는 방법이다.

## 4) 사업자등록 신청 시 주의사항

① 사업을 개시하기 전이나 사업을 시작한 날로부터 20일 이내에 구비서류를 갖추어 관할세무서에 신청하여야 한다.

② 2인 이상이 공동으로 사업을 하는 경우는 사업자등록 신청은 공동사업자 중 1인을 대표자로 하고 공동사업자 전원의 주민등록등본을 붙여 대표자 명의로 신청하며, 동업계약서 등의 서류를 함께 제출한다.

③ 사업장이 여러 개 있을 경우에도 사업장마다 사업자등록을 해야 한다.

④ 재외국민이나 외국인의 경우 여권사본 또는 외국인등록증 사본, 국내에 통상적으로 주재하지 않는 경우에는 납세인설정신고서 등을 준비한다.

⑤ 사업구상단계에 해당업종이 관련법에 의해 허가, 등록 또는 신고가 필요한 업종인지 여부와 소모시간을 파악하여 준비하는 것이 필요하다.

## 3. 법인기업 설립

### 1) 법인기업의 개념 및 설립절차

① 법인 설립등기를 함으로써 법인격을 취득한 기업으로 법인기업 형태는 주식회사, 합자회사, 합명회사, 유한책임회사, 유한회사가 있다.

② 법인기업 설립에서 가장 많은 형태는 주식회사이다. 주식회사는 주주의 출자로 구성되는 전형적인 자본단체이다.

### 2) 법인기업 설립조건

① 법인설립 시 상호와 주소가 필요: 상호는 관할구역 내 동일한 상호가 있으면 불가하며, 사업장 설치 주소가 필요하다.

② 정관 작성: 정관에는 사업목적, 영위하고자 하는 사업의 업태와 업종, 조직, 업무활동 등에 관한 기본규칙을 정한 문서로 법인기업 설립시 필요한 핵심사항이다.

③ 자본금 출자: 자본금 출자가 필요하다.

④ 임원 결정: 법인사업자일 경우 임원을 결정한다.

⑤ 증명서: 임원들의 주민등록(초)본, 인감증명서, 인감도장, 주금납입금 보관증명원 필요하다.

### 3) 법인기업의 형태

① 주식회사: 주식의 발행을 통해 여러 사람으로부터 자본금을 조달받고 설립된 회사를 말하며, 1인 이상의 사원(주주)으로 구성된다.

② 유한회사: 유한회사는 1인 이상의 사원으로 구성되며, 사원은 주식회사와 마찬가지로 회사채권자에게 직접적인 책임을 부담하지 않고 자신이 출자한 금액의 한도에서

간접·유한의 책임을 진다.

③ 합명회사: 합명회사는 2인 이상의 무한책임사원으로 구성되며, 회사에 대하여 출자의무를 가지고 회사채권자에 대하여 직접·연대하여 무한의 책임을 진다.

④ 합자회사: 합자회사는 1인 이상의 무한책임사원과 1인 이상의 유한책임사원으로 구성되며 회사채권자에 대하여 직접·연대하여 무한의 책임을 지는 반면, 유한책임사원은 회사에 대해 일정 출자의무를 부담할 뿐 그 출자가액에서 이미 이행한 부분을 공제한 가액을 한도로 하여 책임을 진다.

⑤ 협동조합: 재화 또는 용역의 구매·생산·판매·제공 등을 영위함으로써 조합원의 권익을 향상하고 지역사회에 공헌하고자 하는 사업조직을 말한다. 협동조합은 조합원의 공동소유, 1인1표의 민주적 운영, 자유로운 가입과 탈퇴, 출자액이 아닌 이용규모에 따른 우선배당 등의 특징을 가지고 있다.

## 4. 주식회사 설립

### 1) 주식회사의 설립절차

주식회사는 1인 이상의 발기인이 발기인조합을 구성하여 상법에 따라 정관작성, 주식인수, 주금납입을 거쳐 법원에 설립등기 후 설립된다. 주식회사의 설립은 발기설립과 모집설립으로 구분하여 진행된다.

### 2) 주식회사의 설립준비

#### (1) 발기인

발기인이란 주식회사를 설립하는 사람으로 정관을 작성하고, 설립을 기획하여, 그 설립 절차를 집행하는 사람을 말한다.

**주식회사 설립절차**

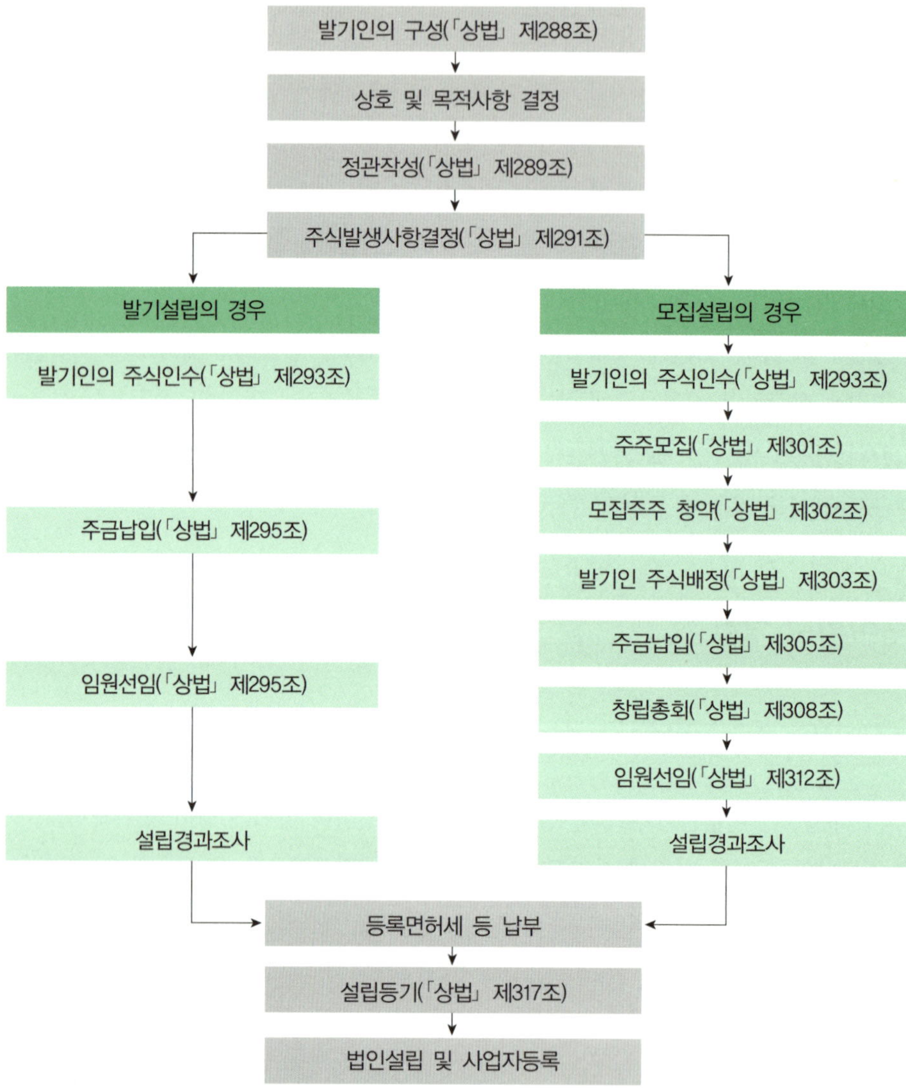


자료: 법무부 중소기업법률지원단, 주식회사 설립절차

### (2) 정관작성

① '정관(定款)'이란 회사의 조직과 활동을 정한 근본규칙 또는 이를 기재한 서면을 말한다.

② 주식회사를 설립할 때에는 발기인이 정관을 작성해야 한다.

③ 정관에는 반드시 기재하지 않으면 효력을 무효화시키는 절대적 기재사항이 있으므

로 정관작성 시 반드시 포함하도록 한다.

**❚ 정관의 절대적 기재사항 ❚**

| 구분 | 내용 |
|---|---|
| 절대적 기재사항 | ① 목적<br>② 상호<br>③ 회사가 발행할 주식의 총수<br>④ 액면금액을 발행할 경우 1주의 금액<br>⑤ 회사의 설립 시에 발행하는 주식의 총수<br>⑥ 본점의 소재지<br>⑦ 회사가 공고를 하는 방법<br>⑧ 발기인의 성명 · 주민등록번호 및 주소 |

#### (3) 정관의 공증

① 정관은 공증인의 인증을 받음으로써 효력이 생기지만 자본금 총액이 10억 원 미만인 회사를 발기설립(發起設立)하는 경우에는 공증인의 공증을 받을 필요 없이 각 발기인이 정관에 기명날인 또는 서명함으로써 효력이 생긴다.

② 정관의 공증은 정관(전자문서로 작성된 정관은 제외함) 2통을 공증인 앞에서 발기인이 서명 또는 기명날인하였음을 확인하게 한 후 그 사실을 적는 방법으로 한다.

#### (4) 주식발행사항 결정

① '주식발행사항'이란 정관의 절대적 기재사항 외에 자본금에 관한 구체적인 사항을 결정하는 것으로서, 정관에 다른 규정이 없는 경우 발기인 전원의 동의로 결정하는 사항을 말한다.

② 주식의 표준이 되는 보통주 외에 우선주, 후배주, 혼합주, 의결권제한주식, 전환주식, 상환주식 등과 같은 종류의 주식을 발행하는 경우에는 그 발행하는 주식의 종류와 수를 결정해야 한다.

### 3) 주식회사 설립방법의 결정

#### (1) 발기설립

① 발기인의 주식인수: 발행주식과 발행가액이 결정되면 각 발기인은 서면에 의하여

주식을 인수해야 하며, 발기인이 설립등기를 신청할 때에는 주식의 인수를 증명하는 정보를 제공해야 한다.

② 출자의 이행

- 발기인이 회사의 설립 시에 발행하는 주식의 총수를 인수한 때에는 지체 없이 각 주식에 대하여 그 인수가액의 전액을 발기인조합(발기인)에서 지정한 납입은행·기타 금융기관에 납입해야 한다.
- 설립등기를 신청하는 경우 주금의 납입을 맡은 은행, 그 밖의 금융기관의 납입금 보관을 증명하는 정보를 제공해야 하므로 납입금을 보관한 은행이나 그 밖의 금융기관은 발기인 또는 이사의 청구를 받아 그 보관금액에 관하여 증명서를 발급해야 한다. 다만, 자본금 총액이 10억 원 미만인 회사를 위의 방법에 따라 발기설립하는 경우에는 증명서를 은행이나 그 밖의 금융기관의 잔고증명서로 대체할 수 있다.

③ 임원설립 및 설립경과 조사

- 발기인 총회개최
- 대표이사의 선임
- 의사록 작성
- 설립경과 조사 및 보고

④ 변태설립사항 조사

- 정관으로 변태설립사항을 정한 경우 이사는 이에 관한 조사를 하게 하기 위하여 검사인의 선임을 법원에 청구해야 한다.
- 검사인은 변태설립사항과 현물출자의 이행에 관한 사항을 조사하여 조사보고서를 법원에 보고하고, 지체 없이 조사보고서 등본을 각 발기인에게 교부해야 한다.
- 변태설립사항이 있는 경우 법원에서 선임한 검사인의 검사를 받아야 하지만, 현물출자와 재산 인수의 사항과 그 이행에 관하여 공인된 감정인의 감정으로 검사인의 조사에 대체할 수 있다.
- 「벤처기업 육성에 관한 특별법」상 기술평가기관의 특허권·실용신안권·의장권 등 이에 준하는 기술과 그 사용에 관한 권리의 평가는 공인된 감정인이 감정한 것으로 간주하기 때문에 동 기관의 평가로 검사인의 조사를 대체할 수 있다.

### (2) 모집설립

① 발기인의 주식인수

- 발행주식과 발행가액이 결정되면 이를 인수할 사람을 결정하여 주식을 배정하게 되며, 각 발기인도 서면에 의하여 주식을 인수해야 한다. 이 경우 발기인은 주식의 전부가 아닌 일부를 인수하면 된다.
- 발기인의 주식인수는 주주를 모집할 때 주식청약서에 각 발기인이 인수한 주식의 종류와 수를 기재해야 하므로 주주를 모집하기 전까지 시행한다.

② 주주의 모집 및 주식의 청약

- 모집설립은 각각의 발기인이 일부 주식을 인수하고 나머지에 대해서는 주주를 모집하는 형태로 주식을 배정하게 된다.

③ 주식의 배정과 인수

- 발기인은 배정방법을 미리 공고하지 않은 이상 주식 총수에서 자유롭게 주식을 배정할 수 있다.
- 발기인이 주식을 배정하면 주식인수가 성립하게 되며 주식인수인은 발기인이 배정한 주식의 수에 따라서 인수가액을 납입해야 한다.

④ 주식대금의 납입

- 인수가액의 납입은 주식청약서에 기재한 납입장소에서 해야 한다. 따라서 발기인은 납입장소를 정해 이를 주식청약서에 기재하도록 한다.
- 설립등기를 신청하는 경우 주금의 납입을 맡은 은행, 그 밖의 금융기관의 납입금 보관을 증명하는 정보를 제공해야 하므로 납입금을 보관한 은행이나 그 밖의 금융기관은 발기인 또는 이사의 청구를 받으면 그 보관금액에 관하여 증명서를 발급해야 한다.

⑤ 변태설립 사항의 조사

- 현물출자의 이행과 주금의 납입이 끝나면 발기인은 정관에 현물출자 등 변태설립 사항이 규정되어 있는 경우에는 관할소재지의 지방법원에 검사인의 선임을 청구하여야 한다.

## 4) 설립등기 및 사업자등록

### (1) 창립총회

① 창립총회 개념

- '창립총회'란 모집설립의 경우에 회사설립을 위해 발기인이 소집하는 주식 인수인으로 구성된 설립 중 회사의 의사결정기관을 말한다.
- 주금의 납입과 현물출자의 이행을 완료한 때에는 발기인은 지체 없이 창립총회를 소집하여야 한다.
- 창립총회를 소집하려면 창립총회일 2주 전에 각 주식인수인에게 서면으로 통지를 발송하거나 각 주식인수인의 동의를 받아 전자문서로 통지한다.

② 창립총회 소집통지서 및 장소

- 창립총회 소집통지서에는 회의의 목적사항을 적어야 하며, 창립총회일과 소집장소, 시간, 총회에서 논의할 사항 등을 기재한다.
- 정관에 창립총회 소집장소에 대한 규정이 없으면 발기인은 회사 본점소재지 또는 인접한 장소에서 창립총회를 개최하도록 한다.

③ 창립총회 의사록 작성

- 창립총회에서는 의사록을 작성해야 하며, 의사의 경과요령과 그 결과를 기재하고 의장과 출석한 이사가 기명날인 또는 서명해야 한다.

### (2) 사업의 인·허가

회사를 설립하여 사업을 시작하려는 자는 대부분의 업종에서 특별한 규제나 제한 없이 사업을 영위할 수 있으나, 특정한 업종의 경우에는 관계법령에 따라 사업개시 전에 행정관청으로부터 허가를 받거나 행정관청에 등록 또는 신고를 마쳐야 사업을 수행할 수 있는 경우가 있다.

이러한 사업의 인·허가 부분은 사업구상단계와 계획단계에서 어느 정도 검토가 이루어지는 것이 대부분이지만, 실행은 사업자등록 전 단계에서 처리하는 경우가 일반적이다. 다만, 사업계획 작성 시 인·허가 처리기관, 처리절차, 소요기간 및 경비, 시설기준 및 자격요건, 구비서류를 정확히 파악하여 소정의 절차에 따라 인·허가 등을 진행하여야 한다. 특히, 어떤 경우에는 점포용도에 따라 해당 업종의 영업활동이 제한되는 경우가 많으니 점포계약 전에 반드시 확인해보아야 한다.

① 인·허가 확인방법

- 관할 구청민원실 등 구체적인 기관을 통해 직접 방문하여 알아보는 방법
- 온라인을 통해 직접 검색하는 방법
  - 생활공감지도(http://www.gmap.go.kr) 홈페이지에서 해당업종 확인
  - 기업지원플러스 G4B(www.g4b.go.kr) 홈페이지에서 확인

② 인·허가 확인 지원 온라인 사이트

- 생활공감지도

**생활공감지도 홈페이지 인·허가 자가진단 화면**

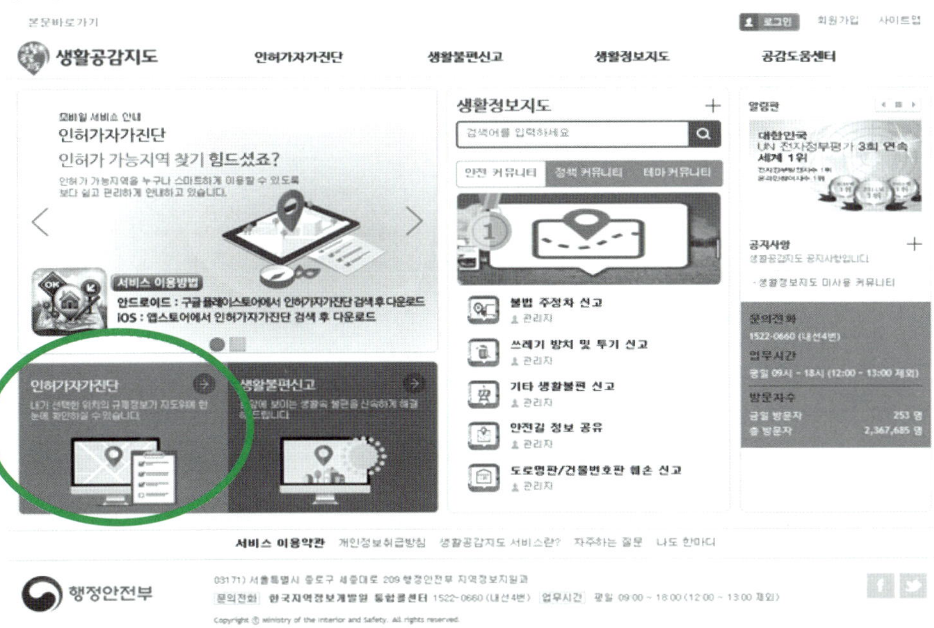

㉡ 기업지원플러스

**▌기업지원플러스 홈페이지 인·허가 여부 확인 화면▐**

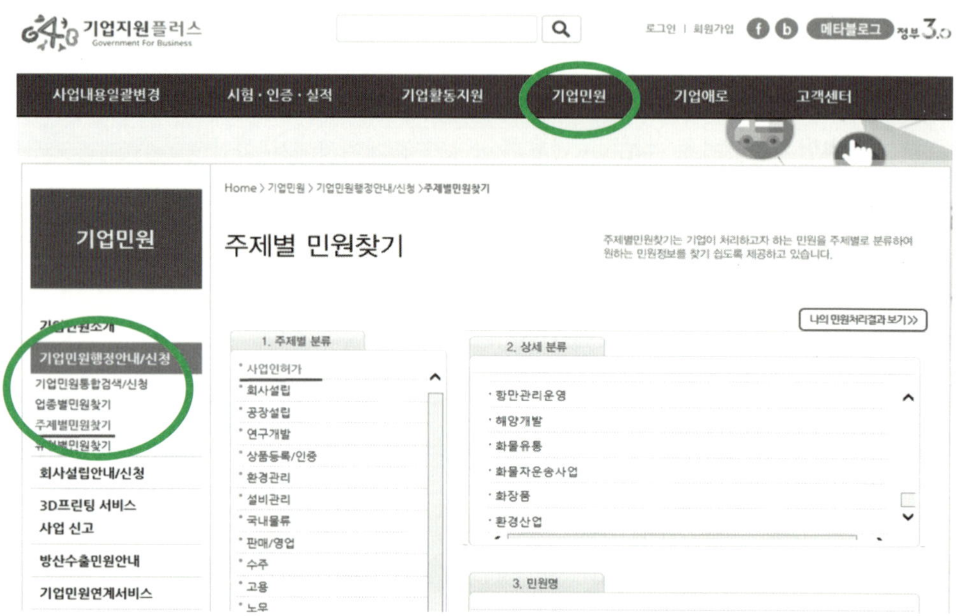


### (3) 법인설립등기

회사의 등기는 법률에 다른 규정이 없는 경우 그 대표자(대표이사)가 본점 소재지 관할 등기소에 신청하여야 하며, 등기신청인이 회사설립 등기를 등기기간 내에 하지 않은 때에는 500만 원 이하의 과태료가 부과된다.

① 등기신청방법

- 방문신청: 신청인 또는 그 대리인이 등기소에 출석하여 신청정보 및 첨부정보를 적은 서면을 제출하는 방법으로 한다.
- 인터넷 등기신청: 대법원 인터넷등기소사이트(www.iros.go.kr)에 접속하면 등기신청서 및 첨부서류 양식 그리고 작성방식에 관해 설명되어 있으며, 안내에 따라 전자신청할 수 있다.

② 설립등기 시 제출서류 목록

- 설립등기신청서
- 정관

- 주식의 인수와 청약을 증명하는 정보
- 발기인이 주식발행사항(주식의 종류와 수, 액면 이상의 주식을 발행하는 때에는 그 수와 금액)을 정한 때에는 이를 증명하는 정보
- 이사와 감사 또는 감사위원회 및 공증인의 조사보고에 관한 정보
- 검사인이나 공증인의 조사보고 또는 감정인의 감정에 관한 정보
- 위의 검사인이나 공증인의 조사보고 또는 감정인의 감정결과에 관한 재판이 있은 때에는 그 재판이 있음을 증명하는 정보
- 발기인이 이사와 감사 또는 감사위원회 위원의 선임을 증명하는 정보
- 창립총회의사록
- 이사, 대표이사, 집행임원, 대표집행임원, 감사 또는 감사위원회 위원의 취임승낙을 증명하는 정보
- 명의개서 대리인을 둔 때에는 명의개서 대리인과의 계약증명 정보
- 주금의 납입을 맡은 은행 및 금융기관의 납입금보관에 관한 증명서

### (4) 법인기업의 사업자등록

납세의무를 지는 사업자에 관한 정보를 세무서의 대장에 수록하는 것을 말하며, 회사 설립 등기가 완료되면 회사는 법적으로 완전한 법인격을 갖게 되며, 사업장 소재지 관할 세무서에 사업자등록 신청을 한 후 정상적인 영업활동을 할 수 있다.

① 제출서류

법인은 사업장마다 해당 사업개시일부터 20일 이내에 사업자의 인적사항, 사업자등록 신청사유, 사업개시 연월일을 기재한 법인설립신고 및 사업자등록 신청서를 사업장 소재지 관할 세무서장에게 제출하여야 한다.

- 사업자등록신청서
- 정관 1부
- 임대차계약서 사본(사업장을 임차한 경우만 해당함) 1부
- 「상가건물 임대차보호법」의 적용을 받는 상가건물의 일부를 임차한 경우에는 해당 부분의 도면 1부
- 주주 또는 출자자명세서 1부
- 사업허가·등록·신고필증 사본(해당 법인만 해당함) 또는 설립허가증사본(비영

리법인만 해당함) 1부

- 현물출자명세서(현물출자법인의 경우만 해당함) 1부

② 사업자등록증의 발급

- 사업자등록 신청을 받은 세무서장은 사업자의 인적사항과 그밖에 필요한 사항을 기재한 사업자등록증을 신청일부터 3일(토요일, 공휴일 또는 근로자의 날은 제외함) 이내에 신청자에게 발급해야 한다.
- 홈택스에 가입되어 있고 공인인증서가 있으면 세무서에 방문하지 않고 인터넷을 통하여 사업자등록 신청 및 구비서류 전자제출이 가능하며 사업자등록이 완료되면 사업자등록증 발급도 가능하다(www.hometax.go.kr).

## 5) 주식회사 설립지원 온라인사이트

### (1) 재택창업시스템(www.startbiz.go.kr)

온라인 법인 설립지원, 교육, 상호검색

**▌온라인 재택창업시스템 화면▐**

### (2) 대법원 인터넷 등기소(www.iros.go.kr)

법인설립등기 신청서식 및 작성요령, 법인등기 전자신청

**인터넷등기소 홈페이지 화면**

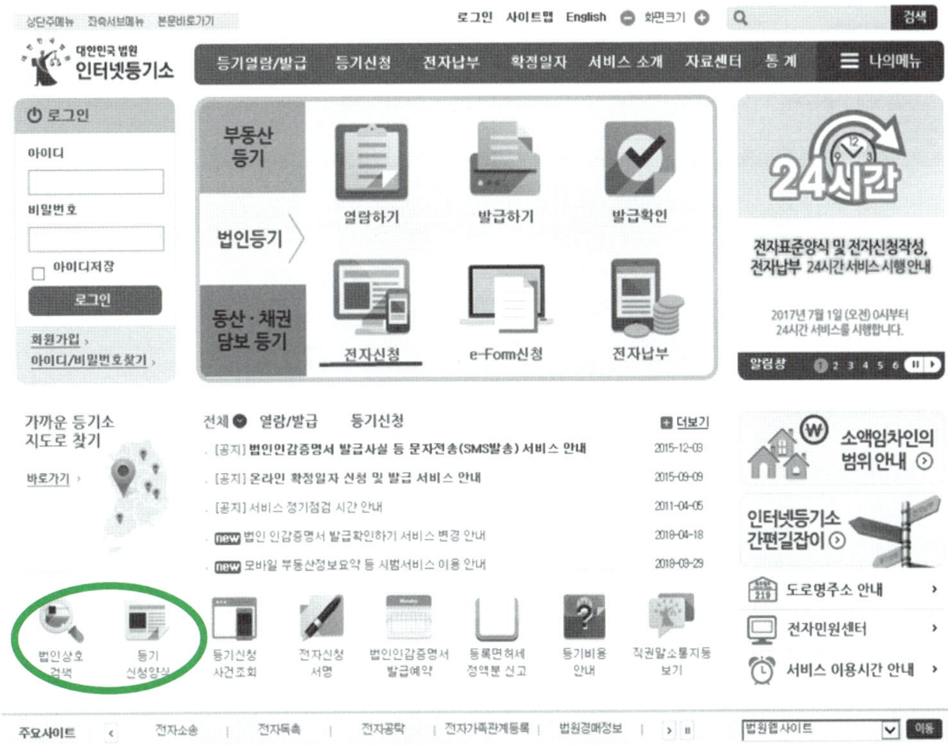


### (3) 국세청 홈택스(www.hometax.go.kr)

사업자등록 신청 및 발급

**국세청 홈택스 홈페이지 화면**

## 5. 기타 신고사항

요건에 따라 의무적으로 가입해야 할 4대 사회보험과 사업주의 의무신고사항이 있다. 4대 사회보험은 국민연금, 국민건강보험, 산업재해보상보험, 고용보험을 말하며, 근로자를 고용하는 모든 사업장은 반드시 가입해야 하는 보험이다.

### 1) 사회보험

① 4대 사회보험의 신고는 국민연금/건강보험은 직장근로자를 고용한 사업장이 된 때에서부터 14일 이내에 실시하여야 하고, 고용/산재보험의 경우는 근로자를 채용한 날로부터 그 다음달 15일까지 신고하여야 한다.

② 신고방법으로는 사업장 주소지를 관할하는 각 공단지사에 서류를 구비하여 직접 방문하여 제출하거나 우편, 팩스 등으로 신고가 가능하며, 4대 사회보험 정보포털서비스(www.4insure.or.kr) 및 EDI를 통하여 인터넷으로도 신고가 가능하다.

③ 사회보험 가입 및 안내 사이트

**4대 사회보험 연계센터 홈페이지 화면**

## 2) 기타사항

① 근로기준법 제93조에 근거하여 근로자수가 10명 이상에 해당될 경우 사업장을 관할하는 지방노동청에 법이 규정하는 내용을 포함하는 취업규칙을 작성하여 신고하여야 한다.

② 취업규칙 신고서류: 취업규칙신고서, 취업규칙, 근로자의 과반수를 대표하는 노동조합 또는 근로자의 과반수의 의견을 들었음을 증명하는 자료로 구성되어 있다.

# 제3절 창업기업 지원정책 및 자금조달

## 1. 자금조달

### 1) 창업자금의 이해

기업의 자금은 크게 시설자금과 운전자금으로 구분할 수 있다. 시설자금은 사업장 확보를 위한 자금이나 공장설립, 기계장치 구입 등에 소요되는 자금과 같이 기업내부에 고정화 되어 자산에 투입되는 자금이며, 운전자금은 임금이나 원자재비, 영업활동을 위한 각종 경비 등에 소요되는 자금으로 단기적이며 유동적인 특징을 가지고 있는 자금이다.

**기업자금의 종류**

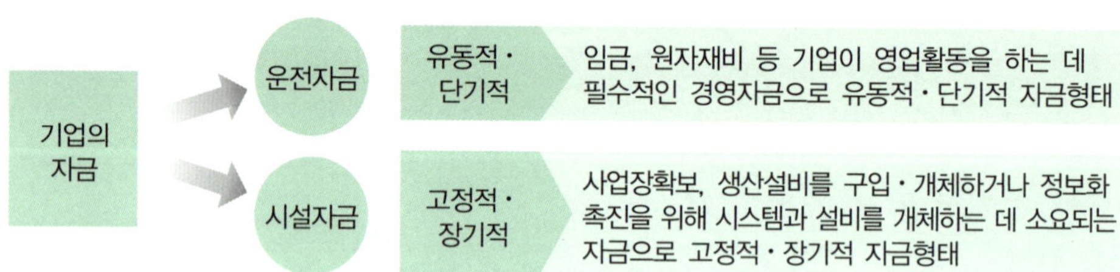


### 2) 창업자금 조달 준비

#### (1) 자금의 유형

창업자금의 유형은 자기자금, 정책자금, R&D자금, 금융권 차입, 투자유치 등 5가지로 구분할 수 있다. 창업 초기에는 자기자금과 정책자금, 금융권 차입 등으로 충당하게 되며 기업이 어느 정도 성장하는 시점에는 R&D 무상자금이나 투자유치를 통한 자금을 확보할 수 있게 된다.

▌자금의 유형▌

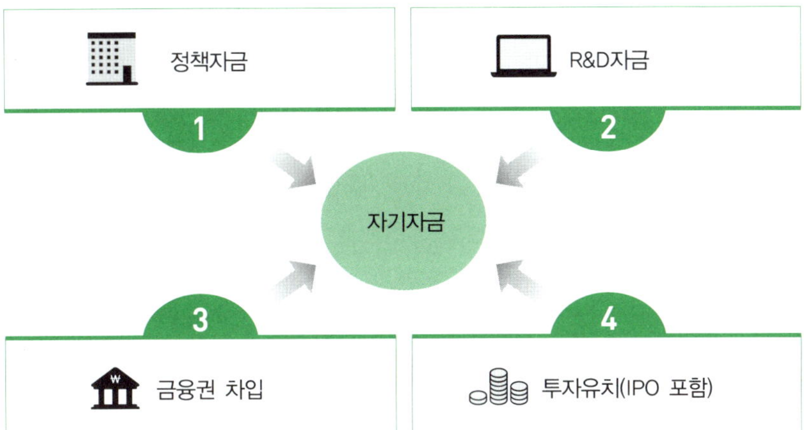


### (2) 필요현금 예측

일반적으로 사업시나리오 분석과 추정재무제표 등의 체계적인 방법으로 진행하며, 자금에 대해서는 비판적 전망까지도 감수하여 최대한 보수적으로 산출하여 최악의 경우를 대비할 수 있는 예비자금을 산출해 확보해야 한다.

예비자금 산출은 기업의 규모, 업종, 제품의 특성, 창업자 준비수준에 따라 다르지만 일반적으로 1회전 소요자금을 산출해봄으로써 알 수 있다. 아래는 창업과정에서 일반적으로 적용하고 있는 예비자금 산출방법이다.

① 매출이 발생하지 않을 것으로 예상되는 기간 동안의 지출예상금액(a)

② 매출 발생 후 현금화될 수 있는 개월수(b)

③ 매입발생 후 현금으로 지급해야 하는 개월수(c)

④ 월평균 예상매출액(d)

⑤ 월평균 예상매입액(e)

$$예비자금 = a + (b \times d) - (c \times e)$$

### (3) 재무구조 관리방법

기업은 창업부터 성장하는 과정 속에서 자금조달에 대한 필요성을 지속적으로 느끼게 되는 것이 일반적이며, 이러한 자금을 필요시기에 원활히 조달하는 역할이 무엇보다 중요하다 할 수 있다.

외부기관으로 자금을 조달하기 위해 필수적으로 관리해야 할 것이 바로 재무구조이며, 이러한 재무구조의 개선은 단시간에 이루어지는 것이 아니기 때문에 창업시기부터 전략적으로 관리가 진행되어야 할 것이다.

인력이 부족한 창업기업에서는 계획에 따른 지출, 과도한 차입 지양, 자산의 비용처리 지양, 재고자산관리 등을 꾸준히 하는 것만으로도 기초적인 재무관리를 할 수 있다.

### (4) 신용등급 관리방법

외부기관으로 자금을 조달하기 위한 또 하나의 관리항목이 바로 신용등급 관리이다. 이 또한 단시간에 개선되는 것이 아니기 때문에 창업시기부터 전략적으로 관리가 되어야 할 항목 중 하나이다.

대부분의 국내은행은 기업의 신용등급을 10개 등급으로 구분하고 상황에 따라 조정이 이루어진다. 1~5등급은 이론적으로 신용대출이 가능한 등급이고, 6등급 이하는 담보 없이는 대출이 불가능한 등급으로 분류하는 경우가 많다.

### (5) 정책자금 조달을 위한 준비사항

정책자금은 사전 계획된 시기에 맞춰 공지되는 사업과 상시접수 사업이 있으며, 두 가지 자금 모두 자금소진 시까지 진행된다는 특징이 있다. 정책자금 특성상 자금의 여유가 있을 때 신청하는 것이 바람직하고, 급하게 준비하면 준비의 오류가 생길 수 있으니 사전 계획에 의해 충분한 시간을 갖고 준비하도록 한다.

① 지원제한 대상이 되지 않도록 준비

- 신용불량, 과다한 채무, 국세체납, 금융기관 연체 등이 발생하지 않도록 평소에 관리하여야 한다.

② 사업계획서 등 신청서 외의 사업설명자료

- 사업마다 별도의 양식을 요청하겠지만 사업계획에 해당하는 내용은 사전에 충분히 준비가 가능하며, 사업계획의 증빙문서가 될 수 있는 자료 또한 준비를 해놓는 것이 바람직하다.

③ 특정 사업의 필수요건이나 우대대상이 될 수 있도록 준비

- 인증이 있을 때 신청할 수 있는 사업이 별도로 있으며, 일부사업의 경우 인증이

가점이 될 수 있다.

- 특허 및 실용신안, 기업부설연구소, 벤처기업인증, 여성기업 인증, ISO 인증, 지자체 인증 등이다.

#### (6) 정부출연 R&D자금을 지원받기 위한 준비사항

정부출연 R&D자금은 중소기업의 제품개발 등에 소요되는 연구개발비용을 중소기업의 육성목적으로 정부에서 무상으로 지원하는 정부정책자금이다.

정부출연 R&D자금과 같은 융자금이 아닌 출연금, 정부보조금, R&D지원금 등의 정부 무상지원금의 경우 지원받을 수 있는 요건들을 갖추는 것이 가장 중요하며, 이러한 정부출연 R&D자금을 지원받기 위해서는 아래와 같은 준비사항이 필요하다.

① 기술에 대한 인증: 보유기술의 특허, 실용신안, 디자인 등록을 준비한다.

② 기존기술 대비 차별화된 기술개발 능력: 우수기술을 개발할 조직, 기술력, 장비 등을 제시한다.

③ 기술사업화 가능성: 사업화가 가능한지, 계획 중인 사업화 방법이나 진행 중인 사업화 내용을 기술한다(바이어의 구매의향서, 발주공문서, MOU문서, 개발의뢰서 등).

④ 각 사업별로 사전 검토하여 가점을 받을 수 있는 인증을 준비한다.

⑤ 시장분석에 대한 명확한 분석과 논리적 설명이 필요하다.

⑥ 프레젠테이션 자료 및 발표연습, 예상 질의응답을 준비해야 한다.

### 3) 창업자금 조달실무

#### (1) 보증기관 활용

① 신용보증제도 개념

담보력이 부족한 기업이 보유하고 있는 사업성과 성장잠재력, 무형의 신용을 발굴하여 신용보증서를 발급해줌으로써 금융기관 등으로부터 자금을 지원받을 수 있도록 하는 제도이다.

② 보증기간별 보증 대상기업

- 신용보증기금: 일반 개인사업자나 법인사업자를 대상으로 업종제한 없이 보증 취급이 가능하며, 청년창업특례보증(대출금의 100% 보증)을 실시하고 있는 정부가

설립한 금융전문기관이다.

- 기술보증기금: 기술을 보유한 중소기업을 대상으로 기술보증을 통하여 신기술사업자의 자금공급을 원활히 하고, 기술평가를 통하여 기업의 기술혁신역량과 기술금융을 효과적으로 지원하기 위하여 정부가 설립한 기술금융전문기관이다.
- 지역신용보증재단: 중앙정부와 해당 시・도가 재원을 마련하여 지역신용보증재단법에 의해 설립한 비영리 특별법인으로 광역자치단체별로 16개 신용보증재단을 설치하여 운영 중이며, 본사나 주사업장이 해당지역 신용보증재단의 관할지역 내에 소재한 사업자등록증을 가지고 있는 소기업・소상공인을 대상으로 보증을 해주고 있다.

③ 보증의 활용

- 보증기관으로부터 보증을 받게 되면 일반적으로 은행대출의 핵심요소인 대출 여부 결정, 상환기간 결정, 금리수준 결정 등의 조건에 비해 다소 완화된 조건을 갖출 수 있다.
- 기관의 지원상품에 따라 금리수준과 상환기간에 차이가 있으나 발급된 보증서를 담보로 은행에서 대출을 받는 원리는 동일하다.

### (2) 은행대출

은행대출은 신용등급과 담보가 핵심요소이며, 이러한 은행대출의 중요 요소를 정리하면 아래 그림과 같다.

**은행대출의 중요요소**

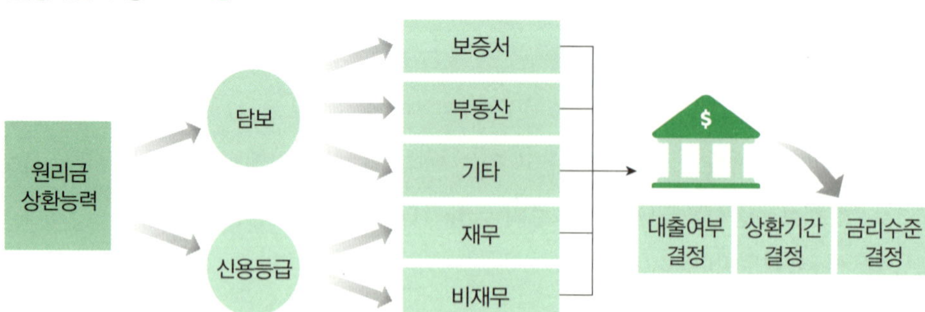

## 2. 창업지원정책의 이해

### 1) 목적

국내 산업기반을 이루고 그 핵심역할을 하게 될 중소기업의 체질을 개선해 국제경쟁력을 키워나갈 수 있도록 정책자금을 지원한다.

### 2) 대상

① 「중소기업기본법」상의 중소기업
② 예비창업자 또는 창업 7년 미만 기업

### 3) 주요 지원내용

자금, 시설/공간, 서비스/상품 개발비, 국내/외 마케팅, 교육・컨설팅 등

### 4) 지원방법

① 직접융자, 금융기관을 통한 간접융자
② R&D개발비 지원
③ 각 정부기관이나 지자체, 협・단체를 통한 바우처지원, 사무공간지원, 전문인력지원, 사업비용지원
④ 사업별로 차이가 있으나 기관의 공고를 통한 신청에 의해 접수가 되며, 승인된 기업에 한해 지원하는 방법이 가장 일반적이다.

### 5) 창업지원정책 주요 방향

창업지원정책사업은 대표하는 단일 브랜드(K-startup)를 사용하고, 'K-startup' 홈페이지(www.K-startup.go.kr)를 통해 프로그램을 8개의 범주로 분류하여 제공한다.

**▌창업지원사업 통합브랜드화에 따른 변화 모습▐**

| 기존 |
|---|
| 창업지원사업 |
| TIPS, 창업선도대학, 창업보육센터, 청년창업사관학교, 청소년 비즈쿨, 재도전 전용 R&D, 창업교육센터, 선도벤처연계창업지원, 창업아카데미, 창업맞춤형사업화, 해외현지진출 · 창업지원, 창업기업보증, 청년전용창업자금, K-ICT 창업멘토링, 창업성장기술개발, 창업도약패키지, K-Global 엑셀러레이팅, 창업성장기술개발, K-Global DB-Stars, 게임벤처3.0, 콘텐츠코리아랩 |

| K-startup | |
|---|---|
| K-startup(교육) | K-startup(시설, 공간) |
| • 청소년비즈쿨(중고생)<br>• 창업아카데미(대학생) | • 창업보육센터<br>• 판교창조경제밸리 |
| K-startup(멘토링, 컨설팅) | K-startup(사업화) |
| • 창조경제타운<br>• K-ICT 창업멘토링 | • 창업 도약패키지 지원<br>• K-Global DB Stars |
| K-startup(정책자금) | K-startup(R&D) |
| • 청년전용창업자금<br>• 창업기업보증 | • 창업성장기술개발<br>• K-Global ICT 유망기술개발 |
| K-startup(판로 해외진출) | K-startup(행사 네트워크) |
| • HIT 500<br>• K-Global 컨설팅 및 IR | • 창조경제대상: 슈퍼스타V<br>• K-Global 국내외 데모데이 |

## 3. 창업자금 지원정책

### 1) 중소기업진흥공단

#### (1) 일반창업 기업지원자금

① 사업목적: 우수한 기술력과 사업성은 있으나 자금력이 부족한 중소 · 벤처기업의 창업을 활성화하고 고용창출을 도모

② 융자대상

- 「중소기업창업지원법」 제2조에 의한 창업자
- 업력 7년 미만 중소기업 및 창업을 준비 중인 자

③ 대출금리: 정책자금 기준금리(변동)에서 0.3%p 차감

④ 대출기간

- 시설자금 8년 이내(거치 3년 포함)
- 운전자금 5년 이내(거치 2년 포함)

⑤ 대출한도
- 업체당 잔액기준 45억 원 이내(지방소재 50억 원)
- 매출액의 150% 이내
- 운전자금은 연간 5억 원 이내

⑥ 대출기관: 중소기업진흥공단

#### (2) 청년전용 창업자금

① 사업목적: 청년층의 기업가정신 제고 및 창업 활성화

② 융자대상
- 대표자가 만 39세 이하로, 업력 3년 미만의 중소기업 및 창업을 준비 중인 자
- 창업성공 패키지 지원의 경우 7년 미만인 창업 및 예비창업자

③ 대출금리: 연 2.0%

④ 대출기간: 시설·운전 6년 이내(거치 3년)

⑤ 대출한도: 기업당 1억 원 이내

⑥ 대출기관: 중소기업진흥공단

### 2) 기술보증기금

#### (1) 예비창업자 사전보증

① 사업목적: 우수기술 보유 예비창업자의 창업자금 조달 가능성을 창업준비단계에서 예측가능토록 하여 준비된 창업을 통한 성공창업을 지원

② 융자대상: 우수 기술·아이디어를 사업화하고자 하는 예비창업자 및 전문 예비창업자

③ 우대내용
- 보증비율 우대(전액보증), 보증료 0.7% 감면, 1억 원 이하 기술평가료 면제
- 창업 멘토링 병행지원

④ 대출한도: 최대 10억 원(기술평가등급에 따라 차등지원)

⑤ 대출기관: 기술보증기금

### (2) 창업기업 우대지원 제도

① 사업목적: 기술력을 기반으로 한 창업을 유도하며 미래의 성장동력을 육성하고, 이를 통해 일자리 창출을 확대하고자 창업기업에 대한 다양한 제도를 마련하여 우대하고 있다.

② 융자대상

- 맞춤형 창업기업 보증: 창업 후 7년 이내인 신기술사업을 영위하고 있는 중소기업으로 맞춤형 창업 성장분야에 해당하는 기업
- 청년창업기업 우대 프로그램: 창업 후 5년 이내로 실제 경영자가 만 17~39세 이하인 기술창업기업

③ 우대내용

- 보증비율 우대(90~100%), 보증료 0.3~0.4% 감면(1억 원 이내는 1.0% 고정)
- 청년창업기업에 대해 기업당 3억 원 이내에서 우대지원(보증비율 우대(95~100%), 보증료 0.3%

④ 대출기간: 시설·운전 6년 이내(거치 3년)

⑤ 대출한도: 기업당 3억 원 이내

⑥ 대출기관: 기술보증기금

## 3) 신용보증기금

### (1) 창업기업 육성 플랫폼

① 사업목적: 성장잠재력을 갖춘 Start-up이 본격적인 성장궤도로 진입할 때까지 4단계 지원체계를 통해 수요자가 필요로 하는 금융·컨설팅 등을 패키지로 제공하여 우수 Start-up을 육성하는 제도

② 지원대상

- 미래신성장 산업을 영위하는 3년 이내 창업기업(예비창업자 포함)으로 정부, 지자체, 공공기관 또는 기관투자자로부터 투자받지 않은 기업
- 미래신성장 산업은 첨단제조, 에너지, 환경, 건강·진단, 정보통신, 전기·전자, 센서·측정, 문화·콘텐츠, 전기·자율차, IoT가전, 항공·드론, 로봇, 바이오헬스,

AR·VR, 첨단신소재, 인공지능 등을 말한다.

③ 지원내용

- Pre-NEST교육(창업기본교육, 비즈니스 모델 구축, 사업계획서 레벨업)
- 액셀러레이팅(초기 창업기업 육성을 위해 컨설팅, 멘토링, 네트워킹 등을 지원)
- 금융지원(신용보증지원, 투자지원, 보험료할인 등 우대)
- 성장지원(IPO지원, M&A컨설팅 및 M&A보증을 통한 사업확장 및 회수전략 지원, 해외진출, 기술자문지원)

④ 주관기관: 신용보증기금

### (2) 유망창업기업 성장지원 프로그램

① 사업목적: 유망창업기업을 대상으로 창업 유형 및 창업단계별 특성을 반영한 맞춤형 보증 프로그램

② 지원대상: 창업 후 7년 이내인 유망 창업기업
전문자격 창업, 아이디어 창업, 기술·지식 창업

③ 지원내용

- 예비창업보증 10억 원 한도로 지원
- 신생기업보증 10~20억 원 한도로 지원
- 창업초기보증 30억 원 한도로 지원
- 창업성장보증 30억 원 한도로 지원
- 퍼스트펭귄보증 30억 원 한도로 지원

④ 주관기관: 신용보증기금

## 4. 창업지원사업

## 1) 시설공간 지원사업

### (1) 창업보육센터

① 사업목적: 예비창업자 및 3년 미만 창업자에게 사무공간, 기술·경영 컨설팅 등 제

공으로 안정적인 경영활동 및 지속적인 성장 지원

② 지원대상: 예비창업자 및 3년 미만 창업자

③ 지원내용

- (초기(예비)창업자) 창업사업공간 제공 및 기술·경영컨설팅 등 사업화 지원
- (창업보육센터) 창업보육센터 운영에 소요되는 매니저 인건비 등 사업비
- 창업보육센터 관련 참고사이트: 창업보육센터네트워크시스템(www.bi.go.kr)

④ 신청기간: 연중 수시

⑤ 신청방법: 창업보육센터네트워크시스템(www.bi.go.kr) 및 k-starup 홈페이지를 통한 온라인 신청·접수

⑥ 주관기관: 중소벤처기업부 생태계조성과

#### (2) 시제품제작터

① 사업목적: 예비창업자 및 중소기업 등의 사업아이템에 대한 디자인, 설계 및 시제품 제작 지원

② 지원대상: 예비창업자 및 중소기업

③ 지원내용

- (전문가 서비스) 전문가가 디자인부터 시제품 제작까지 직접지원
  * 서비스 유형(디자인, 설계, 시제품제작)별로 시간당 17~30천 원 수수료징수
- (셀프제작 서비스) 창업자가 직접 시제품을 제작할 수 있도록 공간·장비 등을 무료지원

④ 신청기간: 연중 수시

⑤ 신청방법: 희망 지방중소벤처기업청 방문 또는 우편(팩스) 신청

⑥ 주관기관: 중소벤처기업부 창업생태계조성과

### 2) 사업화 지원사업

#### (1) 창업도약 패키지

① 사업목적: 창업기업이 어려운 시기를 극복하고 새로운 도약의 기회를 찾을 수 있도록 시장전문가 멘토링, 사업모델(Business Model) 혁신, 아이템 보강 등을 지원하

여 매출증대와 글로벌 진출을 도모

② 지원대상: 창업 후 3년 이상 및 7년 이내 기업(공고일 기준)

③ 지원내용: 사업모델(BM) 혁신, 경영전략 멘토링, 아이템 검증·보강, 판로개척 및 글로벌 시장 진출, 투자유치 및 정부사업 연계, 성과창출 프로그램 등 지원

④ 신청기간: 2~3월

⑤ 신청방법: k-starup홈페이지(www.k-startup.go.kr)를 통한 온라인 신청·접수

⑥ 주관기관: 중소벤처기업부 기술창업과

#### (2) 창업성공 패키지(청년창업사관학교)

① 사업목적: 우수 창업자를 선발하여 성공창업과 지속성장에 필요한 창업계획 및 사업화를 성장단계별 지원(졸업 후 자금, 창업공간, 판로, 수출 등 연계지원)

② 지원대상

- 제조업 및 지식서비스 업종 영위(예정) 기업
- 만 39세 이하인 자로 (예비)창업 3년 이하 기업의 대표자(2018년 1월 1일 기준)

③ 지원내용

- 사업화지원, 코칭, 교육, 시제품제작 등 제품개발 관련 기술 및 장비 지원
- (공간) 청년창업사관학교 내 창업준비공간(개별·공동)을 제공
- (사업비) 1년간 최대 1억 원 범위 내에서 총사업비의 70% 이내 지원(기술개발 및 시제품제작비, 기술정보활동비, 지재권 취득 및 인증비, 마케팅비 등의 용도)
  * 단, 기술개발이 장시간 소요되는 고급기술의 경우 2년간 최대 2억 원 이내 지원
- (후속연계) 사관학교 졸업기업의 성장 촉진을 위한 후속연계지원

④ 신청방법: k-starup 홈페이지(www.k-startup.go.kr)를 통한 온라인 신청·접수

⑤ 주관기관: 중소벤처기업부 기술창업과

### 3) R&D 지원사업

#### (1) 창업성장기술개발사업

① 사업목적: 성장잠재력을 보유하고 있으나 기술개발 자금 부족으로 어려움을 겪고 있는 창업기업에게 기술개발자금을 지원

② 지원대상: 창업 후 7년 이하인 중소기업(과제별 상이)

③ 지원내용

- 디딤돌 창업과제: 일반 창업기업의 기술개발 지원(최대 1년, 1.5억 원, 정부출연금 80% 이내)
- 혁신창업과제: 고기술·유망기술 등 4IR 분야 창업기업의 기술개발 지원(최대 1년, 2억 원, 정부출연금 80% 이내)
- 크라우드펀딩 연계형 기술창업지원과제: 크라우드펀딩에 성공한 창업기업의 기술개발 지원(최대 1년, 2억 원, 정부출연금 80% 이내)

④ 신청방법: 종합관리시스템(www.smtech.go.kr)에서 확인 및 온라인 신청·접수

⑤ 주관기관: 중소벤처기업부 기술개발과

### (2) 팁스(TIPS) 프로그램 창업팀 지원

엔젤투자와 연계한 정부 R&D 등 지원을 집중하여 글로벌 시장 진출을 지향하는 창업팀을 육성하고 기술창업 성공률을 제고하기 위한 사업

① 지원대상

- 「중소기업기본법」 제2조 제1항에 따른 창업기업으로 '사업을 개시한 날'로부터 7년이 지나지 않은 기업이며 아래 요건을 충족
- TIPS 운영사로부터 투자(확약) 및 프로그램에 추천된 창업팀 또는 예비창업팀
- 창업팀이 전체 지분의 60% 이상, 운영사 지분율은 30% 이하

② 지원내용

- 운영사의 엔젤투자금(1억 원 내외)에 정부가 기술개발자금(최대 5억 원)을 매칭지원하고, 창업사업화·해외마케팅 자금 등을 추가 연계
- 운영사가 보육·멘토링, 글로벌 진출 등을 종합지원

③ 신청방법: 사이버 팁스타운을 통해 온라인 신청(www.jointips.or.kr)

④ 주관기관: 중소벤처기업부 창업벤처혁신실 기술창업과

# 제4절 창업관련 법률

## 1. 중소기업창업지원법

### 1) 창업 및 창업자의 정의(중소기업창업지원법 제2조 1, 2)

① 중소기업을 새로이 설립하여 사업을 개시하는 것을 말하며, 사업의 승계, 기업형태의 변경, 폐업 후 사업재개에 해당하는 경우는 창업에 해당하지 않는다.

② 창업자라 함은 중소기업을 창업하는 자와 중소기업을 창업하여 사업을 개시한 날로부터 7년이 지나지 아니한 자를 말한다.

### 2) 제외업종(중소기업창업지원법 시행령 제4조 1, 2, 3, 4, 5, 6)

① 금융 및 보험업

② 부동산업

③ 숙박 및 음식점업(호텔업, 휴양콘도 운영업 및 상시근로자 20명 이상의 법인인 음식점업은 제외)

④ 무도장운영업

⑤ 골프장 및 스키장운영업

⑥ 기타 갬블링 및 베팅업

⑦ 기타 개인 서비스업(산업용 세탁업은 제외)

⑧ 그밖에 제조업이 아닌 업종으로서 산업통상자원부령으로 정하는 업종

### 3) 창업으로 보지 않는 창업의 범위(중소기업창업지원법 시행령 제2조 1, 2, 3)

① 사업승계: 타인으로부터 사업을 승계하여 승계 전의 사업과 같은 종류의 사업을 계속하는 경우

② 기업형태의 변경(법인전환, 합병 등): 개인사업자인 중소기업자가 법인으로 전환하

거나 법인의 조직변경 등 기업형태를 변경하여 변경 전의 사업과 같은 종류의 사업을 계속하는 경우

③ 폐업 후 사업재개: 폐업 후 사업을 개시하여 폐업 전의 사업과 같은 종류의 사업을 계속하는 경우

### 4) 창업개시일 기준(중소기업창업지원법 시행령 제3조 1, 2)

① 창업자가 법인이면 법인설립등기일

② 창업자가 개인이면 「부가가치세법」 제8조 제1항에 따른 사업개시일. 다만, 법 제33조에 따른 사업계획의 승인을 받아 사업을 개시하는 경우에는 「부가가치세법」 제8조 제1항에 따른 사업자등록일

## 2. 벤처기업 육성에 관한 특별조치법

### 1) 목적

기존 기업의 벤처기업으로의 전환과 벤처기업의 창업촉진을 통하여 우리 산업의 구조조정을 원활히 하고 경쟁력을 제고하는 데 기여함을 목적으로 한다.

### 2) 벤처기업 기준

**벤처기업의 확인요건**

| 벤처유형 | 기준요건 | 확인기관 |
|---|---|---|
| 벤처투자기업 | • 벤처투자기관으로부터 투자받은 금액이 5천만 원 이상이고, 자본금의 10% 이상일 것<br>• 벤처확인요청일부터 직전으로 연속하여 6개월 이상<br>* 벤처투자 유지기간: 개정법 시행일(2006.6.4)을 기산점으로 산정(산업은행, 기업은행에 한함) | 한국벤처캐피탈협회 |
| 연구개발기업 | • 기술개발촉진법 제7조 규정에 의한 기업부설연구소 보유(필수)<br>• 업력에 따른 아래 기준에 부합할 것 | 기술보증기금<br>중소기업진흥공단 |

| | | |
|---|---|---|
| | ① 창업 3년 이상 기업: 확인요청일이 속하는 분기의 직전 4분기 연구개발비가 5천만 원 이상이고, 매출액 대비 연구개발비 비율이 기준 이상일 것<br>② 창업 3년 미만 기업: 확인요청일이 속하는 분기의 직전 4분기 연구개발비가 5천만 원 이상일 것 (연구개발비 비율 적용 제외)<br>* 창업 1년 미만의 경우도 연구비는 5천만 원 이상<br>• 기보 또는 중진공 등의 사업성평가기관으로부터 사업성이 우수한 것으로 평가받을 것 | |
| 기술평가보증기업<br>기술평가대출기업 | • 기보의 보증 또는 중진공의 대출을 순수신용으로 받을 것<br>* 기보: 기술평가보증에 한함<br>중진공: 개발 및 특허기술사업화지원자금 또는 벤처창업자금에 한함<br>• 위의 보증 또는 대출금액이 8천만 원 이상이고, 당해 기업의 총자산에 대한 보증 또는 대출금액 비율이 10% 이상일 것<br>* 창업 후 1년 미만 기업: 보증 또는 대출금액 4천만 원 이상(총자산 대비 비율은 적용배세)<br>• 기보 또는 중진공으로부터 기술성이 우수한 것으로 평가받을 것 | 기술보증기금 |
| 예비벤처기업 | • 법인설립 또는 사업자등록을 준비 중인 자, 창업 후 6개월 이내인 자<br>• 기술 및 사업계획이 기보 · 중진공으로부터 우수한 것으로 평가받을 것 | 기술보증기금<br>중소기업진흥공단 |

## 3. 그 외 기타 관련법규

### 1) 소기업 및 소상공인 지원을 위한 특별조치법

#### (1) 목적

소기업 및 소상공인의 지원을 위한 이 법은 소기업의 자유로운 생산활동을 촉진하고, 구조개선 및 경영안정을 도모하여 균형있는 국민경제의 발전에 기여함을 목적으로 하고 있다.

#### (2) 소상공인 기준

① 제조업, 건설업, 광업, 운수업: 상시근로자수 50인 미만 기업

② 기타업종: 상시근로자수 10인 미만인 기업

### 2) 여성기업지원에 관한 법률

#### (1) 목적

여성기업의 활동과 여성의 창업을 적극적으로 지원함으로써 경제영역에 있어 남녀의 실질적인 평등을 도모하고 여성의 경제활동과 여성경제인의 지위향상을 제고하여 국민경제발전에 이바지함을 목적으로 하는 법률이다.

#### (2) 여성기업 기준(여성기업지원에 관한 법률 제2조 1, 2)

① 여성이 소유하고 경영하는 기업

② 여성이 기업의 임원으로서 그 기업의 최고의사결정에 참여

#### (3) 주요 혜택

공공기관의 제품 우선구매, 공공시장 진입 시 가산점 부여, 여성기업 종합지원센터의 창업보육실 입주가능, 금리우대와 보증료 우대지원

### 3) 1인창조기업 육성에 관한 법률

#### (1) 목적

창의성과 전문성을 갖춘 국민의 1인창조기업 설립을 촉진하고 그 성장기반을 조성하여 1인창조기업을 육성함으로써 국민경제의 발전에 이바지함을 목적으로 하는 법률이다.

#### (2) 1인 창조기업 기준(1인 창조기업 육성에 관한 법률 2조)

창의성과 전문성을 갖춘 1인 또는 5인 미만의 공동사업자로서 상시근로자 없이 지식서비스업, 제조업 등을 영위하는 기업이다.

### (3) 주요 혜택

① 사무(작업)공간 및 회의실, 상담실, 휴게실 등 지원센터 공간지원
② 세무・회계・법률・마케팅・창업 등 전문가상담, 교육, 정보제공 등 경영지원(무료)
③ 1인창조기업과 외부기관(기업) 간 프로젝트 연계 및 수행 기회 제공, 지식서비스 거래 및 사업화지원
④ 팩스, 프린터, PC 등 사무용 집기 이용지원

# 제5절 청년창업사례

## 1. 도소매업

### 1) 사례 1: 스마트폰 액세서리의 제조와 도소매 창업성공

① 사업아이템: 스마트폰 액세서리
② 사업기간: 2015년 8월~현재
③ 창업자금: 8,000만 원(자기자금 3,000만 원, 정부융자지원 5,000만 원)
(쇼핑몰 500만 원, 인건비 4,000만 원, 외주용역비 2,000만 원, 기타경비 1,500만 원), 사무실은 정부지원사업을 통해 지원받음.
④ 목표고객: 유아가 있는 부모, 스마트폰시장, 교육시장
⑤ 사업개요: 스마트폰을 유아들의 교육용 도구로 전환하기 위한 액세서리로 아이들의 무분별한 스마트폰 사용을 자제할 수 있도록 하고, 더 나아가 스마트폰이 충격에 쉽게 고장나지 않도록 설계. 유아들의 안전이 보장되는 소재로 제품을 제작함.
⑥ 창업배경: 대학 시절 학비가 없어서 시작한 아르바이트가 창업아이템이 되었음. 학교 휴학하고 사업이 너무 재미있어서 아직 학교를 졸업하지 못한 상황. 처음엔 돈벌 목적으로 사업을 시작했지만 이제는 인생의 목표가 되어버렸다는 K대표(28세).
⑦ 현재매출액: 4억 2천만 원

⑧ 성공핵심요인: 업무의 즐거움(제품을 디자인할 때와 고객들의 반응을 볼 때 가장 행복하다는 K대표)

### 2) 사례 2: 머그잔에 아이디어를 더해 창업성공

① 사업아이템: 디자인 머그잔

② 사업기간: 2016년 2월~현재

③ 창업자금: 1억 원(자기자금 2,000만 원, 정부융자지원 8,000만 원)
(쇼핑몰 300만 원, 인건비 5,000만 원, 외주용역비 1,000만 원, 재료비 3,000만 원, 기타경비 700만 원)

④ 목표고객: 집안행사, 이벤트, 선물, 집들이를 앞둔 젊은층의 온라인고객

⑤ 사업개요: 머그잔이나 소주잔에 고객의 요구에 맞는 디자인을 하여 온라인쇼핑몰을 통해 판매함.

⑥ 창업배경: 부모님 회갑잔치에 준비할 선물을 알아보다가 문득 생각한 제품을 대형 쇼핑몰에 판매한 것이 계기가 되어 현재에 이름. 대학시절 산업디자인 전공한 것이 큰 도움이 되었다고 함.

⑦ 현재매출액: 3억 2천만원

⑧ 성공핵심요인: 온라인쇼핑(관심있는 제품이나 아이템은 자세히 알아보는 습관), 정부지원사업

## 2. IT 분야

### 1) 사례 1: 가상실측정보기술 사업화 성공

① 사업아이템: 스마트폰을 활용한 가상실측정보기술

② 사업기간: 2016년 9월~현재

③ 창업자금: 9,000만 원(자기자금 1,000만 원, 정부융자지원 8,000만 원)
(개발비 6,000만 원, 인건비 2,000만 원, 기타경비 1,000만 원), 사무실은 정부지원사업을 통해 지원받음. 정부지원사업을 통해 컨설팅, 인증지원, 특허지원, R&D개

발비 지원받음.

④ 목표고객: 대형 의류쇼핑몰

⑤ 사업개요: 스마트폰을 활용하여 사람의 실제 사이즈를 측정하여 그 정보를 가지고 가상 아바타를 생성한 후 아바타가 사이즈에 맞는지 의류를 직접 입어보게 하는 기술 및 솔루션

⑥ 창업배경: 전 직장이 AR/VR 전문기업이었으나 오랜 시간 수익을 내지 못해 독립하였고 그 과정에서 생각해 낸 아이디어임. 보유기술을 어디에 활용하면 좋을지 전 직장에서도 수도 없이 고민해보았고 그 중 하나의 아이템임.

⑦ 현재매출액: 3억 8천만 원

⑧ 성공핵심요인: 정부지원사업, 당장의 돈보다는 기술개발에 목표를 두고 창업함. 팀원 간의 신뢰

## 2) 사례 2: 3D콘텐츠 기술개발과 창업

① 사업아이템: 3D콘텐츠 개발 및 전시

② 사업기간: 2015년 8월~현재

③ 창업자금: 1억 6천만 원(자기자금 6,000만 원, 정부융자지원 1억 원)
(개발비 8,000만 원, 인건비 5,000만 원, 외주용역비 1,000만 원, 임차료 1,000만 원, 기타경비 1,000만 원), 사무실은 대학의 창업보육센터를 통해 일부 지원받음. 정부지원사업을 통해 컨설팅, 마케팅지원, 특허지원, R&D개발비 지원받음.

④ 목표고객: 전시를 계획하고 있는 기업체, 학교, 관공서, 협·단체 등

⑤ 사업개요: 사람이나 캐릭터, 기업의 로고 및 대표제품 등을 3D로 제작해 고객이 희망하는 장소에 디스플레이하며, 전용 디바이스를 통해 보고 싶은 부분을 확대 또는 회전하여 볼 수 있도록 함.

⑥ 창업배경: 3D프린터 분야에서 일하다 생각해낸 아이디어이며, 정부지원사업을 통해 특허출원 및 창업을 하게 되었음.

⑦ 현재매출액: 4억 6천만 원

⑧ 성공핵심요인: 특허기술, 인증, 정부 R&D지원과제, 언젠간 될거라는 자신감. 안 된다 생각 안 하고 도전한 것들이 의외로 결과가 좋았음.

## 3. 서비스/요식업 분야

### 1) 사례 1: 네일아트로 소자본 창업 성공

① 사업아이템: 네일아트

② 사업기간: 2016년 12월~현재

③ 창업자금: 6,000만 원(자기자금 3,000만 원, 정부융자지원 3,000만 원) (보증금 및 임차료 4,000만 원, 인건비 1,000만 원, 기타경비 1,000만 원), 정부지원사업을 통해 컨설팅, 교육, 자금을 지원받음.

④ 목표고객: 아파트 단지 거주고객 및 공원방문고객 30~40대 젊은 주부

⑤ 사업개요: 스마트폰을 편하게 보면서 네일아트를 할 수 있는 시스템을 가게에 적용하였고, 안마의자를 통해 편안한 자세와 기분을 느낄 수 있도록 서비스하고 있음. 또한 족욕 서비스까지 메뉴에 넣어서 다양한 고객층을 확보하고 있음. 현재는 상권범위가 일반적인 수준보다 더 넓어진 상황임.

⑥ 창업배경: 미용기술을 통해 미용실에 잠시 다녔었는데 체질에 맞지 않는 것 같아서 시장이 커져가는 네일아트로 방향을 바꿔서 창업에 이르게 됨.

⑦ 현재매출액: 1억 5천만 원

⑧ 성공핵심요인: 기술, 서비스정신, 아이디어, 내가 고객이라고 생각하고 고민해보니 아이디어가 생각보다 잘 나왔고 주변사람들의 의견이 많은 도움이 됨.

### 2) 사례 2: 푸드트럭으로 창업

① 사업아이템: 이동식 덮밥 및 스테이크

② 사업기간: 2017년 1월~현재

③ 창업자금: 1억 2천만 원(자기자금 3,000만 원, 정부융자지원 9,000만 원) (시설장비 5,000만 원, 인건비 5,000만 원, 재료비 1,000만 원, 기타경비 1,000만 원), 정부지원사업을 통해 컨설팅, 교육지원

④ 목표고객: 아파트거주자, 공원산책고객

⑤ 사업개요: 일본식 초밥과 스테이크를 혼합하여 메뉴를 개발하였고, 프랑스식 소스

를 개발하여 푸드트럭을 통해 영업활동을 하고 있음.

⑥ 창업배경: 장기간 취업이 되지 않아서 국가지원 요리학원을 다녔고, 그 계기로 창업을 하게 됨.

⑦ 현재매출액: 1억 8천만원

⑧ 성공핵심요인: 남들과 똑같이 하기 싫어서 다양한 메뉴를 개발하였고 10개 중 1개가 성공한 것이 오늘 우리의 핵심메뉴가 되었음. 정부지원 부채는 지난달 모두 해결했고, 다음 주 새로운 매뉴로 고객을 만날 생각에 가슴이 두근거린다는 L대표.

## Review Point

**[학습목표 확인]**

1 제조업의 창업절차를 설명할 수 있다.

2 서비스업 창업의 특징 및 고려사항을 설명할 수 있다.

3 프랜차이즈와 일반창업의 장·단점을 설명할 수 있다.

4 인터넷 쇼핑몰 창업 성공전략을 설명할 수 있다.

5 기업형태 결정의 개념을 설명할 수 있다.

6 개인기업의 개념 및 설립절차를 설명할 수 있다.

7 법인기업의 설립조건을 설명할 수 있다.

8 인허가 확인 방법을 설명할 수 있다.

9 자금의 유형 5가지를 설명할 수 있다.

10 성공한 청년창업사례를 한 가지 이상 설명할 수 있다.

## 참·고·문·헌

가재산(2018), 스마트 워라벨, 당신의 서재
강원국(2014), 대통령의 글쓰기, 메디치미디어
금재호(2007), 청년실업의 현황 및 대책, 사회과학논총 제9호, pp.27~54.
김경진 외 6명(2018), 대학생을 위한 취업과 창업전략, 수양재
김대중(2014), 춘추전직시대, 미래를 소유한 사람들
김안국(2005), 대졸 청년층의 노동이동분석, Working Paper, pp.273~277, 한국직업능력개발원
김진성(2012), 구직자들의 역량평가를 위한 구조화 면접 분석, (사)한국취업진로학회 춘계학술발표 대회 자료, pp.55~65, 한국진로취업학회
김진영 외 7명(2014), 창업컨설턴트가 제시하는 창업실무, 한국창업경영컨설팅협회
나카야마마코토/김정환 옮김(2013), 제목만들기 12가지 법칙, 끌리는 책
남재량(2006), 청년니트(NEET)의 실태와 결정요인 연구, 제7회 한국노동패널 학술대회, 한국노동연구원
노자/최태웅 옮김(2011), 노자도덕경, 새벽이슬
데일카네기/김시오 옮김(2012), 인간관계의 기본원리, 브라운 힐
말콤 글래드웰/노정태 옮김(2010), 아웃라이어, 김영사
박가열·천영민(2009), 대졸자 취업영향요인 분석, 고용과 직업연구, 제3권 제1호, pp.29~59.
박성재(2004), 청년층 취업준비노력의 취업효과 분석, 노동리뷰, 이슈분석, pp.47~62.
박성재·반정호(2006), 대졸청년층 취업준비노력의 실태와 성과, 한국인구학회, 제29권 제3호, pp.29~50.
박완순(2012), 인성공부, 빗나래
박원순(2011), 세상을 바꾸는 천개의 직업, 문학동네
배병삼(2014), 한글세대가 본 논어1
송영수(2014), 리더가 답이다, 도서출판 하우
스티븐 코비(2017), 성공하는 사람들의 7가지 습관, 김영사
신정근(2018), 인문학 강의, 성균관대학교
심정섭(2018), 1% 유대인의 생각훈련, 매일경제신문사
안양옥(2015), 인성을 가르치는 학교, (주)비파
오종윤(2013), 인생의 절반을 부자로 살자, 끌리는 책
원혜정(2013), 최고의 인간관계를 만드는 26가지 기술, 매월당
유영만(2008), 상상하여 창조하라, 위드덤하우스

유영만(2018), 나무는 나무라지 않는다, (주)도서출판 나무생각

유한구(2010), 대학생취업 준비노력의 실태분석, 노동시장이행연구, 제3권 제2호, pp.69~94, 직업능력개발원

이대희(2013), 유대인의 탈무드식 자녀교육법, 베이직북스

이민욱(2016), 기업가정신(https://prezi.com)

이민화(2017), 4차 산업혁명, 서울경제

이유재·허태학(2007), 고객가치를 경영하라, 21세기북스

이지성(2015), 생각하는 인문학, (주)문학동네

이지성(2016), 리딩으로 리드하라, 차이정원

이홍(2009), 자기창조조직, 삼성경제연구소

임언 외(2006), 진로지도와 노동시장 이행, 한국직업능력개발원

정나미·임영식(2010), 대졸청년층의 노동시장 진입관련 변인에 관한 경로분석, 진로교육연구 Vol.23, No.2 pp.135~152, 한국진로교육학회

정진일(2014), 꿈이 없는 놈 꿈만 꾸는 놈 꿈을 이루는 놈, 책이 있는 풍경

젝디시 세스/김중식 외 옮김(2009), Bad 해빗, 릭스미디어

조관일(2014), N형 인간 스펙 위의 스펙, 인성이 답이다!, 미디어 현문

조우현(2010), 일의 세계 경제학, 법문사, pp.390~391.

진저레피드 보그다/이소희 옮김(2011), 캐릭터코칭 & 리더십, 북허브

짐 콜린스/김영철 역(2010), 위대한 기업은 어디로 갔을까, 김영사

채인영(2013), 드림프로듀스, 산티

채창균·김기태(2009), 대졸 청년층의 취업성과 결정요인 분석, 직업교육연구 제28권 제2호, pp.89~107, 한국직업교육연구학회

최원호(2014), 명문대로 가는 인성 진로코칭

최일수(2009), 대학생활과 취업준비, 도서출판 청람

최일수(2013), 진로취업 교수법, 엘리트코리아

최찬훈(2012), 하버드 졸업생이 부럽지 않은 이유, 케이디북스

하우석(2008), 능력보다 큰 힘 평판, 한스미디어

헤츠키 아리엘리/김진자 옮김(2014), 탈무드 하브루타러닝, 국제인재개발센터

현용수(2008), 현용수의 인성교육 노우하우 1~5, 동아일보사

황여정·백병부(2008), 대졸 청년층의 노동시장 성과 결정요인, 직업능력개발연구, 제11권 제2호, pp.1~23, 한국직업능력개발원

후쿠하라 마시히로/김정완 옮김(2014), 하버드의 생각 수업, 엔트리

경제지식네트워크(2018), 청년실업과 고용의 변화

고용노동부(2014), 2014~2024 대학전공별 인력수급전망

고용노동부(2018.1.1), 한국고용직업분류(2018)

교육과학기술부, 연도별 대학 취업 통계자료, 2007~2011학년도, 교육과학기술부

교육부(2017), 대학진로교육현황조사결과

국민일보(2017), 4차 산업혁명과 일자리

국제신문(2017.9.12), OECD 회원국 경제활동참가율(2016년)

대한상공회의소(2011), 기업의 경력직 채용 및 활용 현황조사

____________(2011), 기업의 신입사원 채용 시 중시하는 평가항목

____________(2011), 대졸 신입직원의 조기퇴사 및 기업의 대응 현황조사

____________(2012), 신세대 신입사원의 이직하려는 이유

____________(2012), 기업의 인재상 조사

동아일보 특별취재팀(2008), 입사선호 40대 한국기업, 바이다스 동아

매일경제신문(2012.11.16 1면), 실질 실업자 학력별 분포

매일경제신문(2017.3.31), 2016년 하반기 국내 30대 그룹 공채 자기소개서분석, 인크루트

법제처, 찾기쉬운생활법령(2018), 주식회사 설립, p.7.

삼성경제연구소(2010), CEO Information-청년실업률과 체감실업률 비교, 삼성경제연구소

소상공인진흥공단, 소상공인 마당(www.sbiz.or.kr) 상권분석 외

신용보증기금, 기업금융나들목(www.smefn.or.kr)의 창업지원 "창업가이드"

인쿠르트(2012.7.17), 대학졸업예정자의 졸업연기 사유 조사

잡코리아(2016), 미래 사라질 직업/생존할 직업

잡코리아(2017), 첫 직장 입사후 이직률

전국경제인연합회(2015), 주요 국가별 진출업종 및 매장현황

(주)B2L, 창업아이템의 타당성 분석

통계청(2017.1.13), 한국표준산업분류 제10차 개정

창업자 사업수행능력 평가요소(elearning.kocw.net)

한국고용정보원(2012), 한국직업사전

한국경영자총협회(2016), 2016년 신입사원 채용 실태 조사

한국경제신문(2012.2.19), 청년층 실업률과 실질 실업률의 비교

한국고용정보원(2016), 매출 10억원당 고용효과(취업유발계수)

한국고용정보원(2016), 인공지능으로 대체될 확률이 낮은 직업

한국고용정보원(2017), 직업만족도 세부영역별 설명자료

한국고용정보원(2017), 미래직업 세계의 7대 변화, 한국고용정보원

한국교육개발원 교육통계자료(1980~2011), 연도별 대학진학률 추이분석

한국기술교육대학교(2011.9), 2011학년도 학생생활연구, 한국기술교육대학교

한국방송공사(KBS뉴스, 2012.2.28), 고용 없는 성장 사례

한국산업인력공단(2016), 국가직무능력표준제도 설명자료(ncs.or.kr)

한국산업인력공단(2017), 블라인드채용제도 설명자료(ncs.or.kr)

한국생산성학회(오동현·이윤준·이아정, 2015), 창업 단계의 기업가정신 제고 방안.

한국직업능력개발원, (사)한국직업상담협회, NCS 직업상담학습모듈 "창업상담", pp.25~26.

한국은행(2012.12.7), 우리나라 연도별 고용유발계수 산업연관표

# 저자소개

## 최일수 교수

[학력]
단국대학교 경영학 박사(인사조직)
중앙대학교 행정학 석사
독일 University of Bielefeld(학교경영자 과정연수)

[주요경력]
1977년 한국산업인력공단에 공채 1기로 입사하여 12년간 직업능력개발 및 자격검정 분야에서 일했다.
1989년 8월 한국기술교육대학교 설립추진본부 총무과장을 시작으로 산학협력본부장, 취업센터장 등으로 24년간 근무하며, 13년 연속 취업률 100% 목표를 달성했다.
2013년부터 국립제주대, 창원대, 부산대 등 13개 대학에서 NCS 취업전략 분야의 강의를 했다. 2017년 12월부터 국제대학교 산학협력교수로 재직 중이다.

[저서]
대학생활과 취업준비(2008), 진로취업교수법(2013), NCS 기반의 취업전략(2018) 등이 있다.

[연구논문]
대학졸업자의 취업성과 결정요인에 관한 실증연구(한국경제학회, 2016)
청년장병의 진로 및 일자리 실태연구(일자리위원회, 2018)

▪ e-mail: chis53@naver.com

## 신동주 교수

[학력]
한성대학교 컨설팅학 박사
한성대학교 컨설팅학 석사

[주요경력]
2014년부터 용인송담대학교에서 창업전략 분야의 강의를 하고 있으며, 15년의 경영컨설턴트 경력과 NCS 컨설팅 경험을 보유하고 있다. 현재는 (주)한컨설팅그룹에서 부사장으로 근무하며, 경영컨설턴트로 활동 중이다.

[연구논문]
CSR과 조직신뢰, 노사관계에 대한 연구(디지털정책연구, 2011)
Study on the Effects of Follow-up Consulting Service on Perceived Reciprocity, Corporate Trust and Relational Embeddedness(Indian Journal of Science and Technology, 2015)
Impact of Consultant Competency on Customer Participation and Consulting Achievement(Journal of Convergence Information echnology(JCIT), 2013)

▪ e-mail: conbaksa@naver.com

## 이승용 교수

[학력]
단국대학교 경영학 박사(인사조직)
단국대학교 경영학 석사

[주요경력]
1983년도부터 20년간 삼도물산(주) 외 기업체에서 경영기획·전략, 인사·조직관리 업무를 담당하였다.
2002년 HR 전문기업인 세인에이치알을 설립하고, 2005년에는 경영컨설팅전문기업인 미래경영개발원을 설립하여 2014년까지 12년간 지역일자리 지원, 채용알선 및 취업정보제공, 아웃플레이스먼트 관련사업 수행과 경영전략, 인사조직분야 컨설팅을 수행하였다.
2006년부터 현재까지 백석문화대학교 경영학과 겸임교수로 재직 중이며, 2015년부터는 기업경영컨설팅 전문기업인 한컨설팅그룹 대표컨설턴트로 재직하고 있다.

[연구논문]
학습조직에서 CoP 유형별 팀분위기와 CoP 성과의 차이 및 공유리더십의 조절효과에 관한 연구(2015)

▪ e-mail: sylee1239@hanmail.net

## 이지훈 교수

[학력]
경희대학교 대학원(경영학 박사)
경희대학교 대학원(경영학 석사)
경희대학교 경역학과(경영학사)

[주요경력]
서정대학교 경영과 교수
서정대학교 산학협력단장
한국취업진로학회 부회장, 이사
한국기업경영학회 상임이사, 이사
국제지역학회 상임이사, 이사
양주시 국내외료류위원회 위원
경영지도사 시험위원

▪ e-mail: johnlee@seojeong.ac.kr

# NCS 기반의 **취업 및 창업전략**

2019년 1월 20일 1판 1쇄 인쇄
2019년 1월 25일 1판 1쇄 발행

저　　자 | 최일수 · 이승용 · 신동주 · 이지훈
발 행 인 | 이수영
발 행 처 | 도서출판 **청람**
서울시 마포구 독막로 288(대흥동, 세양상가 109호)
전　　화 | 02) 3272-2601~2
팩　　스 | 02) 3272-2603
홈페이지 | http://www.crbooks.co.kr
이 메 일 | crbooks@daum.net
등　　록 | 2000년 8월 26일 제6-0509호

ISBN 978-89-5972-661-5　93320　　[정가 25,000원]